北京师范大学历史学院"励耘文库"系列

本书为国家社会科学基金青年项目（项目批准号09CSS005）

La justice et la royauté

Les parlements sous la monarchie absolue en France

司法与王权

法国绝对君主制下的高等法院

庞冠群／著

人民出版社

责任编辑:刘松弢

责任校对:苏小昭

图书在版编目(CIP)数据

司法与王权:法国绝对君主制下的高等法院/庞冠群 著. —北京:人民出版社，
  2020.1
ISBN 978－7－01－021673－7

Ⅰ.①司… Ⅱ.①庞… Ⅲ.①法院-法制史-法国 Ⅳ.①D956.562

中国版本图书馆 CIP 数据核字(2019)第 287141 号

司法与王权
SIFA YU WANGQUAN
——法国绝对君主制下的高等法院

庞冠群　著

人民出版社 出版发行
(100706　北京市东城区隆福寺街 99 号)

北京中科印刷有限公司印刷　新华书店经销

2020 年 1 月第 1 版　2020 年 1 月北京第 1 次印刷
开本:710 毫米×1000 毫米 1/16　印张:17.75
字数:300 千字

ISBN 978－7－01－021673－7　定价:55.00 元

邮购地址 100706　北京市东城区隆福寺街 99 号
人民东方图书销售中心　电话 (010)65250042　65289539

出版说明

在北京师范大学的百余年发展历程中，历史学科始终占有重要地位。经过几代人的不懈努力，今天的北京师范大学历史学院业已成为史学研究的重要基地，是国家"211"、"985"工程重点建设单位，首批博士学位一级学科授予权单位。拥有国家重点学科、博士后科研流动站、教育部人文社会科学重点研究基地等一系列学术平台。科研实力颇为雄厚，在学术界声誉卓著。

近年来，北京师范大学历史学院的教师们潜心学术，以探索精神攻关，陆续完成了众多具有原创性的成果，在历史学各分支学科的研究上连创佳绩，始终处于学科前沿。特别是崭露头角的部分中青年学者的作品，已在学术界引起较大反响。为了集中展示北京师范大学历史学院的这些优秀学术成果，也为了给中青年学者的后续发展创造更好条件，我们组编了这套"北京师范大学励耘文库"，希冀在促进北京师范大学历史学科更好发展的同时，为学术界和全社会贡献一批真正立得住的学术力作。这些作品或为专题著作，或为论文结集，但内在的探索精神始终如一。

当然，作为学术研究的励耘文库丛书，特别是以中青年学者作品为主的学术丛书，不成熟乃至疏漏之处在所难免，还望学界同仁不吝赐教。

北京师范大学历史学院
北京师范大学史学理论与史学史研究中心
北京师范大学励耘文库编辑委员会
2019 年 3 月

目　　录

下编　革命的预演：莫普改革与绝对君主制的解体

绪　　论

一、问题的由来：法国革命的司法—政治起源

　　法国革命所摧毁的制度，被革命者称为"旧制度"（l'Ancien Régime）。作为一种政治体制的旧制度，在史学界又被称作"绝对君主制"（la monarchie absolue）。① 法国绝对君主制的瓦解、旧制度的崩溃以及大革命的降临是多种元素相互聚合、共同引发的。若仅从政治事件的发展来看，高等法院在旧制度解体过程中扮演了关键角色。托克维尔尝言："有一种社会，其法律界人士（les hommes de la loi）在政界不能获得他们在私人生活领域所享有的地位。在这种社会体制下，我们可以肯定法学家（les légistes）必将成为革命的急先锋……1789 年推翻法国的君主制，主要应当归功于法学家。"②托克维尔所谓的法学家主要是指高等法院的法官们。的确，18 世纪后期，高等法院与王权的对立、冲突构成了法国旧制度末期政治生活的突出特征。法官们打着捍卫王国法律的旗号掀起了反对政府专制的一轮又一轮抗议，这样的抗议在整个社会中广泛传播从而腐蚀了旧制度的根基。通过谏诤的形式限制国王政府的立法权本是高等法院的传统职能，然而 18 世纪 50 年代之后却由此引发了愈演愈烈的斗争。1770 年年底至 1771 年年初开启的莫普司法改革将斗争推向了高潮：司法大臣莫普（Maupeou）解散了巴黎高等法院并改组外省高等法院，全国共

---

　　① 绝对君主制是指不含有任何民主政体或贵族政体成分的纯粹政体。在这样的国家中，王权至上，君主作为最高的行政长官、立法者和审判者进行统治。史学界一般认为，旧制度或者说绝对君主制初始于 15 世纪后期。

　　② Alexis de Tocqueville, *De la démocratie en Amérique*, Douzième édition, Tome deuxième, Paris：Pagnerre Editeur, 1848, pp. 158-159. ［法］托克维尔：《论美国的民主》上卷，董果良译，商务印书馆 1993 年版，第 304 页。参照法文本对中文译文略作调整。

有 700 多名法官被流放。一时间公众哗然,双方的支持者展开了激烈的舆论战。但三年多以后,随着新国王路易十六上台,莫普改革戛然而止。另一个斗争高潮出现在 1787—1788 年,由于拒绝注册新税法,巴黎高等法院与政府激烈对抗,法官再次被流放。为了进一步粉碎法官们的反抗,司法大臣拉穆瓦尼翁(Lamoignon)效仿莫普开启了旨在剥夺高等法院政治权力并重组司法机构的改革,结果引发了一场所谓的"贵族反叛",正是这场斗争谱写了大革命的序曲。了解这段历史,我们方能领会托克维尔的论断,从中似乎意识到了法国大革命的司法—政治起源。①

正是怀着探究革命司法—政治起源的兴趣,笔者致力于法国高等法院与绝对君主制关系问题的研究,以期从司法的角度理解旧制度的崩溃与大革命的降临。然而,要洞悉 18 世纪后期高等法院与王权对抗的问题,不能仅将研究视野局限于路易十五和路易十六统治时期,而应对旧制度下的高等法院进行整体性的把握。唯有如此,才能清楚地认识这一司法贵族团体是如何形成的,其主要职能是如何被历史所赋予的,并进一步在绝对君主制的发展脉络中

---

① 历史学家们尝试着以思想、经济、政治、文化、宗教等各种视角来阐释法国革命的起源:法国历史学家达尼埃尔·莫尔内(Daniel Mornet)于 1933 年出版了《法国革命的思想起源》(*Les origines intellectuelles de la révolution française*,Paris:Armand Colin,1933);1958 年,拉尔夫·W.格林劳(Ralph W.Greenlaw)编辑出版了论文集《法国革命的经济起源:贫困抑或繁荣?》(*The Economic Origins of the French Revolution: Poverty or Prosperity?* Boston:D.C.Heath,1958),其中收录了米什莱、托克维尔、泰纳、奥拉尔、拉布鲁斯、勒费弗尔等人关于大革命起源的论述;1980 年英国学者威廉·多伊尔(William Doyle)考察了法国革命的政治起源(*Origins of the French Revolution*,New York:Oxford University Press,1980,书名虽为"法国革命的起源",实际上主要探讨了政治起源);1991 年法国学者罗杰·夏蒂埃(Roger Chartier)则探讨了"法国革命的文化起源"(*Les origines culturelles de la Révolution française*,Paris:Seuil,1991);1996 年美国的法国史专家戴尔·范·克雷(Dale Van Kley)出版了《法国革命的宗教起源》(*The Religious Origins of the French Revolution From Calvin to the Civil Constitution*,1560-1791,New Haven,C.T.:Yale University Press,1996);2007 年英国学者迈克尔·索南舍尔(Michael Sonenscher)又推出了《大洪水之前:公债、不平等与法国革命的思想起源》(*Before the Deluge: Public Debt, Inequality, and the Intellectual Origins of the French Revolution*,Princeton,N.J.:Princeton University Press,2007);2009 年《法国革命历史年鉴》杂志刊登了由玛丽-洛尔·勒盖、若埃尔·费利克斯和尤金·N.怀特共同撰写的讨论文章《回到法国革命的财政起源问题》(Marie-Laure Legay,Jöel Félix,Eugene N.White,"Retour sur les origines financières de la Révolution française",*Annales historiques de la Révolution française*,n° 2,avril-juin,2009,pp. 183-201),三位学者重拾 20 世纪七八十年代关于大革命财政起源的争论。无论是思想起源、经济起源、政治起源还是宗教起源,其实都涉及了高等法院与王权对抗的问题,但又都未将此作为一个最主要的视角。

为其定位,从而厘清高等法院与绝对君主制之间的结构性矛盾,形成对于旧制度危机的长时段认识。与此同时,也不应该仅仅关注高等法院与王权的政治冲突,事实上,贵族法官们在法国旧制度各地区的社会治理中扮演着重要的角色,否则他们不会获得民众的广泛支持。18世纪后期,法国政府进行了多次致力于挽救旧制度的改革,但往往遭到高等法院的掣肘与抵抗。法官们凭借司法罢工屡屡引发政治危机,而民众则通过制造舆论等手段声援法官们的行为。只有详细考察高等法院所扮演的多重角色,才能理解贵族法官与平民百姓跨越阶级的联盟关系,从而形成对于旧制度困境的深刻理解。

有鉴于此,笔者在吸收前人研究的基础之上,试图完成关于法国旧制度下高等法院的综合性考察。在旧制度领域耕耘的同行都深知,其复杂的行政与司法体系乃是我们研究这一时期历史的主要障碍。法国的旧制度史专家马塞尔·马里翁(1857—1940)曾指出,在旧制度研究中,司法问题最重要,也最复杂。① 因此,考察高等法院的历史无疑有助于克服认识旧制度的重要障碍。此外,梳理高等法院与王权的关系问题,也有利于深化对于绝对主义的探索。究竟何谓绝对主义? 它与专制主义有何差异? 法国绝对主义的原则与实践、发展与变化,在高等法院的历史中充分展现了出来。

二、辩护与抨击——高等法院研究中的两种立场

高等法院与王权相对抗的历史一直为后世的史学家所关注,使人们颇感困惑的是:这些法官到底出于怎样的动机而频频给国王政府制造麻烦? 是出于对法律和公益的热爱,还是出于一己之私? 高等法院究竟是君主制的维护者还是其发展的绊脚石? 法官们的所作所为究竟是给旧制度带来了生机还是敲响了它的丧钟? 自19世纪以来,史家们对这些根本性的问题作出了不同的回答,从而形成了两种相异的史学观点。

(一)捍卫公益:高等法院在19世纪的形象
关于高等法院的评价首先与对于大革命的反思缠绕在一起。大革命是否

---

① Marcel Marion, *Dictionnaire des institutions de la France aux XVIIᵉ et XVIIIᵉ siècles*, Paris: Édition A.et J.Picard, 2013 (Réimpression de l'édition originale de 1923), p. 314.

可以避免？旧制度是否可以改良？这是后革命时代的许多学者萦绕心头的问题。约瑟夫·德罗兹(1773—1850)带着这样的疑问，于1839—1842年间推出了《路易十六统治的历史——可以预防或引导法国革命的年代》。① 作者详细勾勒了路易十五时期高等法院与王权的对抗以及莫普改革，并以此作为路易十六统治的重要背景。德罗兹认为，高等法院在与宫廷斗争的过程中虽然捍卫了国家利益，但法官们更多考虑的还是自身的利益，团体精神是其斗争的首要动力。② 他还指出：高等法院既作恶也行善，它"作恶时很有势力，因为它的抵抗常常激起骚动，而它行善时则软弱无力，因为'御临法院'和流放总能击败它最具正义感的努力"③。至于莫普改革，德罗兹肯定了其合理性，认为改革逐渐为人们所接受，本不必废除。④ 正是在莫普改革期间，多家高等法院提出要召开三级会议，大革命前夕法官们又呼唤三级会议。依德罗兹之见，"法国革命其实始于路易十六宣布1789年5月1日将召开三级会议之时，这时已经无法预防革命了"，⑤可以说是自私的高法贵族阻挠了君主的改革并促进了革命的降临。德罗兹的观点在19世纪末产生了深远的回响。

在经历了大革命的恐怖统治与拿破仑的独裁之后，法国社会面临重建，此时人们珍视自由、重视权利的倾向也推动了高等法院研究，并且形成了赞颂法院的声音。19世纪中叶出现了一批研究各地高等法院历史的书籍，作者大都任职于司法界，他们将旧制度下的高法法官视作公益的捍卫者，地方自由与外省权益的保护人。1849年，担任杜埃(Douai)上诉法院推事的皮约出版了《弗兰德尔高等法院的历史》。他指出："我相信，为了全社会的幸福，司法应该是强大的、持久的……在我看来，在共和制度下，比其他任何制度都更应有效地保障普遍的权利和个体的权利。衡量这种保障，必须要看司法界的团体精神、

① Joseph Droz, *Histoire du Règne de Louis XVI pendant les années où l'on pouvait prévenir ou diriger la Révolution française*, 3 tomes, Paris: Jules Rnouard, 1860(première édition, 1839—1842).

② Joseph Droz, *Histoire du Règne de Louis XVI pendant les années où l'on pouvait prévenir ou diriger la Révolution française*, Tome I, p. 19.

③ Joseph Droz, *Histoire du Règne de Louis XVI pendant les années où l'on pouvait prévenir ou diriger la Révolution française*, Tome I, pp. 109-110.

④ Joseph Droz, *Histoire du Règne de Louis XVI pendant les années où l'on pouvait prévenir ou diriger la Révolution française*, Tome I, pp. 34-37, 109-115.

⑤ Joseph Droz, *Histoire du Règne de Louis XVI pendant les années où l'on pouvait prévenir ou diriger la Révolution française*, Tome I, p. 75. 1788年8月8日，国王作出了这一承诺。

活力与稳定性"，他正是出于这样的目的追溯高等法院的历史。① 1858 年，曾任里永（Riom）王家法院总检察官的巴斯塔尔·戴斯唐子爵推出了《法国高等法院》一书，作者怀着崇敬之情来研究昔日法院的历史，并认为新的司法机构只是其不完美的仿制品。② 此类著述重视司法在社会中扮演的角色，并力图挖掘旧制度下高等法院的历史遗产，为在后革命时代重建法国提供借鉴。

众所周知，拿破仑三世推行威权体制，然而他的言论却提高了与政府对抗的高等法院的历史声誉。1852 年 1 月，路易·波拿巴在公布新宪法时宣称，元老院（le Sénat）的角色正如同旧制度下的高等法院，它维护根本法，有权废除一切武断、非法的律令。③ 在第二帝国的政治体制之下，元老院是重要的国家机构，它负责解释宪法、解决宪法未作规定的重要问题并审查法律。④ 路易·波拿巴的论断似乎受到了当时学术潮流的影响，它进一步肯定了昔日高等法院的司法与政治角色，并令其具有了某种当代价值。在笔者看来，拿破仑三世打算建立专制帝国，但需要某种掩饰以完成从共和到帝制的过渡，将元老院比作具有制约王权倾向的高等法院正是出于这种掩饰的目的。统治者的政治目的也影响了学术研究。正如论者约翰·罗杰斯特所言，尽管第二帝国及其宪法最终崩溃，但是这一时期关于高等法院角色的认识却影响了近半个世纪的史学编纂。⑤

托克维尔的《旧制度与大革命》也撰写于第二帝国初期（1856 年出版），他念兹在兹的问题是集权与专制的危害。在此书中，作者将高等法院视作抵御专制主义的一道屏障。对于莫普改革期间法官与律师们甘愿同舟共济而不屈从

① G.-M.-L.Pillot," Avertissemet ", *Histoire du Parlement de Flandres*, Duai: Adam d'aubers, 1849, pp.I-II.

② Bastard d'Estang, *Les Parlements de France*, *essai historique sur leurs usages*, *leur organisation et leur autorité*, 2 tomes, Paris: Didier et Cie, 1858, t. 1, p.III.类似的作品还有：Amable Floquet, *Histoire du parlement de Normandie*, 3 tomes, Rouen: Imprimerie de Nicétas Periaux, 1840—1842; C.-B.-F.Boscheron Des Portes, *Histoire du Parlement de Bordeaux: depuis sa création jusqu'à sa suppression*, 1451—1790, 2 tomes, Bordeaux: Charles Lefebvre, 1877。

③ John Rogister, "La résonance des parlements de l'Ancien Régime au XIXe siècle", *Parlements et Parlementaires de France au XVIIIe siècle*, Paris: L' Harmattan, 2011, pp. 112-113.

④ 郭华榕：《法国政治制度史》，人民出版社 2015 年版，第 333—334 页。

⑤ John Rogister, "La résonance des parlements de l'Ancien Régime au XIXe siècle", *Parlements et Parlementaires de France au XVIIIe siècle*, Paris: L' Harmattan, 2011, pp. 114-115.

于国王意志的做法,托克维尔大加赞赏,他甚至说道:"不知道在各自由人民的历史上有什么比此时此刻发生的事件更加伟大。"①谈到民众对于莫普改革的激烈反应时,他说:"仿佛高等法院一倒,这最后一道能够约制国王专权的障碍就倒塌了。"②要知道,托克维尔的母亲是马尔泽尔布(Malesherbes)的外孙女,而马尔泽尔布正是在莫普改革中抵抗政府的著名法官。托克维尔对于这位先祖充满崇敬之情。此外,托克维尔的外祖父曾在巴黎高等法院任职。③这样的家庭渊源对于托克维尔的思想产生了重要影响,不过,他也承认高等法院也并非完美的制度,他声称,该机构"不能防止政府作恶,却常常阻止政府去行善"④;高等法院干预政府其实是"以毒攻毒"。⑤ 关于革命可否避免的问题,托克维尔认为1750年前后舆论的基调是改革而非革命,此时理论上仍具有通过深入改革防止革命的可能性,而到了1771年废黜高等法院的事件发生后,激进的革命已经无可避免。⑥

　　19世纪研究高等法院最著名的学者乃是茹勒·弗拉麦尔蒙(1852—1899),他于1883年出版了莫普改革研究的奠基之作《司法大臣莫普和高等法院》。⑦ 我们今天对莫普高等法院改革之来龙去脉的了解都有赖于弗拉麦尔蒙的研究。迄今为止,这部著作仍然是难以超越的,它还原了事件的背景、发展过程、失败原因等历史细节。他认为莫普擅于搞阴谋,为达目的不择手

① [法]托克维尔:《旧制度与大革命》,冯棠译,商务印书馆1992年版,第153—154页。

② [法]托克维尔:《旧制度与大革命》,冯棠译,商务印书馆1992年版,第200页。

③ 关于托克维尔的家族背景参见吕西安·若姆:《托克维尔:自由的贵族源泉》,马洁宁译,漓江出版社2017年版,第328—329页。

④ [法]托克维尔:《旧制度与大革命》,冯棠译,商务印书馆1992年版,第196页。

⑤ 此处原文为"法院不正规地干预政府,这经常使行政事务无法正常进行,这种情况有时倒成了个人自由的保障:正所谓以毒攻毒"。参见托克维尔:《旧制度与大革命》,托克维尔:《旧制度与大革命》,冯棠译,商务印书馆1992年版,第153页。研究者琼·厄尔斯特指出,托克维尔颇为熟悉德罗兹的作品,他对于高等法院的认识与德罗兹有相通之处。参见厄尔斯特:《托克维尔论大革命的发生:远因、近因和导火线》,高毅主编:《〈旧制度与大革命〉解说》,北京师范大学出版社2014年版,第140—142页。

⑥ 琼·厄尔斯特:《托克维尔论大革命的发生:远因、近因和导火线》,高毅主编:《〈旧制度与大革命〉解说》,北京师范大学出版社2014年版,第137—139页。熟悉《旧制度与大革命》的读者应该知道,总体而言,托克维尔认为大革命势在必行,它是一项长期工作的最后完成。

⑦ Jules Flammermont, *Le Chancelier Maupeou et les parlements*, Paris: Alphonse Picard, 1883.从此书卷首信息来看,弗拉麦尔蒙时任普瓦提埃大学教师,讲授历史学课程,此书荣获法兰西学院奖励,作者将著作献给他的老师、著名历史学家莫诺(Gabriel Monod)。

段,缺乏雄才大略。① 然而,他却承认路易十六召回原高等法院是其执政初年最大的错误,1774 年时新的司法体系已经稳固地建立起来了。不过,弗拉麦尔蒙也并不认为召回原法官是日后的改革派大臣杜尔阁、卡隆、布里埃纳、内克等人失败的原因,他强调宫中的王后及一些享有特权者的抵抗才是造成大臣们失败的重要因素。他还指出:高等法院维护传统,它们对政府改革的反抗可能促进了革命的来临,但是即便这些改革被一致采纳,可能也只会使革命延迟几年发生,而不可真正阻止它,很长时间以来革命已不能避免。② 1888—1898 年,弗拉麦尔蒙又编辑出版了三卷本的《18 世纪巴黎高等法院的谏诤书》③,这成为研究高法成员的政治话语与宪政思想的最根本的史料。在每卷前面,编者都撰写了导言,勾勒事件并做扼要的点评。

1901 年,法学家恩斯特·格拉松(1839—1907)出版了《巴黎高等法院》一书,作者展现了自查理七世至大革命前巴黎高等法院的历史,尤其是它的政治角色。格拉松认为:巴黎高等法院的确在政治事务方面犯过一些错误,它也没有足够的能力管理公共事务,但是它在不止一次的严重危机中巩固了王权;通过颁布司法条例并凭借其道德权威,它捍卫了法律及司法机构的尊严。④大约在同一时间,巴特雷米·波凯(1852—1928)推出了三卷本的《绝对权力与外省精神》,该书以 18 世纪六七十年代备受关注的布列塔尼事件为背景,揭示了雷恩(Rennes)高等法院的总检察官拉夏洛泰(La Chalotais)与政府代理人达吉永公爵的斗争,作者赞颂了拉夏洛泰捍卫地方自由的伟大事业。⑤

总体而言,在后革命时代的法国,虽然德罗兹率先提出了高等法院阻挠改革、引发革命的论断,但是为法官辩护的声音是这个时代的主流。大革命不可

---

① Jules Flammermont, *Le Chancelier Maupeou et les parlements*, p. 34.

② Jules Flammermont, *Le Chancelier Maupeou et les parlements*, p. 595.

③ Jules Flammermont (éd.), *Remontrances du Parlement de Paris au XVIIIᵉ siècle*, 3 tomes, Paris:Imprimerie nationale, 1888—1898.

④ Ernest Glasson, *Le Parlement de Paris, son rôle politique depuis le règne de Charles VII jusqu' à la Révolution*, 2 tomes, Paris:Hachette et Cie, 1901, t. 2, pp. 510-511.格拉松还撰写了《大百科全书》中的高等法院词条,参见 Glasson, "Parlement", *Extrait de la Grande Encyclopédie*, Tome XXV, Paris: Société Anonyme de la Grande Encyclopédie, 1899, pp. 1-60。

⑤ Barthélémy Pocquet, *Le pouvoir absolu et l'esprit provincial: le duc d'Aiguillon et La Chalotais*, 3 tomes, Paris:Perrin et Cie, 1900—1901, Tome III, pp. 595-596.

避免的论调在 19 世纪的法国较为盛行,从米涅到弗拉麦尔蒙都持这种观点。[①] 在这种观点支配下,高等法院的反抗不必为旧制度的崩溃承担责任。这一时期研究高等法院的一些学者与旧时的司法界存在各种联系,他们倾向以欣赏的眼光看待高等法院的历史功绩。同时,在 19 世纪政治制度重建的过程中,学者们更加强调的是,昔日的法院抵抗了专制,在捍卫公益、法律及传统方面展现了突出的价值。此外,路易·波拿巴出于政治目的颂扬高等法院,也深刻影响了历史编纂。

(二)阻挠改革:高等法院在 20 世纪的罪名

在 19 世纪末至 20 世纪前半期,史学家已经远离了革命洪流,对于旧制度与大革命形成了一定的观照距离,但是这种距离感却又在一定程度上造就了改革本可以成功的神话。在这一阶段的史学编纂中,另一种观点逐渐形成并居于上风:高等法院被描绘为出于维护其传统特权的自私心态,阻挠了国王及其英明的大臣们所进行的伟大改革。保守派史家马塞尔·马里翁首先反映了这一趋向。1898 年他出版了《布列塔尼与达吉永公爵》一书,这部著作乃是一篇辩护词,在作者笔下达吉永成了被轻视了的英雄,是民众仇恨的牺牲品。[②] 马里翁认为,把拉夏洛泰及布列塔尼高等法院与政府的斗争看作自由精神与专制主义相对抗的流行观点,其实似是而非,布列塔尼高法未免小题大做。[③] 1905 年,马里翁又推出了《掌玺大臣拉穆瓦尼翁与 1788 年司法改革》一书。依马里翁之见,这场改革是构思已久、符合国家需求的明智之举,应赞颂压制高等法院的改革派大臣,改革的失败不在于国王政府的专制,恰恰因为政府比较软弱,不足以实现宏大的规划。[④] 总之,马里翁认为,高法法官愚昧无知、自私自利,高等法院诉诸法律和传统的做法都是些似是而非的

---

① 米涅(François Mignet)在 1824 年出版的《法国革命史》(*Histoire de la Révolution française*)中提出了法国革命不可避免的观点。多伊尔指出,德罗兹撰写《路易十六统治的历史》正是为了反驳米涅提出的、当时广泛流行的革命不可避免的观点,德罗兹的成果虽然翔实有据,但在相当长的一段时间内被湮没。参见[英]威廉·多伊尔:《何谓旧制度》,熊芳芳译,北京大学出版社 2013 年版,第 17 页。

② Marcel Marion, *La Bretagne et le duc d'Aiguillon, 1753—1770*, Paris: Fontémoing, 1898. 波凯所撰写的《绝对权力与外省精神》正是要反驳马里翁的观点。

③ Marcel Marion, *La Bretagne et le duc d'Aiguillon, 1753—1770*, p. 599.

④ Marcel Marion, *Le Garde des sceaux Lamoignon et la réforme judiciaire de 1788*, Paris: Hachette et Cie, 1905, pp. 1-8.

掩饰,旧制度避免崩溃的唯一希望在于改革君主制,而高等法院挫败了这种尝试。

右翼作家皮埃尔·加克索特(1895—1982)虽不是严格意义上的历史学家,但他的史学著述颇丰,而且影响很大。加克索特坚持认为,王权最根本的历史任务在于摧毁高等法院这样的贵族反对力量,而与日益兴起的中产阶级保持联盟,假若国王政府成功做到了这一点,大革命完全可能避免。① 马里翁与加克索特的观点与德罗兹有相同之处,都认为旧制度末年如能成功制服高等法院,顺利进行改革,大革命本可以避免。此外,马里翁和加克索特显得更为保守,甚至与"法兰西行动"(L'Action française)②这样的极右翼组织产生了关联。马里翁的著作被"法兰西行动"的拥护者奉为圭臬③,加克索特更是"法兰西行动"中的重要历史学家与领导人④。普法战争之后,法国出现了具有强烈民族主义倾向的新右派,他们反对共和主义,反对议会制度(法语中议会为 parlement,与高等法院恰恰是同一个词),希望政府拥有强有力的行政权。⑤ 在此种背景下,一些思想右倾的史学家便将绝对君主制看作是一种进步的力量,认为路易十四以降的绝对君主以理性化的方式改造旧制度,而自私自利的高等法院成为旧制度"现代化"路途上的绊脚石。这种贬斥高等法院、赞颂改革派大臣的观点在 20 世纪法国史学界影响深远。

不仅右翼保守派学者持此见解,而且左翼共和派史学家以及信奉马克思主义的革命史家也接受这样的看法,要知道,这两派学者在对大革命的评价问题上是水火不容的。热爱大革命的共和史学家阿尔方斯·奥拉尔(1849—1928)指出:任何努力改革的尝试都遭到高等法院的反对,它们总想为了自身

---

① Pierre Gaxotte, *La Révolution française*, Paris:Arthème Fayard, 1928;Pierre Gaxotte, *Le siècle de Louis XV*, Paris:Arthème Fayard, 1933.

② 法兰西行动是1899年成立的法国极右翼组织,主要倡导人为作家莫拉斯(Charles Maurras)。该组织反对共和制度,主张恢复君主制,鼓吹极端民族主义,20 世纪 30 年代又附和法西斯主义,二战后解体。

③ [英]威廉·多伊尔:《何谓旧制度》,熊芳芳译,北京大学出版社 2013 年版,第 32—33 页。

④ Stephen Wilson, "The 'Action Française' in French Intellectual Life", *The Historical Journal*, Vol. 12, No. 2(1969) ,p. 341.

⑤ 参见 Peter Davies, *The Extreme Right in France*, *1789 to the Present*, New York:Routledge, 2002,pp. 55-56。

利益维持现状，如果说它们为大革命做了铺垫，并非仅仅因为它们的不服从弱化了君主制，还在于它们阻挠了君主制按照时代精神演化并创建新的制度。[①]在 20 世纪的法国革命史学正统派史学家眼里，路易十六废除莫普改革，重建高等法院也都被当作旧制度末年的一步错棋。阿尔贝·马迪厄（1874—1932）认为，软弱的路易十六屈从于公众舆论的要求恢复高法，这为其丧失王权做了准备，司法界人士大量的谏诤书向人民传播了对于既定秩序的仇恨。[②]乔治·勒费弗尔（1874—1959）指出，高等法院在捍卫纳税人的幌子下阻碍针对限制特权的改革，莫普曾打碎了这种司法寡头制，而路易十六重建后的高法促成了杜尔阁的倒台。[③]

莫普改革为旧制度最后改革机会的观点也在法学界得到共鸣。1937 年，法学家罗伯·维耶出版了其博士学位论文《莫普改革之后巴黎高等法院与高级法庭的构造》。作者声称，莫普改革是"法国君主制最后一次自救的巨大努力，或者至少是 1789 年之前最后一次进行调整的尝试"。[④]

著述丰富、思想保守的罗朗·穆尼埃（1907—1993）进一步传播了高等法院阻挠改革的观点。穆尼埃认为，高法法官利用手中的权力驳斥国王的法令，愚蠢地反对政府推行的一切改革，舆论的盲目支持与政府的犹豫不决助长了高等法院的气焰。[⑤] 与穆尼埃年龄相近的吕西安·洛日耶（1909—1993），1975 年出版了长达 600 多页的专著《路易十五时期的改革派政府：三头政治（1770—1774）》，此书细致展现高等法院与改革派大臣的对抗，认为前者轻率、盲目、虚荣、自私，后者为国服务、热爱人民、高瞻远瞩。加克索特为此书撰

---

① Alphonse Aulard, *Histoire politique de la révolution française*, Paris：Armand Colin, 1901, p. 16.

② Albert Mathiez, *La Révolution française*, Paris：Armand Colin, 1922, p. 18.

③ ［法］乔治·勒费弗尔：《法国大革命的降临》，洪庆明译，上海人民出版社 2010 年版，第 9—10 页。此书法文原版出版于 1939 年，法国大革命 150 周年之际。此外，勒费弗尔的弟子索布尔也声称，高等法院的法官们对其等级特权非常看重，敌视可能触及其特权的任何改革。参见［法］阿尔贝·索布尔：《法国大革命史》，马胜利、高毅、王庭荣译，中国社会科学出版社 1989 年版，第 12 页。

④ Robert Villers, *L'organisation du Parlement de Paris et des conseils supérieurs d'après la réforme de Maupeou*, Paris：Sirey, 1937, pp. 5-6.

⑤ Roland Mousnier, *La plume, la faucille et le marteau: institutions et société en France du moyen âge à la Révolution*, Paris：Presses Universitaires de France, 1970, pp. 255-256.

写了序言,对作者的观点大加赞赏。①

　　不过,此时也存在为高等法院辩护的著述,让·埃格雷(1902—1976)的研究最具代表性。这位高等法院专家于1942年出版了《18世纪下半叶的多菲内高等法院与公共事务》,1970年又推出了《路易十五与高等法院的反抗》。② 通过仔细考察1756—1790年间的多菲内高等法院,埃格雷发现这家外省高法所扮演的监督、建议和反抗的角色总体上反映了舆论的意愿,法官们对于税务人员所展现的敌意其实表达了民众的情绪。③ 作者认为,针对各家高等法院的研究也表明,法官们所捍卫的往往并非个人利益或者团体利益,他们的反抗与本省舆论乃至全国的舆论密切相连。④ 针对莫普改革,埃格雷指出,它在司法改革层面是成功的,但在政治改革层面是失败的,司法改革上的有益变化不足以保障其政治体制上的成功。此外,他还指出莫普法院法官出身卑微,平庸无能。⑤

　　然而,埃格雷的观点在法国史学界并非主流。相比之下,门生众多的穆尼埃的观点则得到了传承和发展。穆尼埃的弟子米歇尔·安托万(1925—2015),在其撰写的关于路易十五的传记中,称国王延续的是自亨利二世以来开创的国家管理现代化的事业,而高等法院顽固地阻挠了这种发展倾向,并篡夺权力、建立了法官的专制主义。如果国王听之任之而不严厉制止,他就没有尽到作为法兰西国王的最根本职责。可以说,莫普的改革是国王等待已久的,

---

　　①　Lucien Laugier, *Un ministère réformateur sous Louis XV: le triumvirat(1770—1774)*, Paris: La Pensée Universelle, 1975.

　　②　Jean Egret, *Le parlement de Dauphiné et les affaires publiques dans la deuxième moitié du XVIIIᵉ siècle*, 2 tomes, Grenoble: Imprimerie Allier Père et Fils, 1942; Jean Egret, *Louis XV et l'opposition parlementaire*, *1715—1774*, Paris: Armand Colin, 1970.

　　③　Jean Egret, *Le parlement de Dauphiné et les affaires publiques dans la deuxième moitié du XVIIIᵉ siècle*, Tome II, p. 361.

　　④　Jean Egret, *Louis XV et l'opposition parlementaire*, *1715—1774*, p. 6.

　　⑤　Jean Egret, *Louis XV et l'opposition parlementaire*, *1715—1774*, pp. 226-227. 1990年,法国学者若埃尔·菲利克斯所撰写的《巴黎高等法院的法官,1771—1790年》,推翻了埃格雷等历史学家关于莫普法院成员出身卑微、平庸无能的判断。他指出,莫普法院的法官们与那些流放的官员们之间的相似性大于差异,这些新法官大部分出身良好,具有较好的学识背景。参见 Joël Félix, *Les magistrates du parlement de Paris*, *1771—1790*, Paris: Éditions Sedopols, 1990, pp. 26-27, 41-43。

莫普的行动是"对国家的解放"。① 1992 年安托万又专门写作了《司法大臣莫普之改革的意义与价值》一文，文中指出："事件的短期原因遮蔽了其深刻的起源"。作者从王权整肃司法界之历史的角度论证了莫普改革的必要性。他认为长期以来实行的停职与流放等惩罚措施并不能降服高等法院，君主制完全被买官制所导致的法院官职世袭现象禁锢起来了，要根除司法界的弊端必须寻求更极端的措施。② 谴责高等法院自私自利、为团体利益妨碍改革的观点，至今仍被重复。③

总体而言，20 世纪的法国史学家将高等法院视为旧制度改革之路上的绊脚石。这样的观点在右翼的、保守的史学家中盛行，他们对君主制的改革抱有好感并为旧制度的衰亡而惋惜；同时也得到了左翼革命史学家的认可，在他们看来，司法贵族的社会、经济地位决定了其保守顽固、自私自利的阶级立场。

（三）深化争论："旁观者"的介入

20 世纪中后期，原本属于"旁观者"的一些英美史学家，陆续加入到了关于旧制度下高等法院问题的论争之中，并推动了这一领域的发展。此时，法国革命史学正经历重要的转折，以艾尔弗雷德·科班、威廉·多伊尔等人为代表的英美修正派向法国革命史学的正统派发起了冲击。相较于正统派，修正派更关心旧制度如何解体的问题，在此背景下高等法院受到了更充分的关注。科班没有撰写关于高等法院的专著，但他抨击高法、支持君主制改革的观点在英美史学界影响深远。在科班看来，18 世纪法国的官僚体制是面向改革的，而高等法院与时代精神背道而驰，顽固地阻挠一切改革，对于旧制度从改革走向革命负有不小的责任。④ 他称赞莫普是波旁王朝最后一位伟大的大臣，并指出旧制度末年"只有一条路能够走出死胡同，这就是莫普的路"，罢免莫普使一切成为定局。⑤ 可以说科班的论述与法国保守派史学家的改革神话遥相

---

① Michel Antoine, *Louis XV*, Paris: Librairie Arthème Fayard, 1989, pp. 927-928.

② Michel Antoine, "Sens et portée des réformes du Chancelier de Maupeou", *Revue Historique*, 1992/3(n°583), pp. 39-44, 52-54.

③ 比如，André Zysberg, *La monarchie des Lumières, 1715—1786*, Paris: Seuil, 2002, 2016.

④ Alfred Cobban, "The 'Parlements' of France in the Eighteenth Century", *History*, Vol. 35, No. 123/124(1950), pp. 71-72.

⑤ Alfred Cobban, *A History of Modern France*, Vol. 1, London and Tonbridge: The Whitefriars Press, 1957, pp. 97, 128.

呼应。

英国学者申南于 1968 年出版了《巴黎高等法院》一书,为长期饱受史学家批评的高等法院而辩护。申南提出,尽管巴黎高等法院有大的缺陷,在政治层面存在严重误判,但它维护了法国法律与政治传统的连续性,促进了国家的统一与稳定。他还指出,18 世纪王权衰落的主要原因在于君主未能充分履行其义务,最终,国王或许能够依靠专制的手段自救,但这恰恰背离了法国君主制的传统。① 1970 年,英国历史学家多伊尔发表了一篇直接针对科班等人观点的论战性文章。作者否认莫普是改革派政治家,并把他刻画成了一位野心勃勃的机会主义者,多伊尔称莫普改革既不必要,也不可能存续下来。② 1974 年,多伊尔推出其专著《波尔多高等法院与旧制度的终结》,与那些指责高法法官顽固抵抗改革的观点截然相反,多伊尔展现了旧制度末年外省高等法院的被动以及深深的无力感。他指出,波尔多的法官是真正的地方精英,也极力维护当地人民利益,但其谏净书中透露出的是法官们的绝望,他们意识到自己无力阻止中央政府所采取的政策;无论面对莫普改革还是拉穆瓦尼翁改革,外省高法都毫无思想准备,只是面对同样的挑战时形成了一致的答复,法官们都从高等法院共同的思想与修辞库中汲取资源进行回应。此外,法官内部并不团结,有近半数的人员是愿意与政府合作的。③

认为法国君主制可以改良的美国研究者哈德森,针对多伊尔的文章进行了回应,1973 年他撰写了《莫普危机时期的法国政府宣传》一文。④ 作者相信,新的莫普高等法院在创立后经受住了困难时期的考验,并证明了它既是有效率的也是可能持续存在的。哈德森还提出,在高等法院与政府的舆论战中双方各具优势,公众渐渐接受了新法官,而忘却了昔日的法官。

20 世纪 90 年代中期,英国研究者朱立安·斯旺向颂扬改革君主制的历史学家们泼了冷水。他认为:"改革君主制神话的持续流行及其对莫普的迷

①　J.H.Shennan, *The Parlement of Paris*, Cornwall: Sutton Publishing, 1968, 1998, p. 328.

②　William Doyle, "The Parlements of France and the Breakdown of the Old Regime, 1770 — 1788", *French Historical Studies*, Vol. 6, No. 4 (Autumn, 1970), pp. 415–458.

③　William Doyle, *The Parlement of Bordeaux and the end of the Old Regime, 1771—1790*, London and Tonbridge: Ernest Benn Limited, 1974, pp. 308–310.

④　David Hudson, "In Defense of Reform: French Government Propaganda During the Maupeou Crisis", *French Historical Studies*, Vol. 8, No. 1 (Spring, 1973), pp. 51–76.

恋,都明显是对旧制度怀念的结果,但总的来讲,它反映了对国王政府性质的深刻误解,他们都轻信了路易十四创立了一种官僚的或行政的君主制的说法,而没有看到政府的失败主要是自身弱点所致"。① 同时,他还指出:"到 18 世纪 60 年代末,巴黎高等法院并没有转变成一个需要被驯服的危险团体,相反,它保持了传统团体机构的保守主义,它主要关注的是要捍卫其特权及司法权"。至于对司法大臣莫普的评价,斯旺的观点和多伊尔相似,也认为"他不是个有改革眼光的人",只是个有魄力的机会主义者。② 斯旺的著作诞生之际,也正是学术界对于法国绝对主义进行反思之时。斯旺在为《绝对主义的神话》(1992)一书撰写的评论中指出:"绝对主义的神话是 19 世纪和 20 世纪初期的产物,当时的历史学家试图在其所处时代的那种官僚制、非个人的政府和早期近代的政府之间建立直接的联系。他们在一定程度上犯了时代误植的错误,先前统治者(尤其是路易十四)的宣传,引人犯这样的错误。"③换言之,在斯旺看来,一个多世纪以来一些学者相信旧制度可以改良,高等法院阻挠了现代化改革的认识皆源自对于法国绝对君主制的误会,他们严重高估了彼时政府现代化的程度。应该说,斯旺的观点切中肯綮。法国一些著名的政治史、制度史专家存在美化旧制度(尤其是路易十四和路易十五的统治)之嫌。比如穆尼埃声称,旧制度下"臣民的权利、自由、特许权和特权形成了一个受保护的领域,所有这些保障都被大革命破坏了。"④又如,弗朗索瓦·布吕什(1925—2018)批评巴黎高等法院的法官守旧、嗜古,试图让社会一成不变;⑤他笔下的路易十四则是开明专制的先行者,推动了现代法国的诞生。⑥ 如今,关于法国绝对主义的研究表明,路易十四及其继任者并非致力于建设中央集

---

① Julian Swann, *Politics and the Parlement of Paris under Louis XV, 1757—1774*, Cambridge: Cambridge University Press, 1995, pp. 30–31.

② Julian Swann, *Politics and the Parlement of Paris under Louis XV, 1757—1774*, pp. 284, 350.

③ Julian Swann, "The Myth of Absolutism", *History Today*, July 1993. 参见 https://www.historytoday.com/reviews/myth-absolutism。

④ Roland Mousnier, *The Institutions of France under the Absolute Monarchy, 1598—1789*, Chicago and London: University of Chicago Press, 1979, p. 665.

⑤ François Bluche, *Les Magistrats du Parlement de Paris au XVIIIᵉ Siècle*, Paris: Economica, 1960, 1986, p. 297.

⑥ François Bluche, *Louis XIV*, Paris: Fayard, 1986, 1988, pp. 180, 450.

权的现代化国家,而是意在维持并捍卫传统社会。① 与此同时,法国革命前贵族阶级腐朽、没落、顽固、保守的形象也得到了大大的修正。近几十年的研究认为,17—18 世纪的法国贵族与时俱进,在社会的发展与转变中扮演了重要角色。② 在学术界大幅度修正绝对主义与贵族研究的背景下,斯旺对于君主制可以改良的神话的破除正当其时。

　　值得注意的是,在英美史学家介入之前,高等法院研究在法国本土遇冷。众所周知,当时主宰法国史坛的年鉴学派的兴趣点在于经济变迁与社会结构问题,其成员关注社会边缘群体,贬低政治史和贵族精英。因此,高等法院这样的主题显得颇为陈旧,持续了四年的莫普改革在年鉴学派眼中只是昙花一现的政治事件,不值得关注。然而,英国史学界没有放弃对于政治史的耕耘,一些学者投入到了法国高等法院研究之中,并且带动了美国学者的参与,共同更新了高等法院研究。法国一批年轻学者正是受英美史学家影响,重新关注高等法院问题。

　　20 世纪 90 年代后期之后,关于高等法院与王权冲突的争论暂告一段落,研究者们通过拓展新的领域,尝试新的视角来更新高等法院研究。如果说高等法院是否阻碍改革、导致革命的争论主要追问旧制度之死的问题,那么当下的研究更侧重高等法院与活生生的旧制度之间的关联。

三、高等法院研究中的多重路径

(一)社会史视野下的高等法院研究

　　19 世纪与 20 世纪前期的高等法院研究基本都采用的是政治史的研究方法,这与政治史在当时史学界的中流砥柱地位正相吻合。20 世纪中叶社会史在法国兴起,弗朗索瓦·布吕什于 1960 年所出版的《18 世纪巴黎高等法院的

---

　　①　William Beik,"The Absolutism of Louis XIV as Social Collaboration",*Past and Present*,No. 188(Aug.,2005),p. 195.威廉·贝克在此还指出,关于法国绝对主义的经典表述可追溯至托克维尔,托氏认为波旁王朝的君主们通过压制贵族服从并开启国家统一的进程从而为现代国家奠定了基础。

　　②　John Shovlin,"Nobility",in William Doyle ed.,*The Oxford Handbook of the Ancien Régime*,Oxford and New York:Oxford University Press,2012,pp. 111-126.

法官》一书,便践行了社会史视角下的高等法院研究。① 社会史重视新资料的发掘与运用。布吕什使用了婚约、遗嘱、法官去世后分割财产的清单、私人通信、日记、回忆录、司法辩论材料等等。他考察了法官的世界,探究高法成员的出身、财富及社会地位状况,界定这一社会团体在旧制度末年的法国所处的位置。前文所提到的英国史学家多伊尔的《波尔多高等法院与旧制度的终结》,结合了社会史与政治史的研究方法。著作第一部分以社会史的路径揭示了波尔多高法成员的招募、法官的财富、投资、婚姻、生活质量等问题。1984 年,莫妮克·库柏勒推出了《启蒙时代的普罗旺斯:18 世纪艾克斯的高等法院成员》。② 书中勾勒了艾克斯高法法官的贵族身份、财产状况、社会关系、日常生活以及精神世界,完全是依据法国经典社会史研究范式中的经济—社会—精神(心态)三个层次来展开研究。③ 然而,这部作品之后,社会史领域中的高等法院研究又是长期的寂寥。近年来随着社会文化史的兴起,这一领域才又有了新的起色。2004 年题为《高等法院与城市生活(16—18 世纪)》的会议论文集问世,着重讨论了外省高等法院在出版、公共救济、防疫等社会生活领域的管理活动。④ 2006—2007 年间两位年轻的学者卡罗琳·勒茂和克拉里斯·库仑出版了三部厚重的作品,分别考察了波尔多的高法法官与多菲内的高法法官。⑤ 这两位研究者的著作都遵循了社会史考察社会集团的研究路径,但是也都增添了对于文化生活与精神世界的考察。2013 年出版了《高等法院成员,外省生活的参与者(17—18 世纪)》,这本论文集探讨了高法法官如何参与

① 参见 François Bluche 前引书。

② Monique Cubells, *La Provence des Lumières: Les Parlementaires d'Aix au XVIIIᵉ siècle*, Paris: Maloine S.A.Editeur, 1984.

③ 关于法国 20 世纪中后期经典社会史的研究模式问题,可参见拙文《马克思主义影响下的法国拉布鲁斯史学探析》,《史学史研究》2015 年第 1 期。

④ Olivier Chaline et Yves Sassier (dirs.), *Les Parlements et la vie de la cité (XVIᵉ – XVIIIᵉ Siècle)*, Rouen: Publications de l'Université de Rouen, 2004.

⑤ Caroline Le Mao, *Les fortunes de thémis: vie des magistrats du Parlement de Bordeaux au Grand Siècle*, Bordeaux: Fédération historique du Sud-Ouest, 2006; Caroline Le Mao, *Parlement et parlementaires: Bordeaux au grand siècle*, Seyssel: Champ Vallon, 2007; Clarisse Coulomb, *Les pères de la patrie: La société parlementaire en Dauphiné au temps des Lumières*, Grenoble: Presses Universitaires de Grenoble, 2006.

对地方社会、经济生活的管理。①

（二）政治文化史与政治事件史的争论

20 世纪 90 年代,社会史领域的相关研究寥寥无几,政治文化史却是异军突起。这一崭新的研究路径令高等法院的课题大大超越了维护特权与捍卫法律的争论,转而关注巴黎高等法院在旧制度末年的政治文化演进过程中的特殊地位。这种研究喜欢分析高等法院谏诤书中所使用的新语言、体现的新思想,并挖掘它们对公共领域的影响。基思·贝克于 90 年代初出版的著作即代表了这种努力。他认为,从 18 世纪 50 年代以来法国的政治文化冲破了绝对主义的模式,出现了三种话语在公共政治领域相互竞争的局面:高等法院代表的是司法的话语;改革派大臣代表的是行政的话语;卢梭、西耶斯等体现的是政治的话语。贝克通过对马尔泽尔布和勒佩日等高等法院理论家的言论的分析,阐释了司法话语的内涵与特征,并揭示了它对公众舆论的争夺、它对代表制理论的贡献等问题。② 这种新的研究路数不久便招致了罗杰斯特与斯旺等英国历史学家的攻击。他们抱持典型的英国经验主义的态度,指责政治文化研究太过抽象和理论化。斯旺批评说,"考察法官的思想而不涉及争论的背景,如同脱离水来研究鱼","为了理解高等法院的行为,必须离开空洞的'话语'的世界,并返回到个人品格、社会与制度的背景以及法官们自身的观点等领域进行研究。这种研究方法能够更复杂更精确地描绘出路易十五时期的司法政治。"③罗杰斯特的态度则更为极端,他声称要写一部"只叙述事件的历

---

① Serge Dauchy, Véronique Demars-Sion, Hervé Leuwers et Sabrina Michel(dirs.) , *Les Parlementaires, acteurs de la vie provinciale*, Rennes: Presses Universitaires de Rennes, 2013.

② Keith Michael Baker, *Inventing the French Revolution: Essays on French Political Culture in the Eighteenth Century*, Cambridge: Cambridge University Press, 1990. 除贝克外, 梅里克和辛根姆也有这方面的研究, 参见梅里克:《18 世纪巴黎高等法院的谏诤书中的臣民与公民》(Jeffrey Merrick, "Subjects and Citizens in the Remonstrances of the Parlement of Paris in the Eighteenth Century", *Journal of the History of Ideas*, Vol. 51, No. 3[Jul.-Sep. , 1990] , pp. 453-460) ; 辛根姆:《两千万法国人的阴谋》(Shanti Marie Singham, "A Conspiracy of Twenty Million Frenchmen: Public Opinion, Patriotism, and the Assault on Absolutism during the Maupeou Years, 1770—1775", Ph.D.dissertation, Princeton University, 1991) 。

③ Julian Swann, *Politics and the Parlement of Paris under Louis XV, 1757—1774*, pp. 79, 366-367.

史"（histoire événementielle），将国王、教士与巴黎高法三方的冲突作为考察的重点。① 他根本否认高等法院与王权存在结构性、内在的紧张，而把问题归结于历史人物的个性等偶然性因素。政治文化研究非常看中的公众舆论在罗杰斯特笔下也无足轻重，他认为国王与高等法院的和解没有任何来自外部的压力，"公众舆论没有扮演什么角色，尽管存在着大量的公报、小册子和手抄新闻"。② 具有英国经验主义特色的高等法院研究，有助于超越关于法官捍卫公益与维护特权的争论，使人们认识到司法政治在很大程度上取决于宫廷以及高法内部政治派别的相互作用，导致王权—高法危机的因素是多方面的。罗杰斯特与斯旺的著作刚一问世就引起了美国历史学家大卫·贝尔的关注。倾向于政治文化研究的贝尔认为这两部著作的缺点在于没能深入挖掘 1750 年以来法国政治特色的转变，并指明这种传统的描述史学的研究应整合入政治文化的变化中。③ 时至今日，关于高等法院政治话语的研究仍在继续，比如2010 年法国出版了高法研究的论文集，题为《18 世纪高等法院的世界：一种政治话语的发明》。④

（三）思想史视角下的高等法院研究

1985 年美国学者杜兰德·埃切维里亚撰写的《莫普革命：一项自由主义史研究》⑤，基本上是一项思想史的研究。作者指出，自由主义、绝对主义和贵族政治之间的相互关系，在当时大量的作品中以及 1770—1774 年事件所导致的思想骚乱中清晰地展现了出来，因而作者所关注的正是这场思想革命，而不是引发思想革命的政治革命。⑥ 此书是对政治事件进行思想史的考察，探讨

---

① John Rogister, *Louis XV and the Parlement of Paris*, *1737—1755*, Cambridge: Cambridge University Press, 1995, p.xviii.

② John Rogister, *Louis XV and the Parlement of Paris*, *1737—1755*, p. 258.

③ 贝尔比较赞赏斯旺的著作，认为它全面、完整，对巴黎高等法院与王权的关系的解释比前人复杂。但他对罗杰斯特持批评态度，认为他对个人品格的论断似乎反映的是他个人的敏感而非文献本身要说明的东西，另外他明显低估了他所研究的危机的严重性。参见 David A.Bell, "How(and How Not) to Write Histoire Evénementielle: Recent Books on Eighteenth-Century French Politics", *French Historical Studies*, Vol. 19, No. 4(Fall, 1996), pp. 1174–1180,1185。

④ Alain J.Lemaître(dir.), *Le monde parlementaire au XVIIIe siècle.L'invention d'un discours politique*, Rennes: Presses Universitaire de Rennes, 2010.

⑤ Durand Echeverria, *The Maupeou Revolution: A Study in the History of Libertarianism*, France, *1770—1774*, Baton Rouge and London: Louisiana State University Press, 1985.

⑥ Durand Echeverria, *The Maupeou Revolution*, Preface, p.XI.

各派的思想状况。但是,对于法官群体思想史的重要研究却长期缺失,直到最近才有两部著作诞生。2009 年,雅克·克里南推出了《昔日法官的意识形态》,作者从政治思想史的角度深入挖掘了王权与高等法院的关联,以及法官如何从意识形态层面界定自身的角色。① 2010 年,艾莉娜·勒迈尔出版了《穿袍大贵族与自由》,该书通过分析高等法院的主要谏诤书与法官们的私人著述,来建构旧制度末年法官的思想体系,并阐述他们对于自由制度的思考。②

(四)法学领域的高等法院研究

前文提及的罗伯·维耶的《莫普改革之后巴黎高等法院与高级法庭的构造》(1937)便是一篇法学博士学位论文,关注于司法体系结构上的变革。作者仔细考察了莫普改革过程中对于买官制的废除、无偿司法的实行、高级法庭及莫普法院的组织情况等问题。此后,法学领域推出的较为重要的相关著作似乎并不多见。近年来随着高等法院研究的复兴,法学领域才又见到了一些新成果。比如,理查德·安德鲁斯撰写了《旧制度巴黎的法律、法官与犯罪》;菲利普·佩恩从司法层面考察了高等法院的治理决议、管理条例;让-贝尔纳·朗出版了《梅茨高等法院的刑事司法》。③

纵观欧美史学界近 30 年的高等法院研究,可以说经历了从冷到热的过程,新著层出不穷。不仅视角各异,关注的时段、地域也更加多样。如今,研究者不再仅关注于 18 世纪,也重点考察 16—17 世纪高法与王权的关系;不仅考察巴黎高等法院,也追踪外省高法。正是在高等法院研究日益增多之际,国内学者在研究中也开始注意相关问题。高毅先生所著《法兰西风格:大革命的政治文化》(浙江人民出版社 1991 年版,北京师范大学出版社 2013 年再版)第一章"宪法的窘迫"中论及高等法院的宪政思想及其与王权的斗争。洪庆

---

① Jacques Krynen, *L'État de justice. France, XIIIe–XXe siècles. I. L'idéologie de la magistrature ancienne*, Paris: Gallimard, 2009.

② Elina Lemaire, *Grande robe et Liberté. La magistrature ancienne et les institutions libérales*, Paris: Presses Universitaires de France, 2010.

③ Richard Mowery Andrews, *Law, Magistracy, and Crime in Old Regime Paris, 1735—1789*, Volume I, Cambridge and New York: Cambridge University Press, 1994; Philippe Payen, *Les arrêts de règlement du Parlement de Paris au XVIIIe siècle*, Paris: PUF, 1997; Jean-Bernard Lang, *Les robes écarlates: La justice criminelle au Parlement de Metz, 1744—1780*, Metz: Éditions Serpenoise, 2008.

明的博士学位论文(《法国旧制度末年公众舆论研究》,北京大学 2002 年博士学位论文)、黄艳红的博士学位论文(《法国旧制度末年免税特权问题研究》,北京大学历史系 2006 年博士学位论文①)与周立红的博士学位论文(《法国旧制度末期谷物贸易改革研究(1763—1776 年)》,北京大学 2007 年博士学位论文)分别论及高法与公众舆论、高法与税收、高法与谷物贸易等问题。法学博士陈颐出版了《立法主权与近代国家的建构:以近代早期法国法律为中心》②,此书也涉及了高等法院(作者译为巴列门)的历史。

四、本书的研究思路与主要内容

西方学术界对法国旧制度下的高等法院进行了丰富、细致的研究,但也存在不足之处。现有研究往往侧重对某一时期、某一地方高等法院的考察,而缺乏对于旧制度下法国各高等法院的系统梳理。对于中国学术界而言,更需要一部能够全面认识高等法院的著作。此外,虽然目前在旧制度研究领域基本超越了高等法院因维护特权、阻挠改革而引发革命的僵化认识,但是我们不能否认,18 世纪后期的高等法院在诸多层面推动了旧制度的解体与大革命的降临。有鉴于此,笔者将本书分上下两编,分别从宏观和微观两个层次考察法国旧制度下的高等法院。上编题为"治理与制衡:高等法院在绝对君主制中的职能与角色",正题的拟定表明了本书对于高等法院在绝对君主制中的基本定位:它既是承担了重要治理职能的王权支柱,又是国王政府的重要制衡者。因为要跨越整个旧制度,并涉及多家高法,所以只能从宏观层面描述、分析,用四章篇幅厘清了高等法院的历史概况、司法职能、社会治理职能、制约王权的政治角色以及反抗王权的理论资源。上编之中,在宏观描述的框架下又有许多细致、生动的事例,有助于从细节处认识日常工作中的高等法院。绝大部分关于高等法院的研究,都关注于高法—王权斗争这一主题,但实际上国王政府与高等法院大部分时间是彼此合作,相安无事的,法官们履行着司法与社会治

---

① 黄艳红在博士学位论文基础之上出版了专著《法国旧制度末期的税收、特权和政治》,社会科学文献出版社 2016 年版。

② 陈颐:《立法主权与近代国家的建构:以近代早期法国法律为中心》,法律出版社 2008 年版。

理的职责,高法充当了君主治理国家的重要力量。因此,本书一改首先突出政治发展线索的做法,将涉及司法职能与治理职能的两章放在前面,然后交代高法与王权的政治斗争。下编题为"革命的预演:莫普改革与绝对君主制的解体",试图从微观层面探究旧制度末年最为重要的一次高法—王权冲突,并解析这场冲突如何构成了旧制度末年的重要政治转折,加速了旧制度的崩溃。下编章节的设计与上编形成了呼应,分别从司法层面改革、政治制度的选择以及公众舆论中的思想交锋几个维度来考察,以期多层次、多角度地认识这场高法—王权冲突。由于这一部分考察的时段仅为四年,所以有充分的空间解读基本史料。

本书的具体篇章结构如下:

"高等法院:具有司法职能的贵族团体"作为第一章,揭示高等法院法官如何形成了一个在一定程度上独立于王权的司法贵族团体。同时,展现高法团体在王权司法体系中的位置以及高法法官在司法活动中的重要角色。第二章题为"高等法院与社会治理",考察了高等法院的行政管理功能,其管理权限几乎扩展到了日常生活的方方面面,构成了所谓的"大治理"。在进行社会治理的过程中,身为穿袍贵族的法官们与平民百姓产生了密切的联系,他们为自身树立了一种卫护人民的形象,并得到了公众舆论的支持。

在考察了高等法院的司法职能、行政管理职能后,本书第三章描述了"高等法院在绝对君主制中的政治角色"。高等法院的政治角色在该机构诞生初期便已形成,其特殊的地位令其成为王权的制约者。尽管太阳王似乎成功压制了高等法院的反抗,但由于法国财政体制与官僚制度的缺陷,高等法院的政治角色在18世纪不仅复兴,而且因公众舆论的支持得到了强化。高等法院在扮演政治角色的同时,也形成了制约王权的理论资源,这是第四章要探讨的内容。法国君主制传统上是一种司法君主制,它蕴含了一套立宪观念。在18世纪,高等法院传统上所支持的高卢主义和政治冉森主义相结合,酝酿出了激进的立宪话语。此外,启蒙运动也对高等法院产生了较为深刻的影响,为这一古老的机构增添了思想生机。

第五章勾勒了莫普改革的背景。七年战争后的经济、宗教,甚至宫廷政治等因素都构成了莫普改革的重要背景。第六章揭示"作为一场司法变革的莫普改革",本章围绕着事件的进程与改革的举措而展开,力图阐释为什么新司法体系在表面运作稳定的时候却突然失败？并且希望探询这场司法改革在司法、政治层面所产生的深刻影响。

从更深层次来看，莫普改革涉及旧制度末年的政治精英在选择政治制度时的冲突：究竟是建立一种威权君主制，还是走向自由君主制？第七章通过解读莫普与马尔泽尔布的争论，揭示这场政治改革的核心问题。第八章题为"引发舆论战的莫普改革"。这场舆论战可以看作是莫普与马尔泽尔布之争的延续，它吸引了启蒙哲人伏尔泰的目光并引发了公众对于政治讨论的极大兴趣，从而推动了旧制度末年政治启蒙的进程。

本书稿上下两编密切关联，上编的研究可以看作是下编问题的背景，下编的研究可以视为对上编问题的深化。二者探讨的核心问题都是高等法院与绝对君主制的关系问题，莫普改革中所遇到的改革买官制、约束高法的政治权力等问题，其实长期存在于高等法院的历史之中，是国王政府屡改屡败的问题，反映了法国君主制的深层缺陷。希望透过这八章的分析，我们能更好地认识法国旧制度后期的危机与变革。

上　编

治理与制衡：高等法院在绝对
君主制中的职能与角色

第一章　高等法院：具有司法职能的贵族团体

法国旧制度下的高等法院在法语中对应的是"Parlement"一词。在现代法语中，这个词首先是议会的意思，因此，在中文译著中高等法院常常被误译为"议会"。"Parlement"的词根乃是"Parler"，即"说话"。最初，很可能是因为国王召集的司法会议主要目的即是让与会者说出他们的不满与苦衷。①

当代法国学者关于高等法院的研究，通常是以单一高等法院为研究对象。这体现了法国强劲的区域史传统，擅长局部的、细密的考察，这样做的优势在于，研究者可尽量占有第一手材料，详尽剖析某个外省高等法院的方方面面。英美学者更擅长选择特定时段，阐述司法政治的错综复杂之处。笔者希望对此类研究作出综合，借此观察高法贵族团体的共性。唯有如此，方能更好地理解大部分法官们因何会在反抗王权的斗争中保持较为一致的姿态。此外，以往对于高等法院的研究过于关注其政治角色，而忽视了它们在旧制度下的日常生活中首先是作为司法机构而存在的。大多数情况下，法官们与国王政府是合作的，斗争与冲突是例外状况，践行其司法职能才是法官工作的常态。而且，需要将高等法院放置在王权司法体系中进行考察，这样才能准确理解这一机构在旧制度下的职能和地位。

第一节　高法贵族团体的形成

一、高等法院的建立及其注册权和谏诤权

法国的高等法院是王室法院，它们能够以国王的名义在各自的管辖区内对上诉案件行使最终的审判权。② 除了司法职能，高等法院还拥有一定的行

---

① Emmanuel du Rusquec, *Le Parlement de Bretagne*, Rennes：Éditions Ouest-France, 2007, p. 110.

② William Doyle, "The Parlements", in Keith Baker ed., *The Political Culture of the Old Regime*, Oxford：Pergamon Press, 1987, pp. 157-158.

政管理与政治层面的权力。18世纪,法国的巴黎高等法院完全可以跻身于欧洲最古老、最著名的法院之列。高等法院起源于中世纪的御前会议(Curia regis),在接近1200年时,御前会议用以召集封臣、高级教士、高官以及王室成员,他们共同辅佐君主行使其政治与司法权力。① 此时,案件日益增多并且越来越复杂,因此专业法学家变得重要,这为高等法院的出现创造了条件。13世纪路易九世统治时期(1226—1270年在位),名为"la Curia in Parlamento"的会议从御前会议中分离了出来,专门处理司法事务。会议越来越规律地选择在重大宗教节日期间(诸圣瞻礼节、主显节、复活节、圣灵降临节)于巴黎西岱岛上的王宫举行。② 可以说,正是卡佩王朝的圣路易创建了巴黎高等法院,规定该机构以国王名义解决司法问题。到菲利普四世统治时期(1285—1314年在位),随着诉讼的增多,巴黎高等法院出现了每年固定的从圣马丁节(11月11日)至初夏的开庭期。③

15世纪中叶百年战争结束,国家秩序逐渐恢复,诉讼增多,王室领地也扩大了,这使得增设外省高法成为必然。④ 自此,外省高等法院陆续设立,以分担巴黎高等法院的司法事务。到18世纪后期共存在12所外省高等法院,它们分别设在图卢兹(Toulouse,1420)、格勒诺布尔(Grenoble,1453,又称多菲内高法)、波尔多(Bordeaux,1462)、第戎(Dijon,1477,又称勃艮第高法)、鲁昂(Rouen,1499,又称诺曼底高法)、艾克斯(Aix-en-Provence,1501,又称普罗旺斯高法)、东贝(Dombes,1523—1771)、雷恩(Rennes,1554,又称布列塔尼高法)、波城(Pau,1620)、梅茨(Metz,1633)、贝桑松(Besançon,1674年建于Dole,1676年迁至Besançon)、杜埃(Douai,1686年建于Tournai,1713年迁至

---

① Jean-François Sirinelli (dir.), "Parlement de Paris", *Dictionnaire de l'histoire de France*, Paris:Larousse,2006,p. 841.

② Philippe Pichot-Bravard, *Histoire constitutionnelle des Parlements de l'Ancienne France*, Paris: Ellipses Édition Marketing S.A.,2012,p. 3.

③ Philippe Pichot-Bravard, *Histoire constitutionnelle des Parlements de l'Ancienne France*, p. 3.关于巴黎高等法院作为固定法庭的时间说法不一,斯通认为是13世纪末期,罗杰斯特指出是在1301年,分别参见 Bailey Stone, *The French Parlements and the Crisis of the Old Regime*, Chapel Hill: University of North Carolina Press, 1986, p. 17;John Rogister, *Louis XV and the Parlement of Paris*, *1737—1755*, p. 2。

④ 应该注意到,1461—1483年在位的国王路易十一被称为"国土聚合者",在他治下法兰西版图初具现代的形态。

Douai)、南锡(Nancy,1775)。① 设立外省高等法院既可以加强司法管理,也可以限制巴黎高等法院的辖区范围。尽管如此,在各地的高等法院之中,巴黎高等法院无疑享有最高的权威。在 16—17 世纪(在路易十四向外扩张之前),巴黎高等法院的辖区内的人口占全国的一半,大约在 800 万至 1000 万人之间。到 18 世纪末,其辖区人口从全国的 1/2 降至 1/3。② 外省的高等法院基本上是仿照巴黎高法而建立,它们和首都的高等法院彼此联同一气,自称同源一体。

高等法院拥有的最重要的权力是注册权(enregistrement)和谏诤权(remontrance)。所谓注册权(或译登记权),即一切法令、敕令或诏书,甚至外交条约,通常要经过高法注册方能生效;所谓谏诤权,即如果高等法院对国王的政策持有异议,可以拒绝注册,并以法律的名义呈递给国王谏诤书表示抗议。具体而言,当国王的诏书或敕令等起草后,一般经由国王的总检察官(le procureur général du roi)递交给高等法院的院长以进行注册。有时依据诏书的主

① 这里提到了 13 所外省高法,因为东贝高法在 1771 年被撤销,而南锡高法 1775 年才建立,所以 18 世纪同时存在的外省高法只有 12 所。参见 Lucien Bély(dir.), *Dictionnaire de l'Ancien Régime: royaume de France,XVe–XVIIIe siècle*,Paris,PUF,1996,p. 363;[法]阿尔贝·索布尔:《法国大革命史》,马胜利等译,中国社会科学出版社 1989 年版,第 58 页。关于各个外省高法建立的时间也有不同说法,尤其图卢兹高等法院出现的时间争议最大。比如,Philippe Pichot-Bravard 前引书(第 3 页)认为 1454 年 11 月 14 日的 Mehunsur-Yèvre 敕令创建了图卢兹高等法院;乔治·杜比主编的《法国史》认为是 1443 年创建,参见《法国史》上卷,吕一民、沈坚、黄艳红等译,商务印书馆 2010 年版,第 548 页;Jean Raynal 也认为是 1443 年创建,参见 *Histoire des institutions judiciaires*,Paris:Librairie Armand Colin,1964,p. 92。各外省高法的创立时间之所以会产生不同的说法,是因为某些法院的成立是一个长时间的过程,所以会有一些变更。在此需要补充的沿革信息是:贝桑松高等法院的前身是 14 世纪创立的弗朗什-孔泰高等法院(1361—1382 年间创立),该法院于 1668 年被取消,1674 年法国征服弗朗什-孔泰时被重建,1676 年迁移至贝桑松;第戎高等法院的前身是 14 世纪末创立的勃艮第公爵高等法院,1477 年变成了王家高等法院,1494 年固定于第戎;杜埃高等法院的前身是 1668 年于图尔奈(Tournai,今比利时城市)创立的弗兰德尔最高法庭(Conseil souverain),1686 年升格为高等法院,1709 年迁至康布雷(Cambrai),1714 年迁至杜埃;创立于 1775 年的南锡高等法院的前身是洛林-巴华地区的最高法院(Cour souverain);雷恩高等法院创立于 1554 年,但 1560 年才定址于雷恩;鲁昂高等法院的前身是诺曼底古老的最高法院(Échiquier),1499 年成为常设的最高法院,1515 年以诺曼底高等法院的名称被创立;图卢兹高等法院 1420 年建立,1443 年被确认。参见 Bernard Barbiche,*Les institutions de la monarchie française à l'époque moderne XVIe–XVIIIe siècle*,Paris:PUF,1999,p. 341。

② Bernard Barbiche,*Les institutions de la monarchie française à l'époque moderne XVIe–XVIIIe siècle*,p. 342.

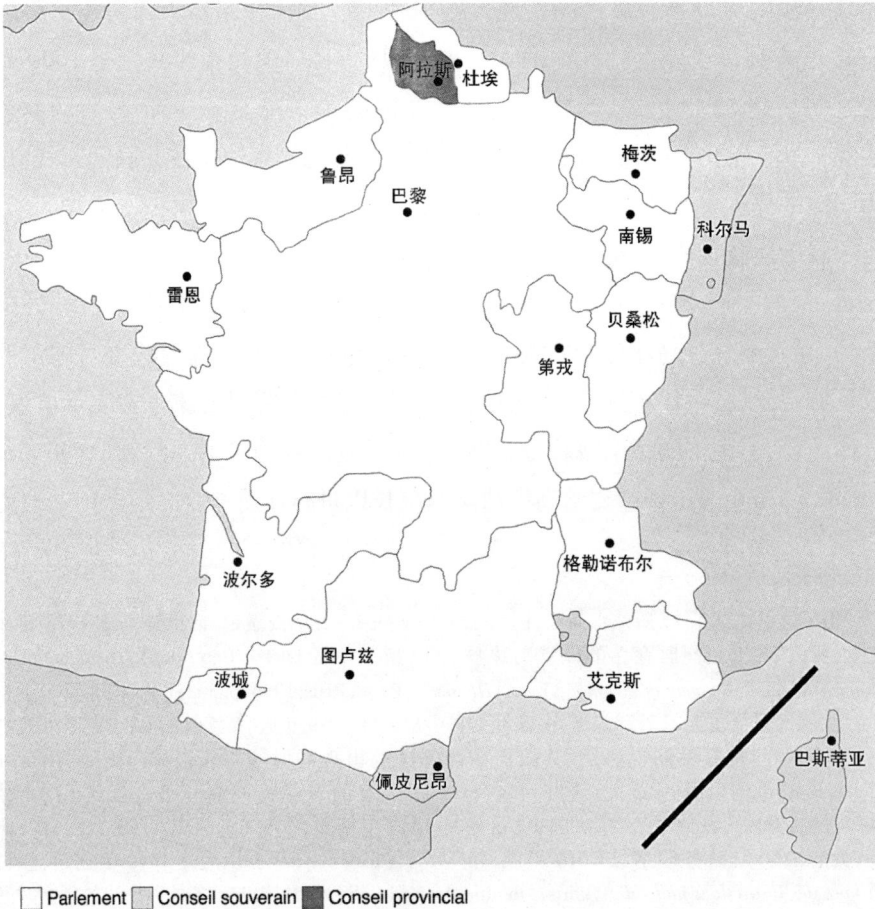

图1 1789 年时的法国高等法院与最高法庭①分布图

资料来源:Bernard Barbiche, *Les institutions de la monarchie française à l'époque moderne XVIᵉ – XVIIIᵉ siècle*, Paris: PUF, 1999, p. 340。

---

① 对于较晚并入法国、位于边陲地区的省份,建立或维持原有的"最高法庭"(法文称为 conseil souverain 或 conseil supérieur)。1789 年存在 4 个最高法庭,如图 1 所示,它们分别位于科尔马(Colmar)、佩皮尼昂(Perpignan)、科西嘉岛的巴斯蒂亚(Bastia)和北部阿图瓦省的阿拉斯。如图 1 所示,阿拉斯(Arras)的法庭为"省法庭"(conseil provincial)。其实,其全称为 conseil provincial et supérieur d'Artois,也就是最高法庭。

题需要到审计法院或间接税审理法院注册,那么就不必递交高等法院。在高等法院注册时,院长要召集各个庭进行核查、登记,如果院长发觉其中存在问题,便会以半官方的渠道提醒国王及其身边的顾问,要求修改敕令或诏书中的内容。① 绝大部分情况下,并没有什么问题。研究者约翰·赫特认为,注册本质上意味着发布法令,其流程为:法官们先在法院中公开大声宣读法令,然后抄录在登记簿上,最后再将其印刷版本分发到下属法院中。② 然而,启蒙时期的法官以及某些启蒙精英却赋予注册权更重要的意义,《百科全书》是这样界定注册的:"将一条法令写进登记簿,其目标并非仅是让法官们和民众们知晓它,而是赋予这条法令以某种特性,明确它不是没有经过核查、注册的法令,核查与注册都是依据国王授予高等法院的权威。"③无论怎样阐释注册权,它都意味着法官们参与了国王的立法过程,其结果是引出了谏诤权。

谏诤权也有着悠久的历史,早在 14 世纪初,国王就规定当其敕令不合乎正义时,高等法院有权提出建议。1303 年 3 月 23 日的敕令写道:"我们规定王国内的所有法官,在满怀敬意地接到国王的敕令并满含热情地去执行时,背后是没有任何真实、合理的动机去阻止他们这样做的……他们向我们报告、给我们公开致信,只要盖上他们的印章,阐明其不执行上述命令的动机……"④ 在查理九世统治时期(1560—1574),国王在一则与司法改革相关的敕令中确认了谏诤权。⑤ 因此,史学界一般认为,到 16 世纪,谏诤权逐渐发展成为一种工具,以法律的名义反对王室的政策。⑥ 法官们利用这种权力来反对开征新税,攻击大臣们的专制,批评宫廷的奢侈、浪费以及各种弊端。不过,国王可以敕令书(lettre de jussion)的形式贯彻其意志,要求高等法院注册。如果依然不

① Philippe Pichot-Bravard, *Histoire constitutionnelle des Parlements de l'Ancienne France*, pp. 11-12.

② John J.Hurt, *Louis XIV and the Parlements: The Assertion of Royal Authority*, New York: Manchester University Press, 2002, pp. 1-2.

③ Denis Diderot, d'Alembert(éds.), *Encyclopédie, ou dictionnaire raisonné des sciences, des arts et des métiers*, Paris, 1752, Tome 5, p. 702.

④ Philippe Pichot-Bravard, *Histoire constitutionnelle des Parlements de l'Ancienne France*, pp. 8-9.

⑤ Philippe Pichot-Bravard, *Histoire constitutionnelle des Parlements de l'Ancienne France*, p. 10.

⑥ William Doyle, "The Parlememt", in Keith Baker ed., *The Political Culture of the Old Regime*, p. 158.

能打破僵局,国王还可以举行由君主、显贵、重臣和法官共同出席的庄严的御临法院会议,强迫高等法院注册新法令。所谓御临法院是指国王端坐于高等法院主持司法①,其法语为"Lit de Justice",原意是"带着华盖的国王的宝座出现在了高等法院之中"。② 这个称谓最早出现于 14 世纪,从 15 世纪初开始,它尤指在巴黎高等法院举行的重要的国王会议。至 16 世纪末,御临法院会议已经成了一种强迫高法注册新法令的机制。③

二、高法法官的贵族地位及其团体认同

在巴黎高等法院最初的历史中,法官多是大贵族、高级教士。但逐渐有越来越多的法官出自法律专家,他们有着不同的社会背景:有的是教士,有的是下层贵族,还有的甚至不是贵族成员。到 15 世纪中期以后,法官不再以教士为主,而主要是世俗人,同时也越来越多地面向平民招募新人。④ 这些出身卑微的法官逐渐得到了贵族的身份,到路易十四时代结束时,没人再去怀疑高等法院的法官不是真正的第二等级的成员。⑤

弗朗索瓦·布吕什曾从社会史的角度对巴黎高等法院的法官做过深入的研究。根据他的统计,在巴黎高等法院的家族之中,有 33 个家族(约占 5.65%)至少于 16 世纪之前获得其贵族身份;在 16 世纪,有 106 个家族成功跻身于贵族行列;从 1600—1715 年,有 289 个家族进入到第二等级;18 世纪,受封的贵族仅为 84 个家族。⑥ 在考察了法官们的出身、财富及其社会地位后,布吕什发现,这一群体没有任何地方反映他们与资产阶级相连,根本不是"资产阶级贵族"(noblesse bourgeoise),也不是处于平民和贵族之间的阶级,其社会地位

---

① 也不是所有的御临法院仪式都在高等法院内举行。

② 勒佩日在《关于御临高等法院的信札》中解释了带有华盖的国王宝座被称为 Lit(字面意思是床),其中还包含五个垫子,一个被国王坐着,一个靠着,两个支撑胳膊,一个踩在脚下。参见 Louis-Adrien Le Paige, *Lettre sur les Lits de Justice*, 1756, p. 1。

③ 1485 年,查理八世下令规定御临法院会议只能在巴黎高等法院举行。参见 Elizabeth A. R. Brown and Richard C. Famiglietti, *The Lit de Justice: Semantics, Ceremonial, and the Parlement of Paris, 1300—1600*, Sigmaringen: Thorbecke, 1994, pp. 11, 14, 44。

④ J. H. Shennan, *The Parlement of Paris*, p. 110.

⑤ J. H. Shennan, *The Parlement of Paris*, p. 121.

⑥ François Bluche, *Les magistrats du Parlement de Paris au XVIIIᵉ siècle*, pp. 47-48. 丹尼尔·罗什也做过类似的调查,他指出,18 世纪巴黎高等法院中有 6% 的家族的贵族血统可以追溯到公元 1500 年前,其余的 500 人则是受封成为贵族的。参见[法]丹尼尔·罗什:《启蒙运动中的法国》,杨亚平、赵静利、尹伟译,华东师范大学出版社 2011 年版,第 387 页。

完全与贵族处于同一水平。①

外省高等法院的法官又是何种情形呢? 根据莫妮克·库柏勒的研究,18
世纪艾克斯高等法院拥有 163 个高等法院家族,其中两家为历史悠久的骑士
出身的世家贵族(les familles chevaleresques ou de noblesse immémoriale,此类
家族在 15 世纪之前即已成为贵族),7 家 15 世纪进入贵族等级,35 家 16 世纪
受封,61 家 17 世纪受封,30 家 18 世纪受封,15 家刚刚跻身贵族行列。② 可以
说,在 17 世纪的艾克斯高法法官逐渐确立了自身的贵族地位,到 18 世纪得到
了进一步巩固。③ 与此类似,波尔多高等法院的法官也大都是在 17—18 世纪
受封的,统计数据显示,86% 的贵族成员是 16 世纪以来成为贵族的,其中
26.73% 为 17 世纪受封,将近 40% 在 18 世纪受封。④ 可见,波尔多的高法法官
以新贵族居多。研究者卡罗琳·勒茂指出,在 17 世纪波尔多的贵族与高等法
院融合在了一起,而且法官们没有面对一个足够强大的、能够指责其出身平凡
的贵族集团。⑤ 换言之,波尔多地区并不存在势力庞大的旧贵族群体,因此高
等法院成员虽然跻身第二等级时间不久,但不会因此受到排挤。研究 18 世纪
多菲内高等法院法官的克拉里斯·库仑指出,多菲内高法之中不仅有受封贵
族,也有古老的军功贵族,这些佩剑贵族(noblesse d'épée)进入法院往往是在
其家族困难时期,不过他们也是被法院的崇高声望所吸引而与新贵族为伍的;
与此同时,那些富有的、从事批发商业的资产阶级却鲜有机会进入高等法
院。⑥ 这也印证了布吕什的判断:高法贵族并非资产阶级贵族。综上所述,无论
是巴黎高等法院还是主要的外省高等法院,法官们大都是在 17—18 世纪进入贵
族等级的,像波尔多这样的沿海商业城市,贵族等级更具开放性。此外,高法法
官在本地都具有较高的社会声望,其作为穿袍贵族的社会地位相当稳固。

---

① François Bluche, *Les magistrats du Parlement de Paris au XVIIIᵉ siècle*, pp. 295-296.

② Monique Cubells, *La Provence des Lumières: Les Parlementaires d'Aix au XVIIIᵉ siècle*,
pp. 26-27.

③ Monique Cubells, *La Provence des Lumières: Les Parlementaires d'Aix au XVIIIᵉ siècle*, p. 397.

④ Caroline Le Mao, *Parlement et parlementaires: Bordeaux au grand siècle*, p. 297.

⑤ Caroline Le Mao, *Parlement et parlementaires: Bordeaux au grand siècle*, pp. 304-305.

⑥ Clarisse Coulomb, *Les pères de la patrie: La société parlementaire en Dauphiné au temps des
Lumières*, pp. 53-55,61-64.作者还认为,多菲内高法拒绝批发商资产阶级这一点不同于波尔多、
鲁昂等批发贸易兴盛的大城市(第 55 页)。

　　既然大量法官家族是受封而进入贵族等级的,那么他们因何而受封? 一般而言具有两种途径:通过国王的诏书(lettres patentes)受封,或通过在某些职位上的实践受封。诏书封贵原则上是一种奖赏,但实际上往往也要花钱。大部分情况是通过职位受封。某些政府、司法和财政部门的官职会立即为其持有者带来世袭贵族身份,其他官职则通常要任职相当长的时间(至少两代人)方能受封贵族。① 这些买来的官职被当时的人讽刺为"平民的香皂"(savonnette à vilain),用它可以洗刷掉平民的身份。

　　这又涉及法国旧制度下的一项重要制度——官职买卖(Vénalité des charges,或 Vénalité des offices)。② 这里需要解释旧制度下的官职(offices)一词。用法国思想家卢瓦佐(Charles Loyseau,1564—1627)的话说,"官职即拥有公职头衔"。官职是由国王委派的,其职能可能十分重要(比如担任高等法院法官、法兰西的总财务官),也可能无足轻重(比如担任初等法院的司法官),甚或相当卑微(比如司法机构的执达员)。③

　　根据多伊尔的研究,"法国国王们早在 13 世纪就开始通过捐官制来筹钱了",起初只是在有限的时间内出让一些司法权力。④ 从 14 世纪开始,就存在

----

① Guy Cabourdin,Georges Viard,*Lexique historique de la France d'Ancien Régime*,Paris:Armand Colin,2014,p. 238.

② 在买官制研究方面,法国历史学家罗朗·穆尼埃(Roland Mousnier)曾撰写了博士学位论文《亨利四世和路易十三时代的官职买卖》(*La Vénalité des offices sous Henri IV et Louis XIII*,1945 年初版,1971 年再版并修订)。在这部皇皇巨著中,穆尼埃展现了从中世纪末期至路易十三时代的买官制历史以及运作机制,考察了官职价格的变迁,揭示了购买官职的穿袍贵族与传统佩剑贵族之间的冲突等问题。近年来,法国学者对旧制度下官职买卖问题的认识更加多元。让·纳格勒(Jean Nagle)指出,官职能够赋予购买者以"尊严",这种尊严可以对抗旧贵族的"荣誉",在 1580—1770 年间,"尊严"和"荣誉"这两种价值观念发生了激烈的冲突。参见 Jean Nagle,*Un orgueil français.La vénalité des offices sous l'Ancien Régime*,Paris:Odile Jacob,2008。英语世界中,在法国买官制研究方面用力最勤的当属英国学者威廉·多伊尔。他也指出,法国的买官制符合既定程序,得到法律承认,并非腐败,而且在 16—17 世纪它基本是上一套运行良好、能够满足国王政府需要的制度。参见 William Doyle,*Venality,the Sale of Offices in Eighteenth-Century France*,Oxford:Clarendon Press,1996,pp. 319 – 320. 中译本参见[英]威廉·多伊尔:《捐官制度——十八世纪法国的卖官鬻爵》,高毅、高煜译,中国方正出版社 2017 年版,第 563—564 页。在国内法国史学界,最近,黄艳红从制度史的角度考察了旧制度下的官职买卖,并指出它既是国王政府不可或缺的财政手段,同时也使王权付出了沉重的代价。参见黄艳红:《钱与权:制度史视角下法国旧制度时代的职位买卖》,《史林》2015 年第 5 期。

③ Lucien Bély(dir.),*Dictionnaire de l'Ancien Régime*,p. 920.

④ [英]威廉·多伊尔:《捐官制度——十八世纪法国的卖官鬻爵》,高毅、高煜译,中国方正出版社 2017 年版,第 4 页。

个人之间的官职交易。① 很长一段时间内,尤其是在 1356 年和 1484 年召开的三级会议的压力之下,法官职位的买卖是被明令禁止的。然而,实际上,在王权的纵容之下,此类交易在逐渐发展。② 1522 年,在意大利战争的背景之下,法王弗朗索瓦一世(1515—1547 年在位)成立了"额外收入局",其主要功能便是出售官职并对官职交易征收变动费。③ 额外收入局甫一成立便向市场投放了巴黎高等法院的 20 个参事职位,20 多年后,司法界的大部分官职都可以购买了。④ 虽然 16 世纪前期便出现了司法官职的公开买卖,但是官方对于法官职位买卖的禁令依然维持了一个世纪。直到亨利四世时期,官职买卖才真正合法化。⑤ 亨利四世政府为了缓解财政困境于 1604 年设立了每年缴纳的官职税,从而进一步巩固了买官制度。

此后,买官制在法国愈演愈烈,官职市场充分发展起来。买官制的盛行,首先是由于 16—17 世纪法国对外战争频仍,国王政府时常处于财政拮据的状态。绝对君主也不再希望利用三级会议的方式来筹措资金,买官制正满足了这一需求。1615 年后,全国三级会议停止召开,省三级会议也几乎废止。⑥ 其实,资产者购买官职也是一种投资方式。买来的官职不仅可以继承和赠与,还可以在私人之间进行诸如出租、借贷、分割等各类交易。⑦ 应该说,买官制的盛行满足了资产者进行官职投资的需求。在 17 世纪,官职价格总体上呈上涨趋势。至 1635 年,官职价格平均增长五倍,到 17 世纪末升至顶点,进入 18 世

---

① Lucien Bély(dir.),*Dictionnaire de l'Ancien Régime*,p. 920.

② 三级会议和其他一些代表团体认为,不应让没有受过训练、不称职的富人掌握王国的司法权。参见[英]威廉·多伊尔:《捐官制度:十八世纪法国的卖官鬻爵》,第5—6页。

③ [英]威廉·多伊尔:《捐官制度:十八世纪法国的卖官鬻爵》,第6—7页。

④ [英]威廉·多伊尔:《捐官制度:十八世纪法国的卖官鬻爵》,第 9 页。值得注意的是,对于出售法官职位的做法,高等法院最初是极其反对的。伏尔泰指出,在弗朗索瓦一世时期,"把法官职位出卖给出价最高的竞买人,是一种令高等法院大为惊愕的奇耻大辱。高等法院进行了极为强烈的规劝、告诫、责难……"参见[法]伏尔泰:《巴黎高等法院史》,吴模信译,商务印书馆 2015 年版,第 62 页。

⑤ Lucien Bély(dir.),*Dictionnaire de l'Ancien Régime*,pp. 920-921.

⑥ 依法国学者罗伯特·狄赛孟之见,官职买卖乃是绝对君主与精英之间建立对话来解决国家债务的途径,出售官职是政府对债务进行融资的独特方式。他还将买官制盛行的法国比作"某种股份制公司",有钱人持有的官职相当于公司的股份。参见罗伯特·狄赛孟:《旧制度下法国官职的捐纳:公共借贷抑或腐败》,《法国法学》丛书编辑委员会编:《罪与罚:中欧法制史研究的对话》,中华书局 2014 年版,第 27、31—32 页。

⑦ Lucien Bély(dir.),*Dictionnaire de l'Ancien Régime*,p. 921.

纪后渐趋下降。[1] 高等法院的某些职位则更受追捧,据统计,1596—1635 年间,巴黎高等法院推事职位的平均价格从 1 万上涨到 12 万里弗。[2] 花钱买来的官职本身也是一笔价值不菲的资产。在 1630 年左右,法院的官职往往占官职持有者财富的 1/3,到 18 世纪尽管官职价格下跌,也能占到资产总值的近 1/4。[3]

表 1 反映了 1665 年各地高等法院中不同官职的价格。

表 1　1665 年各地高等法院职位价格　　　　　(单位:千里弗)

	艾克斯	波尔多	第戎	格勒诺布尔	梅茨	巴黎	波城	雷恩	鲁昂	图卢兹
院长	—	250	250	200	150			300	250	250
"戴白型圆帽的庭长"	150	150	144	132	75	500	75	180—200	180	150
调查庭庭长	81	40				150		100—140		122
诉状审理庭庭长	—	40	95			180				100
世俗推事	75	60	80	78	43	120	42	60—120	88	83
教士推事	50	54		45	33	110		—	48	62
诉状审理专员		27	60	—	—	20	—	100	—	—
次席检察官	45	100	60	66	40	150	36	80—100	60	143
总检察官	45	150	150	132	80	—	50	200	180	150

数据来源:Caroline Le Mao,*Parlement et Parlementaires:Bordeaux au grand siècle*,p. 187。

　　一些历史悠久、位高权重的官职还是由国王来任命,比如,司法大臣或王室总管(le connétable)。而且,巴黎的治理总监、各高等法院院长以及总检察

---

　　① Guy Cabourdin, Georges Viard, *Lexique historique de la France d'Ancien Régime*, p. 244. 从 1690 年至 1789 年,高等法院推事的官职价格平均下跌了 35%。参见 Frédéric d'Agay, "Quatre-vingt mille magistrats", dans Philippe Boucher(dir.), *La Révolution de la justice*, Paris:Jean-Pierre de Monza,1989,p. 59。

　　② [法]乔治·杜比主编:《法国史》上卷,吕一民等译,商务印书馆 2010 年版,第 648 页。

　　③ Guy Cabourdin, Georges Viard, *Lexique historique de la France d'Ancien Régime*, p. 244.

官的职务最后也要由国王根据其意愿来确定人选;另外,弗朗什-孔泰、洛林等地区很晚才并入法国,因此没有施行买官制。[1]

　　花钱买来的官职本身也是一笔价值不菲的资产。由此,又引出了另一些问题:法官们究竟拥有哪些类型的资产? 是否参加商业活动? 他们是否富有?内部差异如何? 首先,高等法院的法官往往也是领主,拥有可观的地产。巴黎高等法院的法官们大多拥有自己的土地,而且他们对土地颇为依恋,认为地产才是拥有资产的象征,假期时要去其土地上度假,并希望去世后埋葬在那里。[2] 地产对于艾克斯高等法院的法官们也是十分重要的,1715 年,将近70%的高法家族拥有一块或几块采邑(fiefs),到 1785 年,这一数值攀升至86%以上。[3] 在多菲内高等法院的世界,地产也是最重要的财富,城里的不动产或是其他金融投资都很难超越地产。[4] 在波尔多,法官们常常从没落的佩剑贵族手中购买土地,1700 年时高等法院贵族(la noblesse parlementaire)拥有超过 40%的重要领地,到 18 世纪末该数值达到 56%。[5] 据研究,鲁昂和雷恩的法官们也以地产为首要财富。[6] 在商业较为发达的艾克斯、波尔多、格勒诺布尔等地,法官也都注重积累土地财富,可见这在整个高等法院的世界具有普遍性,各地的高法法官都同时充当了一个地区的领主。

　　除土地之外,高法贵族还有哪些财富? 有些法官在城市之中拥有房产用于出租,在此方面巴黎的法官比外省法官更具优势。还有的法官投资其他地

---

① Bernard Barbiche, *Les institutions de la monarchie française à l'époque moderne XVIe -XVIIIe siècle*, p. 82.Rousselet 也指出院长是由国王任命,不过国王仅能在大法庭和刑事庭的庭长(les Présidents à mortier)间选择。参见 Marcel Rousselet, *Histoire de la Justice*, Paris: Presses Universitaires de France,1948,p. 33。

② François Bluche, *Les magistrats du Parlement de Paris au XVIIIe siècle*, pp. 139-140, 144, 155.

③ Monique Cubells, *La Provence des Lumières: Les Parlementaires d'Aix au XVIIIe siècle*, pp. 127, 131.

④ Clarisse Coulomb, *Les pères de la patrie: La société parlementaire en Dauphiné au temps des Lumières*, p. 142.

⑤ Caroline Le Mao, *Les fortunes de thémis: vie des magistrats du Parlement de Bordeaux au Grand Siècle*, Bordeaux, 2006, p. 108.

⑥ Clarisse Coulomb, *Les pères de la patrie: La société parlementaire en Dauphiné au temps des Lumières*, p. 145.

产,比如,格勒诺布尔有法官拥有网球场并进行出租。① 在启蒙时代,随着经济的发展,法国出现了所谓的商业贵族(la noblesse commerçante),这类贵族是否也存在高等法院之中? 据布昌什研究,巴黎高等法院的法官很少从事商业活动,但波尔多、艾克斯、格勒诺布尔、第戎等地的法官参与其中。② 其实,在工商业活跃的地区,高法法官的参与也是颇为有限的。③ 虽然格勒诺布尔有的大批发商是贵族,但是高法成员却未见参与这样的商业活动,他们对于工业投资也是谨小慎微。④ 同样,艾克斯的法官们的工商业投资在其财产总额中微不足道,很多人根本没有进行此类投资。⑤ 总体而言,高法法官们比较富有,当然由于法官们所处的地区不同、家族背景不同、官职大小不同,其富裕程度也千差万别。⑥ 有的拥有大量的财产、身居要职,而另外一些人只获得了一点虚名而已。

高法内部虽然存在诸多差异,但也形成了一个有着较强认同感的司法贵族团体。18 世纪著名的法官马尔泽尔布曾说:"在英国,法官不是一个团体(un corps),在法国却是。"⑦那么,法国的法官团体现象是如何产生的? 从成员构成来看,高等法院在保持一定开放性的同时,⑧又为若干著名的高法世家

---

① Clarisse Coulomb, *Les pères de la patrie: La société parlementaire en Dauphiné au temps des Lumières*, p. 146.

② François Bluche, *Les magistrats du Parlement de Paris au XVIIIᵉ siècle*, pp. 170−171.

③ 比较特殊的是波尔多高法法官参与了海外商贸活动,在法国的海外殖民地拥有资产。参见 William Doyle, *The Parlement of Bordeaux and the End of the Old Regime, 1771—1790*, pp. 102−105。

④ Clarisse Coulomb, *Les pères de la patrie: La société parlementaire en Dauphiné au temps des Lumières*, pp. 149−151.

⑤ Monique Cubells, *La Provence des Lumières: Les Parlementaires d'Aix au XVIIIᵉ siècle*, p. 236.

⑥ Cubells 指出,法官的贫富是相对而言的,某个院长在 1785 年时拥有超过 300 万里弗的资产以及超过 10 万里弗的收益;而 1760 年时某个推事的全部财产就是其价值 4 万里弗的职位,而且他还背负着债务。参见 *La Provence des Lumières*, pp. 112−113。根据库仑的研究,格勒诺布尔大部分法官的财富在 10 万至 50 万里弗之间,财产少于 20 万里弗的法官很少。如果将格勒诺布尔法官资产水平放在整个法国来衡量,那么他们没有雷恩的同行富有,大部分雷恩的法官资产超过 50 万里弗,也赶不上图卢兹、波尔多或艾克斯法官的财富水平,但是比鲁昂的法官们稍稍富裕一些,那里大部分法官的财富在 10 万至 25 万里弗间徘徊,同时也比贝桑松以及第戎的法官富有。参见 Clarisse Coulomb, *Les pères de la patrie*, p. 141。

⑦ De Lamoignon de Malesherbes, *Mémoires sur la librairie et sur la liberté de la presse*, Paris: H. Agasse, Imprimeur-Libraire, 1809, p. 364.

⑧ 传统观点认为高等法院越来越走向封闭,斯旺推翻了这一看法,参见 Julian Swann, *Politics and the Parlement of Paris*, p. 11。

所支配,围绕着这些显赫的家族高等法院形成了一个小世界。根据理查德·安德鲁斯的研究,从 1653—1789 年,巴黎高等法院的招募模式是相当稳定的,有 30%—40% 的法官属于子继父职,另有 20%—25% 的成员招募自其他高等法院贵族家族。[①] 由此可见,高等法院的法官职位主要为司法贵族的小圈子所垄断。同时,婚姻也是一条重要纽带,高等法院家族讲究门当户对,常常在司法贵族圈子内部联姻,因而,各家族联结成了复杂的关系网络。由此可见,买官制导致司法界上层以家族为基础的团体特征非常突出。

司法贵族团体也因职位的世袭而产生了强烈的团体认同。高等法院法官弗朗索瓦·贝尔托·德弗雷奥维勒(François Bertaut de Fréauville),于 1701 年出版了《穿袍贵族的特权》一书。作者指出,当职位长期保留在某些家族中,那么职位转移给继承人时,传递的乃是尊严,而非职位产生的收益。[②] 职位所赋予的尊严构成了司法贵族团体认同的重要支点。相较于佩剑贵族,法院中这些高级穿袍贵族彼此之间关系更密切、更和谐,形成了一个具有内在认同的社会与职业团体,具有较强的团体意识。

团体的形成也得益于高法贵族分享了共同的文化与社交生活。法官们大多拥有私人藏书,这些藏书是历史学家洞悉法官精神世界的一个窗口。关于法官的各项研究中几乎都会统计他们的藏书情况,这些研究表明高法贵族偏爱宗教、法学、科学艺术、历史和文学类著作,随着时代的发展藏书种类越来越丰富。依库仑之见,高法贵族重视藏书与阅读是因为书籍具有象征意义,可展现其声望,在面对那些王公贵族(noblesse du sang)时,高法成员要凸显其博学贵族(noblesse du savoir)的身份。[③] 法官们不仅是文化产品的消费者,他们也参与该地区的文化活动与社交生活,比如沙龙、学院、共济会以及通信网络。[④] 其中颇为突出的一点是对于外省科学院活动的积极参与。丹尼尔·罗什关于

---

① Richard Mowery Andrews, *Law, Magistracy, and Crime in Old Regime Paris, 1735—1789*, Volume I, pp. 165-166.

② Albert N. Hamscher, *Parlement of Paris after the Fronde, 1653—1673*, Pittsburg: University of Pittsburg Press, 1976, pp. 58-59.

③ Clarisse Coulomb, *Les pères de la patrie: La société parlementaire en Dauphiné au temps des Lumières*, p. 241.

④ Olivier Chaline(dir.), *Les parlements et les Lumières*, Pessac: Maison des Sciences de l'Homme d'Aquitaine, 2012, p. 19.

启蒙时代外省科学院的著名研究表明,在拥有高等法院的外省城市里,科学院成员中贵族的比重颇高。① 可见,高法贵族热衷加入科学院。以18世纪的波尔多高法为例,从中不仅能发现当地科学院的主导力量,也能看到许多共济会组织的成员。② 此外,一些外在因素也加强了高法成员的团体认同。首先,各个高法几乎都拥有坐落在市中心的、华丽的高法宫(palais)。③ 其次,高法贵族也常常比邻而居。比如,在巴黎,高法法官一般住在城市东部的玛莱区,其房屋在首都中是最华贵的,④在格勒诺布尔高等法院的街区是伊塞尔河左岸的中心区。⑤ 更为重要的是,在与国王政府长期的斗争中,在高法理论家政治话语的渲染中,高等法院的团体意识日益凸显出来,我们将在后文对此展开论述。

第二节　王权司法体系中的高等法院

一、旧制度下法国的司法体系

在中世纪晚期、近代早期,司法对于法国王权而言具有重要意义,主持司法、伸张正义被视作君主的关键角色。16世纪法国的法学家让·巴凯(Jean Bacquet)曾指出:"司法权是国王王冠上最重要的装饰,通过这一手段他们在

---

① 根据罗什的统计,在鲁昂科学院的贵族比重为69%,在梅茨为64%,在波尔多为61%,在波城为60%,在格勒诺布尔为58%,在第戎为55%。参见 Daniel Roche, *Le siècle des lumières en province.Académies et académiciens provinciaux*, 1680—1789, Tome I, Paris: Éditions de l'École des Hautes études en Sciences Sociales, 1978, p. 218。

② William Doyle, *The Parlement of Bordeaux and the End of the Old Regime 1771—1790*, pp. 132-134.多伊尔在此还指出,1712年波尔多科学院成立时,几乎全部成员都是高法法官,在1750年之前,该科学院仅从高法招募新成员。

③ 高等法院起源于卡佩时期国王的御前会议,所以后来法院独立之后其所占据的建筑仍然被称为宫"Palais",而且法院的法语是 la cour,这个词更常见的含义是宫廷。在国外的研究中,学者们常常用 la cour 代替 parlement 来指代高等法院。而且法院中的审判员(conseillers,一般译推事),保留了 conseiller(有顾问之意)的头衔,也是因为在高法起源时这些人乃御前会议的顾问。参见 Emmanuel du Rusquec, *Le Parlement de Bretagne*, p. 111。关于司法宫的进一步解释参见 Hervé Leuwers, *La justice dans la France moderne*, Paris: Ellipses Édition Marketing S. A., 2010, pp. 57-63。

④ David Garrioch, "Daniel Roche and the History of Paris", *French Historical Studies*, Vol. 27, No. 4(Fall 2004), p. 733; J.H.Shennan, *The Parlement of Paris*, p. 130.

⑤ Clarisse Coulomb, *Les pères de la patrie: La société parlementaire en Dauphiné au temps des Lumières*, p. 212.

上帝的意志和眷顾赐予他们的伟大国家中得以根基牢固,并且他们通过司法权保持其人民和臣民的和平、统一、和谐、安宁,使他们能够平静地享受属于他们的土地和财产,保护他们免受邪恶的武力、压迫和暴行……"①在这种思想的支配下,法国近代早期的司法人员与各级司法机构迅速发展,形成了一套较为复杂的司法组织架构。

要分析高等法院的司法职能,首先需要了解法国旧制度下复杂的司法体系。高等法院是王室法院,其法官为王家法官,它属于王权司法管理(les ju-ridictions royales)体系的重要组成部分。国王是司法之本源,是最高的法官。国王可以委派代表行使司法权,即"委任裁判"(justice déléguée);也可以亲自行使司法权,即"保留裁判"(justice retenue)。② 国王如何亲自行使司法权?在一些非常特殊的情况下,国王可以亲自审案。此外,国王可以通过特派员(commissaires)行使司法权,可以颁发特赦函、昭雪函、减刑函以及密札,还可以通过颁布裁判书来介入民事问题。

在"委任裁判"体系中,国王将其司法权委托给以下机构(数据针对旧制度末年的情况③):

(1)复数的最高法院(cours souveraines)

　　高等法院(parlements,13 家)

　　最高法庭(conseils souverains,4 家,最高法庭其实就是小高等法院)

(2)次级司法机构(justices de second rang)

　　初等法院(présidiaux,约 120 家)

　　巴伊和塞内夏尔法庭(tribunaux de bailliages et de sénéchaussées,约 400 家)

　　普雷沃辖区法庭(prévôtés)

(3)专门的司法机构

　　最高级别的:

---

① 转引自 Roland Mousnier, *The Institutions of France under the Absolute Monarchy, 1598—1789*, p. 659。

② Guy Cabourdin, Georges Viard, *Lexique historique de la France d'Ancien Régime*, p. 190; Arlette Lebigre, *La justice du roi, la vie judiciaire dans l'ancienne France*, Paris: Albin Michel, 1988, p. 37.

③ 数据出自 Philippe Boucher(dir.), *La Révolution de la justice*, pp. 34-37; Bernard Barbiche, *Les institutions de la monarchie française à l'époque moderne XVIe-XVIIIe siècle*, pp. 360-364。

大法院(grand conseil,1 家)

审计法院(chambres des comptes 或 cours des comptes,12 家)

间接税法院(cours des aides,4 家)

货币法院(cour des monnaies,1 家)

普通级别的：

面向金融、货币、水利和森林、商业、治安等领域的各类法庭

（以上分类参见 Guy Cabourdin,Georges Viard,*Lexique historique de la France d'Ancien Régime*,p. 190。）

在司法体系的最底层是为数众多的普雷沃辖区(les prévôtés),普雷沃辖区起源于 11 世纪,是法国最古老、最小、最基层的司法与行政管理单位。[1] 普雷沃辖区中的普雷沃(prévôt,即司法官吏)行使着无偿的司法管理,比如监护、托管或者财产管理等等;同时他可以对辖区内几乎所有的民事与刑事案件进行初审,不过涉及贵族、享有特权者以及王室的案件,这些案件要由上级司法单位审理。[2] 因此可以说,这是针对平民的日常司法管理。普雷沃在农村扮演着重要角色,但在城市其工作常与巴伊的任务相重合。总体而言,16 世纪后,普雷沃辖区趋于衰落。

在普雷沃辖区之上为巴伊辖区(les bailliages)和塞内夏尔辖区(les sénéchaussées)法庭。这二者为同一级别,只是大体而言前者存在于北方,后者存在于南方。[3] 16 世纪中叶,大约有 97 个巴伊或塞内夏尔辖区法庭,此后逐渐增多。[4] 与普雷沃辖区相同,巴伊辖区与塞内夏尔辖区也是因其长官巴

---

① Bernard Barbiche,*Les institutions de la monarchie française à l'époque moderne XVIe−XVIIIe siècle*, p. 347;Jean Raynal,*Histoire des institutions judiciaires*,pp. 77−78.也有些地方基层司法单位不称为普雷沃辖区,比如在诺曼底和巴黎分别称 châtellenie, vicomté;南方称 viguerie,bailie 或者 jugerie。

② Bernard Barbiche,*Les institutions de la monarchie française à l'époque moderne XVIe−XVIIIe siècle*,p. 348.

③ 其实,北部地区 Bretagne,Artois,Boulonnais 和 Ponthieu 也存在塞内夏尔辖区,在南部的 Labourd 也存在巴伊辖区。参见 Guy Cabourdin, Georges Viard,*Lexique historique de la France d'Ancien Régime*,p. 32。

④ Guy Cabourdin,Georges Viard,*Lexique historique de la France d'Ancien Régime*,p. 32.然而,根据 Barbiche 的研究,1560 年共存在 42 个巴伊和塞内夏尔辖区,1789 年则存在 400 多个。参见 *Les institutions de la monarchie française à l'époque moderne XVIe−XVIIIe siècle*,p. 349.Hervé Leuwers 也认为在大革命前夕有 400 多个巴伊和塞内夏尔辖区,参见 *La justice dans la France moderne*,p. 20。

伊(bailli)和塞内夏尔(sénéchal)而得名。早在 12 世纪末,巴伊和塞内夏尔便以某种王权总监察员(inspecteurs généraux)的身份出现,13 世纪则建立了永久性的固定辖区。① 起初,巴伊辖区和塞内夏尔辖区法庭负责的事务非常广泛,涵盖司法、财政、军事等方面,后来其权力逐渐限于司法领域。巴伊和塞内夏尔辖区法庭,可以审理涉及贵族和特权者的案件,以及重要的刑事与民事案件。② 16 世纪之后,巴伊和塞内夏尔的权力转移给了名为 lieutenant général(意为总监)的司法长官,由其主持辖区的法庭,而巴伊和塞内夏尔成了荣誉性的头衔。③ 巴伊和塞内夏尔由佩剑贵族担任,他们通常是些大领主,也不住在辖区之内,所以其司法权限转移给了其他司法长官。可以说,巴伊和塞内夏尔法院一端连接着领主法官和王家的普雷沃,另一端连接着初等法院和高等法院,其审理居于二者之间。

在巴伊和塞内夏尔辖区之上是初等法院(les présidiaux)。1552 年,亨利二世设立了 60 个初等法院,其中 32 个在巴黎高等法院辖区之内,初等法院是高等法院和低层司法机关之间的中间机构。④ 亨利二世设立初等法院,主要目的在于出售司法职位以获取资金。⑤ 初等法院的出现,减轻了高等法院的负担,从此高法只负责那些重要的诉讼,初等法院成为小案件的上诉法庭。⑥然而,高等法院对初等法院的成立并不满意,因为这在减少高法审理案件数量的同时也减少了高法的讼费(les épices)收入。⑦

---

① Bernard Barbiche, *Les institutions de la monarchie française à l'époque moderne XVIe -XVIIIe siècle*, p. 348.

② Hervé Leuwers, *La justice dans la France moderne*, p. 20.

③ Guy Cabourdin, Georges Viard, *Lexique historique de la France d'Ancien Régime*, p. 32; Jean Raynal, *Histoire des institutions judiciaires*, p. 78; Marcel Rousselet, *Histoire de la Justice*, p. 31.总监司法长官也分为不同类型,处理刑事案件的称为刑事总监(lieutenant criminel)。

④ Lucien Bély(dir.), *Dictionnaire de l'Ancien Régime*, p. 1011.到 18 世纪末初等法院增加到了 100 个左右,参见 Hervé Leuwers, *La justice dans la France moderne*, p. 20。

⑤ [法]乔治·杜比主编:《法国史》上卷,吕一民等译,商务印书馆 2010 年版,第 604—605 页。

⑥ Guy Cabourdin, Georges Viard, *Lexique historique de la France d'Ancien Régime*, p. 265; [法]乔治·杜比主编:《法国史》上卷,吕一民等译,商务印书馆 2010 年版,第 604 页。

⑦ Marcel Rousselet, *Histoire de la Justice*, p. 33;讼费制是与买官制联系在一起的。根据旧的司法习惯,诉讼人求助法官时要向他缴纳少量礼品,即"讼费"(最初是糖果、果酱、东方食品)。从 16 世纪起,礼品演变成必交税,可用金钱缴纳。参见[法]阿尔贝·索布尔:《法国大革命史》,马胜利等译,中国社会科学出版社 1989 年版,第 59 页。

初等法院中最为重要的是巴黎的夏特莱法院(Le Châtelet de Paris)。夏特莱法院的实际名称是"prévôté et vicomté de Paris",这个名称较难翻译,prévôté 如前所述意为普雷沃辖区,vicomté 字面意思是子爵领地,这里基本与prévôté 同义。因为该法院坐落在夏特莱这个地方,故以地名命名。虽然该法院名称中带有普雷沃辖区字眼,但实际上,夏特莱法院行使着巴伊辖区和初等法院的职能。①

在王权司法体系金字塔的顶端便是高等法院。各高等法院对民事与刑事案件进行终审,也就是说高法法官负责对上诉作出裁决。巴黎高等法院还负责初审整个王国之内的涉及血亲亲王(princes du sang)②(比如亲王的采邑问题、婚姻问题)、世卿(pairs)以及王室重臣的案件,还有牵涉国王特权(régale,特指国王征收空缺主教的收入及任命其所属宗教职务之权)、危害王权罪(lèse-majesté)的诉讼案件。

在王权司法体系中除了上述法院,还有一些重要的专门法院:大法院、审计法院、间接税法院和货币法院。大法院和巴黎高等法院、审计法院相同,都是从御前会议(conseil du roi)派生出来的,但它出现得较晚,是在1497—1498年间通过法令被纳入最高法院之列的。大法院的权限并不十分明晰,它可以仲裁各最高法院之间的纠纷,也可以处理那些高等法院可能会偏袒的案件。③审计法院负责涉及王室领地收入(finances ordinaires)的事项,它有两类权限:负责核对公共账目并保管王室产业。在巴黎、第戎、南特、艾克斯、南希、波城、鲁昂等地都设有审计法院。④ 间接税法院负责与那些历史久远的税收(军役税、盐税、间接税和货物进出关税)以及征收入市税的权利相关联的事务,它们主要审理对一审判决提出上诉的税务案件。在巴黎、波尔多、克莱蒙—费

---

① Bernard Barbiche,*Les institutions de la monarchie française à l'époque moderne XVI*ᵉ*–XVIII*ᵉ *siècle*,p. 351;Guy Cabourdin,Georges Viard,*Lexique historique de la France d'Ancien Régime*,p. 62.

② 所谓血亲亲王理论上是指于格·卡佩的所有直系、合法婚生的男性后裔,实际上法国国王只承认圣路易的后代为血亲亲王。参见 Lucien Bély(dir.),*Dictionnaire de l'Ancien Régime*,pp. 1018-1019。

③ Bernard Barbiche,*Les institutions de la monarchie française à l'époque moderne XVI*ᵉ*–XVIII*ᵉ *siècle*,p. 107;Guy Cabourdin,Georges Viard,*Lexique historique de la France d'Ancien Régime*,p. 163.

④ Bernard Barbiche,*Les institutions de la monarchie française à l'époque moderne XVI*ᵉ*–XVIII*ᵉ *siècle*,pp.359-361.

朗、蒙彼利耶等地都设有间接税法院。① 货币法院负责注册与货币相关的王室法令，并审理与货币问题相关的诉讼。②

王国内的法官职位，除了领主任命的，大都是由王权出售的。旧制度下王权司法体系的形成，有助于削弱领主的和教会的司法权，对于发展王权贡献很大。实际上，自圣路易时代以来王权就致力于打击领主司法权（Les justices seigneuriales）。所谓领主司法权，就是领主从君主那里获得的在其领地上司法的权力。16 世纪王权进一步将司法体系整合进国家机器之中，有力地约束了领主的司法权。国王禁止领主本人主持司法，甚至不让其出庭。1560 年 1 月的穆兰敕令和 1680 年 1 月 12 日的宣告都规定，领主所任命的法官需要经过考试，要拥有法律学位（des grades en Droit），要由王家法官予以授职。③ 渐渐地，领主们不再能以司法之名谋取利润。④ 同样，随着旧制度王权的发展，教会法院的权力逐渐被架空。1695 年 4 月敕令，规定教会的权限仅限于圣事问题、宗教愿望、教会规章、神职问题以及纯粹精神上的事物。⑤ 于是，教会司法权（les justices ecclésiastiques）逐渐被钳制，不得不臣服于国家的司法体系。如果教会法官的行为胆敢超越其权限，他就可能受到王家法官的惩罚，实际上，这种情况时常发生。⑥

我们知道，在某种程度上，封建领主和教会是法国君主制实现中央集权的障碍，他们手中的司法权不利于绝对君主的统治。而当王权体系发展较为完备、能够覆盖全国各地时，教会与领主手中的司法权力便被限制。由此可见，司法体系的建构是法国王权扩张的重要支柱。

---

① Bernard Barbiche, *Les institutions de la monarchie française à l'époque moderne XVIe –XVIIIe siècle*, pp. 362–363.

② Guy Cabourdin, Georges Viard, *Lexique historique de la France d'Ancien Régime*, p. 92.

③ Jean Raynal, *Histoire des institutions judiciaires*, p. 68.

④ Lucien Bély(dir.), *Dictionnaire de l'Ancien Régime*, p. 716. 路易十四的顾问曾建议，一举摧毁所有的领主司法权，但太阳王没有采取如此激进的政策。参见 Jean Raynal, *Histoire des institutions judiciaires*, p. 69。对于领主司法权的问题，托克维尔曾经作出简要的说明："法国贵族很久以来不再接触国家行政，只有一处是例外，那就是司法权。贵族中的首要人物还保持权利，让法官以他们的名义裁决某些诉讼，还在领地范围内不时地制订治安规章；但是王权已逐渐剪除了司法权，使之归属王权……"参见［法］托克维尔：《旧制度与大革命》，冯棠译，商务印书馆1992 年版，第 69 页。

⑤ Jean Raynal, *Histoire des institutions judiciaires*, p. 70.

⑥ Lucien Bély(dir.), *Dictionnaire de l'Ancien Régime*, p. 714.

二、高等法院的内部结构与基本职能

各地高等法院大体上都是按巴黎高等法院的模式建立起来的，只是在各类庭的数量上略有差异，所以我们以巴黎高法为例观察其内部结构。巴黎高法主要包括：一个大法庭（Grand- Chambre）、五个调查庭（Chambres des Enquêtes）、两个诉状审理庭（Chambres des Requêtes）和一个刑事庭（Chambre de la Tournelle）。

大法庭是高等法院的核心，一切重大事务都在这里讨论。当国王御临法院时，注册王室法令时，以及发布谏诤书时，法官们都在此聚集。从司法职能上看，大法庭审理那些牵涉大贵族、王室高官的案件和一些重要的刑事案件，它还负责涉及国王任命主教、大主教问题的诉讼，以及王权管理教区财产问题的诉讼。总之，大法庭可以裁决法兰西最具权势的精英与团体的事务。① 在大法庭任职的都是些资格老、地位高的法官，一般至少已经在高法工作了25年。② 在18世纪的大部分时间中，该庭由高等法院院长、9 名"戴臼型圆帽的庭长"（présidents à mortier）、33—37 名推事（其中12 名为教士推事）以及约40 名荣誉推事（conseillers d'honneur）组成。③ 而且，司法大臣、亲王、公爵、世卿、巴黎大主教和克吕尼修道院院长等权贵都是大法庭的当然成员。巴黎高法有五个调查庭（1756 年后减少到三个，图卢兹高法有三个，波尔多、雷恩和鲁昂高法都只有两个调查庭④），它们负责审理从下层司法结构上诉来的民事案件，以及一些小型刑事案件。调查庭由两名庭长以及82 名推事组成。⑤ 诉状审理庭面对一个特殊的群体，这群人拥有某种特许权，可以直接到高等法院

---

① Richard Mowery Andrews, *Law, Magistracy, and Crime in Old Regime Paris, 1735—1789*, Volume I, pp. 81–88.

② Frédéric d'Agay, "Quatre-vingt mille magistrats", p. 48.

③ Frédéric d'Agay, "Quatre-vingt mille magistrats", p. 48; Richard Mowery Andrews, *Law, Magistracy, and Crime in Old Regime Paris, 1735—1789*, Volume I, p. 88. 所谓荣誉推事，是指国王在法院外部制定的一些法官，比如在巴黎，高法荣誉推事包括一些政府人员。参见 Bernard Barbiche, *Les institutions de la monarchie française à l'époque moderne XVIe -XVIIIe siècle*, p. 344。庭长为什么被称为 présidents à mortier？许明龙先生将其翻译为"戴臼型圆帽的庭长"，并指出这个职务仅限大法庭和刑庭，其实只能算副庭长。参见许明龙：《孟德斯鸠究竟做过什么官？》，载《东传西渐——中西文化交流史散论》，中国社会科学出版社2015 年版，第407—410 页。

④ Bernard Barbiche, *Les institutions de la monarchie française à l'époque moderne XVIe -XVIIIe siècle*, p. 342.

⑤ Frédéric d'Agay, "Quatre-vingt mille magistrats", p. 48.

来告状。诉状审理庭为这样的民事案子初审,终审权交由大法庭。① 很少有法官在诉状审理庭待上一辈子,通常年轻法官在此任职。该庭由两名庭长以及10—12名推事组成。② 在高等法院内,大法庭、调查庭和诉状审理庭这三类常设法庭是基本的组成部分。其他非常设法庭要从上述法庭中抽调人员组成。

刑事庭法文字面的意思是轮审庭,因为它是从大法庭和调查庭中轮流选人组成。该庭经常宣判死刑,为了避免法官因长期从事此项工作而丧失温存与人性,所以要轮流在此庭工作。③ 巴黎高法的刑事庭是全法国处理刑事犯罪的最高机构,常常处理重大刑事案件。像多菲内高等法院这样的小型外省高法便没有刑事庭。④ 大法庭和调查庭还需要定期挑选人员组成“紧急讼事审判庭”(Chambre des Vacations),该庭在漫长的休庭期(11 月 11 日至初夏为巴黎高法的开庭期,其余时间休庭⑤)提供司法服务。

法院当中除了庭长和法官,还有一类官员被称作国王的检查大臣(gens du roi),其中包括总检察官(le procureur général)和次席检察官(les avocats généraux,巴黎高法有 3 名次席检察官,雷恩和鲁昂各有两名)。⑥ 总检察官是一个非常重要的职位,他们被称作“国王的人”(homme du roi),应捍卫国王的

---

① Richard Mowery Andrews,*Law*,*Magistracy*,*and Crime in Old Regime Paris*,*1735—1789*,Volume I,p. 89.

② Richard Mowery Andrews,*Law*,*Magistracy*,*and Crime in Old Regime Paris*,*1735—1789*,Volume I,p. 89.

③ 18 世纪的杰出法官 Joly de Fleury 在为刑事庭的轮流制度辩护时提出了这一观点。参见 J.H.Shennan,*The Parlement of Paris*,p. 41。

④ 位于格勒诺布尔的多菲内高法内设四个庭,它们都可以审理民事和刑事案件。自 17 世纪末,该高法拥有 10 名庭长、55 名推事(其中 4 名教士推事)、3 名次席检察官和 1 名总检察官。分别参见 Bernard Bonnin, “Parlement et communautés rurales en Dauphiné, de la fin du XVIᵉ au milieu du XVIIIᵉ siècle”, dans René Favier (dir.), *Le Parlement de Dauphiné*, *des origines à la Révolution*, Grenoble:Presses Universitaires de Grenoble, 2002, p. 53; René Favier, “Le Parlement de Dauphiné et la ville de Grenoble”, dans *Le Parlement de Dauphiné*, *des origines à la Révolution*, p. 196。

⑤ 各高法休庭时间不同,比如波尔多高法的休庭期始自 9 月初至主显节(1 月 6 日),艾克斯高等法院的休庭期为 7 月 1 日至 10 月 1 日。分别参见 William Doyle,*The Parlement of Bordeaux and the End of the Old Regime*,p. 128;P.Albert Robert,*Les remontrances et arrêtés du parlement de Provence au XVIIIᵉ siècle*,Paris:Librairie nouvelle de droit et de jurisprudence,1912,p. 23。

⑥ J.H.Shennan,*The Parlement of Paris*,p. 44;Olivier Chaline, “Les infortunes de la fidélité:Les partisans du pouvoir royal dans les parlements au XVIIIᵉ siècle”, dans *Histoire*,*économie et société*,Nᵒ 3,2006,p. 339.

权利。总检察官的职位与高法院长一样是不能继承或赠与的,其重要性可见一斑。从职能上讲,总检察官负责从政府接收要注册的法令并令法官们悉知,注册后的法令也由他下达至辖区内的各司法结构。他同时还对高等法院在辖区内的司法问题作出高层次的指引。总检察官还拥有其他一些权力,比如规训法官、保护王室领地、约束教会、管理收容机构等。总之,他是"高等法院的眼睛,如同其他法官的哨兵,充当公益的监督人"①。

高等法院法官的工作还要得到许多司法辅助人员(les auxiliaires de justice)的协助。总共有五类辅助人员:书记官(les greffiers,或者说是记录员)负责书写记录法庭决议,保管诉讼案卷、文书;掌门官(les huissiers)和执达吏(les sergents),前者负责开庭时看门,后者执行宣判;会计(les comptables)负责收取罚金和发放薪金,以及收发讼费等等;检察官几乎出现在一切王权司法活动中(不仅限于高等法院,18世纪巴黎共有600名检察官),他们参与起草文书,追踪诉讼程序,为诉讼人完成各项手续;律师负责提建议、进行辩护。②

律师的情况稍微复杂一些。18世纪末巴黎大约有五六百名律师③,其中一部分被称作高等法院律师(les avocats au parlement)。成为高等法院律师并不意味着只能在高等法院进行辩护,而是表明此人被高法接受作为辩护律师,而且可以在高法辖区内的一切司法机构进行辩护。④

三、法官的教育、学识与司法实践

虽然法官的职位是公开出售的,但是这并不意味着成为高等法院法官只需金钱就足够了,实际上在购买或继承职位的同时还要满足一些条件方能进入高等法院:要拥有法学学士学位,要年满30岁(后来降到27岁,随后又降到

---

① Frédéric d'Agay,"Quatre-vingt mille magistrats",p. 47;Olivier Chaline,"Les infortunes de la fidélité:Les partisans du pouvoir royal dans les parlements au XVIIIᵉ siècle",p. 339.

② Bernard Barbiche,*Les institutions de la monarchie française à l'époque moderne XVIᵉ-XVIIIᵉ siècle*,pp. 338-339.这里只是一种简单的描述,实际上这些司法辅助人员在各地、各个时代的职能都有些差异。参见 Hervé Leuwers,*La justice dans la France moderne*,p. 66。

③ Barbiche 认为大约是540名(参见 *Les institutions de la monarchie française*,p. 340);Andrews 指出有605名(参见 *Law,Magistracy,and Crime in Old Regime Paris,1735—1789*,Volume I,p. 113)。

④ Frédéric d'Agay,"Quatre-vingt mille magistrats",p. 70.另外,除了大法院律师,律师都不是王家官员,他们自身有个团体(barreau)。

25 岁)才能当推事,年满 40 岁才能当庭长,该法院中没有近亲,①还先要在律师团体注册,做一段时间律师。② 当然在这些规定面前,也存在一些特许破例的情况。对于法官的任职标准一直都有规定。但是,在路易十四时期才作出了严格的规定,要求法官和律师必须要接受为期三年的大学法学教育并获法学学位。③ 此后,各地法官和律师的教育模式比较相似,都接受了一种法学的精英教育。除了学校的教育,高等法院家族子弟还可能在家里同时接受司法教育。比如,克拉里斯・库仑介绍了在 18 世纪的多菲内高等法院家族中父亲教儿子、叔叔教侄子的事例。④ 由此可见,在买官制下依然强调法律文凭为法官入职的首要条件。法学精英教育以及家族内司法经验的传授,成为了司法界买官制度的重要补充条件。

　　布吕什对于巴黎高等法院法官教育作出了细致的研究。他归纳出了较为普遍的法官入职模式:先假定此人可以从其父那里继承调查庭庭长职位。他应该在 16 岁时从路易大王中学毕业;然后进入巴黎法学院,其间可能中断一年学业外出旅行;⑤随后获得法学学士学位,他有可能先当律师,此时不过 19 岁,担任律师不过是为了丰富他的司法知识;20 岁出头,他进入高等法院成为一名推事,此前他先要去拜访未来的同事,尤其是地位最重要的院长和总检察官,要接受他们的道德审查,另外还要参加一场考试;担任推事四五年后,他可

---

①　Lucien Bély(dir.),*Dictionnaire de l'Ancien Régime*,p. 961.

②　François Bluche,*Les magistrats du Parlement de Paris au XVIIIe siècle*,Paris:Economica,1986,p. 17.

③　Hervé Leuwers,*La justice dans la France moderne*,p. 89;Caroline Le Mao,*Parlement et Parlementaires: Bordeaux au grand siècle*,p. 197.确切地说,文凭的规定始于 1679 年,参见 Frédéric d'Agay,"Quatre-vingt mille magistrats",Philippe Boucher(dir.),*La Révolution de la justice*,p. 57。

④　Clarisse Coulomb,*Les pères de la patrie: La société parlementaire en Dauphiné au temps des Lumières*,pp. 239–240.

⑤　大部分人是在巴黎法学院取得学位,但因巴黎的学校要求比较严格,有些狡猾的年轻人就到外省混文凭,比如到兰斯、奥尔良去学习法律。参见 François Bluche,*Les magistrats du Parlement de Paris au XVIIIe siècle*, p. 22.至于为何中断学业去旅行,布吕什没有作出解释,笔者猜测这可能是受启蒙时代"大旅行"(grand tour,又称教育旅行)风潮的影响,时人认为年轻人应该进行游历欧洲的旅行,这是其教育的顶点,践行者多为年轻有抱负的贵族或中产阶级成员。Hervé Leuwers 在前引书中(第 89 页)也提及 18 世纪的高法贵族常令子弟做一次穿越欧洲的旅行以完成其教育。

以主管一个庭。① 外省高法入职情况大体相似,只是入职和提升年龄各地、各个时代略有差异。在波尔多,一般是 25 岁成为推事,40 岁当上"戴白型圆帽的庭长"(即大法庭或刑事庭庭长)。② 在 18 世纪的第戎高等法院则常常吸纳18、19 岁,甚至 17 岁的年轻人入职。③ 从上述对于法官履历的分析中可以看出,司法界的入职与提升有模式可循,并非随意任用;此外,高等法院的圈子中存在大量年轻人。年轻的法官们能否胜任旧制度下的司法工作?

17—18 世纪的法国司法界会向年轻的法官和律师灌输强调勤奋工作、大公无私、正直廉洁的价值观,并塑造一种理想的法官形象。④ 1617 年,图卢兹高等法院的庭长拉·罗什-弗拉万(Bernard de La Roche-Flavin)出版了《法兰西高等法院十三书》,其中他提出了好法官的标准。⑤ 拉·罗什-弗拉万认为理想的法官应当"虔诚、正直、讲原则、有才干"。当然,当时现实中的法官并非如此完美,他们精于算计,会钻空子逃避纪律的约束,也存在迟到、缺勤甚至装病的情况,以摆脱职业的束缚。⑥ 不过,上级官员也会监督、约束年轻法官。1709 年,总检察官达盖索(d'Aguesseau)就斥责了经常缺勤的年轻法官。由于一些年轻法官太不称职,1742 年,巴黎高法曾辞退过几名年轻推事。⑦ 布吕什将此归因于法官们入职年龄太低,认为这是不成熟的代价。

年轻、不成熟只是法官群体的一个侧面。研究者弗雷德里克·达盖伊认为,在各个高等法院,大部分的法官还是正直的。⑧ 理查德·安德鲁斯甚至指出,法官们在年纪轻轻时入职,得到年长法官的引导,不应忽视这种体制的积

---

① François Bluche, *Les magistrats du Parlement de Paris au XVIIIe siècle*, pp. 21,24.关于入职年龄问题,根据布吕什的调查,17 世纪后期世俗推事入职平均年龄是 25 岁;18 世纪平均年龄为 22岁。参见前引书,第 19 页。

② Caroline Le Mao, *Parlement et Parlementaires: Bordeaux au grand siècle*, p. 197.

③ Marcel Rousselet, *Histoire de la Justice*, p. 29.

④ Hervé Leuwers, *La justice dans la France moderne*, pp. 101-105.

⑤ Carole Deprat, "À propos des treze livres des parlements de France", dans Jacques Poumarède et Jack Thomas(éds.), *Les Parlements de province, pouvoir, justice et société du XVe au XVIIIe siècle*, Toulouse: Framespa, 1996, pp. 707-719.

⑥ Carole Deprat, "À propos des treze livres des parlements de France", p. 717.

⑦ François Bluche, *Les magistrats du Parlement de Paris au XVIIIe siècle*, pp. 18-19.

⑧ Frédéric d'Agay, "Quatre-vingt mille magistrats", dans Philippe Boucher(dir.), *La Révolution de la justice*, p. 57.

图 2 "戴臼型圆帽的庭长",雕刻师 **Sébastien Leclerc**(**1637—1714**)版画作品

(来源:gallica.bnf.fr/Bibliothèque de France)

极后果,即法官们工作 15—20 年后达到了其心智与职业的成熟期,而他们自身还年富力强,处在 35—45 岁之间。对于高等法院法官审理案件的情况,安德鲁斯也做了研究。根据他的统计,1748 年,巴黎高等法院刑事庭审理了 256 个案件,判决了将近 400 名被告;1787 年,同一个刑事庭审理了 522 个案件,判决了近 850 名被告。作者认为:在 18 世纪的司法背景下,巴黎高等法院刑事庭办案的合理性与能力都是值得肯定的。① 对于高等法院司法职能已有的考察不仅限于巴黎高等法院,艾曼纽埃尔·布瓦斯梳理了 1750 年图卢兹高等法院的司法活动。作者指出:1750 年在高等法院的历史中是较为平凡的一年,几乎没什么王室法令要注册,但是在法官们工作的 215 天中,其劳动强度还是很大的,尤其是大法庭业务颇为繁重,刑事庭虽然办案不多,但其判决(尤其是死刑判决)在辖区居民中的反响很大。② 让·巴斯蒂耶则探究 18 世纪图卢兹高等法院与下级司法机构的关系问题。他发现图卢兹高等法院颁布了许多条例用以限制领主的特权与司法权;作为上级司法机关,高等法院不仅限于审理上诉案件,同时也通过提案、委派、撤销原判等方式主动介入下层司法机构的司法活动。③ 偏安一隅的布列塔尼高等法院也同样繁忙,虽然理论上它不负责诉讼的初审,但是涉及那些家世悠久的大贵族的、教士会议的以及主教采邑等问题的诉讼都要由高等法院审理,同时还有些王家官员、教会人士享有特许权可以直接到高等法院告状。④ 1671 年,布列塔尼高等法院大法庭处理的诉讼高达 1522 个。⑤ 尤其值得一提的是,让-贝尔纳·朗以专著的形式考察了 18 世纪后期梅茨高等法院关于刑事犯罪的司法活动。这类专著即便在高等法院领域的研究中也是非常罕见的。作者详细勾勒了当时梅茨地区的各类刑事犯罪:形形色色的盗窃、暴力事件、纵火、卖淫等等,并且揭

---

① Richard Mowery Andrews, *Law*, *Magistracy*, *and Crime in Old Regime Paris*, *1735—1789*, Volume I, pp. 94-98.

② Emmanuelle Boisse, "L'activité du Parlement de Toulouse en 1750", dans Jacques Poumarède et Jack Thomas(éds.), *Les Parlements de province*, *pouvoir*, *justice et société du XVe au XVIIIe siècle*, pp. 393-406.

③ Jean Bastier, "Le Parlement de Toulouse et les justices subalternes", dans Jacques Poumarède et Jack Thomas(éds.), *Les Parlements de province*, *pouvoir*, *justice et société du XVe au XVIIIe siècle*, pp. 407-423.

④ Emmanuel du Rusquec, *Le Parlement de Bretagne*, p. 134.

⑤ Emmanuel du Rusquec, *Le Parlement de Bretagne*, p. 128.

示了法官的判决。此外,作者又通过比较在不同时段法院所作出的各种类型刑罚的数量来展现法官量刑态度的转变,并且明确指出了贝卡里亚刑罚思想在梅茨高等法院法官中的影响。实际上,启蒙时代高等法院法官在司法实践中并未墨守成规。比如,部分开明法官的刑罚观念发生了明显的变化,他们借鉴启蒙观念,尤其广泛吸收了贝卡里亚的刑罚思想,反对酷刑,在量刑方面更加宽容。① 又如,自18世纪60年代中期开始,信奉天主教的高等法院法官在启蒙精神的熏陶之下宽容了胡格诺教徒的婚姻,不再执行令胡格诺教徒夫妻分离,子女丧失继承权的婚姻法规。② 这些研究都表明,整体而言,旧制度下的高法法官绝非尸位素餐,他们尽力维持并改善那个时代的司法秩序。③

小　　结

旧制度下的法国是一个典型的团体社会,充斥着形形色色的团体,其中高法贵族也构成了一个极其重要的团体。1766年路易十五在巴黎高等法院所做的训词中称:"法官并不是一个团体,也不是一个独立的等级⋯⋯"④国王的训斥其实表明了高法法官们正如同一个团体一般在行事。而且,高法法官也完全具备形成一个团体的条件:他们具有相似的家族起源和物质基础,多是成功的资产者通过购买高法职位晋升为贵族,并且成了拥有地产的领主,正因此他们具有一致的利益;他们从事相同的职业,有着同样的教育背景,类似的社会地位,并产生了团体意识与认同。研究者安德鲁斯干脆称,司法贵族是既不

① Jean-Bernard Lang, *Les robes écarlates: La justice criminelle au Parlement de Metz, 1744—1780*, pp. 256-267.

② David Bien, "Cathotic magistrates and Protestant marriage in the French Enlightenment", in Rafe Blaufarb, Michael S.Christofferson, and Darrin M.McMahon, eds., *Interpreting the Ancien Régime: David Bien*, Oxford:Voltaire Foundation, 2014, pp. 41-57.

③ 以托克维尔为代表的19世纪学者认为高等法院没有充分履行其司法职能,托氏称:"一方面,旧制度下的司法权不断超出其权力的自然范围;另一方面,司法权从未全面履行其职权。"参见[法]托克维尔:《旧制度与大革命》,冯棠译,商务印书馆1992年版,第94页。以今天的研究来看,托氏的观点似乎有失偏颇。

④ Emmanuel du Rusquec, *Le Parlement de Bretagne*, p. 133.

同于军功贵族,又有别于资产者的第四等级。① 不过,高法团体并非十分封闭,即使到 18 世纪巴黎高等法院依然为资产阶级保留了一道"窄门"——大约十分之一的高法成员出身平民家庭。②

这个以买官制为基础形成的团体在一定程度上独立于王权。然而,作为官职持有者的资产者和穿袍贵族,在某种程度上与绝对君主制获得了一致利益,为了保全这份世袭的家产,他们也很少以暴力的方式反抗政府。近代早期,法国王权发展的关键因素在于对于贵族的降服。除了 17 世纪中叶的福隆德运动(又称投石党之乱),穿袍贵族没有发起针对王权的叛乱。此外,司法界的买官制有利于王权在边陲地区与新征服地区树立起权威,并满足其财政需求。比如,1692—1694 年间,路易十四在弗兰德尔、阿图瓦地区以及贝桑松高等法院和阿尔萨斯最高法庭引入了买官制。③ 实际上,在这些地方征收新税非常困难,但可以依靠官职买卖获得收益并巩固王权。

高等法院处于旧制度下逐渐形成的王权司法体系的顶端,在司法活动中扮演着重要角色,成为王权统治的重要支柱。正如柯林斯所说:在旧制度的法国存在着两种权利定义的冲突,一是基于法律,二是基于特权,这些冲突的权利导致了无休止的法律诉讼。④ 因此,司法活动在维持社会秩序方面发挥了重要作用。而且,也正因王权司法体系的形成,君主才能遏制领主的司法权、教会的司法权,从而使绝对君主制的深入发展成为可能。总之,从司法层面看,高等法院是王权在国家建构与国家治理中的重要力量,但其作为司法官职持有者的身份又为国王政府所提防。

---

① Richard Mowery Andrews, *Law, Magistracy, and Crime in Old Regime Paris, 1735—1789*, Volume I, pp. 174–205. 安德鲁斯的这一观点实际上挑战了传统认识,以布吕什为代表的老一辈高法史学家认为高法贵族与旧贵族紧密融合成了一体。研究外省启蒙运动的丹尼尔·罗什也与布吕什的见解相似,参见 Daniel Roche, *Le siècle des lumières en province: Académies et académiciens provinciaux, 1680—1789*, Tome I, p. 214。

② Jean-Pierre Royer et al., *Histoire de la Justice en France du XVIIIe siècle à nos jours*, Paris: Presses Universitaires de France, 2010, p. 129.

③ Jean-Pierre Royer et al., *Histoire de la Justice en France du XVIIIe siècle à nos jours*, pp. 109–110.

④ James B. Collins, *The State in Early Modern France*, Cambridge: Cambridge University Press, 1995, p. 114.

第二章　高等法院与社会治理

埃德蒙·柏克在《法国革命论》中指出：当高等法院"存在的时候，人民显然可以不时地求助于它，并团结在它们古老法律的规范之下"①。处于王权司法体系顶端的高等法院何以与人民产生如此密切的联系？这要从高等法院的职能谈起。18世纪，13所高等法院以国王的名义在各自的辖区内对上诉案件行使最终的审判权。② 此外，高等法院负责注册王室法令，国王颁布的各种法规、敕令通常要经过该机构注册方能生效。正因拥有这样的权柄，高法法官时常围绕财政或宗教等事务与王权发生冲突，史学家也格外关注此类冲突以及高法理论家所阐述的政治话语。然而，高等法院在政治领域之外的形象是模糊的。其实，除了司法与政治职能，高等法院还拥有行政管理的功能。法官们负责维护公共卫生，进行书报检查，管理商贸交易，监督行会、剧院以及收容院等，权限几乎扩展到了日常生活的方方面面。不了解高等法院在社会生活中所扮演的角色，就很难真正理解法官们的政治行为与思想，也难以在绝对君主制中为高等法院进行准确的定位。

早在20世纪70年代，美国学者史蒂文·卡普兰便关注法国高等法院在18世纪粮食供给问题中所扮演的角色③。然而，20世纪八九十年代，高等法院研究仍然为政治史与政治文化史所垄断，高法—王权冲突以及由此导致的政治文化的演变乃是关注焦点。至20世纪末21世纪初，这种局面才出现改观。1997年，菲利普·帕扬推出了《18世纪巴黎高等法院的管理条例》。作

---

① ［法］柏克：《法国革命论》，何兆武、许振洲、彭刚译，商务印书馆1999年版，第162页。

② William Doyle, "the Parlements", in Keith Baker ed., *The Political Culture of the Old Regime*, pp. 157–158.

③ Steven L. Kaplan, *Bread, Politics and Political Economy in the Reign of Louis XV*, Vol.2, The Hague: Martinus Nijhoff, 1976.

者认为,研究者总是关注高等法院的政治角色,而忽视了其行政职能。因此,他考察了对维持公共秩序和社会生活颇为重要的管理条例,从而理解高等法院的行政角色与立法功能。① 2004 年,一本题为《高等法院与城市生活(16—18 世纪)》的会议论文集问世,其中讨论了诺曼底、鲁昂、第戎、波尔多、雷恩等地高等法院在出版、公共救济、防疫等方面的管理活动,同时考察了法院与市政机构的关系、高法圈子与城市精英的联系,从而揭示出高等法院在社会生活领域扮演的重要角色。② 2011 年,论文集《高等法院成员,外省生活的参与者(17—18 世纪)》出版,其研究思路与前一本文集大体相似:致力于分析高法法官如何参与对地方生活的管理,如何与市政机构、监察官(Intendant)以及总督(Gouverneur)展开对话,从而对地方政治、社会和经济施加影响。③可见,高等法院研究的一种新趋向便是从中央转向地方层面,侧重法官日常的司法与社会管理实践。然而,目前问世的成果多为讲述地方经验的文章,只观照某一具体层面,因此本章尝试综合、系统地梳理高等法院的社会治理职能。

第一节　维持城市生活秩序的"总治理"

一、何谓总治理

旧制度下的高等法院行使着所谓总治理(police générale)或大治理(Grande police)的权力,④该机构自创立之日起就掌握着这一权力,而且所有的高等法院在治理的权限上都是一致的。⑤

在此,首先要理解治理(police)一词的内涵。今天其基本含义是"警察"

---

① Philippe Payen, *Les arrêts de règlement du Parlement de Paris au XVIIIe siècle*, p. 14.

② Olivier Chaline et Yves Sassier (dirs.), *Les Parlements et la vie de la cité (XVIe – XVIIIe Siècle)*, pp. 5-6.

③ Serge Dauchy, Véronique Demars-Sion, Hervé Leuwers et Sabrina Michel (dirs.), *Les Parlementaires, acteurs de la vie provinciale*, Rennes: Presses Universitaires de Rennes, 2013.

④ Philippe Payen, *Les arrêts de règlement du Parlement de Paris au XVIIIe siècle*, pp. 162-166; Steven L. Kaplan, *Bread, Politics and Political Economy in the Reign of Louis XV*, pp. 24-25; Roland Mousnier, *The Institutions of France under the Absolute Monarchy, 1598—1789*, p. 574.

⑤ Philippe Payen, *Les arrêts de règlement du Parlement de Paris au XVIIIe siècle*, pp. 182, 191.

和"治安"。但在旧制度下,此词的意涵更为宽泛,具有治理、管理的意思。[①]
根据 1694 年出版的《法兰西学院辞典》(第 1 版),police 就是"人们在一个国家、一个领域、一个城市内所观察到的秩序与规则";"尤其被用于维持人们在一个城市之中看到的秩序,它关涉城市居民的行为以及商品、食物的买卖"。[②]
由辞典中的定义可知,所谓治理主要是以维持秩序为目的,尤其是要维持城市日常生活中的秩序。路易十四时代的尼古拉·德拉马尔(Nicolas Delamare)在其著作《论治理》中这样概括:"在我们看来,治理的全部内容就隐藏在下面11 个部分中:宗教,道德约束,卫生,粮食,公共的安全与安宁,道路,自由的科学与艺术,商业,手工制造与机械技艺,家庭仆人、短工,穷人。"[③]这 11 个烦琐的类别实际上涉及了维护公共秩序、管理经济生活、监管底层人民三个层面。第一个层面针对公共秩序,它既涉及物质层面的秩序(具体包含公共卫生、公共安全、粮食供给、道路交通等问题),也涉及宗教、道德等精神领域的秩序。第二个层面面向社会经济生活,要管理商业、手工业,处理相关诉讼,打击造假行为,并控制各个职业团体。第三个层面指向底层人民,要监管的对象不仅包括上述 11 个类别中的家庭仆人、短工和穷人,还包括妓女、流浪汉和乞丐等等。这些治理内容都与社会秩序的稳定息息相关。

在旧制度下,治理与司法往往混为一体。研究者加斯东·泽勒解释道:"治理(police)实际上包含了一种必要时可强制的执行权,没有这样的执行权司法是无力的。"于是,所有行使司法权力者亦握有治理权,"所有法官同时也

---

① 谈到治理和管理,现代法语中对应的是"gouvernement"和"administration"。然而,直到 18 世纪 20 年代 gouvernement 才具有了在最高层次上指引国家发展这一新含义,此前它主要指统治的艺术或行为。administration 在 16 世纪也与今天的意义不同。旧制度下表示管理的词最常见的就是 police。参见 Bernard Barbiche, *Les institutions de la monarchie française à l'époque moderne XVIᵉ - XVIIIᵉ siècle*, p. 119; Gaston Zeller, "L'administration monarchique avant les intendants: parlements et gouverneurs", *Revue Historique*, T. 197, Fasc. 2(1947), pp. 180-181。

② http://artflsrv02.uchicago.edu/cgi-bin/dicos/pubdico1look.pl? strippedhw = police.

③ Nicolas Delamare, *Traité de Police*, Tome I, Paris, 1705, p. 4, http://gallica.bnf.fr/ark:/12148/bpt6k1098988/f40.image.r = traite%20de%20la%20Police.langFR。按照路易十五大臣弗勒里的说法,Police 包含两个部分。第一部分为团体的生计问题,其中包括:1. 生活必需品(营养、衣服、住房、供暖);2. 公共卫生与生活设施;3. 谋得生活必需品和生活设施的手段(职业、商业、度量、货币、道路、航行)。第二部分与良好的风俗相关,包括:1. 宗教;2. 王国内部的和平;3. 个人的节制、过有规律的生活。参见 Philippe Payen, *Les arrêts de règlement du Parlement de Paris au XVIIIᵉ siècle*, p. 170。

是行政管理者"①。在这样的背景下,有司法权的领主、助理法官、普通的法官、巴伊或塞内夏尔(此二者分别为北方和南方的司法与行政长官),以及高等法院法官都拥有治理权,他们在各自的权限内行事。形形色色的司法长官都有权颁发规章、条例,这些条例在其管辖范围内执行,此外,上级司法机构可以修改或者取消这些条例。②

高等法院也正是通过颁布管理条例(les arrêts de règlement)在关涉公共秩序和安全的领域行使其社会治理权力。③ 依据帕扬的说法,颁布条例其实只是高法治理的第一个层次;其治理的第二个层次为监督条例的执行;第三个层次则是进行惩罚。④ 高等法院如何使辖区内的居民了解这些法令、条例并监督执行呢? 这有赖于总检察官(Le procureur général),帕扬将之称为总治理中的超级活动者⑤。这些总检察官掌握着非常复杂的地方管理网络,他们总能在地方上找到提供情报者、合作者,以确保高等法院的"总治理"能够施行。⑥

二、高等法院的城市治理

从具体的实践层面来看,高等法院首先非常关注公共卫生问题。从中世纪到 18 世纪早期,鼠疫等瘟疫时常横行,严重扰乱了城市的生活秩序。面对瘟疫,高等法院与市政机构共同努力,应对危机。在 1720 年(这一年,法国南方爆发了最后一次大瘟疫)之前,各高等法院颁布过许多条例,以防范疾病的传染。条例所涉内容广泛,比如瘟疫期间医师的工资、施舍、行乞问题以及监控往来船舶问题等等。⑦ 除了预防瘟疫,高等法院也监督城市的卫生状况。

---

① Gaston Zeller, "L'administration monarchique avant les intendants: parlements et gouverneurs", p. 184.

② Gaston Zeller, "L'administration monarchique avant les intendants: parlements et gouverneurs", p. 187.

③ 所谓管理条例,就是高等法院针对其辖区内的司法与社会问题所颁布的起规范性的法令和条例。相较于王室法规,高法管理条例是补充性的和辅助性的,具有很强的灵活性,王权随时可将其撤销。参见 Lucien Bély(dir.), *Dictionnaire de l'Ancien Régime*, pp. 86-87。

④ Philippe Payen, *Les arrêts de règlement du Parlement de Paris au XVIIIᵉ siècle*, p. 19.

⑤ Philippe Payen, *Les arrêts de règlement du Parlement de Paris au XVIIIᵉ siècle*, p. 222.

⑥ Philippe Payen, *Les arrêts de règlement du Parlement de Paris au XVIIIᵉ siècle*, p. 71; Steven L. Kaplan, *Bread, Politics and Political Economy in the Reign of Louis XV*, p. 23.

⑦ Françoise Hildesheimer, "Les parlements et la protection sanitaire du royaume", dans Jacques Poumarède et Jack Thomas(éds.), *Les Parlements de province, Pouvoir, justice et société du XVᵉ au XVIIIᵉ siècle*, pp. 483-486.

比如,巴黎高法的法官们监管公路、公共纪念物、喷泉、桥梁等的维护和保洁问题;法官们视察城市中的不同区域,以检查各家各户是否将自家门前打扫干净,清扫街道的人是否认真工作。① 又如,16—17 世纪,第戎高等法院曾多次颁布有关清扫街道的条例,法院甚至还要筹集经费来清理容易传播疾病的垃圾。②

粮食及其他生活必需品的供应问题关乎社会稳定,也是高法法官们管理的重点内容之一。巴黎高等法院以首都的第一保护人自居,密切关注柴米油盐的日常供给。巴黎高法的法官们负责保障生活必需品价格合理,且要监管其质量,为此他们常和面包师傅、鱼贩、肉贩、盐商等争论不休。③ 当供给出现危机时,曾有法官慷慨解囊。比如,有一位院长人送绰号"面包师傅",因为在一次严重的饥荒中,他花掉了自己大部分财产为巴黎人进口谷物。④ 为了保障首都的供给,17—18 世纪,巴黎高等法院甚至在首都周边的许多村庄强制采用旧式轮作制,因为法官们担心新方法会损害绵羊的饲养,从而影响到巴黎市民的食品供应。⑤

外省法院也同样注重城市供给问题。18 世纪,图卢兹高等法院颁布条例,监管面包店所售面包的重量及质量,还明确规定了市政当局向面包课税的机制;法官们对肉店也进行了类似的管理,肉的质量和价格都要受到严格的控制。⑥ 整个法国对于生活必需品的管理都与此相似。除了食品,高等法院也关注城市取暖用的薪柴的供给。在前工业时代,燃料短缺是各城市中普遍存在的现象。正是高等法院负责巴黎冬季木柴的供应问题,并且调控木柴的出售与价格。⑦

旧制度下形形色色的行会也是高等法院进行治理的主要对象。法官们控

①　J.H.Shennan,*The Parlement of Paris*, p. 87.

②　Philippe Salvadori, "Le Parlement de Bourgogne et la municipalité de Dijon sous le règne personnel de Louis XIV", dans Olivier Chaline et Yves Sassier(dirs.) , *Les Parlements et la vie de la cité*, p. 213.

③　J.H.Shennan,*The Parlement of Paris*, pp. 88–89.

④　Steven L.Kaplan,*Bread*,*Politics and Political Economy in the Reign of Louis XV*, p. 25.

⑤　[法]马克·布洛赫:《法国农村史》,余中先等译,商务印书馆 1991 年版,第 237 页。

⑥　Jack Thomas, "Le Parlement de Toulouse et la vie économique du ressort", *Les Parlements de province*, p. 540.

⑦　J.H.Shennan,*The Parlement of Paris*, p. 89.

制工人工资、工作时间;监督各行各业;仲裁不同行会或不同城市的同业行会之间的纠纷;还要处理工人与雇主之间的争议;以及涉及外国商人的商业纠纷。①

　　密切关注城市生活的高等法院往往坐落在城市的中心。自 16 世纪开始,巴黎高等法院所在地就拥挤着洗涤和缝补衣服的人、服饰用品商、镜子商、卖钱包的人、羽毛商、书商、帽商、卖玩偶的人、卖祷文的人、刀剪商、工匠和流浪汉;18 世纪的人估计这里白天有四万人。② 在 17 世纪的第戎市,城市的经济与社会生活都深深依赖高等法院,在两万城市人口中至少有十分之一者凭借直接服务于高法维持生计,间接依赖高法的人则更多。③ 波尔多高等法院也是位于城市的中心,各色小生意人围着它活动。④ 格勒诺布尔高等法院同样位于伊塞尔河左岸的市中心区域,司法生活与地方经济密切相关。⑤ 坐落在市井之中的众高等法院无疑更了解其治理对象,更关心公共秩序。

第二节　高法法官对城市贫民的监管与救助

一、穷人问题——高法社会治理的首要任务

　　在简要勾勒了高等法院的治理职能之后,笔者将以高法法官对城市贫民的监管与救助为例具体阐述高法在社会治理中所扮演的角色。尼古拉·德拉马尔在《论治理》中将穷人问题置于 11 项治理内容之末。实际上,乞丐、流浪

---

　　①　J.H.Shennan, *The Parlement of Paris*, p. 91;Jack Thomas, "Le Parlement de Toulouse et la vie économique du ressort", *Les Parlements de province*, pp. 541−543.

　　②　François Bluche, *Les magistrats du Parlement de Paris au XVIIIe siècle*, p. 211.

　　③　Philippe Salvadori, "Le Parlement de Bourgogne et la municipalité de Dijon sous le règne personnel de Louis XIV", Olivier Chaline et Yves Sassier(dirs.), *Les Parlements et la vie de la cité*, p. 209;该文集中另一文章称第戎有六分之一的人口或多或少直接依靠高法生活,比如大量的仆人、饭店老板、书商、假发师等等;对第戎人而言,为高法服务是主要的收入来源。参见 Nicolas Laurent, "Le Parlement de Dijon et le gouvernement royal à la fin de l'Ancien Régime", dans *Les Parlements et la vie de la cité*, pp. 143−144。

　　④　Michel Figeac et Caroline Le Mao, "Le Parlement de Bordeaux et la cité, de la Fronde à la veille de la Révolution", *Les Parlements et la vie de la cité*, p. 256;同时参见 Caroline Le Mao, *parlement et parlementaire au Bordeaux au grand siècle*, p. 35。作者称波尔多高法位于城市生活的中心,是城市活动的发动机。

　　⑤　René Favier, "Le Parlement de Dauphiné et la ville de Grenoble aux XVIIe et XVIIIe siècles", *Le Parlement de Dauphiné, des origines à la Révolution*, pp. 197−199.

汉等城市边缘群体是近代早期的法国所面临的重要社会问题。法国学者让-皮埃尔·居东指出,穷人经常参与旧制度下的地方性骚乱,食物骚乱中往往有大规模的穷人加入其中。① 因此,穷人是高等法院的法官们监管的重要对象,研究者米歇尔·菲雅克甚至声称,"在某种意义上,关照穷人是高等法院的首要任务"②。透过法官对于底层贫民的管控与救助,我们能看到司法贵族既服务于王权又游离于王权的特性,同时也可以洞察法官与底层民众以及资产阶级精英之间错综复杂的关系。

近代早期的穷人问题应放置在这一时段文化与经济转变的大背景下加以理解。在中世纪的基督教文化背景中,穷人代表了受难耶稣的形象,社会对穷人较为宽容。③ 然而,自 16 世纪起人们关于贫困的观念发生了转变,将贫困视为上帝对无赖的诅咒,并且出现了妖魔化穷人的现象,认为穷人可能是无赖、外国间谍、异教徒,更可能是来自疫区的瘟疫传播者。④ 四处游荡、行乞的穷人于是成为被排斥、监管的对象。这一转变首先与宗教改革的大背景相关。依据加尔文派的教义,富贵与贫困都是由上帝决定的,穷人的命运实际上是一种惩罚。当然,加尔文也区分了好穷人和坏穷人,后者包括所有的流浪汉、懒汉和肢体健全的乞丐,信奉新教的城市对坏穷人进行了驱逐。⑤ 其次,盛行于16—17 世纪的重商主义经济理论也令穷人处境艰难。旨在促进工业和贸易

---

① Jean-Pierre Gutton, *la société et les pauvres en Europe* (*XVIe–XVIIIe Siècles*), Paris: Presse Universitaires de France, 1974, p. 13.

② Michel Figeac, "Les magistrats du Parlement de Bordeaux devant leur devoir social du Grand Siècle à la Révolution", *Les Parlementaires, acteurs de la vie provinciale*, p. 230.

③ 法国研究者若兹·库贝洛指出,中世纪的欧洲承袭古代的基督教传统,承认穷人的尊严,因为他们代表了受难的基督形象;同时也承认穷人的有用性,因为他们担负着在上帝面前替富人(施舍者)说情的角色。参见[法]若兹·库贝洛:《流浪的历史》,曹丹红译,广西师范大学出版社 2005 年版,第 29、85 页。

④ Caroline Le Mao, "Le riche et le pauvre: les magistrats du Parlement de Bordeaux et l'assistance aux pauvres au siècle de Louis XIV", dans Gérard Aubin, Bernard Gallinato (dirs.), *Les espaces locaux de la protection sociale: études offertes au Professeur Pierre Guillaume*. Association pour l'étude de l'histoire de la sécurité sociale, 2004, pp. 279, 284;让·皮埃尔·居东指出:在 16 世纪后期的法国,有人常常看到传播异端思想的穷人或被视为外国间谍的穷人;至少在 1720 年之前,穷人看起来是一切瘟疫的主要传播者,流浪的穷人总被怀疑来自疫区。参见 Jean-Pierre Gutton, *la Société et les Pauvres en Europe* (*XVIe–XVIIIe Siècles*), p. 12。

⑤ [法]若兹·库贝洛:《流浪的历史》,曹丹红译,广西师范大学出版社 2005 年版,第 94—95 页。

的发展的重商主义谴责失业,提倡开办企业,雇佣穷人劳动,从而解决工业生产不足与穷人失业问题。这成为禁闭穷人并强制劳动之举措的重要理论根基。最后,随着绝对君主制的发展,国家增强了对于社会的控制能力,自然也要加强管理扰乱社会治安的流浪汉、乞丐等社会边缘群体。

二、高等法院与收容机构

高等法院是管控贫困人口实践的主要参与者,这其中既包含救助、管理,也包含镇压措施。1522 年前后,诺曼底高等法院曾在其内部创立了一个法庭,专门处理有关穷人的方方面面的问题。1522 年 2 月,它颁布了一项决议:那些肢体健全的乞丐,身强力壮却总是游手好闲,聚众从事非法的娱乐活动……应当束缚住他们的一只脚,并将其置于城市的防御工事中;至于其他穷人和贫困短工,则由公共工程雇佣,应该不受束缚地自由工作。① 1534—1535年,为了进一步解决城市治安混乱问题,诺曼底高等法院还积极参与了健全穷人事务所(Le Bureau des Pauvres valides)的创建与管理工作。该事务所每周开会应对当下的问题,主要针对穷人的募捐、分配和教育三个方面的问题。至17 世纪中叶,该事务所又开始关注穷人的住宿问题,这距离收容、禁闭措施只有一步之遥。16 世纪的第戎市也寻求解决贫困问题的方法,并于 1529 年创立了穷人事务院(La Chambre des Pauvres),第戎高等法院的法官与助理法官们承担了这一机构的主要管理工作。②

诸如此类的实践促使国王政府于 17 世纪前期展开了对于穷人的大禁闭。1629 年颁布的米肖法典(Le code Michaud)规定,应把每个城市中的穷人都围圈起来。③ 通过 1656 年 4 月敕令,路易十四创立了巴黎总收容院。它将巴黎先前的一些慈善场所合并为统一机构,故称总收容院。④ 此举开创了米歇尔·福柯所谓的大禁闭之先河,这种大禁闭是指禁闭穷人和乞丐,并强迫他们

① Elisabeth Caude,"Le Parlement de Normandie et les pauvres:de l'œuvre d'assistance au devoir de police,de la quête aux galères",dans Les Parlements et la vie de la cité,pp. 39-40.

② Philippe Salvadori,"Le Parlement de Bourgogne et la municipalité de Dijon sous le règne personnel de Louis XIV",Les Parlements et la vie de la cité,p. 217.

③ Caroline Le Mao,"Le riche et le pauvre:les magistrats du Parlement de Bordeaux et l'assistance aux pauvres au siècle de Louis XIV",Les espaces locaux de la protection sociale,p. 286.

④ Thomas McStay Adams,Bureaucrats and Beggars:French Social Policy in the Age of the Enlightenment,Oxford:Oxford University Press,1990,p. 29.

参加劳动。① 路易十四于 1662 年 6 月颁布的大赦令规定,在王国的每个城市和乡镇都要建立一所禁闭穷人的收容院。② 在此背景下,一些类似的收容机构应运而生。比如,波尔多于 1658 年创建了工场收容院或称职业收容院;又如,鲁昂于 1681 年成立了总收容院。③ 这些收容院的创建和管理工作往往离不开司法界人士的积极参与。

　　国王政府虽然出台了政策,但并不予拨款,而是敦促市政官员努力想办法,并且寄希望于个人的捐赠。在此背景下,一些高等法院成员及其家庭便积极筹措兴建收容机构的资金,并在管理工作中发挥了重要作用。比如,在波尔多正是高等法院来筹资以保障这一机构的运转。④ 值得一提的是,波尔多高等法院院长的遗孀奥利芙·德·莱斯东纳(Olive de Lestonnac),在 1650 年订立的遗嘱中将 3 万里弗用于创立职业收容院,以便为穷人提供食物,并且让他们在其中学习职业技能。⑤ 这绝非特例,自 17 世纪 60 年代起,许多波尔多法官的遗嘱中都包含着向新成立的工场收容院遗赠的条款。⑥ 贝桑松的高等法

---

　　① ［法］米歇尔·福柯:《疯癫与文明》,刘北成、杨远婴译,生活·读书·新知三联书店 1999 年版。福柯在第二章中专门论述了大禁闭。

　　② Caroline Le Mao, "Le riche et le pauvre: les magistrats du Parlement de Bordeaux et l'assistance aux pauvres au siècle de Louis XIV", *Les espaces locaux de la protection sociale*, pp. 286-287.路易十四颁布这一敕令的重要背景是各地穷人涌入了巴黎。该敕令声称:"从王国四面八方来的乞丐还是大大超出了收容所的负荷能力……要给那么多的乞丐提供食宿,收容所不破产简直是不可能的。这些乞丐,有的出于游手好闲,有的因为没有工作,更多的是受农村的饥荒所迫,都纷纷从各地来到我们这个美好的城市;而且让我们巴黎市独自负担这些人的食粮也是不公平的……现在规定,王国境内所有还没有建立总收容所的城市和郊区应该立即着手建立一所收容所并制定有关规定,禁闭穷人并为他们提供食宿"(转引自《流浪的历史》,第 115 页)。高等法院也颇为支持国王关于将穷人分散到各地禁闭、安置的做法。比如,1693 年,高等法院命令各教区征收一笔税收以便为那些听从国王要求返回原教区的穷人提供面包(参见 Thomas McStay Adams, *Bureaucrats and Beggars*, p. 30)。又如,诺曼底高法多次出台条例,提倡工地雇佣穷人工作(参见 Elisabeth Caude, "Le Parlement de Normandie et les pauvres: de l'œuvre d'assistance au devoir de police, de la quête aux galères", *Les Parlements et la vie de la cité*, p. 60)。

　　③ Elisabeth Caude, "Le Parlement de Normandie et les pauvres: de l'œuvre d'assistance au devoir de police, de la quête aux galères", *Les Parlements et la vie de la cité*, pp. 41, 68.

　　④ Caroline Le Mao, "Le riche et le pauvre: les magistrats du Parlement de Bordeaux et l'assistance aux pauvres au siècle de Louis XIV", *Les espaces locaux de la protection sociale*, p. 288.

　　⑤ Caroline Le Mao, "Le riche et le pauvre: les magistrats du Parlement de Bordeaux et l'assistance aux pauvres au siècle de Louis XIV", *Les espaces locaux de la protection sociale*, p. 293.

　　⑥ Caroline Le Mao, "Le riche et le pauvre: les magistrats du Parlement de Bordeaux et l'assistance aux pauvres au siècle de Louis XIV", *Les Parlementaires, acteurs de la vie provinciale*, p. 293.

院院长若布洛(Jobelot)，去世时捐赠了 10 万里弗给圣-雅克收容院修建新楼宇。① 巴黎高等法院的蒂顿(Titon)家族，在 17 世纪末建立了圣-蒙德收容所修道院，并且一直对其进行捐赠。② 18 世纪初，波尔多的收容机构依然经费紧张，法官们以身作则，积极捐款：院长每月捐出 40 里弗，普通推事每月捐 6 里弗。③

　　高等法院成员还广泛参与了收容院的管理工作。收容院通常都有一个管理机构，机构成员由代表城市中主要团体的教俗权贵组成，但在拥有高等法院的城市，司法界的穿袍贵族在收容院的管理机构中占多数。④ 比如，贝桑松的圣-雅克收容院的管理者中有近一半的司法界人士。又如，波尔多工场收容院的 16 名管理者中有 7 名高等法院成员。⑤ 诺曼底高等法院也密切关注这些收容机构的活动，并管理其经费。⑥

　　法官们之所以积极创立并管理收容机构，是因为他们普遍相信这是管理穷人的最有效的方法。然而，从实际效果来看，这套制度并不算成功。正如研究者特里·雷·莫里斯所言：中央政府并没有为收容机构做好财政上和管理上的准备。⑦ 当时的收容院大多条件很差，人满为患、拥挤不堪、空气污浊，时有疾病传播。⑧ 又加之路易十四时代战事不断、饥荒频仍，所以直到 18 世纪

---

　　① Michel Figeac, "Les magistrats du Parlement de Bordeaux devant leur devoir social du Grand Siècle à la Révolution", *Les Parlementaires*, *acteurs de la vie provinciale*, p. 233; Caroline Le Mao, "Le riche et le pauvre: les magistrats du Parlement de Bordeaux et l'assistance aux pauvres au siècle de Louis XIV", *Les espaces locaux de la protection sociale*, pp. 293-294.

　　② François Bluche, *Les magistrats du Parlement de Paris au XVIIIe siècle*, p. 198.

　　③ Caroline Le Mao, "Le riche et le pauvre: les magistrats du Parlement de Bordeaux et l'assistance aux pauvres au siècle de Louis XIV", *Les espaces locaux de la protection sociale*, pp. 295-296.

　　④ Michel Figeac, "Les magistrats du Parlement de Bordeaux devant leur devoir social du Grand Siècle à la Révolution", *Les Parlementaires*, *acteurs de la vie provinciale*, p. 234.

　　⑤ Caroline Le Mao, "Le riche et le pauvre: les magistrats du Parlement de Bordeaux et l'assistance aux pauvres au siècle de Louis XIV", *Les espaces locaux de la protection sociale*, p. 290.

　　⑥ Elisabeth Caude, "Le Parlement de Normandie et les pauvres: de l'œuvre d'assistance au devoir de police, de la quête aux galères", *Les Parlements et la vie de la cité*, pp. 51-54.

　　⑦ Terry Ray Morris, "The Concept of Bienfaisance and the Aristocracy of Eighteenth-Century France", University of Georgia, Ph.D., 1976, pp. 91-92.

　　⑧ Terry Ray Morris, "The Concept of Bienfaisance and the Aristocracy of Eighteenth-Century France", p. 93.

流浪汉依旧有增无减。鉴于收容机构的种种弊端,一些启蒙时代的改革者认为现存制度在很大程度上是惩罚性的,他们倡导更人道的举措。然而,也应该看到,法官们所积极参与的这套收容制度在当时的法国也堪称一种新的尝试,毕竟不再是简单粗暴地驱逐社会边缘群体,而是为其提供基本的生活保障。

三、高法法官及其家庭的慈善行为

高等法院的法官们既通过收容机构来监管穷人,也通过慈善行为救济、帮助他们。鲁昂高等法院的院长米霍麦斯尼(Armand-Thomas Hue de Miromesnil,1723—1796)是典型人物,他被视作鲁昂穷人独一无二的保护人。这位法官与辖区内的各收容院保持密切的关系,亲自监督鲁昂市收容院,并捍卫那些被禁闭的穷人的权利;同时,他关心各种类型的穷人,主张对穷人行善,并用自己微薄的财产帮助他们。[①] 法官们救助穷人的行为深刻影响了自己的家庭成员,因而逐渐形成了高法法官家族的济贫传统。比如,巴黎高等法院中著名的拉穆瓦尼翁家族即为济贫典范。高法院长拉穆瓦尼翁的夫人玛丽·德朗(Marie Desland)被称作"穷人之母",她创立了一个专门解救因债务而入狱的囚徒的组织。她的女儿玛德莱娜·德·拉穆瓦尼翁(Madeleine de Lamoingnon)成立了致力于救助弃儿的巴黎圣母往见会。[②] 在那些声名并不显赫的巴黎高法家族中,济贫传统也很盛行。18世纪著名的大慈善家皮亚洪·德·沙穆塞(Piarron de Chamousset)其实就来自高法家庭,其父兄皆为巴黎高等法院的推事。[③] 在波尔多,高法法官的夫人们普遍积极参与城市中的济贫活动,她们关照街区中的穷人、病人,操持募捐活动,赞助、扶持慈善组织。[④]

高法法官及其配偶的遗嘱是展现高法家庭普遍济贫的最佳证据。研究者大卫·福特瑞研究了18世纪巴黎高等法院推事的150份遗嘱样品,发现其中

---

① Julien Niger,"Le magistrat et l'assistance publique à Rouen",*Les Parlements et la vie de la cité*,pp. 78-104.

② François Bluche,*Les magistrats du Parlement de Paris au XVIIIe siècle*, p. 198.

③ Terry Ray Morris,"The Concept of Bienfaisance and the Aristocracy of Eighteenth-Century France",pp. 104-108;François Bluche,*Les magistrats du Parlement de Paris au XVIIIe siècle*, p. 198.

④ Michel Figeac,"Les magistrats du Parlement de Bordeaux devant leur devoir social du Grand Siècle à la Révolution",*Les Parlementaires,acteurs de la vie provinciale*,pp. 244-245;Caroline Le Mao,"Le riche et le pauvre:les magistrats du Parlement de Bordeaux et l'assistance aux pauvres au siècle de Louis XIV",p. 298.

149 份首先提及对于教区内穷人的遗赠。其中少者 50 里弗,多者则高达 4000 里弗,这与法官家庭贫富不均的状况相吻合。根据福特瑞的估算,大部分遗嘱平均遗赠教区内穷人 300—500 里弗。① 这一结果与研究者勒茂及菲雅克的统计相吻合。勒茂分析了 26 份波尔多高法家族成员的遗嘱,其中 16 份女性遗嘱,面向穷人的平均遗赠为 516 里弗;10 份男性遗嘱,平均遗赠 462 里弗。② 菲雅克研究了 1770—1789 年间波尔多高法成员遗嘱中针对穷人的捐赠,平均遗赠数额大约为 450—484 里弗。③ 为何高等法院家族成员以城市教区为单位面向穷人捐助? 这是因为旧制度下本堂神甫通常被视作教区内的穷人之父,他们深入了解辖区内穷人的种种困苦。④ 除了笼统地遗赠给所在的教区,法官及其家人也针对个体捐助。有的给孤女或贫穷女孩捐赠嫁资;有的为困苦的寡妇留下养老金;有的捐助贫寒的年轻人当学徒、学手艺;还有的解救身陷窘境的穷人,帮助其经营生意或出离牢狱。⑤ 法官们的遗嘱除了通过遗赠扶贫济困,也关注下层人民的教育问题。大约有 50% 的高法成员遗嘱强调了

① David Feutry, “Les testaments des conseillers au Parlement de Paris au XVIIIe siècle : l'impact socio-économique des legs”, *Les Parlementaires acteurs de la vie provinciale XVIIe−XVIIIe*, p. 252.

② Caroline Le Mao, “Le riche et le pauvre : les magistrats du Parlement de Bordeaux et l'assistance aux pauvres au siècle de Louis XIV”, p. 296.

③ Michel Figeac, “Les magistrats du Parlement de Bordeaux devant leur devoir social du Grand Siècle à la Révolution”, p. 239.

④ 有的法官也对遗赠的使用做了细致的规定,比如 1755 年巴黎高法的院长 Le Mairat 通过遗嘱留给巴黎的 Saint-Gervais 教区 1000 里弗的遗赠,并指出这笔钱应该用于供给每年施舍给民众的两口粥锅。参见 François Bluche, *Les magistrats du Parlement de Paris au XVIIIe siècle*, p. 199.

⑤ 遗赠嫁资的有:上文提及的波尔多高法院长的遗孀 Olive de Lestonnac 准备了 13 份(每份 30 里弗)遗赠,专门留给那些年轻的穷女子结婚使用;同样,波尔多高法推事的遗孀 Catherine de Fages 遗赠了 400 里弗给四个孤女,作为嫁资。(参见 Caroline Le Mao, “Le riche et le pauvre”, p. 297。)资助寒门子女学艺的有:巴黎高法推事 Guillaume de Jassaud 的遗孀为在 Sainte-Marguerite 供给圣水的女孩遗留了 300 里弗,帮助她成为女学徒;巴黎高法次席检察官的遗孀留给一个贫穷女孩 600 里弗,让她学一门手艺或者用于帮助安置她。为寡妇留下养老金的例子是,巴黎高法推事 Nicolas-Pierre de la Guillaume 留了 200 里弗的养老金给一个贫穷的寡妇,他生前一直帮助她。(参见 François Bluche, *Les magistrats du Parlement de Paris au XVIIIe siècle*, p. 200。)解救贫困者甚至囚徒的有:18 世纪巴黎高法推事 Charles-Pierre Nau 遗赠了 1000 里弗,希望留给一个或几个穷人,“助其重新经营生意或者摆脱牢狱之灾”;另一名巴黎高法推事 Severt 留给巴黎古监狱(la Conciergerie)的穷犯人 400 里弗,他曾担任那里的监狱长;1751 年司法大臣达盖索遗赠了 1000 里弗给巴黎古监狱的囚犯。(参见 François Bluche, *Les magistrats du Parlement de Paris au XVIIIe siècle*, p. 200;David Feutry, “Les testaments des conseillers au Parlement de Paris au XVIIIe siècle”, p. 254。)可以说,与其他贵族相比,司法贵族在遗嘱中更加关心贫困的犯人。

对于穷人的宗教教育,比如,有个巴黎高法推事遗赠了 4000 里弗给弃儿收容院,为孩子们购买《圣经》;还有许多遗嘱提出要为法官领地村庄的学校捐款。[①] 这些遗嘱说明,身为穿袍贵族的法官们并没有漠视下层人民,他们置身于市井之间,体察周遭贫民的困苦,并试图改善他们的生活。

在妖魔化穷人的时代背景下,司法贵族家族因何热心于扶贫济困的慈善事业?首先,接济穷人被视为贵族的义务和美德,乃是建构贵族认同的基本要素。其次,根据绝对君主制的理论原则,拥有神授权力的君主,应像耶稣一样保护臣民中的弱者,而高等法院又自称在人民面前代表君主,那么法官们理应充当穷人的守护者。最后,法官们虔信天主教,施舍则是教徒的义务,有助于悔罪,可以用来弥补过失。这些因素都在一定程度上促使高法法官及其家人扶助贫弱。

法官家庭的济贫行为已经超出了"总治理"的范围,但又是对于"总治理"的必要补充。如前所述,治理之目的在于维护社会秩序。法官对于收容院的资助与管理,其实体现了城市精英对于良好社会秩序的向往。相较于严苛的禁闭措施,法官家族的慈善行为显得富含温情。然而,资助贫民学习一技之长或者帮助他们接受宗教教育,其实也是规训穷人的一种方式,可以化解其反抗潜能,从而加强精英对于社会秩序的控制。[②] 如此看来,法官们对于城市贫民的监管与救助实际上充分体现了高等法院社会治理的职能。

第三节　高等法院的社会治理与绝对君主制的发展

高等法院所行使的社会治理职能,在很大程度上维护了社会秩序,有助于旧制度的稳定。法官们在收容院制度中的所作所为,也与王权意志相吻合,因为正是太阳王力图将这一制度推行全国。由此,我们看到了在政治领域常与国王政府搞对抗的高等法院亦有服务于王权的一面。但是,并不能就此简单

---

① David Feutry, "Les testaments des conseillers au Parlement de Paris au XVIIIe siècle", p. 254。Feutry 还指出,巴黎高法的法官们在 18 世纪的扫盲运动中扮演了重要角色。

② 美国历史学家罗伯特·施瓦茨所撰写的《18 世纪法国对于穷人的管理》(Robert Schwartz, *Policing the Poor in Eighteenth-Century France*, Chapel Hill: University of North Carolina Press, 1988)一书,即认为济贫是统治精英固化政治与社会秩序的手段。

地认为高等法院的治理职能完全得到了王权的认可。事实上，随着绝对君主制的巩固以及社会经济的发展，高等法院的传统治理权逐渐受到行政官僚的挑战。在此，我们将把高等法院的"总治理"放置在绝对君主制发展的背景中加以考察，从而更好地理解该机构在社会治理层面与王权错综复杂的关系。

一、与总督、监察官和治理总监的竞争

高等法院自创立之初便具有总治理的权力，国王正是依靠司法机构来管理王国的事务。这一现象的产生与法国君主制本源上的司法特质相关。法国国玺上的君主形象并非戎装跨马的武士形象，而是端坐王位主持司法的法官形象，这体现了卡佩王朝对于君主制本质特征的理解，此种观念也传递给了波旁王朝的君主们。① 不过，随着绝对君主制的兴起，高等法院在社会治理层面上日益面临总督、监察官等行政官僚的竞争。在 16 世纪，行政管理权主要归高法和各省总督所有，二者对于治理权争夺不休，角逐的核心就是城市的治理权。② 总督是国王派往外省、代表君主本人进行统治的官员，其职能是维护公共秩序。为了维护公共秩序，总督可以通过王室法官惩罚煽动骚乱者；为了确保人们遵守王室法规，总督有权按其意愿召集城市中的贵族、教士、执政官和市民；他还能够指挥其管辖范围内的军人并保护平民免受迫害。③ 总督的任务就是维护公共秩序，这与高等法院进行"总治理"的目标相重合。总督可以介入一切威胁到公共利益和公共秩序的问题：饥荒，瘟疫，包税人的阴谋诡计，公共场所的打架斗殴、造反，外国入侵，等等。④ 亨利二世（1547—1559 年在位）统治时期，矛盾相当突出，高等法院在给国王的谏诤书中抱怨，总督被授予了新的城市治理权，他们不仅要监管各方制定的契约，还负责敦风化俗，匡

---

① 在卡佩王朝前的加洛林王朝已经支持这种君主制的观念，认为国王的首要职责是司法。连同正文参见 J.H.Shennan, *The Parlement of Paris*, p. 151。

② Gaston Zeller, " L'administration monarchique avant les intendants: parlements et gouverneurs", pp. 185, 203-204.

③ 1500—1661 年（路易十四于 1661 年亲政）是总督的黄金时代，此时总督皆选自显赫的大贵族。关于总督的具体权限，参见 Jean Duquesne, *Dictionnaire des Gouverneurs de Province sous L'ancien Régime*, Paris: Éditions Christian, 2002, pp. I, 5; Bernard Barbiche, *Les Institutions de la Monarchie Française à l'époque moderne XVIᵉ-XVIIIᵉ Siècle*, pp. 323-330。

④ Lucien Bély(dir.), *Dictionnaire de l'Ancien Régime*, p. 605.

正不道德的行为、惩罚犯罪。① 不过,如果要在高等法院和总督之间进行选择的话,国王一般还是倾向前者,因为他们对于某些总督所表现出的独立精神颇为忧虑。②

到了路易十四时代,总督的地位明显下降,监察官则变得越来越重要,成为中央层面行政管理的主要工具。监察官是国王派到各省或财政区(Généralités)的王权代表,其权限涉及司法、治理与财政,取代了总督的地位,并与高等法院法官相竞争。在行政管理方面,监察官负责监管市政官吏的选举;他们通过保障市场供给来预防缺粮现象;与此同时,还要提防所有可疑的集会与骚动;并且要与瘟疫的传播作斗争。③ 凡此种种,也都是高等法院"总治理"的范围。

17 世纪前期,高法成员与监察官在许多事务上产生摩擦甚至对立。法院时常废除王家官员的指令,颁布相反的举措,或者通过总检察官吩咐地方官员遵从高法指定的方针。④ 在福隆德运动(1648—1653)初期,高等法院曾提出废除监察官的职位,指责他们损公肥私、敲诈勒索。⑤ 当时高法暂时战胜了王权,但是几年后监察官制度被重建,监察官的地位也不断得到巩固和提升,高法则时常被迫后退。18 世纪监察官制度发展到了鼎盛时期。就公共卫生问题而言,1720 年之后,对日常瘟疫的控制越来越隶属于监察官管理的事务了。⑥ 18 世纪,监管乞丐和流浪汉的问题依然十分突出。1764 年 8 月,王室发布宣言,进一步惩治流浪汉和乞丐。值得注意的是,这一宣言赋予监察官更广泛的权威来管理各类乞丐与流浪汉。⑦ 由于当时的收容机构已不敷需求,

---

① Gaston Zeller, "L'administration monarchique avant les intendants：parlements et gouverneurs", p. 205.

② Gaston Zeller, "L'administration monarchique avant les intendants：parlements et gouverneurs", p. 211.

③ Lucien Bély(dir.), *Dictionnaire de l'Ancien Régime*, p. 670.

④ Steven L.Kaplan, *Bread, Politics and Political Economy in the Reign of Louis XV*, p. 21.

⑤ J.H.Shennan, *The Parlement of Paris*, pp. 265–266.

⑥ Françoise Hildesheimer, "Les parlements et la protection sanitaire du royaume", Jacques Poumarède, Jack Thomas, *Les Parlements de province, pouvoir, justice et société du XVe au XVIIIe siècle*, p. 490.

⑦ Thomas McStay Adams, *Bureaucrats and Beggars: French Social Policy in the Age of the Enlightenment*, pp. 49–50.

1767 年政府又颁布公告,要求在所有财政区建立乞丐收容所(Dépôts de mendicité),这一收容机构由国王政府创建,与司法界没有关联,完全被置于各财政区监察官的掌控之下。①

为了加强首都的治安管理,同时也为了避免严重分割治理权,路易十四于 1667 年创立了治理总监(Lieutenant général de police,也可译为治安总监),令其执掌巴黎的治理大权,并派一批监视员、便衣侦探辅助其工作。② 治理总监的权限非常广泛,包括维持公共秩序、管理生活必需品的供应、监管各行各业。这涵盖了高等法院的治理权限,从而招致高法成员们的不满。③

二、从法国君主制的转变看高法治理权

高等法院的治理权被削减,实际上反映了法国君主制从司法管理模式向行政管理模式的转变。法国的制度史专家罗朗·穆尼埃在分析法国君主制度的演变时指出:所谓司法管理,就是由法官依靠管理条例与诉讼判决来完成公共管理的任务,而且是由法官为各项事务指明方向;所谓行政管理,是指行政权威将公共管理任务托付给一些执行者,他们所颁布的规章具有强制性的效力。穆尼埃还认为:从 12—20 世纪,在整个欧洲范围内发生了逐渐从司法管理向更快捷、有效的行政管理转变的进程,17 世纪的法国在这一进程中迈了一大步。④ 米歇尔·安托万认为:早在 16 世纪中叶便开启了从司法国家(或称司法君主制)向行政国家(或称行政君主制)转变的进程:自亨利二世统治以来,传统的司法管理已不能满足王权的需要,司法管理运作缓慢,在形势紧急的时候不能作出迅速、有效的反应,因此需要行政管理加以补充;具体做法是在旧有的司法体系旁边建立与之平行的行政部门,派遣总督、特派员(其中

① Lucien Bély(dir.),*Dictionnaire de l'Ancien Régime*,pp. 396-397;[法]若兹·库贝洛:《流浪的历史》,曹丹红译,广西师范大学出版社 2005 年版,第 155—156 页。

② Lucien Bély(dir.),*Dictionnaire de l'Ancien Régime*,pp. 739-740,993-994.在设立治安总监之前,巴黎的治理问题由多个相互竞争的司法部门共同承担:有高等法院、负责维持首都治安的巴黎总督法院(即夏特莱法院)、负责凡尔赛治安的司法官等等。另外,当时巴黎的犯罪率不断上升,科尔贝对此忧心忡忡,他相信只有依靠一位掌握特别治理权的官员才能改善治安状况。参见 Albert N.Hamscher,*The Parlement of Paris after the Fronde*,*1653—1673*,1976,p. 135。

③ Paolo Piasenza,"Juges,lieutenants de police et bourgeois à Paris aux XVII° et XVIII° siècles",dans *Annales*,*Économies*,*Sociétés*,*Civilisations*,45e année,N. 5,1990,pp. 1189-1215.

④ Roland Mousnier,*La plume*,*la faucille*,*et le marteau: institutions et société en France du moyen âge à la Révolution*,p. 223.

包括监察官)等官员代表国王执行任务。① 对于绝对君主制的发展而言,司法管理的问题不仅在于行动缓慢,更重要的是它具有很强的独立性。高等法院虽然是王室法庭,但是它在成员构成方面并不依赖于王权,明显不同于国王的其他行政管理者。由于法官捐纳来的职位可以终身担任,并可以父子相传,由此国王失去了对任命权的控制。作为地方精英,法官们在各省形成了盘根错节的裙带关系,成为地方利益的捍卫者。因此,致力于加强中央集权的路易十四政府更愿意将治理大权委托给可以任命、撤换的总督、监察官以及各种特派员。在太阳王时代基本确立了法国的行政君主制,绝对主义达到了最高阶段。

　　路易十四在减少高等法院的行政管理权的同时,力图强化其司法职能。路易十四的司法改革的一项重要举措是,有效地排除了监察官(甚至御前会议)对于司法诉讼的干预,结果从高等法院向御前会议移送案卷的现象锐减,国王越来越不愿意推翻高等法院的判决。② 太阳王使高法法官们更加关注司法事务,也是因为这一时期国王在大部分地区以王室法庭取代了领主法庭。③由此可见,路易十四试图将司法权与行政权相分离,令高等法院变为更专门的司法机构。

　　那么高等法院的治理权是否逐渐丧失了呢? 并非如此。司法管理向行政管理的演变是一个缓慢的过程,两种模式长期共存。尽管受到了监察官和治理总监的竞争,但是高等法院依然具有治理职能。在治理总监职位创立之后,高法继续注册相关王室法令并且颁布相关条例,从而监管市场、行会、监狱以及收容院。1668 年春(即治理总监职位设立的次年),巴黎周边地区发生瘟疫,正是高法联合市政机关通过控制商品流通来阻止疾病的传播。④ 卡普兰认为:高等法院在很大程度上执行的是一套平行于国王政府的治理,几乎是在王室行政管理等级体系之外运作,有时会补充王权的治理,有时又会挑战其治理权。⑤ 这种说法有一定道理,但又不是十分确切。实际上,高法的治理对于

　　① Michel Antoine,"La monarchie absolue",Keith Baker(ed.),*The Political Culture of the Old Regime*,pp. 9-11.

　　② James B.Collins,*The State in Early Modern France*,p. 113.

　　③ James B.Collins,*The State in Early Modern France*,p. 146.

　　④ Albert N.Hamscher,*The Parlement of Paris after the Fronde*, p. 135.

　　⑤ Steven L.Kaplan,*Bread,Politics and Political Economy in the Reign of Louis XV*, p. 20.

王室治理体系有深刻的影响,并非完全在它之外运转,而且二者之间也存在合作。比如,巴黎的监察官德勒·道布雷(Dreux d'Aubray,1642—1666 年在任)所颁布的管理规章从未偏离高等法院管理条例所提供的治理模式;首任治理总监德·拉雷尼(De la Reynie)也是沿着高等法院的足迹监管巴黎。[1] 又如,18 世纪末巴黎每个月召开一次治理大会,会议主席即为巴黎高等法院院长,参会者有巴黎高法的各庭庭长、推事,以及巴黎治理总监。[2] 而且,治理总监所颁布的规章、条例须经高等法院认可。从这个角度看,高等法院并没有失去治理权,法官与王室治理体系中的行政官员存在密切合作,而且,在治理层面高法理论上仍是更高一级的权威,即使至大革命前夕也依然如此。

高等法院治理社会的职能虽然受到了挑战,但该机构不甘心丧失其传统职权,法官们依然利用手中的注册、谏诤、颁布管理条例等权力在社会治理层面发挥作用。此外,高法成员在长期的社会治理中积累了丰富的资源与策略,新兴行政官僚在挑战高法职权的同时,也需要与之合作,以共同解决各式各样的社会问题。

高等法院的社会治理职能使法官们与民生问题息息相关,令他们声称可以在国王面前代表人民。18 世纪中后期,高法法官们多次因对抗王权而被流放,每次流放回归后法官们都像英雄凯旋一样受到城市民众热情的欢迎。根据库仑的研究,在庆祝活动中,城市中的各个阶层、各个团体载歌载舞,会聚一堂,借以传递整个城市对法官的爱戴以及城市中各个阶层的团结。[3] 可以说,正是民众的支持令高法在与王权的政治博弈过程中占据优势。

小　结

托克维尔在《旧制度与大革命》中描述了一个远离下层人民、不再从事社会管理的贵族阶级形象。然而,高等法院中大量的穿袍贵族似乎并不符合这

---

① Paolo Piasenza,"Juges,lieutenants de police et bourgeois à Paris aux XVIIᵉ et XVIIIᵉ siècles",pp. 1191,1208.

② Roland Mousnier,*The Institutions of France under the Absolute Monarchy*,*1598—1789*,p. 574.

③ Clarisse Coulomb,"《L'heureux retour》. Fêtes parlementaires dans la France du XVIIIᵉ siècle",*Histoire*,*économie et société*,Année 2000,Volume 19,Numéro 2,pp. 201-215.

一描述。这些司法贵族穿梭于市井之间,他们利用手中的治理权管理、规训甚至帮助普通民众,同时调节社会经济生活中的各种矛盾,成为维护城市生活秩序的重要力量。高等法院的社会治理职能也揭示出,在政治领域时而对抗王权的法官们亦有服务于王权的一面。而且,相较于政治冲突,为王权维护社会秩序其实是高法职能的常态。

在进行社会治理过程中,高等法院也扩张了自身的势力。法官与平民百姓产生了密切的联系,他们为自身树立了一种卫护人民的形象,并得到了公众舆论的支持。然而,致力于加强中央集权、忌惮贵族势力的王室并不希望看到这样的现象。在人员构成上,高等法院已然具有很强的独立性,高法成员并不像可以随时任免的行政官僚那样听命于中央政府。在关乎公益的事务上,法官们可以自作主张地行动。此外,外省高法法官作为地方精英,捍卫地方利益。这样的机构足以引起王权的忧虑。

高等法院的治理有着古老的传统,对于生活必需品以及行会等事务的监管往往延续了一些源自中世纪的做法。在启蒙时代,随着经济与社会的发展,某些僵化的管理原则已经变得落后。然而,在行政君主制发展的大背景下,高等法院的治理权能日益受到挑战、分割,它只是尽量保守自身的传统权力,绝大多数法院与大部分法官并没有能力对其社会治理原则作出整体的修正与反思。

旧制度下,作为司法机构的高等法院进行着面面俱到的社会治理,执掌了相当广泛的行政权力。路易十四的改革则力图将司法权与行政权相分离,使其统治更趋理性化。然而,这一进程颇为迟缓。直到 1789 年的《人权与公民权宣言》第 16 条才真正确立了权力分立原则;1790 年 8 月 16—24 日法令中创立了新的司法组织,法令的第 13 条规定,司法职权永远与行政职权相分离。① 大革命中分立司法权与行政权,这既吸收了孟德斯鸠的学说,也汲取了旧制度政府司法与行政相互混杂、彼此冲突的教训。

---

① Jacqueline Lucienne Lafon, *La Révolution Française face au système judiciaire d'Ancien Régime*, Genèva:Librairie Droz S. A., 2001, p. 99; Gaston Zeller, "L' administration monarchique avant les intendants:parlements et gouverneurs", p. 215.

第三章　高等法院在绝对君主制中的政治角色

高等法院在绝对君主制中的政治角色,主要体现在它与国王政府的斗争方面。如果说高法的司法职能与治理职能主要是服务于王权的,那么其政治角色基本上是制衡王权的。这样的政治角色是在历史中逐渐形成的,有着中世纪王权衰微的印记。随着绝对君主制的兴起,国王政府希求限制法官们的政治权力,减少其对政治事务的参与,但君主及其大臣的努力往往只能取得暂时的成功,因此演绎出了一轮又一轮的高法与王权的斗争。

第一节　高等法院与王权:从瓦卢瓦
王朝到太阳王时代

一、高等法院政治地位的确立

1. 高等法院与瓦卢瓦王朝的兴衰

巴黎高等法院正式确立于 13 世纪末至 14 世纪初。几十年后,刚刚建立的瓦卢瓦王朝便陷入了英法百年战争的泥沼。正因为此时法国王权衰微,高等法院攫取了很大的权力。从开创新王朝的菲利普六世(1328—1350 年在位)开始,王权就为高等法院所操纵,1344 年的敕令明确表示高等法院所起草的法令代表国王的意愿。[①] 在查理五世(1364—1380 年在位)和查理六世(1380—1422 年在位)统治时期,也都在敕令中颂扬过高等法院。[②]

法国的绝对君主制在路易十一(1461—1483 年在位)时代初露端倪。正

---

① Jacques Krynen,"Qu'est-ce qu'un parlement qui représente le roi?", B. Durand et L. Mayali (eds.), *Excerptiones iuris: Studies in Honor of André Gouron*, Robbins Collection, 2000, p. 355.

② Jacques Krynen,"Qu'est-ce qu'un parlement qui représente le roi?", B. Durand et L. Mayali (eds.), *Excerptiones iuris: Studies in Honor of André Gouron*, p. 356.

是在这一时期,巴黎高等法院开始打着公益的旗号而向国王呈交谏诤书,路易十一于是开始监控法院新成员的招募,并限制它的职权。此外,国王还可以通过"调案"的方式把最重要的诉讼移交国王的特别法院,从而限制巴黎高等法院的权力。①

　　在查理八世(1483—1498 年在位)和路易十二(1498—1515 年在位)统治期间,高法与国王的关系相对和谐。据记载,路易十二经常前往巴黎高法,就司法管理等方面的问题听取法官们的意见。在他去世之后,一位高法成员称其为"爱好正义者"(Amateur de justice)。② 然而,到雄心勃勃的弗朗索瓦一世(1515—1547 年在位)执政时期,王权与高法的关系趋向恶化。国王将波伦亚教务专约(Le Concordat de Bologne,1516)的签署事宜托付给了大法院(Le Grand Conseil),然而巴黎高法却以"王国的元老院"(Sénat du royaume)自居③,要求参与王国的事务。结果,1518 年年初,弗朗索瓦一世谴责高等法院插手教务专约的注册,并且解释道,法兰西只有一位国王,"法国没有威尼斯那样的元老院。"④这表明,弗朗索瓦一世不希望法国的君主制变成一种贵族与国王分享权力的制度,然而法官们并不甘心放弃他们认为属于自身的权力。1525 年的帕维亚战役中法军惨败⑤,弗朗索瓦一世被俘,在此期间巴黎高等法

---

①　[法]乔治·杜比主编:《法国史》上卷,吕一民等译,商务印书馆 2010 年版,第 548 页。

②　Elizabeth A.R.Brown and Richard C.Famiglietti,*The Lit de Justice: Semantics,Ceremonial,and the Parlement of Paris,1300—1600*,p. 49.查理八世和路易十二与高等法院的关系大体和谐,但也有国王向高法施压注册法令的情况。比如,查理八世曾令高等法院不经讨论就注册御前会议起草的一条法令,而法官们对此颇为犹疑;又如路易十二于 1499 年 6 月 13 日亲临巴黎高法,迫使法官们接受其意志。参见 Elizabeth A.R.Brown and Richard C.Famiglietti 前引书,第 49、54 页。

③　早在 1499 年,巴黎高等法院的次席检察官勒·迈特赫(Le Maître)就声称高等法院是"王国真正的元老院"。从 16—18 世纪,这一观点不断被提及。参见 Arnaud Vergne,*La notion de constitution d'après les cours et assemblées à la fin de l'ancien régime(1750—1789)*,Paris:De Boccard,2006,p. 202;Ahmed Slimani,*La modernité du concept de nation au XVIIIᵉ siècle(1715—1789):apports des thèses parlementaires et des idées politiques du temps*,Aix-en-Provence:Presses Universitaires d'Aix-Marseille,2004,p. 246。

④　Philippe Pichot-Bravard,*Histoire constitutionnelle des Parlements de l'Ancienne France*,p. 21.对于 1516 年的波伦亚教务专约,巴黎高等法院迟至 1518 年 3 月 22 日才予以注册,抗议持续了一年多的时间,其间法院与国王的关系相当糟糕。参见 Philippe Pichot-Bravard 前引书,p. 27。

⑤　1525 年 4 月,神圣罗马帝国皇帝查理五世和弗朗索瓦一世率军在意大利北部城市帕维亚展开厮杀,这是意大利战争期间的一次重要战役。法军惨败,弗朗索瓦一世被俘。1526 年 3 月弗朗索瓦一世获释,但直到 1527 年 4 月他才重返巴黎。参见 Elizabeth A.R.Brown and Richard C.Famiglietti,*The Lit de Justice*,p. 61。

院扮演了重要的政治角色。它采取措施保卫巴黎和皮卡迪地区，以对抗哈布斯堡帝国的入侵。高法与女摄政路易丝·德·萨伏依（Louise de Savoie，弗朗索瓦一世之母）共同执掌大权，不过，二者之间时常关系紧张。此外，法官们还抓住时机，于1525年3月23日至4月10日之间起草了一份关于王权政治的谏诤书，督促摄政改革各种弊端。① 国王回国后对此非常愤怒，在1527年7月14日的法令中明确表示："国王陛下禁止你们以任何方式插手除司法事务以外的任何国家的或其他的事务……同样禁止高等法院审判和受理有关大主教、主教和修道院的事务……同样，陛下禁止高等法院今后对陛下之法律、规章和文件做任何限定、修改和保留……"② 由此可见，弗朗索瓦一世力图限制高等法院的政治角色，将其权力限定在司法领域。1527年7月24日，在御临法院仪式（Lit de Justice）上，巴黎高法代理院长夏尔·吉亚尔（Charles Guillart）借机向国王谏诤："我们并不想质疑您的权威（Puissance）。这属于亵渎行为，而且我们深知是由您来制定法律的，而这些法律和敕令不能约束您……不过，我们听说您不想或者说不应该希求所有您能做到的事情，只希求那些基于良好理由的、合乎公正的事物，这就是正义。"③吉亚尔先肯定了君主的权威，但又婉转地指出君主所为必须基于正义。有分析者指出，吉亚尔的谏诤强调王权的神圣性，包含着对于君王的极力奉承，但是在溢美之词中却包裹着针对弗朗索瓦一世统治的严厉批评，他呼吁整肃宗教、司法和军事领域。国王无疑被这样的指责所刺痛。④ 总体而言，很多史学家都认为：弗朗索瓦一世时期是高等法院政治活动演变的转折点。⑤ 弗朗索瓦一世力求塑造绝对王权，不愿听高等法院指手画脚，他的诉求激怒了法官，导致双方关系恶化。

在法国宗教战争初期担任司法大臣的洛皮塔尔（Michel de l'hôpital，约1505—1573）曾经批评高等法院的注册权，他否定了高等法院以其自身的权

① Philippe Pichot-Bravard, *Histoire constitutionnelle des Parlements de l'Ancienne France*, p.28; Elizabeth A.R.Brown and Richard C.Famiglietti, *The Lit de Justice*, p.65.

② ［法］乔治·杜比主编：《法国史》上卷，吕一民等译，商务印书馆2010年版，第605页。

③ Philippe Pichot-Bravard, *Histoire constitutionnelle des Parlements de l'Ancienne France*, pp.22, 27.

④ Elizabeth A.R.Brown and Richard C.Famiglietti, *The Lit de Justice*, p.67.

⑤ Christopher W.Stocker, "The Politics of the Parlement of Paris in 1525", *French Historical Studies*, Vol.8, No.2 (Autumn, 1973), p.192.

威修改立法的权力；谴责法官们在国王回复了谏净书后仍耽延注册的做法；他赞同弗朗索瓦一世的主张，即高等法院仅仅是司法机构，不应卷入财政问题以及政府的事务。① 洛皮塔尔还提出了针对高等法院的改革计划，谋求废除司法界的官职买卖。洛皮塔尔于1537年进入巴黎高等法院担任推事，在那里度过了十载并不愉快的岁月，后来他为国王政府所用，于1560年担任司法大臣。效忠君主的洛皮塔尔力图加强王权，约束高等法院的权力。其改革计划基于司法与政治层面的双重考量：买官制导致法官的腐败与行政效率的下降；同时还剥夺了国王对于官僚的控制。② 因此，他提出改变法官的薪酬，使之成为真正的薪水，而且要按劳分配，不能给那些懒散、玩忽职守、常常缺勤的法官发薪水。③ 洛皮塔尔还建议，从地位低的司法辅助人员开始，赎买司法界的官职，并停止继续售官，唯有如此才能控制法官。④ 然而这一改革计划未能实施，而且此时宗教战争的混乱进一步提升了高等法院的威望，据说，宗教战争结束时，唯一仍保有公共信任的国家机构就是巴黎高等法院。⑤

纵观瓦卢瓦王朝的发展史，跌宕起伏、一波三折，中央集权制未能充分发育，此时的君主需要仰仗贵族的拥护，而不是军队。在这种背景下，高等法院形成了在君主制中的特殊角色，法官们绝不满足仅在司法领域行使权力，更要插手王国的重要政治事务，以便形成对王权的监督。

2. 波旁王朝初期高等法院政治地位的提升

在波旁王朝开创之初，亨利四世接手的法国经济衰退、民生凋敝。为了加强对外省的统治，国王必须依靠总督、司法和财政官员，因此亨利四世在其统治初期对于高等法院的态度比较温和。巴黎高法的法官们也自认为应当在国家的重建过程中扮演重要角色，国王也应当赋予他们必要的手段以完成这一使命。在法官们看来，为了捍卫法兰西的利益与百姓的利益，要不惜与君主的

---

① John J.Hurt, *Louis XIV and the Parlements: The Assertion of Royal Authority*, p. 3.

② Seong-Hak Kim,"The Chancellor's Crusade:Michel de l'Hôpital and the Parlement of Paris", *French History*,1993,Vol. 7,No. 1,p. 4.

③ John A.Carey, *Judicial Reform in France before the Revolution of 1789*,Cambridge,Mass.:Harvard University Press,1981,p. 26.法官的薪水（gages）非常微薄，几乎是象征性的，法官主要靠讼费与财产生存。

④ John A.Carey, *Judicial Reform in France before the Revolution of 1789*,pp. 19,26.

⑤ Nancy Lyman Roelker, *One King，One Faith: the Parlement of Paris and the Religious Reformations of the Sixteenth Century*,Berkeley and Los Angeles:University of California Press,1996,p. 60.

意志相抗衡。① 在亨利四世统治时期，巴黎高等法院的主要成员已有 180 多人②，他们有能力与国王政府进行争论。1598 年 4 月 13 日，国王签署的《南特敕令》就引起了各高等法院的集体抵制。几乎所有的高法都起草了陈情书和谏诤书，国王耗费了两年的时间才获得了各高等法院的同意。③

在 18 世纪的谏诤书中，亨利四世的形象经常出现，他被描绘成尊重司法机构的典范，法官们认为亨利四世不仅尊重法律和敕令，同时也不滥用君主的权威。④ 高法贵族团体有理由歌颂亨利四世，正是在他治下该团体的"保护伞"——买官制才得以巩固。亨利四世政府设立了官职税，以缓解财政危机，买官制度由此而加强。在 17 世纪初，官职仍不具备完全的世袭性，因为官职持有者必须在去世前至少 40 天作出让与才会得到认可。设立官职税后，取消了 40 天的限制，在任何情形下官职都是可继承的资产，官职所有人都可以将其转让给适龄的继承人，官职真正拥有了可继承的遗产特性。⑤ 这一措施既增加了财政收入，又换取了法官们的忠诚，然而，也使得高法团体更加独立，为高法—王权关系留下了深层的问题。

1610 年 5 月 14 日，亨利四世突然遇刺身亡。次日，王室就仓促地在巴黎高等法院举行御临法院仪式，宣告不满 9 岁的路易十三即位，并宣布由王太后玛丽·德·美第奇摄政。这样一个临时应急的决定，其实开启了高等法院—王权关系历史的新篇章。御临法院仪式起源于 14 世纪，至 17 世纪初，其职能主要涉及三个层面：其一，对一些大领主进行审判；其二，它曾充当国王就政治问题与法官讨论的论坛；其三，1563 年在鲁昂高等法院为 13 岁的查理九世举行了成年仪式（1374 年法王查理五世确立了国王 13 岁成年的法令），它象征

---

① Michel de Waele, *Les Relations entre le Parlement de Paris et Henri IV*, Paris：Publisud, 2000, p. 18.

② 1594 年的巴黎高法，共有 7 名庭长、24 名教士推事、145 名世俗推事，另有 7 名为国王的检察大臣、次席检察官、总检察官、书记官等，总计 183 人。参见 Michel de Waele, *Les Relations entre le Parlement de Paris et Henri IV*, p. 71.

③ ［法］乔治·杜比主编：《法国史》上卷，吕一民等译，商务印书馆 2010 年版，第 643 页。

④ Julian Swann, "Un monarque qui veut 'régner par les rois'：le Parlement à la fin de l'Ancien Régime", dans *Parlements et parlementaires de France au XVIIIe siècle*, Paris：L'Harmattan, 2011, pp. 54-55.

⑤ Guy Cabourdin, Georges Viard, *Lexique historique de la France d'Ancien Régime*, p. 244;［法］乔治·杜比主编：《法国史》上卷，吕一民等译，商务印书馆 2010 年版，第 647—648 页。

国王已到了成为立法者的年龄了。① 由此可见,御临法院仪式与国王的继位程序并无关联。这虽然是亨利四世遇刺后的应急措施,但也并非毫无依据。因为在法国君主制的传统中,国王首先是第一法官。法国国玺上国王的形象并不是戎装跨马而是端坐王位主持司法的形象。因此,在紧急状态下,选择了用御临法院仪式即位,以此突出国王从履行其最神圣的职责开始进行统治。这就改变了传统的登基、加冕的程序,创立了在加冕礼之前举行御临法院仪式宣布即位的惯例。② 这一创新的举措,激起了当时官方和一些理论家们对于御临法院历史的兴趣,他们著书立说,追溯这一制度的古老起源,赋予它光辉的传统,这其中就掺杂了历史想象、夸大其词的成分,总之是要使御临法院仪式成为即位仪式具有合法性。

1614 年的御临法院仪式,又秉承查理九世时期开创的先例为路易十三举行了成年礼,后来,同样是冲龄即位的路易十四和路易十五也都以御临法院仪式宣告成年。在御临法院仪式成为国礼之后,便增加了繁文缛节,更加讲究排场,开始成为众人瞩目的重大仪式。③ 在这一过程中,巴黎高等法院可以说受益匪浅。因为御临法院仪式将王权和高等法院紧密结合在了一起。正是在法院之中展示出了王室权威的永恒性,也正是高等法院宣布王太后的摄政和国王的成年。盛大的仪式场合提升了高等法院在大众心目中的威望,在国家中的地位。

但是,在 17 世纪初御临法院很快又重新强化了其历史上的另一层功能,那就是充当国王强行立法的工具。如我们在第一章中所指出的,至 16 世纪末,御临法院会议已经成了一种强迫高法注册法令的机制。1588 年,巴黎高等法院的推事拉扎尔·考克雷(Lazare Coqueley)曾建议废除御临法院会议,可见这一机制当时名声不佳。④ 不过,17 世纪之前举行的御临法院会议并不

---

① Sarah Hanley,*The Lit de Justice of the Kings of France: Constitutional Ideology in Legend,Ritual,and Discourse*,Princeton NJ:Princeton University Press,1983,Chapter I.如前文所述,弗朗索瓦一世曾在御临法院上与高法争论,但是也有讨论,比如,1526 年弗朗索瓦一世因战败给神圣罗马帝国皇帝查理五世而签署了《马德里和约》,1527 年 12 月的御临法院会议讨论了是否要撕毁和约的问题。

② Ralph E.Giesey,"The King Imagined",in Keith Baker(ed.),*The Political Culture of the Old Regime*,Oxford:Pergamon Press,1987.

③ Sarah Hanley,*The Lit de Justice of the Kings of France*,p.283.

④ Elizabeth A.R.Brown and Richard C.Famiglietti,*The Lit de Justice*,p.13.

图3　1610年5月15日举行的御临法院仪式,宣布路易十三即位

（来源:Archives Nationales）

多。萨拉·汉利甚至认为1527年之前并不存在"Lit de Justice"①。其实,在弗朗索瓦一世之前的国王查理八世、路易十二也曾亲临法院讨论问题或敦促立法,只是没有冠以"Lit de Justice"之名。路易十三统治期间,高等法院因为举行国礼而使自身的地位进一步提升,法官们在立法问题上时常与国王产生分歧,于是国王政府便用由君主、显贵、重臣和法官共同出席的庄严的御临法院会议强迫高等法院注册新法令。对此,王室的理论是,国王是法律的源泉,他代表活的法律,当国王亲临法院时,法官们必须得立即注册。路易十三在位期间,共举行过20次御临法院会议,其中15次要求注册新法令。② 可以说,在路易十三时期,御临法院的制度对巴黎高等法院起到了既提升其地位又遏制其权力的双重效果。

二、路易十四对高等法院政治角色的限制

1. 高等法院与福隆德运动

研究者穆特认为:无论是地理范围上,还是社会层面上,福隆德运动都是17世纪中叶整个欧洲最大规模的叛乱。他认为同时期的英国革命仅是资产阶级—乡绅的反叛,而福隆德运动聚集了各个社会集团。③ 福隆德运动的第一阶段(1648—1649)正是由巴黎高等法院领导的,因此被称作高等法院福隆德(Fronde Parlementaire),它标志着高法与王权冲突的顶点。当时,年幼的路易十四即位不久④,由其母后"奥地利的安娜"(Anne d'Autriche)摄政⑤,摄政时期往往是法国历史上王权衰微的时刻。这时三十年战争临近尾声,法军胜利在望,但整个国家已被消耗得精疲力尽。为了确保战争的胜利,马扎然政府明知经济凋敝、民不聊生,仍然开征新税。政府搜肠刮肚,巧立名目。比如,在首都新建房子的人要交税,商品流通也要交税。⑥ 捐税也针对富裕阶层,入市

---

① Sarah Hanley, *The Lit de Justice of the Kings of France*, p. 8.

② Sarah Hanley, *The Lit de Justice of the Kings of France*, p. 291.

③ 参见 A.Lloyd Moote, *The Revolt of the Judges: The Parlement of Paris and the Fronde, 1643—1652*, Princeton NJ; Princeton University Press, 1971, p. 368。福隆德是法文 Fronde 的音译。它原为一种儿童游戏的投石器,曾为当局明令禁用。在此,它带有破坏秩序、反对当局之意。这个术语又被译为投石党运动。福隆德运动分为两个阶段,前期为高等法院福隆德运动(1648—1649),后期为亲王福隆德运动(1650—1653)。

④ 路易十四1638年出生,1643年即位,1661年亲政。

⑤ 路易十四的母后其实是西班牙公主,而当时的西班牙为哈布斯堡王朝所统治,为了表明哈布斯堡王朝源于奥地利这一事实,她被称作"奥地利的安娜"。

⑥ Lucien Bély(dir.), *Dictionnaire de l'Ancien Régime*, p. 573.

税提高,官员薪俸降低,法官们的利益也受到了侵害。1648 年 1 月 15 日,王室在司法宫举行御临法院会议,意欲注册一系列的税收法令。当时,巴黎高等法院的次席检察官欧麦赫·塔隆(Omer Talon)敢于质问王太后,并提醒她农民们承受不了继续增税了。其讲话充满激情且具煽动性,很快被印刷出来,并在外省传播。① 1648 年 4 月 29 日,间接税法院、审计法院和大法院的法官们聚集在巴黎高等法院的圣路易厅(La chambre Saint-Louis),共商大计。② 至 7 月 9 日,聚集在圣路易厅的法官们起草了一个包含着 27 项条款的宪章(charte)。他们声称:这一宪章旨在匡正折磨着王国的种种弊端,这些弊端同时也损害了王国的宪制(L'ordre constitutionnel du royaume)。③ 这个宪章的第 1 条规定:"那些司法监察官,以及所有其他特派员,凡是未在最高法院(cours souveraines)核查身份的,从现在起一律免职。"第 3 条规定:"征收任何税收都需通过敕令与宣告,而这些敕令与宣告必须经过最高法院的核查,并得到了普遍的认可。"第 6 条规定:"国王的任何臣民,无论他身处何境,都不得在未经审讯的情况下被拘禁超过 24 小时……"④这些条款要求政府依法行事,并且突出了高层法官在国家政治生活中的作用。结果,太后和马扎然下令逮捕领导运动的法官,这种行为激怒了巴黎人民。8 月 28 日,巴黎人民举行暴动,一夜之间筑起大量街垒,迫使国王逃出了巴黎。于是,宫廷指派孔代亲王率军队围攻巴黎。高等法院的司法贵族们对首都人民的起义本来就有所畏惧,因为他们从来就不想成为真正的反叛者。正如穆特所说,"法官们不仅想要进行改革,同时也力求避免大的内战"⑤。恰在此时,法官们又听说英王查理一世在革命中被处死,他们害怕背负意欲弑君的罪名,便决定向政府妥协。1649 年 3 月 11 日,双方签署和约,高等法院福隆德运动结束。

　　围攻巴黎、压制民众暴动的孔代亲王自恃有功,打算取代马扎然,但未能

---

　　① Jean-François Sirinelli(dir.),"Fronde",*Dictionnaire de l'histoire de France*,p. 457;Lucien Bély(dir.),*Dictionnaire de l'Ancien Régime*,p. 573.

　　② Lucien Bély(dir.),*Dictionnaire de l'Ancien Régime*,p. 574.

　　③ Philippe Pichot-Bravard,*Histoire constitutionnelle des Parlements de l'Ancienne France*,p. 66.

　　④ "Charte de la chambre Saint-Louis(extraits)",dans Philippe Pichot-Bravard,*Histoire constitutionnelle des Parlements de l'Ancienne France*,pp. 67—68.

　　⑤ A.Lloyd Moote,*The Revolt of the Judges: The Parlement of Paris and the Fronde,1643—1652*,p. 370.

如愿。于是,他就联合孔蒂、拉罗什福科等亲王密谋推翻马扎然政府,这便形成了福隆德运动的第二阶段(1650—1653)亲王福隆德。马扎然下令逮捕了孔代、孔蒂等人,他们的拥护者在外省发动叛乱,还与外国势力相勾结,政局一时大乱。但是,亲王福隆德运动没有明确的目标和系统的纲领,领导人物之间争权夺利,不久就被马扎然分化瓦解了。

2. 路易十四亲政后对高等法院的制约

投石党之乱虽然平息了,但这段经历给路易十四留下了深刻的印象,所以他亲政之后要强化绝对君主制。此外,这场动乱也使资产者和农民意识到动荡的危害性,为了保护自身,他们也愿意令国王拥有强权。对于经常与王权搞对抗的高等法院,路易十四大大削减了它们的权力。

从 1665 年开始,路易十四有意不再使用最高法院(Cours souveraines,包括高等法院、审计法院、间接税法院和大法院等)的术语,而使用"高级法院"(Cours supérieures)一词。① 有研究者分析,国王这样做是为了强调他本人才是国家的最高统治者(Souverain,亦即君主),他不愿与法院分享这一荣誉。② 1667 年 4 月 20 日,路易十四要求注册"司法改革敕令"(涉及民事诉讼程序的改革),结果像过去一样,几名法官要求法院召开全体会议重新审核敕令,这惹怒了国王,他不仅流放了一些最倔强、顽抗的法官,而且要求其中三人放弃在法院的职位,并出售其官职。③ 虽然,自 1667 年以来,高等法院没有呈交过正式的谏诤书,但路易十四还是于 1673 年 2 月 24 日颁布了诏书(Lettres-patentes),进一步缩减高等法院的谏诤权。诏书规定,高等法院只能在注册了法令并且发送到下级司法机构后,方能发布谏诤书。诏书中写道:"我们只是希望法院纯粹地、简简单单地注册诏书,而不做任何修订、限制,也不要增加其他可能延迟或阻止执行诏书的条款……注册了法令之后才能起草谏诤书……"④这个

---

① Philippe Pichot-Bravard, *Histoire constitutionnelle des Parlements de l'Ancienne France*, p. 72. 不过,最高法院的称号也未被废止。

② Albert N. Hamscher, *The Parlement of Paris after the Fronde, 1653—1673*, p. 145.

③ Albert N. Hamscher, *The Parlement of Paris after the Fronde, 1653—1673*, p. 144.

④ "Lettres-patentes portant règlement sur l'enregistrement dans les cours supérieures des édits, déclarations et lettres patentes relatives aux affaires publiques de justice et de finances, émanées du propre mouvement du Roi(24 février, 1673)", dans Philippe Pichot-Bravard, *Histoire constitutionnelle des Parlements de l'Ancienne France*, pp. 73-75.

诏书实际上架空了谏诤权。换言之，以前高等法院通过注册与谏诤分享了国王的立法权，现在路易十四牢牢把立法权掌握在自己手里。1675 年，太阳王又流放了公开表示不满的波尔多和雷恩高等法院。① 此后，高等法院对太阳王几乎唯命是从。当然，也还是有谏诤书产生，比如在 1689—1715 年间波城高等法院递交了 39 份谏诤书，大部分是关于财政问题的。② 因为法官们只能先注册后谏诤，国王几乎根本不需要靠御临法院来强行立法。不过，值得注意的是，路易十四并没有废除高等法院这个机构。国王在教子书（*Mémoires pour l'instruction du Dauphin*，année 1661）中指出："我对司法官员并不厌恶，也没有尖刻地对待他们"；并承认御前会议与法院的冲突也不全是法官们的错。③

在路易十四削减高等法院政治角色的同时，也关注司法界买官制的问题。他曾悲叹："公职被因偶然因素与钱财而占据，并不是通过选拔与才能而担任；一部分法官缺乏经验，更没有什么学识"，因此他认为改革势在必行。④ 太阳王的重臣科尔贝则担心，买官制会误导出一个羡慕虚荣而非热爱商业、制造业以及农业生产活动的民族。⑤ 的确，当时的法国资产者将其获得的利润大量投资于官职，这显然不利于商业、制造业的发展。科尔贝还认为七万法官给人民系上了"沉重的专制枷锁"，因此他提议大大减少司法领域的官职。⑥ 科尔贝深知大量减少司法官职将会毁掉那些高等法院家族和在其他最高法院任职的家庭，因此要逐步改革。他计划用四年时间废除官职税，八年内削减大量司法官职，其做法是在官职持有者去世时将其职位赎回。1665 年 12 月，路易十四颁布了法令，体现了科尔贝改革司法领域买官制的想法，该法令规定了最

---

① Gauthier Aubert et Olivier Chaline (dirs.), *Les Parlements de Louis XIV: Opposition, coopération, autonomisation?*, Rennes: Presses universitaires de Rennes, 2010, p. 7.

② Gauthier Aubert et Olivier Chaline (dirs.), *Les Parlements de Louis XIV: Opposition, coopération, autonomisation?*, p. 10.

③ Gauthier Aubert et Olivier Chaline (dirs.), *Les Parlements de Louis XIV: Opposition, coopération, autonomisation?*, p. 7; Albert N. Hamscher, *The Parlement of Paris after the Fronde, 1653—1673*, p. 133.

④ William Doyle, "Colbert et les offices", *Histoire, économie et société*, Année 2000, Volume 19, Numéro 4, p. 473.

⑤ Hervé Leuwers, *La justice dans la France moderne*, p. 81.

⑥ John J. Hurt, "The Parlement of Brittany and the Crown: 1665—1675", *French Historical Studies*, Vol. 4, No. 4(Autumn, 1966), p. 413.

高官职价格,以及法官任职的最低年龄。① 科尔贝也确实取得了一定的成绩,他赎回并废除了一些官职,而且成功遏制了官职价格的继续上升。然而,由于太阳王对外战争导致的经济压力,科尔贝改革买官制的计划付诸东流,路易十四统治后期,官职买卖现象愈演愈烈。实际上,买官制问题不解决,高等法院的政治角色只能在一段时期内受到抑制。

三、从绝对君主制理论看高法与王权关系

在论及路易十四对高等法院的约束时,人们可能会提出这样一个问题:作为绝对君主的太阳王为何不能彻底废黜高等法院的注册权与谏诤权? 绝对主义理论家们认为,注册的意义在于宣布而非批准法令,注册主要是为了使国王的臣民注意到这些法令;高等法院可以通过谏诤来反对立法,但是要及时为之,而不能修改立法,或者长期延迟注册,尤其是在国王已经回复了谏诤书之后。② 在此,绝对主义理论家还是承认高等法院可以行使注册和谏诤的权力,只是反对法官们僭越。其实,无论是绝对主义理论家还是路易十四本人都认为应在法律的框架下进行统治,这也是绝对主义理论的应有之义。③

法国最突出的绝对主义倡导者是让·博丹(Jean Bodin,1530—1596)和雅克·波舒哀(Jacques-Bénigne Bossuet,1627—1704),从他们的思想中,我们可以看出法国绝对主义的基本内容。博丹对于绝对主义的贡献在于他提出了主权的理论。他将主权界定为"一国之中绝对的和永恒的权力",主权之所以是"绝对"的,因其不可分割,整个委托给了唯一的权威,同时也因为它具有行使终审判决的权能。④ 在法国无疑应由君主一人独掌主权。君主虽然因行使

---

① Albert N.Hamscher,*The Parlement of Paris after the Fronde*,*1653—1673*,p. 414.

② John J.Hurt,*Louis XIV and the Parlements: The Assertion of Royal Authority*,p. 3;博丹关于谏诤权的论述参见 *Les relations entre le parlement de Paris et Henri IV*,p. 55。

③ 绝对主义(Absolutisme)一词于 1797 年在法语中首次出现,这一用法变成通用的概念则是 19 世纪的事情,但是绝对主义的思想在旧制度下便已存在。参见 Richard Bonney,*L'absolutisme*,Paris:PUF,1989,p. 6;Nicholas Henshall, *The Myth of Absolutism*, London and New York:Longman,1992,p. 1。绝对主义与拉丁文 absolvere 有关,它的分词形式为 absolutus,意指"纯粹的"、"不含异质成分"。因此,绝对君主制就是不含有任何民主政体或贵族政体成分的纯粹政体。

④ Jean-Louis Thireau,"L'absolutisme monarchique a-t-il existé?",*Revue française d'histoire des idées politiques*,6,1997,p. 295.在博丹那里,虽然纯粹的君主制(la monarchie pure)要求国王具有终审裁决的权力,但是纯粹君主制并不反对国王在作出决定之前听取各方的意见,包括大臣、顾问甚至是代表不同等级的团体。参见 Jean-Louis Thireau,p. 301。

主权而享有绝对权威,但他并不能成为肆意妄为的暴君,而是要受到如下制约。首先,他要遵守神法和自然法。① 其次,他不能改变根本大法。② 在《国家六论》(1576)中博丹专门提到了两项根本法。一是排除女性继承王位的萨利克法;二是统治者只能使用而不能真正拥有王室领地,这意味着君主无权转让王室领地。③ 再次,他必须要尊重臣民的财产权,不经其同意不能课税。④ 最后,虽然博丹强调立法权是主权的根本特性,君主是不受拘束的立法者,但成文法的内容却始终应该符合天理的要求。⑤ 总之,博丹在论证绝对王权之重要性的同时,实际上也给绝对权威加上了种种限制。

路易十四的同时代人波舒哀主教是另一位重要的绝对主义理论家。他认为法国王权具有以下特征:第一,王权是神圣的。上帝安排国王们作为他的使者,来统治其人民。国王本人是神圣的,谋害国王就是犯渎圣罪。但"国王们必须尊重其专有的权力,而且只能使权力服务于公益(Le bien public)"⑥。第二,王权是父性的。父权君主制(La monarchie paternelle)可以理解成许多不

---

① Nicholas Henshall, *The Myth of Absolutism*, p. 126; André Lemaire, *Les lois fondamentales de la monarchie française*, Paris: Fontemoing, 1907, pp. 114–115.

② 根本法(lois fondamentales)的概念于 16 世纪后期兴起,最早出现在贝扎(其姓名法文写作 Théodore de Bèze,拉丁文写作 Theodorus Beza)的 *Du droit des magistrats*(1573)之中(参见 M.P. Thompson, "The History of Fundamental Law in Political Thought from the French Wars of Religion to the American Revolution", *American Historical Review*, Vol. 91, No. 5, 1986, p. 1103)。博丹在此并未使用 lois fondamentales 的概念,而是使用了 loix royales(王规)的概念。研究者认为博丹这里所反映的就是根本法的思想。参见 Julian H. Franklin, *Jean Bodin and the Rise of Absolutist Theory*, Cambridge: Cambridge University Press, 1973, p. 70; André Lemaire, *Les lois fondamentales de la monarchie française*, pp. 114–115;[英]昆廷·斯金纳:《近代政治思想的基础》下卷,奚瑞森、亚方译,商务印书馆 2002 年版,第 416 页。

③ [英]昆廷·斯金纳:《近代政治思想的基础》下卷,奚瑞森、亚方译,商务印书馆 2002 年版,第 416—417 页。博丹认为这两项根本法对政治稳定很重要,同时也与绝对主义相兼容。参见 Franklin, *Jean Bodin and the Rise of Absolutist Theory*, chapter 5 "Limitations on Absolute Authority"。

④ 基于国家与家庭关系的考虑,博丹提出了这一主张。他认为私有制与家庭紧密联系在一起,摧毁所有权就是摧毁家庭,而家庭又是国家的基本要素,因此国家应该捍卫所有权。参见[意]萨尔沃·马斯泰罗内:《欧洲政治思想史——从十五世纪到二十世纪》,黄华光译,社会科学文献出版社 1998 年版,第 58 页。

⑤ Nicholas Henshall 指出:博丹之所以赋予君主立法权并强调不能与他人分享立法权,也是为了反驳 Hotman 和 Bèze 等理论家的观点。他们将任命大臣、宣布战争、铸币等权力赋予了三级会议,而博丹对立法权的界定包含了所有这些君主独有的、不可抗拒的权力。对博丹而言,"立法"只不过是数个世纪以来国王所拥有的那些权力。参见 *The Myth of Absolutism*, pp. 126–127。

⑥ Richard Bonney, *L'absolutisme*, pp. 50–51.

同的东西。对于波舒哀来说,这意味着"君主不是为自己而生,而是为了公众而生",如果不是这样,那就是一位暴君。君主还应该满足人民的需求,而且对于人民之中那些软弱无力者当供给最多。① 第三,王权是绝对的,这意味着它是独立的。波舒哀指出:"君主无须向他人汇报他所下达的命令","当君主作出裁决后,便不再存在其他的裁决",不过,君主要服从于"法律的公正",并致力于维护这一点。② 第四,王权是服从于理性的。波舒哀解释道:"统治是一本关于理性和智慧的书籍","君主的才智给人民带来幸福","才智比武力更能拯救国家。"他还提出:君主应通晓法律、政务;能够做到知人并拥有自知之明;应了解王国上上下下所发生的事情;应该会说话,也能保持缄默、守住秘密;应具有预见力;应该能够教育大臣们并且能听取建议。③ 除了归纳王权的基本特征,波舒哀还探讨了根本法与绝对君主制的关系。他声称:"存在一些我们不能改变的根本法。如果违背了这些根本法就是撼动了世界的一切根基,随后发生的只能是王国的崩溃";"最为绝对的君主制在根本法的层面也仍然拥有不可动摇的限度。"在波舒哀看来,首要的根本法是尊重臣民的自由与财产权。④ 强调王权之神圣性与绝对性的波舒哀为何如此看重根本法的意义? 其实,使王权接受限制正是保护绝对权威的重要方式,他指出:"精明的君主将种种限度加于自身……他们强迫自己服从某些法律,因为过度的权威最终将自取毁灭。"⑤

通过博丹和波舒哀的观点,我们可以看出法国的君主制虽然是绝对的或神圣的,但它绝非专制主义,绝对权威与专横的暴君迥然有别。甚至可以说,绝对主义恰恰是暴政的对立面。波舒哀写道:"建立政府是为了使所有人摆脱一切的压迫和暴力。"⑥而且,君主是为公众而生,王权应服务于公益。对于每个臣民而言,君主首先要尊重、保护他们的财产权,无论是博丹还是波舒哀都强调了这一点。除了标榜绝对君主制在统治目标上与专制主义截然不同,绝对主义的理论家们还强调君主要依据不可撼动的根本法治理国家,这才是

---

① Richard Bonney, *L' absolutisme*, pp. 52−53.

② Richard Bonney, *L' absolutisme*, p. 58.

③ Richard Bonney, *L' absolutisme*, p. 63.

④ André Lemaire, *Les lois fondamentales de la monarchie française*, pp. 179, 181.

⑤ André Lemaire, *Les lois fondamentales de la monarchie française*, p. 183.

⑥ Richard Bonney, *L' absolutisme*, p. 66.

绝对主义与专制统治的本质区别。值得注意的是,绝对主义的这些原则不仅反映在理论家们的著述之中,作为绝对主义化身的路易十四也明确表达了类似的言论。他曾教导其子说,"我们只是为了公益而生","我们必须为了公共利益(Le bien général)而作出牺牲"①。在王权与根本法的关系问题上,路易十四曾经写道:"主权的属性、王权完美的神圣性使得国王们处于非常幸福的无力状态,他们既不能摧毁国家的法律(这里国家的法律指的就是根本法——引者注),也不能破坏公法以及各省特定的习俗、惯例。这并不是最高权威的缺陷或软弱,而是国王们服从其所承诺的信仰与法律的公正。"②"幸福的无力状态",这看似是绝对权威的对立面,其实正是绝对主义原则的体现。

通过博丹与波舒哀的理论,我们可以看出,绝对主义被认为是迥异于专制主义的体制,它要受到根本法的约束,而高等法院正是法律的保管机构。因此,在绝对主义的理论中已经蕴含了高法—王权关系的内在张力。

第二节 18 世纪公共领域中的高法—王权冲突

一、18 世纪高法与王权的冲突及其基本模式

1715 年,太阳王去世,高法与王权的关系发生了彻底的扭转。此时,最年轻、怯懦的法官都想扮演某种政治角色,并想恢复高等法院的那些伟大传统。③ 根据路易十四的遗嘱,应该成立一个摄政委员会,由奥尔良公爵主持,但并不让奥尔良担任摄政王。然而,巴黎高等法院在御临法院会议上推翻了路易十四的遗嘱,宣布奥尔良公爵摄政。奥尔良公爵靠收买高等法院法官才当上了摄政王,因此他废除了路易十四时期对高法的约束,令法官们的权力开始复苏。对此圣西门公爵曾评论说:"曾被(路易十四的)法令、统治压服的高等法院和法官们,现在已经开始期望新的自由和权威了。"④

不过,巴黎高等法院权力的恢复与扩张有一个过程。大体来说,以 18 世

① Jean-Louis Thireau,"L'absolutisme monarchique a-t-il existé?", p. 305.

② Jean-Louis Thireau,"L'absolutisme monarchique a-t-il existé?", p. 306.

③ Jules Flammermont éd., *Remontrances du Parlement de Paris au XVIIIe siècle*,Tome I,"Introduction",pp.iii–iv.

④ Saint-Simon,*The Age of Magnificence*,*The Memoirs of the Court of Louis XIV*,selected,edited and translated by Ted Morgan,New York:Paragon House Publishers,1990,p. 183.

图 4　1715 年 9 月 12 日年幼的路易十五主持御临法院会议，
宣布奥尔良公爵摄政，由 Dumesnil Louis-Michel
（1663—1739）根据真实场景绘制

（来源：https://www.histoire-image.org/fr/etudes/lit-justice-tenu-louis-xv？i＝1313）

纪 50 年代为界,前期高法的反抗保持着克制、温和,基本上是以恭敬的态度谋求改变国王的意愿,但从 18 世纪 50 年代开始冲突越来越多,并且更加激烈。杜尔哥曾经说过:"高等法院就像生命力旺盛的野草,它们经常被从地面上割掉,但一再长出,并且更加旺盛。"①这一论断形象地概括了高等法院与王权斗争的情况。18 世纪后期的君主制理论家雅各布-尼古拉·莫罗(Jacob-Nicolas Moreau)认为:18 世纪 50 年代标志着法国政治生活的转折点:此前,高等法院与政府的冲突是时有时无的,而且高等法院也被其内部的不同个体的要求、主张所分裂。但是,冉森主义和拒绝圣事事件改变了这一切。在 1753 年的流放中,法官们查询历史文献,寻找一切可以支持新思想的东西。② 研究者基斯·贝克据此指出,此时君主制已经面临高等法院提出的系统的反对王权的理论,并认为拒绝圣事事件开始冲破了绝对主义的政治模式。朱利安·斯旺也赞同 18 世纪 50 年代的转折意义,他认为在此之后高等法院对王权的对抗变得更持续并获得了意识形态的维度。③

巴黎高等法院与王权之间经常因为宗教与财政事务发生分歧乃至冲突。早在 1718 年,巴黎高等法院就因反对约翰·劳(John Law)的体制(尤其是新银行)而与摄政的奥尔良公爵发生摩擦。苏格兰经济学家约翰·劳试图改造法国旧制度下传统的经济模式,其手段新颖,但也颇具风险。他用通货膨胀的方式减轻国家债务,由国家担保而向市场大力投放银行债券、发行货币、征收间接税并发展殖民贸易。④ 对此研究者申南认为:高等法院反对约翰·劳是因为他们不愿赞成未尝试过的政策,尤其当这个政策是出自一个外国人之手时。⑤ 1725 年和 1749 年高等法院又分别反对过五十分之一税与二十分之一税。⑥ 这两种

---

① John Hardman, *French Politics*, *1774—1789: From the Accession of Louis XVI to the Bastille*, London and New York:Longman,1995,p. 218.

② Jacob-Nicolas Moreau, "Principes de conduite avec les parlements",转引自 Keith Baker (ed.), *The Political Culture of the Old Regime*,p. 37。

③ Julian Swann, *Politics and the Parlement of Paris under Louis XV*, *1757—1774*,p. 27.

④ 参见[法]阿莱特·法尔热:《法国大革命前夕的舆论与谣言》,陈旻乐译,文汇出版社 2018 年版,第 157 页。

⑤ J.H.Shennan, *The Parlement of Paris*, p. 287.

⑥ Jean Egret, *Louis XV et L'opposition Parlementaire*, *1715—1774*,pp. 38-39.

税面向所有等级的业主征收,无论是贵族还是平民,无论是否享有特权,均须缴纳。① 不过,这些摩擦与日后的冲突相比显得并不严重。巴黎高等法院对宗教问题的抗议,是围绕着 1713 年教皇克莱芒十一世颁布的迫害冉森派的《乌尼詹尼图斯谕旨》(*La Bulle Unigenitus*,又译《圣子通谕》)展开的。② 在高等法院看来这一谕旨明显违背了他们所遵循的高卢主义原则,但在 1720 年高等法院和政府就谕旨问题达成了某种妥协。③ 然而,问题并没有真正解决,1726 年强烈反对冉森派、坚决拥护谕旨的"红衣主教"弗勒里(André-Hercule de Fleury)成为首相,使得矛盾又逐渐被激化。与此同时,冉森主义者同巴黎高等法院中的部分法官和律师结成联盟,试图利用高等法院保护自己。18 世纪二三十年代,巴黎高等法院中约有 14 名冉森派法官和 20 名冉森派律师。他们人数不多,但是联系密切,讲求策略,弥补了人数上的不足。④ 1730 年,弗勒里通过御临法院会议迫使法官们将谕旨注册为法兰西教会与王国的法律。这遭到了他们的谴责与抗议,高等法院通过罢工、出版司法判决的形式与弗勒里展开了一番较量。

18 世纪 50 年代,关于《乌尼詹尼图斯谕旨》曾经的争吵又成为重要的政治问题。这一次是关于拒绝圣事的争论。1752 年,支持谕旨的主教们命令其

---

① 五十分之一税即对所有土地的产品及所有收入征收 1/50 的实物税,二十分之一税是对业主征收 1/20 的财产税。参见黄艳红:《法国旧制度末期的税收、特权和政治》,社会科学文献出版社 2016 年版,第 119、128 页。

② 冉森派或称冉森主义者(Jansenists)是 17—18 世纪在法国流行的基督教派,因其信奉冉森主义而得名。冉森主义源于佛兰德斯的神学家科内利乌斯·冉森(1585—1638)。在冉森生活的年代,神学家们就上帝的恩典与人的自由意志之关系展开了激烈的争论。在这种背景下,冉森提出回归奥古斯丁神学思想中的原则,其论著《奥古斯丁论》在他死后发表(1640),书中阐释了他关于恩典、自由意志、预定的学说。冉森教派一经形成便屡屡遭到教会的谴责,后者指责他们歪曲了奥古斯丁之教义、重复了加尔文派的错误学说。参见拙文《冉森派与十八世纪法国的政治》,《北大史学》2005 年第 11 期。《乌尼詹尼图斯谕旨》指责 1671 年凯斯奈尔写的一部祈祷书《新约道义探讨》中提出的 101 条论点是冉森主义的。以往在同冉森主义争论时发表的教皇训谕,主要是针对神学家的,但这次却选了一部广为传阅的祈祷书作为对象。这部书曾得到过巴黎大主教的公开推荐。因此谕旨是对巴黎大主教的独立性以及法国教会高卢传统的间接攻击。参见[英]J.O.林赛编:《新编剑桥世界近代史》第 7 卷,中国社会科学院世界历史研究所组译,中国社会科学出版社 1999 年版,第 294—295 页。

③ J.H.Shennan, *The Parlement of Paris*, p.xxxviii.

④ Olivier Chaline,"Les infortunes de la fidélité:Les partisans du pouvoir royal dans les parlements au XVIIIᵉ siècle", p. 337;Peter R.Campbell, *Power and Politics in Old Regime France, 1720—1745*,London and New York:Routledge,1996,p. 249.

教区的神甫不得给予某些教民圣餐,因为这些教民没有出自法定神甫的表明其为正统的证明。这种证明即为忏悔证(Billets de confession)。① 在巴黎,当神甫拒绝给几个濒死的冉森主义者临终圣餐(Viaticum)时,激起了冉森派和巴黎人民的反对。② 巴黎高等法院支持冉森派,下令禁止神甫以这种理由拒绝圣事,并起诉了几名仍在拒绝圣事的教士。对此,当时的国务秘书达让松(D'Argenson)写到,至1753年他已经不能再在文雅的社会中保护教士了,因为害怕承受参与审讯的羞辱。③ 国王不得不进行干预,命令高等法院停止此举。而法官们拒绝接受,并于1753年4月提交了大谏诤书(Grand Remonstrances)。路易十五拒绝接受这些谏诤,高等法院则举行了司法罢工,于是国王流放了法官。④ 大法庭的法官本来未遭流放,但他们要求和他们的兄弟们承受同样的命运。⑤ 国王最后缓和了,法官们在经历了15个月的流放之后,于1754年9月被召回巴黎。对于高等法院来说,这无疑是个胜利,法官们也因此信心大增。不过,法官们返回的条件是注册了一个"肃静法令",要求停止宗教争吵。

然而这个法令只带来了王权与高等法院之间的短暂和谐,随后国王又被法官与主教之间的争吵所烦恼。到1756年,路易十五在巴黎高等法院再次受挫:当时正值七年战争爆发,为了支付惊人的战争花费,国王不得不诉诸增税和贷款,于是便有一系列的财政法令需要注册,而巴黎高等法院坚决反对。路易十五因此于12月举行了一次御临高等法院会议,强迫高等法院注册三个严酷的法令,其中一个是惩罚性的,要求废除五个调查庭中的两个,以清除那些最年轻、最具反叛精神的法官。结果巴黎高等法院的调查庭和诉状审理庭的

---

① 1749年新任命的巴黎主教德·博蒙(Christophe de Beaumont)运用其主教权威发动了一场在其主教辖区内根除所谓冉森派异端的运动。为了达到这一目的,他恢复了行将灭亡的教会策略:"忏悔证"。据此,一个将死的教徒如果想要最后的圣事(临终圣餐和临终涂油),必须先得到一个由拥护《乌尼詹尼图斯谕旨》的法定神甫签署的忏悔证,证明有拥谕的神甫曾听过这教徒的忏悔。此外,为得到忏悔证,该教徒还必须向法定神甫保证他服从谕旨。总之,这就是要拒绝给予反谕派临终圣事。

② James B.Collins,*The State in Early Modern France*,pp. 213,240.

③ James B.Collins,*The State in Early Modern France*,pp. 213−214.

④ J.H.Shennan,*The Parlement of Paris*,pp. 309−310.

⑤ James B.Collins,*The State in Early Modern France*,p. 214.

全体成员以及大法庭的半数法官以辞职作为回应。① 王权的虚弱以及七年战争的困扰迫使国王再次妥协，路易十五于 1757 年 9 月召回了辞职的法官。

但王权与高等法院之间的矛盾仍在持续激化，终于促发了 18 世纪 70 年代初的"莫普革命"，而巴黎高等法院与君主制的冲突也随之被推向了另一个高峰（由于本书下编着重分析莫普革命，在此不做赘述）。1774 年 5 月路易十五的去世标志着莫普实验的结束，路易十六上台后不久即因公众舆论的压力被迫召回原巴黎高等法院。巴黎高等法院重建后，法官们与国王政府保持了十年相对的和平。然而，随着 1783 年卡隆就任财政总监，巴黎高等法院与王权的关系又逐渐走向破裂。卡隆及其继任者布里埃纳（Brienne）因财政问题与高等法院矛盾重重。1787 年 7 月，巴黎高等法院拒绝登记印花税法令，声称自己无权批准永久税，并提议召开三级会议以决定臣民如何自由地向国王纳税。8 月 6 日，路易十六政府以御临法院的形式强行注册法令，但是次日巴黎高等法院便宣称非法注册无效。于是，国王将法官们流放至特鲁瓦，以示惩罚。外省高等法院对此抗议不断，布里埃纳只好妥协，收回了税收敕令，巴黎高等法院的法官们也被召回。面对未来五年即将到期的巨额国债，布里埃纳决定以御临法院的形式推动注册举债的法令。这次御临法院会议于 11 月 19 日召开，但巴黎高法的法官们拒绝注册法令。② 国王政府与高等法院的关系持续紧张。至 1788 年 1 月 4 日，巴黎高法的法官们宣布，所有密札皆为非法，要求恢复臣民的个人自由与自然权利。5 月 3 日，巴黎高等法院又发布了题为《王国的根本自由权》（Les Libertés Fondamentales du Royaume）的声明。③ 面对此种局面，掌玺大臣拉穆瓦尼翁效法莫普，启动了粉碎高等法院反抗的司法改革。这引发了全国大规模的抗议与骚乱，构成了自 1787 年以来的"贵族的反叛"（或称"贵族革命"）的高潮。8 月，王权屈服，司法改革废止。高等法院在取得了短暂的胜利之后，便因大革命的到来而迅速并永久地与绝对君主制

---

① James B. Collins, *The State in Early Modern France*, pp. 214, 240; J. H. Shennan, *The Parlement of Paris*, pp. xli, 310–311; Julian Swann, *Politics and the Parlement of Paris under Louis XV, 1757—1774*, p. 87.

② 详情参见［英］威廉·多伊尔：《牛津法国大革命史》，张弛等译，北京师范大学出版社 2015 年版，第 101—103 页。

③ Michel Figeac, "Les magistrats en révolte en 1789 ou la fin du rêve politique de la monarchie des juges", *Histoire, économie et société*, Année 2006, Volume 25, Numéro 3, p. 387.

一道退出了历史的舞台。

高等法院与王权的斗争往往遵循着这样一种模式:国王或大臣先提出了不受欢迎的法令,然后高等法院提出谏诤,随后国王举行御临高等法院会议强迫高等法院注册法令。这个时期几乎所有引发争议和危机的法令都是通过御临高等法院强行通过的(笔者对此做了一个初步的统计,参见"18世纪御临法院会议统计表")。高等法院可能在压力之下注册法令,也可能就御临高等法院的注册提交进一步的谏诤书。高等法院法官还有可能因顽强抵抗遭到流放,或者法官们自动辞职,最后面对新的形势国王政府妥协,或者经过沟通双方和解。虽然每次斗争中高等法院的成员都表现得慷慨激昂,但从整体来看这种冲突循环往复,似乎成了没完没了的闹剧。从这种斗争模式当中,我们发现双方的对抗之中包含着相互的妥协,而这种妥协又常常成为新的斗争的起点,使二者的冲突旷日持久。其实谏诤、御临高等法院会议、流放都只是政治的公开外观,在这背后还有复杂的接触,包括争论、劝说和交易①,这一切为最终达成妥协提供了可能。然而这些幕后政治只为当时的高层政治精英与今日的少数历史学家所知晓,而留给18世纪后期法国公众的只有法官们不畏强权的光辉形象,以及王权的专制与虚弱无力,这一切对于君主制权威的腐蚀是不可估量的。

表2　18世纪御临高等法院会议统计表

时间	御临高等法院会议(仪式)内容
1715年9月12日	宣布奥尔良公爵摄政
1718年8月26日	注册支持约翰·劳体系的法令(在杜伊勒里宫举行)
1723年2月22日	宣布路易十五成年
1725年6月8日	注册征收五十分之一税的法令
1730年4月3日	国王发表声明,重申谴责冉森派的《乌尼詹尼图斯谕旨》为王国的法律
1732年9月3日	注册1730年4月3日的声明(在凡尔赛宫举行)
1756年8月21日	注册几个税收法令

---

① 比如从1772年法官马尔泽尔布在流放期间致杜埃(Douet)夫人的书信中,我们了解到,杜埃夫人实施了一个计划,使国王与莫普相分离。为了达到这一目的,王公们要以精明的方式向国王建议。马尔泽尔布称赞了这一计划。参见 Pierre Grosclaude(dir.), *Malesherbes et son temp*, Paris:Librairie Fischbacher,1964,pp.67-68。

续表

时间	御临高等法院会议（仪式）内容
1756 年 12 月 13 日	注册有关教会事务的声明；因法院不配合七年战争导致的增税，注册惩罚高等法院的法令。
1759 年 9 月 20 日	注册关于献纳金（La subvention générale）的法令以及其他几个敕令（在凡尔赛举行）
1761 年 7 月 21 日	注册法令，涉及第三个二十分之一税、人头税加倍以及新增借贷等问题
1763 年 5 月 31 日	注册几个税收法令
1770 年 6 月 27 日	国王干预高法对达吉永公爵的审判
1770 年 12 月 7 日	要求注册严格约束高等法院的法令（在凡尔赛举行）
1771 年 4 月 13 日	成立莫普高等法院取代被废除的原巴黎高等法院
1774 年 11 月 12 日	重建原高等法院
1775 年 5 月 5 日	注册关于扩大司法官吏裁判权的公告
1776 年 3 月 12 日	注册以捐税取代徭役的法令和取消行会管事（Les jurandes）的法令
1786 年 8 月 6 日	注册印花税公告和土地纳金（La subvention territoriale）敕令
1788 年 5 月 5 日	建立全能法庭，以取代巴黎高等法院的地位

资料来源：Jules Flammermont［éd.］，*Remontrances du Parlement de Paris au XVIII*e *siècle*，3 tomes。

　　我们从双方的冲突模式中还应注意到高等法院与王权之间存在着高度的互相依存关系。一方面，正如多伊尔所说，高等法院并不是真正的叛乱者，否则莫普不会如此轻易地打败他们。[1] 同时，无论谏诤书中传达了怎样的思想，它的措辞都保留了尊敬、忠诚与谦卑。这一形式并非无关紧要，它意味着高等法院依然是王权的衍生物。另一方面，国王并不能真正地取消高等法院，这不仅是因为公众舆论施加了很大的压力、幕后交易起了作用，也在于高等法院是国王权威链条中的重要一环，它有着无法取代的重要作用。[2] 正是这种相互的依存关系，使得唇亡齿寒，法国的绝对君主制一旦灭亡，高等法院便会立即

————————

　　① William Doyle,"the Parlememt", in Keith Baker(ed.) , *The Political Culture of the Old Regime*, p. 160.

　　② 罗杰斯特认为 1753—1754 年的事件揭示了国王权威的真正力量位于权威之链中，高等法院是这个链条的重要一环，只有这个链条被打断时人们才意识到它存在的重要性。参见 John Rogister, *Louis XV and the Parlement of Paris*, *1737—1755*, p. 258。

消失。

既然高等法院与君主制的命运密切相连,为何有众多的法官选择参与反抗王权的斗争? 首先,我们需要了解关于法官人数与年龄构成的基本信息。据统计,1750 年前后,巴黎高等法院约有法官 250 名(积极参与法院辩论与投票的法官大约 150 名),鲁昂与雷恩两家规模较大的外省高法都拥有略多于100 名的法官。18 世纪末,法国高等法院和最高法庭(可视作小型高等法院)的法官数量大约为 2300 名。[1] 据统计,1790 年高等法院被废黜之际,巴黎高法调查庭与诉状审理庭的 71 名世俗推事中有至少 59 人年龄在 35 岁或 35 岁以下。[2] 我们通常知道此时的革命者相当年轻,却不了解高等法院的法官们也同样年轻。当高等法院这一古老的机构被许多年轻人占据的时候,它在斗争当中不免有激进的举动。在这些法官当中有多少人积极领导了反抗王权的斗争,我们无从知晓,但可以肯定的是大部分人是跟随潮流。那么为什么有这么多法官愿意跟随潮流,跻身于反抗的行列,并表现出愿与高等法院共命运的精神? 我们应该注意到这样一个事实:在巴黎高等法院任职意味着升迁困难,甚至毫无希望,近一半的法官只能在同一个法庭内度过一生。18 世纪中叶,"红衣主教"贝尔尼曾评论道:

> 一个有些长处的(以及自认为有些本领的)高等法院推事,丝毫不能指望好运降临:他的命运被永远定格了。他不为恐惧或希望所动:他处于高等法院的庇护之下,法院才是他唯一的审判官,法院在他受贬黜时会保护他,在他遭流放时会帮助他复职。他的职位带给他的是艰苦、勤勉、孤寂的生活;没什么薪水,他的工作不具有什么非凡之处:他必须为自己赢得声名以补偿他不可能期许的财富,而且只有当他在关涉宗教或人民福

---

① Julian Swann, *Politics and the Parlement of Paris under Louis XV,1757—1774*, p. 7;[英]威廉·多伊尔:《法国大革命的起源》,张弛译,上海人民出版社 2009 年版,第 79 页。同时参见 Olivier Chaline, "Les infortunes de la fidélité:Les partisans du pouvoir royal dans les parlements au XVIIIᵉ siècle", p. 337。

② Baily Stone, *The Parlement of Paris,1774—1789*, Chapel Hill:University of North Carolina Press,1981,pp. 29-30. 如第一章所述,由于买官制的原因,很多人年纪轻轻就可以到高等法院的调查庭和诉状审理庭任职。还有人指出,大革命前夕巴黎高等法院的全体成员中有半数年龄在35 岁以下。参见[英]A.古德温编:《新编剑桥世界近代史》第 8 卷,中国社会科学院出版社 1999年版,第 560—561 页。

祉的问题出现时,促使其同僚抵抗王权,他的声名才会最为显赫。结果,每个有才华的法官都得跻身反对派的行列,直到可能被政府相中,政府为推事和庭长们开启了通往财富与荣誉的大门,国王本人则掌控着大门的钥匙。因此,正是国王握有奖赏高等法院中的人才的权力,他可以令这些能言善辩的巧嘴为了王权的利益而发声,尽管现在这些嘴巴为了限制王权而张开。①

贝尔尼认为,法官们因升迁无望才闹事、抵抗,只有如此才有可能迫使政府为他们打开迁升之门。他还指出:要令法官们整体上顺从,需要保障其上升之途通畅。贝尔尼的分析提醒我们,在前途暗淡的情况下,反抗王权是一种为个人赢得名誉的方式。我们再考虑到高等法院中有那么多年轻法官,乐于卷入政治斗争之中,那么法官们反对王权的力量如此强大便不难理解了。除了法官之外,高等法院中还有大量律师,这些律师一般不是贵族出身,在反抗王权的过程中他们有着比法官们更不妥协的立场。②

二、被公众舆论放大的高等法院斗争

路易十五尝言,他任命了大臣,但民族将他们解职。路易十六曾说:他必须总要请教公众舆论,它从未出过差错。1774 年 12 月,当路易十六被告诫废除莫普改革的后果时,他回答说:"可能是这样的。这从政治上考虑可能是不明智的,然而对于我来说,这是最普遍的意愿(le vœu le plus général),我想要受人爱戴"③。从以上的言论我们可以看出,公众舆论已经充当了裁决政治争端的法庭,左右着君主的行为。此外,还可以看出巴黎高等法院征服了公众舆论,使之向王权施加压力。那么,高等法院如何将自身的理论传播给了公众?又如何使公众舆论变成了自身反抗王权的工具?政府作出了怎样的回应?

1.高等法院的斗争与公众舆论的兴起

高等法院的斗争与公众舆论的兴起密切相关,二者存在着一种互动关系。

---

① Bernis, *Mémoires et lettres de François-Joachim de Pierre, cardinal de Bernis(1715—1758)*, Tome premier, Paris:E.Plon et Cie,1878,pp.347-348.

② David A.Bell,"The'Public Sphere', the State, and the World of Law in Eighteenth-Century France", *French Historical Studies*, Vol.17, Fall 1992, pp.923-924.

③ Jean-Luc A.Chartier, *Justice, une réforme manquée, 1771—1774: Le chancelier de Maupeou*, Paris:Fayard,2009,p.44;John Hardman, *French Politics,1774—1789:From the Accession of Louis XVI to the Bastille*,p.232.

历史学家们大多认为,公众舆论是从 18 世纪中期开始发挥作用的。① 公众舆论的兴起得益于阅读公众的发展、出版物的增多、社交生活的丰富等因素,值得注意的是,高等法院面向公众的宣传也对塑造公众舆论起着重要作用;与此同时,公众舆论获得了某种普遍性、客观性,仿佛成了真理的化身,在司法政治斗争中给予了高等法院巨大的支持,从而制约了君主的行动。

司法习惯对将公共的概念引入法国的政治文化贡献颇多。托克维尔在《旧制度与大革命》中便注意到了这一点,他指出:

> 司法习惯在很多方面变成了民族习惯。人们从法庭普遍接受了这一思想,即一切事务均可提交辩论,一切决定均可复议;利用公开性,讲究形式——这些都与奴役性格格不入:这就是旧制度留给我们的自由人民教育的唯一部分。政府自己也从司法用语中借取了很多语言。国王认为在发敕令时必须说明缘由,在下结论时必须阐明原因……人们对各类事务进行公开讨论,经过辩论之后才作决定。②

由此可见,法庭公开辩论事务的习惯影响了法国民众,使他们接受了利用公开性解决问题的思想。

法庭的世界与公众舆论的思想之间的内在关联还不止于此。大卫·贝尔指出:高等法院除了在它们最为勇敢的时刻,一般强调它们没有直接的制度性的权力,只拥有向君主呈上谦卑的谏诤、提议的特权,这主要是一种道德上的

---

① 1962 年,哈贝马斯出版了《公共领域的结构转型》一书,此书讨论了 18—19 世纪英、法、德三国资产阶级公共领域的理想类型(参见[德]哈贝马斯:《公共领域的结构转型》,曹卫东等译,学林出版社 1999 年版)。哈贝马斯的这一论著在 20 世纪 90 年代的西方学术界颇为盛行,他对于公共领域和公众舆论的阐释深刻影响了法国旧制度史研究。其实,早在 1933 年达尼埃尔·莫尔内就指出,他要研究 18 世纪的作家如何对普遍的公众舆论产生影响(参见[法]达尼埃尔·莫尔内:《法国革命的思想起源(1715—1787)》,黄艳红译,上海三联书店 2011 年版,"导言",第 2 页)。不过,18 世纪法国公众舆论研究的热潮却是由哈贝马斯的理论推动的。哈贝马斯十分注重公众舆论的资产阶级属性,而法国史专家基斯·贝克更强调公众舆论乃是一种政治文化的创制(参见 Keith Michael Baker, *Inventing the French Revolution*, Cambridge: Cambridge University Press, 1990, pp. 171-172)。此外,基斯·贝克、莫娜·奥祖夫等人都认为公众舆论是在 18 世纪中期兴起的,但也应注意到,路易十四政府已经开始通过官方宣传为国家政策辩护,从而操控公共意识(public consciousness)。这方面的研究参见 Joseph Klaits, *Printed Propaganda under Louis XIV*, Princeton: Princeton University Press, 1976, 2015。

② 参见[法]托克维尔:《旧制度与大革命》,冯棠译,商务印书馆 1992 年版,第 154 页。

约束。① 而我们又知道公众舆论也通常是依据道德的准则来评判事物的,因此法官们的谏诤权对王权的道德束缚与公众舆论的道德评判具有某种同质性。此外冉森派教会学理论重视"一致性"原则,认为任何教会所作出的决定只有在取得全体教民一致同意的情况下方能生效。② 当冉森派明显影响巴黎高等法院的时候,他们追求一致的倾向自然会熏陶高等法院的成员,法官和律师们未必会完全追求一致,但他们至少明白应该尊重大多数人的意见。

如果说从上述几点我们看出了高等法院与公众舆论之间潜在的精神关联,那么马尔泽尔布则是清楚地表达了司法界代表对公众舆论的推崇。他在1775 年 5 月 6 日递交的谏诤书中指出:"公众是法官们的审查官";"在一个文明开化的国家中,无论是普遍的还是个体的利益都将得到捍卫;所有掌管最高权力的人都应服从三种限制:法律的限制,求助于更高一级权威的限制,公众舆论的限制"③。马尔泽尔布强调公众与公众舆论具有监督的权能,他将公众舆论的限制与法律的限制并置,在高等法院的行动中我们则更多看到了这两种限制的联合,司法界的理论家将自己的思想传播给公众,寻求公众舆论的支持。

争取公众舆论最常用的方式就是著书立说,通过出版书籍与小册子来传播高等法院的种种理论。勒佩日(Louis-Adrien Le Paige,1712—1802)、梅伊(Claude Mey,1712—1796)和莫尔特罗(Gabriel-Nicolas Maultrot,1714—1803)等冉森派巴黎高法律师都因出版批判专制主义、捍卫高等法院的著作而闻名。高等法院更为特别的一种宣传手段则是通过出版谏诤书有意识地夺取舆论的支持。他们的谏诤书持续出版,涉及民族的权利、巴黎高等法院起源于法兰克时代等内容,虽然没有多少新鲜的理论,但通过重复的出版创造出了一种政治话语。尽管其谏诤文风浮夸,经常有几个版本,但它们拥有大量的读者。期刊和外国的印刷品在传播高等法院活动的消息时也发挥了重要作用。传播政治

① David A.Bell,"The'Public Sphere',the State,and the World of Law in Eighteenth-Century France",pp. 931–932.

② 高毅:《法兰西风格:大革命的政治文化》,浙江人民出版社 1991 年版,第 48 页。冉森派教会学理论重视一致性原则,这其实是冉森主义结合里歇主义(richérisme)的结果。参见拙文《冉森派与十八世纪法国的政治》,《北大史学》2005 年第 11 期。

③ Malesherbes,"Remontrances Relatives aux impôts 6 mai 1775",dans *Les «Remontrances» de Malesherbes*,édité par Elisabeth Badinter,Union générale d'éditions,1978,p. 204.

消息的渠道还有秘密的出版物,比如冉森派的《教会新闻》(*Nouvelles Ecclésiastiques*)和匿名的《手抄新闻》(*Nouvelles à la main*),它们传播了高等法院的争论和谏诤的细节。①

除了将谏诤书公之于众,高等法院的律师们还发展出了一种武器,能使他们在广大读者面前抨击政府的专制举措,并且能免于惩罚。这就是所谓的司法诉状(*Mémoires judiciaires* 或 *Factums*)。在旧制度下,这些小册子似的文件与普通的出版物相比拥有一种独一无二的传播特权,它免于书报检查,并且发行数量很大。② 根据萨拉·马萨的统计,18世纪70年代司法诉状的发行量在6000—10000册之间,80年代可达到20000册。③ 可以说司法诉状在传播上享有的自由与法国出版界内的严格审查形成了强烈的反差。因此,巴黎律师界很快成了政论家的滋生地,1750—1775年间绝大多数的具有论争性质的文本都出自巴黎律师之手。

另外值得注意的是,法学界人士善于利用修辞技巧和历史事实赢得读者的同情。马里萨·林顿告诉我们:"司法界的所有成员都接受过在修辞方面广泛的训练,那些将要成为律师和法官的人会花大量时间来学习古代著名作家的修辞策略"④。除了学习先辈的文学典范,他们还仿效当时时髦的文学文体,因此罗歇·夏蒂埃认为他们用"一种不同的书写风格代替了惯常的法律文体,赋予了叙述戏剧化的形式"⑤。这样一来,高等法院便能够产生颇能打动读者的文本,促使公众接受高法成员所传播的思想。法学家们不仅在运用修辞方面技艺高超,他们还善于运用历史事实和司法先例来证明高等法院的行为与要求的合法性。巴黎的法官德·科特(de Cotte)和迪雷·德·梅尼埃尔(Durey de Meinières)以收集高等法院的历史资料著称,他们都拥有自己的

---

① Julian Swann, *Politics and the Parlement of Paris under Louis XV*, 1757—1774, pp. 82—83.

② James B. Collins, *The State in Early Modern France*, p. 246; David A. Bell, "The 'Public Sphere', the State, and the World of Law in Eighteenth-Century France", p. 924.

③ Sarah Maza, *Private Lives and Public Affairs: The Causes Célèbres of Prerevolutionary France*, Berkeley: University of California Press, 1993, p. 2.

④ Marisa Linton, "The Rhetoric of Virtue and the Parlements, 1770—1775", *French History*, 1995, Vol. 9, No. 2, p. 181.

⑤ Roger Chartier, *The Cultural Origins of The French Revolution*, translated by Lydia G. Cochrane, Durham and London: Duke University Press, 1991, p. 35.

藏书室。① 由于掌握了大量的史料,法官们在书写谏诤书和小册子时自然能旁征博引,令人信服,从而得到公众的支持。

不仅出版物可以传播高等法院的思想,沙龙也可以收集并扩散关于高等法院的消息。根据罗伯特·达恩顿的研究,杜布莱夫人(Mme.M.-A.-L.Doublet)的著名沙龙中的许多人都与高等法院有联系,他们将各自的消息在沙龙中汇集并形成新闻信札,而杜布莱夫人的新闻信札又在巴黎和外省广泛流传。②

高等法院的斗争也唤起了公众尤其是下层人民的舆论及其对政治的热情。高等法院得到了社会各个阶层的支持,拥护它们的公众舆论中也包括了下层人民的声音。比如,在布列塔尼事件中,一些匿名的、勉强能读通的信威胁着国王,它们很可能是出自下层人民之手,而非高等法院的成员。③ 又如,1757 年的达米安(Damiens)事件,达米安曾给高等法院成员和教士做过仆人,据说他是被 18 世纪 50 年代的宗教争论支配了头脑,才做出刺杀路易十五的惊世之举。④ 在旧制度下,大众广泛参与对政治问题的讨论甚至付诸激进行动正是革命的前兆。

总之,高等法院与公众舆论之间存在着一种互动的关系:一方面,高等法院向公众传播自身的思想以赢得公众舆论的支持;另一方面,高等法院也使公众舆论在旧制度末年的政治生活中显示了它作为新型政治法庭的力量。当然,公众舆论远不只是靠高等法院的力量走上历史舞台的,但应该注意到,在 18 世纪的法国社会中司法机构的经验与话语对于解释政治行为至关重要。

争取公众舆论的宣传并不是单向度的。当国王政府发现高等法院的成功主要在于它博得了公众的支持时,便决定展开公众舆论的反击战。国王政府求助于雅各布-尼古拉·莫罗(Jacob-Nicolas Moreau),后者遂成为最主要的反对高等法院的理论宣传家(据说,路易十五 1766 年 3 月亲临巴黎高法所做的

---

① Keith Baker,*Inventing the French Revolution*,p. 34.

② Robert Darnton, "An Early Information Society: News and the Media in the Eighteenth-Century Paris",*The American Historical Review*,Vol. 105,No. 1(Feb.,2000),pp. 3-4.

③ Julian Swann,*Politics and the Parlement of Paris under Louis XV,1757—1774*,pp. 83-84.

④ Dale Van kley,*The Religious Origins of the French Revolution*,pp. 172-173;Julian Swann,*Politics and the Parlement of Paris under Louis XV,1757—1774*,p. 84.

"鞭笞训辞"①中的主要思想就来自他）。依他之见，政府必须首先剥夺高等法院从公众舆论那里获得的力量，应禁止出版传播高等法院谏诤的小册子。同时，政府有必要采取更直接的行动，在意识形态斗争中采取攻势，传播那些能回击高等法院的作品。

国王政府也正是采取了这样的措施。首先，国王禁止印刷、出售、散播有关财政改革和行政管理的书籍。在"鞭笞训辞"中，路易十五禁止高等法院将其谏诤公之于众，或将它们从一个高等法院传到另一个高等法院。但这些只是徒然的防备，总会有大量的支持高等法院的小册子通过各种渠道展现在公众面前。另外，政府的做法马上激起了高等法院的反对，法官们指责禁令，坚持公开讨论行政问题的重要性。

总的来看，国王政府虽然有争夺公众舆论的反击策略，但与高等法院相比处于下风，因为后者更善于调动历史文献，进行雄辩的论证，并具有种种修辞技巧，在这方面政府的宣传相形见绌。更意味深长的是，国王政府的舆论宣传不免带有几分作茧自缚的味道。为了绝对君主制的权威，大臣们开动了宣传机器争取舆论的支持，这本身已经意味着国王也需要求助于公众舆论的裁决了。换言之，君主已经默认了这种新型政治法庭的合法性。此举对于君主制神圣性的损害是不可估量的。

2. 公众舆论何以支持高等法院

根据库仑的研究，从18世纪50年代开始，流放法官的回归成为高等法院的节庆（Fêtes parlementaires）。这样的庆祝活动最初在1757年和1761年的贝桑松上演，随后是在1764年的格勒诺布尔与雷恩，然后是在1769年的雷恩，最后在1775年各个高等法院城市都出现了庆祝仪式。② 在这些庆祝活动中，回归的法官被当作凯旋的英雄，城市中的各个阶层，各种团体载歌载舞，汇聚一堂，借以传递整个城市对法官的爱戴以及城市中各个阶层的团结。

从上述历史情境中我们能够充分感受到公众对高等法院的支持，除了高

---

① 详见第五章第四节。

② Clarisse Coulomb, "« L'heureux retour ». Fêtes parlementaires dans la France du XVIIIᵉ siècle", p. 202.

等法院自身的宣传,我们应该从公众的角度分析他们为什么拥护高等法院①,尤其应考虑到他们与高等法院之间的现实利益关系。

首先,高等法院的抗议,无论是保护冉森派、限制税收的增加,还是反对废除传统上控制谷物贸易和面包价格的政策,都表达了大众的忧虑。托克维尔在深入研究了旧制度之后,也感叹道:"那个时代被压迫者使自己的呼声上达的唯一途径,就是司法机构。法国当时因其政治与行政制度已成为一个专制政府的国家,但是由于它的司法制度,法国人民仍然是自由的人民。"②在缺乏更为直接的代议机构的情况下,公众除了拥护那些在一定程度上能反映他们要求的法官,似乎别无选择。其次,如本书第二章所述,高等法院的法官在城市日常生活中非常活跃。他们检查监狱,有权实行宵禁,并且负责防止城市骚乱。1750年5月,当巴黎被严重的骚乱所震动时,是高等法院恢复了首都的秩序。法官们还控制公共演出,负责公共教育、书报检查。除了监察秩序,高等法院还操持城市的物质生活。公路、桥梁、公共建筑以及首都谷物、柴火的供应都要受到法官的检查。大多数巴黎的法官与其乡村的仆人建立了良好的关系,他们帮助穷人并且资助其接受教育。当高法法官们确保公共秩序,主持公正,执行法律时,公众会视他们为一种保障力量。又加上一些法官常常赈济贫弱为高等法院赢得了良好的声誉,公众自然会支持他们。外省社会传统的领导是有头衔的贵族,当他们移居巴黎和凡尔赛后,法国外省社会的领导权就

---

① 公众究竟由哪些人构成? 哈贝马斯所谓的公众是由阅读的资产阶级构成的,不包括下层人民。大卫·贝尔则认为在18世纪的法国,不断发展的阅读公众不是由商人和工场主组成的,而是由官职持有者、金融家、食利者、贵族和律师组成的。(参见 David Bell, "The 'Public Sphere', the State, and the World of Law in Eighteenth-Century France", pp. 915−916。)夏蒂埃强调18世纪"公众"与民众(peuple)的对立,认为民众与公众之间存在着显见的断裂,"能够阅读和写作的人与不能的人之间的分界线清晰可辨"。(参见[法]罗杰·夏蒂埃:《法国大革命的文化起源》,洪庆明译,译林出版社2015年版,第25、33页。)上述分析都比较侧重18世纪法国公众的阅读能力,然而,阿莱特·法尔热(Arlette Farge)认为18世纪的巴黎民众对于各种事件发表意见,参与了公众舆论的建构(参见[法]阿莱特·法尔热:《法国大革命前夕的舆论与谣言》)。从高等法院所面对的公众舆论来看,阅读谏净书和政府出版物的公众并非只有哈贝马斯所说的资产阶级文学公众,关注高等法院与王权冲突的公众舆论中也有下层人民的声音。因此,我们在此涉及的公众不只限于资产阶级阅读公众,它包括贵族也包括下层人民。关于旧制度末年公众舆论的问题,也可参考洪庆明:《理解革命发生学的新路径和新视阈——18世纪法国的政治、话语和公众舆论研究》,《史学理论研究》2011年第3期。

② [法]托克维尔:《旧制度与大革命》,冯棠译,商务印书馆1992年版,第152页。

转到了穿袍贵族手中，尤其是高等法院成员手中。① 因此，当高等法院与国王政府对抗时，他们对外省舆论可以施加决定性的影响。最后，巴黎和外省的法官都对地方经济起重要作用，他们向律师、教士甚至沿街叫卖的小贩和仆人提供了工作。法官被流放会危及这些人的生计，因此法官在被流放期间得到了社会各阶层的支持，从王公贵族到仆人，尤其是在社会下层扮演了积极的角色。可见从实际利益出发，许多人也不希望高等法院遭到废除，都热切期望着法院的重建。

即使不完全支持高等法院的人，也反对废除法院、流放法官这种专制的做法。对他们来说，尽管高等法院存在着不少缺点，但它们毕竟构成了制约专制的行政制度的一道屏障。正是出于对专制主义的恐惧，高等法院得到了广大启蒙舆论的支持，比如狄德罗就写过批判莫普改革的小册子。

对国王政府专制的指责，也是与对路易十五道德堕落的指责相伴而来的。人民无法相信一个沉湎于女色的国王能治理好国家②，他易受大臣欺骗，易为情妇控制，而他们又会滥施政府的权利，最后承受暴政之苦的则是人民。无论是从政治利益的角度，还是从道德准则的角度考虑，公众舆论都会对国王政府不满。巴黎高等法院则弥漫着简单朴素、严肃、克己的冉森主义，它与受耶稣会士影响的宫廷的巴洛克风格形成了鲜明的对比。因此高等法院常常指责宫廷社会耽于声色，王室充满女人气，国王易受情妇的影响。③ 可见高等法院强调对国王的道德限制，攻击宫廷的腐败生活，这恰好与公众的关注相一致。

君主不仅因腐化的生活遭受非议，战争的失败也使之蒙羞。研究者斯旺认为：如果路易十五赢得了七年战争，那么高等法院法官与教士的口角，冉森派与耶稣会士的争吵都将很快被遗忘。正是战争的失败扩大了高等法院的政治影响。④ 当高等法院意识到国王丧失了威信并感受到了公众对法官的尊重，便备受鼓舞，并进一步加强了对政府政策的抵抗。高等法院通过争取公众

① James B.Collins, *The State in Early Modern France*, pp. 138–139.

② 关于公众对国王私生活的关注可参见 Robert Darnton, "An Early Information Society: News and the Media in the Eighteenth-Century Paris"；[美]罗伯特·达恩顿：《法国大革命前的畅销禁书》，郑国强译，华东师范大学出版社 2012 年版，第 5 章"政治诽谤"。

③ David A.Bell, "The 'Public Sphere', the State, and the World of Law in Eighteenth-Century France", pp. 922,930.

④ Julian Swann, *Politics and the Parlement of Paris under Louis XV*, 1757—1774, p. 362.

舆论将自身变成了社会的捍卫者来抵抗政府,并因此获得了更大的力量。这在很大程度上致使政府与社会变得越来越不相容,成为敌对的两极,而这正是旧制度末年的根本危机。

小　结

高等法院的政治角色在该机构诞生初期便已形成,其特殊的地位令其成为绝对王权的制约者。高法与国王政府的冲突长期存在,断断续续。早在弗朗索瓦一世时期,国王就希望将高等法院的职能局限于司法领域。这一改革愿望,中经宗教战争时期的司法大臣洛皮塔尔传递给了路易十四与科尔贝。尽管太阳王似乎成功压制了高等法院的反抗,但由于法国财政体制与官僚制度的缺陷,以及代议体制的缺乏,高等法院的政治角色在18世纪不仅复兴,而且得到了强化。如果说,王权斗争—高法在18世纪之前主要是地方—中央、贵族—国王、司法机构—政府的冲突与对话,那么18世纪(尤其是中叶)以后,这种斗争演变成了公共领域舞台上的多幕剧。公众舆论对于高等法院的关注与支持,给国王政府制造了压力,进而强化了高等法院的政治职能。

第四章　高等法院制约王权的理论资源

高等法院在与王权的斗争中,往往诉诸谏诤书或其他著述,并建构了高法特有的话语体系与理论资源。即便斗争背后涉及的是具体的物质利益,法官们也善于从理论原则入手,捍卫自身的立场。因此,考察高等法院的理论资源有助于我们更好地理解这一司法机构是如何扮演制衡王权之政治角色的。此外,高等法院的理论资源也随着时代的发展而日益丰富、精致,到 18 世纪中叶,法官们已经拥有了较为系统的理论,其思想具备了意识形态的维度,出现了"民族的代表"等新理论,并产生出勒佩日这样的高等法院理论家。但是,所谓的新理论也是深深地植根于传统之中的。古老的司法君主制理论为高等法院的思想原则提供了基本的论点。可以说,法官们在行政君主制日趋发展之际谋求司法君主制的复兴,从而捍卫高等法院在旧制度中的重要地位。此外,高等法院传统上所支持的高卢主义和 18 世纪的冉森主义相结合,酝酿出了激进的立宪话语。还有,启蒙运动也对高等法院产生了较为深刻的影响,一些开明法官与时俱进,在其言论中吸收了启蒙哲人所运用的新概念和语汇,为古老的高等法院理论增添了生机。

第一节　捍卫古老的司法君主制

司法君主制曾是近期早期法国的政治传统。自中世纪晚期至 17 世纪初,法国的政治制度被一些学者称作司法君主制(Judicial monarchy)或司法国家(État de justice)。① 司法君主制向行政君主制(Administrative monarchy)的转

---

① Michael P. Breen,"Law, Society, and the State in Early Modern France", *The Journal of Modern History*, Vol. 83, No. 2(June 2011), p. 350.

变与绝对主义的兴起及巩固大体属于同一进程。从原则上讲,国王的首要职责就是为臣民提供司法服务,以确保正义得到伸张。在 15—16 世纪的法国,已经形成了广泛的司法网络,国王正是通过司法机构和司法人员来统治法兰西。① 如第二章第三节所述,法国君主制从 17—18 世纪初完成了从司法君主制到行政君主制的重要转变。波旁王朝的发展道路历经坎坷,在克服了宗教冲突、政治分裂、经济衰退、社会混乱等问题后走向强盛。在这一过程中,国王扮演了王国的捍卫者、公共秩序的维护者和公共利益的仲裁者等角色,君主通过加强其权力来调动社会资源,协调不同团体的活动,从而稳定社会秩序,实现国家的重建。与此同时,地方政府由更加代表中央集权的监察官所控制,作为国王政府模式的司法管理逐渐让位于行政管理。在路易十四时代基本确立了行政君主制,绝对主义达到了最高阶段。不过,行政君主制并不可能取代传统的司法君主制,二者长期并存,并使后者逐渐衰落。这种漫长的转变过程伴随着持续的紧张,高等法院不甘心失去传统的权力,不断向王权与行政制度发出挑战。

一、司法君主制的理论渊源

司法君主制有其理论渊源,自中世纪以降,在法国的政治传统中就非常强调司法对于法国国王的重要意义。文艺复兴时的政治思想家克洛德·德·塞瑟尔(Claude de Seyssel,约 1450—1520)很好地诠释了这一点。塞瑟尔出身于萨瓦的贵族家庭,年轻时学习法学并成为法学博士,他曾是路易十二(1498—1515 年在位)议政会的 20 名参事之一,还曾先后在图卢兹高等法院和巴黎高等法院任职。1515 年,塞瑟尔将其《法国君主制度》一书手稿献给了新即位的国王弗朗索瓦一世。这部为君主治国理政而撰写的书籍于 1519 年正式出版。在《法国君主制度》中,塞瑟尔论证了有三种力量约束、指导着王权的运用,即宗教、司法和王国基本的法律及制度。② 宗教何以是约束国王的首要力量?

---

① Michael P. Breen, "Law, Society, and the State in Early Modern France", pp. 350-351.

② 塞瑟尔将第三种力量表述为"la police",研究者 Donald R. Kelley 与 J. H. Hexter 认为法文 police 在此指的是现有的法律与制度,并被译作"polity",参见 Claude de Seyssel, *The Monarchy of France*, translated by J. H. Hexter, edited, annotated, and introduced by Donald R. Kelley, New Haven and London: Yale University Press, 1981, p. 7。研究者 Boone 认为,police 在此包括王国的根本法以及将社会划分为三等级的制度。参见 Rebecca Ard Boone, *War, Domination, and the Monarchy of France: Claude de Seyssel and the Language of Politics in the Renaissance*, Leiden: Koninklijke Brill NV, 2007, p. 19。

在他看来,法兰西民族一向比其他民族更为笃信基督教,如果国王按照基督教的信仰与法规生活,就不大可能像暴君一样行事;如果国王专制、暴虐,那么所有的高级教士或宗教人士都可能向他进谏甚至公开斥责他。[1] 在阐述司法作为第二种约束力量时,他这样写道:

> 司法在法国享有很高的权威,在此方面,无疑我们所知的任何其他国家都不能与之比拟,这尤其因为高等法院的存在,该机构主要是为了约束国王们可能希望行使的绝对权力而建立的。高等法院从一开始就拥有众多伟大的人物在其中任职,并握有大权,以至于国王们在涉及分配正义(Distributive justice)的问题上一向听从于高等法院。[2]

至于第三种约束力量,塞瑟尔概括为"体制",即:

> 许多由法兰西的国王们亲自颁布的法规,这些法规时常得到确认,它们总是无论巨细地呵护着王国。这些法规长期被维护,君主们从未背离它们;如果他们想要这样做,那么他们的命令也不会被遵从,尤其是涉及国王的领地及王室产业时,国王是无权对其作出让与的,非常出于必要的情况。这种让与行为必须处在高等法院和财务法庭等最高法院的审查之下,并且获得它们的认可……[3]

可以说,塞瑟尔勾勒出了一种以司法机构(尤其是高等法院)为重要约束力量的有限君主制,表达了司法君主制的核心思想。他被后世的历史学家们称为法国的立宪主义之父。[4] 研究者让-玛丽·贡斯当认为,"塞瑟尔开启了法国君主制政治史上的一个重要篇章,显示出其观念不属于绝对君主制的思想潮流";塞瑟尔所提出的王权有限论使其成为温和的君主制(La monarchie tempérée)思想的先驱。[5] 关于塞瑟尔的思想与绝对主义理论的关联问题,学术界有不同的看法。昆廷·斯金纳认为:16 世纪初绝对君主制的思想理论尚

---

① Claude de Seyssel, *The Monarchy of France*, pp. 52–53.

② Claude de Seyssel, *The Monarchy of France*, p. 54.

③ Claude de Seyssel, *The Monarchy of France*, p. 56.

④ Rebecca Ard Boone, *War, Domination, and the Monarchy of France*, p. 19.

⑤ Jean-Marie Constant, "La monarchie tempérée prônée par Claude de Seyssel: une idée d'avenir dans le monde politique français, aux XVIe et XVIIe siècles", dans Patricia Eichel-Lojkine (dir.), *Claude de Seyssel: Écrire l'histoire, penser le politique en France, à l'aube des temps modernes*, Rennes: Presses Universitaires de Rennes, 2010, p. 160.

未形成,当时大部分的法学家在君主主义与立宪主义的思想之间寻求平衡。① 也即是说,塞瑟尔的君主制观念先于绝对主义思想潮流的形成。但是,法国学者朗·阿莱维则将塞瑟尔的思想置于绝对主义的谱系之下,认为其理论属于温和的、有节制的绝对主义。② 阿莱维对于绝对主义的理解更为宽泛,甚至将其起源追溯到了查理五世统治时期(1364—1380年在位)。③ 在此,笔者接受斯金纳的观点,同时也赞同贡斯当的说法。塞瑟尔对后世的法学家影响深远,他们不断强调法国国王愿意遵守法律是最值得褒扬的优点,以此来反对法国君主制日益明显的绝对主义倾向。

比塞瑟尔晚一个世纪的图卢兹高法法官拉·罗什-弗拉万(Bernard de La Roche-Flavin,1554—1627),也指出了司法对于法国君主的突出意义:"所有的国王都会持有权杖,但只有诸位法国国王毫无例外地佩戴'正义之手'(La main de justice),以作为其王权的一个标志,同时也意味着司法是和法兰西一道诞生的,司法在法国的土地上拥有世代相传的权利。"④拉·罗什-弗拉万还进一步阐释了他理想中的温和的君主制。他认为:"法兰西王国及其君主制是遵守规则,管理良好的……鉴于御前会议的效能低下,国家的治理仅凭(国王)一人的审慎,所以,出于慎重的考虑,一开始就设置了某种形式的元老院;它是一个良好的、卓越的团体,而且云集了优秀的人物,旨在维护法律与正义的生命力:这个机构负责核查并批准法律、敕令、条例、特赦、赠予、让与、赐予以及其他对公众同样重要的事物……元老院的权威是对君权的一种制衡……"⑤拉·罗什-弗拉万所勾勒的理想中的元老院其实就是高等法院,当时的高法成员常常做这样的比附。这种温和的君主制正是以司法机构为核心,

---

　　① 　[英]昆廷·斯金纳:《近代政治思想的基础》(下卷:宗教改革),奚瑞森、亚方译,商务印书馆2002年版,第366页;同时参见 Quentin Skinner, *The Foundations of Modern Political Thought*, Volume 2,Cambridge:Cambridge University Press,2004,p. 259。

　　② 　Ran Halévi, "La modération à l'épreuve de l'absolutisme de l'Ancien Régime à la Révolution française", *Le Débat*,2000/2 n° 109,pp. 79—80.

　　③ 　Ran Halévi, "La modération à l'épreuve de l'absolutisme de l'Ancien Régime à la Révolution française", p. 77.

　　④ 　Bernard de la Roche-Flavin, *Treze livres des parlements de France*,Bordeaux,1617,p. 285。所谓"正义之手"乃是法国国王在仪式场合使用的象征司法权力的手杖,杖端有象牙制成的手形装饰。

　　⑤ 　Bernard de la Roche-Flavin, *Treze livres des parlements de France*,p. 704.

图5 亨利四世使用过的"正义之手"

（来源：gallica.bnf.fr/Bibliothèque de France）

也就是司法君主制。18 世纪 70 年代,鲁昂高等法院在谏诤书中为高法核查、注册法令的权力而辩护时,经常提及拉·罗什-弗拉万的思想观念。①

"国王的两个身体"这一源自中世纪的政治神学理论,对于高等法院所拥护的司法君主制而言至关重要。所谓"国王的两个身体",即国王拥有作为个体的自然之体和作为王权象征的不朽的政治之体。1489 年,巴黎高等法院在反对查理八世政府的主张时声称,高等法院是一个以国王为头的身体,高法成员组成的奥秘之体代表了国王的人格。② 正因为高等法院是国王政治身体的一部分,高法法官在国王的葬礼上享有"豁免服丧"的特权。在葬礼上,所有送葬者都穿着黑衣或佩戴哀悼标志,唯独举棺罩的巴黎高等法院的法官们身着鲜艳的红袍,因为"王权和正义永远不死"。③

支持司法君主制的理论家们也从"国王的两个身体"理论中汲取养分。16 世纪著名的法学家埃蒂安·帕基埃(Étienne Pasquier, 1529—1615)曾说:国王是正义的源泉,它通常经由最高法院流向人民。对他而言,一位国王只是一个单独的个体;王权才是国王第二个、永恒的身体。如果作为个体的国王违背了法律,他的行为是不合法的,因为他背离了其责任。④ 由此可见,作为永恒王权化身的国王是正义的源泉,是不可违背的;而作为自然个体的某一特定的国王是要受王国法律制约的。"两个身体"的理论为高等法院反抗王权提供了依据,据此约束某个国王并不会对永恒的、绝对的王权产生不敬。

大卫·贝尔指出,自 1610 年以来王室的政论家努力拒绝国王的"两个身

---

① Arnaud Vergne, *La notion de constitution d'après les cours et assemblées à la fin de l'ancien régime*(*1750—1789*), pp. 199-200.

② [德]恩内斯特·康托洛维茨:《国王的两个身体》,徐震宇译,华东师范大学出版社 2018 年版,第 335 页。

③ [德]恩内斯特·康托洛维茨:《国王的两个身体》,徐震宇译,华东师范大学出版社 2018 年版,第 550 页。伏尔泰也曾提及在亨利四世的葬礼上,国家的全部官员都穿丧服参加典礼,只有高等法院成员身穿红袍,表示国王之死并不中断国家的司法裁判。参见[法]伏尔泰:《巴黎高等法院史》,吴模信译,商务印书馆 2015 年版,第 191 页。关于这个问题还可以参考 Ralph E.Giesey, "The Presidents of Parlement at the Royal Funeral", *The Sixteenth Century Journal*, Vol. 7, No. 1 (Apr., 1976), pp. 25-34。

④ Nancy Lyman Roelker, *One King*, *One Faith: the Parlement of Paris and the Religious Reformations of the Sixteenth Century*, pp. 68-69.

体"的区分,但法学家们继续坚持,到18世纪初仍有影响。[1] 在17世纪末和18世纪,王权开始支持一种"行政君主制"的观念,因为它更有利于王权的绝对化,但高等法院要求返回到"司法君主制",司法君主制使国王深深地陷入一系列约束之中,尤其要尊重王国的基本法和习惯法。

二、对于行政君主制的抨击

高法理论家们不仅对司法君主制进行理论上的阐述,更是直接抨击行政君主制体系中的王权代理人。早在17世纪初巴黎高等法院的律师安托万·阿尔诺(Antoine Arnauld,1560—1619)就攻击过国王的特派员,认为他们削弱甚至摧毁了古老的价值观念,罪莫大焉。他说:他们(还包括耶稣会士等人)在"吸食法兰西的血",相比之下,高等法院的法官们"热心公益超过自身的光荣"。他还强调高等法院应与特派员截然对立,高等法院本身便能作为国王与人民的纽带。[2] 1648年福隆德运动开始后,高等法院曾提出要废除监察官的职位,指责他们损公肥私、敲诈勒索。[3]

18世纪,以高等法院为代表的司法机构与行政机构、行政官员的摩擦冲突更为突出。由于对行政君主制不满,高等法院往往将斗争的矛头指向国王的大臣(如马肖尔[Machault]和莫普),攻击大臣的专制主义。大臣们像走马灯一样一任连一任。布列塔尼事件中法院与总督的冲突就是一个典型的例子(冲突详见第五章第四节)。高等法院的敌人、布列塔尼的总督达吉永在给路易十五的信中说道:高等法院想要了解并监督国王的行政,并且要对那些循规蹈矩的大臣、监察官和特派员指指点点,公然批判。[4] 这些行政官员未必像达

---

① David A.Bell, The " Public Sphere ", the State, and the World of Law in Eighteenth-Century France, p. 922.贝尔提出了自1610年以来王室的政论家努力拒绝"国王的两个身体"的区分,但并未仔细分析。在基塞的《想象中的国王》一文中,我们得到了较详细的解释。1610年的加冕典礼中用"睡觉的国王"的仪式更新了"国王的两个身体"的理论,新的仪式对比了睡去的自然躯体和永不睡去的政治躯体,强调两个身体是合一的,代表着永不死去的尊严。另外在17世纪尤其在路易十四时期发生了从国家礼仪向宫廷礼仪的转变,前者强调的是王室的永恒性而非国王本人,后者更重视国王本人。从中我们可以看出作为个体的国王的神圣性在不断增长。参见 Ralph E.Giesey, "The King Imagined", Keith Baker ed., The Political Culture of the Old Regime, pp. 46-49.

② Nancy Lyman Roelker, One King, One Faith: the Parlement of Paris and the Religious Reformations of the Sixteenth Century, pp. 35-36.

③ J.H.Shennan, The Parlement of Paris, pp. 265-266.

④ Julian Swann, Politics and the Parlement of Paris under Louis XV, 1757—1774, p. 328.

吉永说的那样循规蹈矩,但他的评论基本道出了高等法院反抗的实质——以司法体系制约行政。巴黎高等法院于 1760 年 1 月 20 日提交给国王的谏诤书中就明确指出:"国家的一切行政都要以法律为基础。没有一条法令是不经注册的,即先行的核查与检验……"①

18 世纪后期,最著名的法官、间接税案件审理法院院长马尔泽尔布在莫普改革后的流放期间更是大力谴责了大臣的专制主义以及当时的行政体系。马尔泽尔布认为路易十五治下的行政制度已经走向了所谓的"东方专制主义",成为一种不受司法约束、免于一切控制的暴政,因此他建议实行行政改革,使长期秘密进行的一切行政运作公开化。② 以马尔泽尔布为代表的司法界理论家谴责行政体系离开了司法的限制,也正是司法君主制与行政君主制相冲突的体现。

司法君主制对于行政君主制的抗拒,一方面体现在攻击大臣的专制主义,试图通过司法体系来约束行政制度;另一方面体现在以司法制约君主的权力上。17—18 世纪随着行政君主制的发展,君主的权力日益趋向绝对主义。在 18 世纪高等法院与王权的冲突中,谏诤的一个基本主题就是劝诫国王及其政府在法律的范围内行事,同时强调自身捍卫法律的职责,这体现的是司法君主制的原则,也是传统的立宪主义的精神。18 世纪后期,虽然宗教问题是一个主要的争端,但在谏诤书中谈论的不仅是宗教原则,也涉及宪政原则。比如在 1753 年 4 月 9 日的谏诤书中,巴黎高等法院称:"国王、国家和法律形成了一个不可分割的整体。严格遵守法律会取得以下的成果:可加强王权并确保君权不受违抗;能使臣民顺从并维持他们的安宁,能保障他们的权利与合法的自由,一言以蔽之,能产生一个不朽的国家……"③法官们在此还引用波舒哀的观点声明:"在治理良好的国家中,不存在专制的政府,在专制之下没有法律,只有君主的意志。在我们这里专制政府没有存在的空间,它显然与合法的政

---

① Flammermon éd., *Les Remontrances du Parlement de Paris au XVIIIe siècle*, Tome II, p. 274.

② 马尔泽尔布在流放期间(1772)的信札中区分了两种专制主义:一种是普鲁士的专制主义;另一种专制主义权威的行使没有任何准则、不求助于司法的约束,类似于东方的专制主义,它比第一种专制主义更可憎、更难以忍受,而这正是法国当时的制度。连同正文参见 Pierre Grosclaude éd., *Malesherbes et son temps*, Paris:Librairie Fischbacher, 1964, pp. 67-68, 75-76。关于马尔泽尔布思想的具体论述见第七章。

③ Flammermon éd., *Les Remontrances du Parlement de Paris au XVIIIe siècle*, Tome I, p. 525.

府相对立。"①在论证了法治的重要性并且抨击了专制政府之后,法官们进一步重申了高法于 1604 年向君主申明的原则:"如果国王的绝对权力与公职的善行发生冲突,法院会尊重后者而非前者,这不是出于违抗,而是为了履行法院的职责,从而减轻良心上的重负。"②

绝对主义王权镇压法官们的谏诤的有力武器便是御临高等法院——国王在法院主持会议代表了活的法律,法令必须立即注册,不容法庭商讨。高等法院的成员对这种专制的形式非常反感。③于是,巴黎高等法院的著名理论宣传家路易-阿德里安·勒佩日又根据司法君主制的传统对御临高等法院展开了批判。④勒佩日于 1756 年 8 月出版了《关于御临高等法院的信札》,在这个仅 15 页的小册子中,他征引 16—17 世纪学者的观点,论证御临高等法院的起源与本质,梳理其历史变迁。依勒佩日之见,御临高等法院是"由君主召集的、在高等法院召开的隆重会议",这个会议将国王、诸侯、重臣、大贵族和高等法院成员汇聚一堂,共同商讨国家大事,它直接承继了古代的议政大会。⑤御临高等法院会议是民族智慧的源泉,君主可以在此听到人们高声议论,并从

---

① Flammermon éd.,*Les Remontrances du Parlement de Paris au XVIIIᵉ siècle*,Tome I,p. 526.

② Flammermon éd.,*Les Remontrances du Parlement de Paris au XVIIIᵉ siècle*,Tome I,p. 529.

③ 斯旺认为如果政府尊重高等法院所认可的注册法令的规则形式,并愿意偶尔地让步,法官们可能不会长期抑制他们对政府的赞同之情。只有当国王拒绝妥协,或诉诸让人感觉是武断的方法,诸如御临高等法院,才会激起反抗。在整个奥地利王位继承战中,高等法院很少抵制政府用来支付战争的各种财政支出。参见 Julian Swann,*Politics and the Parlement of Paris under Louis XV,1757—1774*,p. 158。

④ 勒佩日这个人物自 18 世纪 50 年代开始就一直在高等法院反抗王权的斗争中扮演着关键的角色。他的思想在当时盛极一时,我们在此不妨简单介绍一下这位被主流的历史所遗忘的人物。1733 年,20 岁的勒佩日正式成为一名律师,并很快因其司法实践而赢得了声誉。从 1749 年开始,巴黎新主教因忏悔证问题与巴黎高等法院发生冲突,勒佩日逐渐成为法官们的主要顾问。1750—1752 年间他潜心研究高等法院的历史,写成了《关于高等法院基本职能的史学信札》(1752—1753 年出版)。在 18 世纪五六十年代,此书无疑是影响冉森派和高等法院关于法国政治立宪思想的重要书籍,它奠定了勒佩日在高等法院中的权威。参见 Dale Van Kley,*The Damiens Affair and the Unraveling of the Ancien Régime,1750—1770*,Princeton N.J.:Princeton University Press,1984,pp. 146‑147;Catherine Maire,*De la cause de Dieu à la cause de la Nation: le jansénisme au XVIIIᵉ siècle*,Paris:Gallimard,1998,pp. 404,407,413。有研究者称,1752—1772 年间,与巴黎高等法院斗争相关的大部分作品被认为出自勒佩日的笔下。参见 Patrick Arabeyre,Jean-Louis Halpérin et Jacques Krynen(dirs.),*Dictionnaire historique des juristes français XIIᵉ‑XXᵉ siècle*,Paris:PUF,2007,p. 492。

⑤ Louis-Adrien Le Paige,*Lettre sur les Lits de Justice*,p. 1.

中汲取治国理政的可靠建议。他认为当前的御临高等法院只是过去的一个影子，它简单地重申在会议召开前就已经商讨好的决定，因此不再有任何真正的磋商，更不可能给君主提供有益的建议，君主成了"一出哑剧的观众"。他谴责凭借绝对权威在高等法院强行注册法令的做法，认为这背离了传统的实践，会使君主支持错误的法令。勒佩日甚至感叹道：如今"召开御临高等法院会议那天，成了一个举国哀伤的日子，人民展现给国王的只有痛苦与悲伤的面容"①，因为质朴的古代会议蜕变成了当代糟糕的形式。

这一论断十分有力，广为流传。连高等法院的反对派莫罗都承认以这种方式注册法令在法律上是可疑的。② 但根据当代学者莎拉·汉利的研究，勒佩日所描述的御临高等法院的起源与性质，其实是 16 世纪后期至 17 世纪前期的思想者的历史想象，而这种宪法起源逐渐变成了民族的神话。18 世纪的勒佩日重新建构了这一神话。③ 在司法君主制日渐衰落，君主制呈现出绝对主义的倾向时，法学家们对御临高等法院会议中表现出的国王法律权力的扩张颇为不满，但只能以婉转的方式抗议，因而赋予了御临高等法院光辉的传统。

综上所述，我们可以看出高等法院从司法君主制的传统中调动各种资源，无论是真实的还是虚幻的，来捍卫他们的宪政原则，同时也是和行政体系争夺他们逐渐丧失的权力。在此，我们应该认识到，司法君主制的盛行是因为文艺复兴时期君主制并非以强大军队为基础，注重统治的合法性，凸显司法对于王国的意义；而随后崛起的凡尔赛绝对主义本质上是军事君主制，它是建立在强大的军事机器之上的，更为凸显君主个人的权威与荣耀。但是旧日的传统依然保留在法学家的著述中，保存在高法法官的头脑中，他们回首往昔，针砭时弊。

第二节　高卢主义与冉森主义的结合

18 世纪 20—50 年代，巴黎高等法院因《乌尼詹尼图斯谕旨》而与国王政府产生了重大分歧，在拒绝圣事事件中法官们宁遭流放也决不妥协。高等法院在宗教事务上之所以不肯让步，一方面是由于它坚持强调限制教皇权力的

①　Louis-Adrien Le Paige, *Lettre sur les Lits de Justice*, p. 3.

②　Sarah Hanley, *The Lit de Justice of the Kings of France*, p. 176.

③　Sarah Hanley, *The Lit de Justice of the Kings of France*, pp. 8–11, 320.

高卢主义的原则①；另一方面与冉森主义支配了巴黎高等法院密切相关。高卢主义与冉森主义都不是单纯的宗教原则，都在政治层面有着深远的影响。高等法院的高卢主义代表了一种传统的司法领域的民族主义，当国王违背了高卢派的特权时，高等法院和国王的对抗就变成了一项爱国主义的事业；冉森主义则蕴含了某种宪政思想，它在 18 世纪的法国简直成了"政治激情的源泉"。② 高卢主义与冉森主义的结合便构成巴黎高等法院反抗王权的重要理论资源。下面就介绍一下这二者是如何在高等法院相结合的，又产生了怎样的影响。

1438 年，法国国王查理七世在法兰西主教会议上宣称教皇应服从公会议，教皇权限应由国王决定。自此巴黎高等法院就成了高卢主义原则忠诚的拥护者，法官们自认为高等法院是捍卫"高卢派之自由"（Gallican liberties）的堡垒。对法官们而言，高卢主义可以排除教皇对大部分关乎法兰西教会事务的干预，同时它也不承认主教独立于王国内的世俗权威。③ 可以说，巴黎高等法院的高卢主义代表了这样一种努力，即通过法院确立对法国天主教会的世俗控制，而王权派则更强调法兰西国王有权干预教务。此外，在捍卫高卢主义的原则时，巴黎的法官们经常比王室更具有热情。

1713 年教皇颁布的迫害冉森派的《乌尼詹尼图斯谕旨》得到了路易十四的支持，这主要是因为在宫廷听忏悔的神甫都是耶稣会士，他们与冉森派素为死敌，自然导致了国王对冉森派的厌恶之情。④ 然而，高等法院的成员永远不

① 15 世纪开始，随着王权的兴起，在法国逐渐出现了一套强调限制教皇权力的宗教和政治理论，即高卢主义。它的主要原则是：法国君主的世俗权力不受教会干预；公会议权力高于教皇；法国教会与国王联合反对教皇干涉法兰西内部事物。1682 年法兰西教会所通过的《高卢派四条款》是高卢主义的最好体现。

② 科班（A. Cobban）指出："18 世纪法国的冉森主义，与其说是深刻的宗教思想的源泉，还不如说是群众热情和政治激情的源泉，虽然在意大利开展的规模不大的冉森主义运动采取了一种更为纯粹的宗教形式。"参见［英］J.O.林赛编：《新编剑桥世界近代史》第 7 卷，中国社会科学院世界历史研究所组译，中国社会科学出版社 1999 年版，第 140 页。

③ Albert N.Hamscher, "The Parlement of Paris and the Social Interpretation of Early French Jansenism", The Catholic Historical Review, Vol. 63, No. 3（Jul., 1977）, p. 398.

④ 关于路易十四对冉森主义的厌恶，可参见圣西门《路易十四宫廷回忆录》中有关"国王对冉森主义的厌恶（1707）"的内容，参见 Saint-Simon, The Age of Magnificence, The Memoirs of the Court of Louis XIV, p. 276。路易十四还曾嘲弄冉森主义者是"教会与国家中的共和派"，参见 Catherine Maire, "Port-Royal：The Jansenist Schism", in Pierre Nora（ed.）, Realms of Memory, Vol.I, New York：Columbia University Press, 1992, p. 304。

会赞同这样一个谕旨,他们觉得权力从法兰西民族转交给了外部势力——教皇。当国王同意这样做时,高等法院的成员及其同盟开始认真思考国王与民族的关系。[1] 他们越来越倾向国王与民族的二分,并将反对教皇谕旨与国王政府的活动视为一项捍卫法兰西民族的爱国主义事业。这样一来,对于古老的高卢主义传统的捍卫,在新的历史条件下就变成了对法兰西民族的捍卫。

18 世纪三四十年代,一批出生于谕旨颁布前后,成长在反抗谕旨的争辩声中的年轻冉森派步入了巴黎律师界。在 1749—1757 年的拒绝圣事事件(Refus de sacrements)的纠纷中,巴黎高等法院反对派法官的利益与冉森派真正联系到了一起,他们遂与一批优秀的冉森派律师结成了冉森党。[2] 这批律师以勒佩日、莫尔特罗、梅伊等人为代表,他们著书立说将冉森主义的思想和高等法院传统的高卢主义、立宪主义结合起来,形成了冉森派—高等法院立宪主义。

冉森主义的理论家滋养了高等法院的反抗理论,他们首先重新阐释了传统的高卢主义理论,将其推向极致,成为极端的高卢主义。1752 年高等法院的冉森派律师莫尔特罗和梅伊出版的《为高等法院反对教会分裂所做判断的辩解》(两卷本)即是这样的著作。作者在书中首先承认国家的世俗权威与教会的精神权威的经典划分,以及这两种权威互不侵犯的原则。然后作者将教会的权威进一步地精神化以至于剥夺了教会的一切的实在的、外在的、公共的东西,换言之,所有和公众的安宁相关的东西都与教会无关了。[3] 经过了层层论证,作者最后得出了这样的结论:法院有权利甚至有义务保护那些仅仅是反对谕旨(这个谕旨并不能清楚地区分异端与正统)而无其他更严重的精神犯

---

[1]　James B.Collins,*The State in Early Modern France*,p. 244.

[2]　冉森党的核心力量是巴黎及其他高等法院的法官与律师,其同盟军还有下级教士和政论家。关于冉森党形成的时间存在争议:范克雷等认为冉森党形成于 1717 年之前(参见 Dale Van Kley ed.,*The French Idea of Freedom: The Old Regime and the Declaration of Rights of 1789*,Stanford:Stanford University Press,1994,p. 352),而迈赫认为 1753 年之前并不存在高等法院之内的冉森党(参见 Catherine Maire,*De la cause de Dieu à la cause de la Nation: le jansénisme au XVIIIᵉ siècle*,p. 414)。笔者也认为冉森党的形成时间不可能太早,因为并没有明确的资料证明这一点,而且 1717 年前后尚无该党的领军人物出现。到 1750 年时这些条件方才成熟,有突出的代表人物,也有新的理论推出。

[3]　Van Kley,*The Religious Origins of the French Revolution*,p. 196.

罪的天主教公民平静地接受圣事。① 这也就是为巴黎高等法院在拒绝圣事争论中的行为辩护。高法法官对这本著作颇为欣赏,在 1753 年 4 月 9 日《关于拒绝圣事事件的大谏诤书》②中能够明显辨析出该书的深刻影响。

冉森派不仅发展了高卢主义思想,并且为高等法院传统的宪政主义理论提供了新的资源。卡罗尔·乔纳斯认为冉森派思想中教会会议至上的原则对高等法院的宪政思想贡献颇多。他指出,如果教会会议至上论可以用来反对教皇的最高权威,那它也可以用来反对国王。正如教会的权威被赋予了信徒组成的团体,那么,世俗领域的最高权威也应赋予民族而非王权。因此,冉森派发展出了一种新的世俗的意识形态来限制王权绝对主义。③

高等法院宪政理论的经典著作当属冉森派律师勒佩日的《关于高等法院基本职能的史学信札》,此书于 1752—1753 年出版,正值拒绝圣事事件引发争议。作者的写作目的在于为高等法院反抗王室指令的行为辩护。在此书中,勒佩日指出:法国的根本法形成了一种传统,它对于历代国王都非常重要,国王们从不在民众的精神中弱化此传统。他还强调:"如何崇拜我们政府原初宪法中的智慧都不过分","这个高等法院与君主制一样古老,其非凡的职能便在于充当国家宪法性法律的保管人";它"要像铜墙铁壁一样,抵挡一切可能弱化法律权威与法律传统的事物"④。勒佩日的这部著作对高等法院的思想影响之深难以估量,据说它一经出版就迅速成为"全法国青年法官的每日必读之书"⑤。研究者发现,巴黎高等法院 1755 年 11 月 27 日的谏诤书,实际上从这部《关于高等法院基本职能的史学信札》中抄录了 10 页文字。⑥ 另一些冉森派理论家试图重新界定民族、国家、社会、国王和高等法院各方之间的关系。早在 1716 年,尼古拉·勒格罗就提出:"正是上帝赋予国家以及统治者

---

① Van Kley, *The Religious Origins of the French Revolution*, p. 196.

② "Grandes Remontrances sur les refus de sacrements", dans Flammermon éd., *Les Remontrances du Parlement de Paris au XVIIIᵉ siècle*, Tome I, pp. 506-609.

③ D.C.Joynes, "Jansenists and Ideologues: oppositon theory in the parlement of Paris, 1750—1775", unpublished Ph.D.thesis, University of Chicago, 1981.

④ Le Paige, *Lettres historiques, sur les fonctions essentielles du Parlement; sur le droit des pairs, et sur les loix fondamentales du royaume*, première partie, Amsterdam, 1753—1754, pp. 31-32.

⑤ Van Kley, *The Religious Origins of the French Revolution*, p. 203.

⑥ Ahmed Slimani, *La modernité du concept de nation au XVIIIᵉ siècle(1715—1789): apports des thèses parlementaires et des idées politiques du temps*, p. 21.

必要的权威,以遏制那些破坏社会的非正义的和暴力的行为。然而,这种权威本质上隶属于社会,而不是属于统治社会的首脑。"他还强调:"无论国王们的权力何等绝对,他们也总是上帝与国家的大臣,因此他们不能让与其王权,王权继承问题由相应的法律安排,如果国王无嗣而终,国家来选择一位首脑。"①由此可见,勒格罗把国王视为"大臣"或"受托管理者",认为君主在政治上要对国家负责。到18世纪中叶,梅伊(Mey)、莫尔特罗(Maultrot)、皮埃尔·巴拉尔(Pierre Barral)和艾田·米尼奥(Etienne Mignot)分别在各自的著述中,在不同程度上指出,在没有三级会议这样更直接的代表机制的情况下,高等法院就是民族的代表。②

综上所述,冉森主义者与高等法院的成员结合后,将高卢主义的古老原则发展到了极致,并且丰富了高等法院的宪政原则。他们不仅贡献了冉森主义中固有的宪政精神,还大力发掘了高等法院的司法君主制中的宪政资源,比如勒佩日对御临高等法院的历史进行探源。此外值得注意的是,民族高于国王的激进的结论已经得出,并将代表民族的重任赋予了高等法院。这种观念恰恰正是高等法院对抗王权的另一块思想基石。

第三节　从国王的代表到民族的代表

依据雅克·克里南的研究,"高等法院代表国王"的观念出现在组建法院的最早的一批立法文本中,在14世纪的王室敕令中这一表述反复出现,高等法院在此代表的是国王不死的人格,但从15世纪开始这样的说法在法令中消失了。③如前所述,这其中体现的是"国王的两个身体"的理论,高法成员组成的奥秘之体代表了国王的人格,司法是和王权永恒的身体不可分割的。高等法院作为一个独立的机构办案时,国王抽象的永恒之身也是存在于法院之中的,法官以国王之名执掌司法权。虽然王室法令不再提及高法代表国王,但是

---

① Nicolas le Gros, *Du Renversement des libertés de l'église gallicane*, T. 1, 1716, pp. 344-345.

② Van Kley, "The Jansenist Constitutional Legacy in the French Prerevolution", in Keith Baker ed., *The Political Culture of the Old Regime*, p. 174.

③ Jacques Krynen, "Qu'est-ce qu'un parlement qui représente le roi?", dans B. Durand et L. Mayali(dir.), *Exceptiones iuris: Studies in Honor of André Gouron*, pp. 353-355.

17 世纪初高法法官拉·罗什-弗拉万在《论高等法院十三书》中又提出高等法院代表国王,18 世纪的高法谏诤书中也重新展现了这一观点。

在 17 世纪,还出现了一种高等法院幕布说,即高等法院(尤其是巴黎高等法院)是遮住太阳耀眼光芒的幕布。① 显然,这是随着王权的强化,法学家们构思出的新的修辞,这里不是强调代表国王,而是突出高等法院作为君主与臣民之中介的功能。这样的思想在 16 世纪即已出现,如前所述,帕蒂埃指出法律的本源从国王经由高等法院流向人民,这意味着高法乃是连接着国王与人民的纽带。

到 18 世纪,高等法院的中介、纽带理论进一步发展,形成了双重代表的思想。正如研究者基斯·贝克所指出的,在整个 18 世纪巴黎高等法院的法官们不断重申:他们在民族面前代表国王,在国王面前代表民族。② 比如,巴黎高等法院于 1753 年 4 月 9 日提交的《关于拒绝圣事事件的大谏诤书》中声称,高等法院的根本职责是:"在臣民面前代表陛下本人,并且为他们的正义负责,确保国王所有法令的效用;同时在陛下的眼中代表您的臣民,向您担保他们的忠诚与顺从。"③又如,巴黎高等法院在 1764 年 1 月 18 日的谏诤书中宣称:"法官既代表国王又代表他的臣民。代表国王是指,他们通过严格的惩戒来重新确立臣民对国王的顺从,如果他们胆敢违抗;代表人民是指,他们将人民顺从且爱戴国王的证据带到了君主跟前,同时也带去了人民以恭敬的形式表达的怨言与请求。"④18 世纪中叶,在高等法院的谏诤书中,臣民(Sujet)、人民(Peuple)和民族(Nation)三个概念虽然存在差别,但又往往可以互换使用,尤其是后两个概念之间的置换颇为常见,可以说民族代表了作为政治实体的法国人民。在以上两个谏诤书的例证中没有使用民族概念,但表达了这层含义。可以看出,高等法院既代表国王又代表臣民(或者说民族)的思想,是其作为国王与臣民之间纽带的观念的某种发展,但这种平衡并列关系实际上已经发生了倾斜,高法法官们越来越强调他们乃是民族之代表。的确,除了前文提及

---

① Ernst Kossman, *La Fronde*, Leyden, 1954, p. 23.

② Keith Baker, *Inventing the French Revolution*, p. 228.

③ Flammermont éd., *Les Remontrances du Parlement de Paris au XVIIIᵉ siècle*, Tome I, pp. 528−529.

④ Flammermont éd., *Les Remontrances du Parlement de Paris au XVIIIᵉ siècle*, Tome II, p. 430.

的梅伊、莫尔特罗等冉森派理论家,雷恩高等法院在 1757 年 8 月 12 日的谏净书中也宣称,在三级会议缺失的情况下,高等法院代表民族。① 这种观点的新颖之处在于,在绝对主义意识形态中君主才是民族的首脑与民族的代表,而如今高等法院却和君主争夺起了民族的代表权。依据法官们的话语,高等法院代表民族,主要体现在该机构代表民族接受、认可法律的制定。巴黎高等法院在 1755 年 11 月 27 日的谏净书中表示,高法注册法令的核心职能其实象征了民族的参与。② 图卢兹高法在 1763 年 12 月 22 日的谏净书中称,在君主制的初期,民族的赞同被视为立法的必要条件。③ 既然注册体现的是民族的意愿,那么法院的谏净、抗议自然也是代表的民族的声音。果然,后来这种论断在司法界一直十分流行,如马尔泽尔布在莫普改革后的流放生涯中曾写道:"我们已经为了民族而抗议,当民族的基本权利受到了攻击;我们已经为了法官而抗议,当法官的事业已经变成了民族的事业";"他们是高等法院的成员,但他们也应将自己视为民族的领袖";"在缺乏直接的代表机构的情况下,高等法院可以作为民族的合法的代表"④。这些言论表明,18 世纪后期,在高等法院的话语中原本主要是象征性的既代表国王又代表民族的使命此时发生了根本的转变:法官们越来越注重法院代表民族的功能,以民族的真正代表自居,尽管他们主要代表贵族的利益。研究者雅克·克里南评论道:自 18 世纪中叶开始,高等法院的谏净书中出现了明显的意识形态上的转变。传统上,高等法院成员自称代表王权,至多认为自己是人民与王权之间的中间人,然而至 50 年代他们开始以法兰西民族的代表自居,法官们打着民族——它拥有不可违背之权利——的旗号,来反抗君主立法的意志。⑤

为了向世人表明高等法院足以担当代表民族的重任,法官们还从自身的职业特征论证他们作为民族代表的理由。他们强调法官具有公正无私、不偏不倚的职业美德,这种司法的美德能够确保他们真正代表民族的利益。除此

① Ahmed Slimani, *La modernité du concept de nation au XVIIIᵉ siècle(1715—1789): apports des thèses parlementaires et des idées politiques du temps*, p. 217.

② Flammermont éd., *Les Remontrances du Parlement de Paris au XVIIIᵉ siècle*, Tome II, pp. 74-75.

③ Jacqes Krynen, *L'idéologie de la magistrature ancienne*, p. 272.

④ Malesherbes, *Malesherbes et son temps*, pp. 73, 78, 125.

⑤ Jacqes Krynen, *L'idéologie de la magistrature ancienne*, pp. 270-271.

之外,法官们又用其职业所具备的公正无私的司法美德来证明,他们反抗王权的动机是基于公益而非出于私心。[1]

法学家生性保守,他们喜欢盯着过去,用古老的传统为当前的行动辩解,用悠久的起源证明当下存在的合法性。为了论证其作为民族代表身份的合法性,高等法院又将自身的历史上溯到了早期法兰克王国的国民会议。此外,勒佩日曾论证过古代的御临高等法院会议代表民族处理国事。其实这都是高等法院理论家的宣传策略,高等法院作为民族代表的观念无疑是属于18世纪的,它的产生需要以民族与国王观念上的分离(或者说国王不再能代表民族)、民族高于国王的观念之确立为前提。柯林斯认为,长期成为争论焦点的《乌尼詹尼图斯谕旨》概括了法国当时的一个关键问题,即国王与民族的关系是怎样的。[2] 法学家们借此重新思索二者的关系问题,不再认为国王与民族高度结合,不可分离,也不再相信王权乃是民族的唯一代表。在法官们看来,既然国王在处理涉及民族利益的谕旨时表现出了昏聩,那么代表民族利益的责任便落到了高等法院的肩上。与此同时,冉森派律师大力宣扬民族委派国王行使其主权无疑导致了民族高于国王的观念确立。正是在这样的历史背景下,高等法院理论家们不再强调他们在民族面前代表国王,而大肆宣扬他们是民族的代表,这为高法扮演制约王权的政治角色提供了更为充分的理论依据。

第四节　汲取启蒙思想

从司法君主制中体现出的传统的宪政主义到高卢—冉森主义,再到民族代表的思想,高等法院的理论不断丰富,意识形态的色彩也越来越浓重。高等法院的理论有多种来源,除了上述主要理论外他们还吸收了来自启蒙哲人的思想。

吊诡的是,18世纪的巴黎高等法院行使着监控出版业、进行书报检查的

---

① Marisa Linton, "The Rhetoric of Virtue and the Parlements, 1770—1775", *French History*, p. 187.高等法院还声称,法官们乃是民族之典范。参见 Ahmed Slimani, *La modernité du concept de nation au XVIIIe siècle(1715—1789): apports des thèses parlementaires et des idées politiques du temps*, pp. 225-227。

② James B. Collins, *The State in Early Modern France*, p. 243.

职能。① 正是这一职能使之在很大程度上充当了启蒙运动的敌人。许多启蒙哲人的著作都曾遭遇到法官们的查禁甚至公开焚毁,很少有伟大的启蒙作品能逃过高等法院的谴责:1734 年 6 月,高法法官谴责伏尔泰的作品《哲学通信》;1759 年 2 月,高等法院宣判爱尔维修的《论精神》为禁书并将之公开焚毁。同时受到谴责的还有《百科全书》以及其他 6 本哲学著作。这些著作被描绘为"支持唯物主义、毁坏宗教、鼓动独立、促使道德堕落"。1762 年 6 月高法查禁了卢梭的《爱弥尔》,下令公开焚毁此书并且扬言要缉捕作者,同时还收缴了《社会契约论》。1765 年 3 月,伏尔泰的《哲学辞典》和卢梭的《山中来信》又成了法官们攻击的对象。1770 年,霍尔巴赫的《自然体系》也被付之一炬。②

　　然而,我们并不能根据上述史实便认为法官们是完全敌视启蒙精神的。事实上,他们既是启蒙书籍的焚毁者也是收藏者。高等法院的研究者弗朗索瓦·布吕什对巴黎法官收藏启蒙书籍的情况进行过具体的考察。他指出:在所考察的 29 个高法法官的书房中,《百科全书》出现了 12 次,尤其值得一提的是勒普雷斯特·德·莱佐奈(Le Prestre de Lézonnet),此人乃《百科全书》的预订者;有 21 个书房收藏了伏尔泰的作品,其中 12 个书房陈列的是伏尔泰全集;29 名高法法官中有 25 人拥有卢梭的书籍,其中 18 人有合集版本;孟德斯鸠的《论法的精神》出现在 14 个书房的藏书中。可以肯定,这些哲学书籍有时就是在法官们对其进行查禁时流传到了他们的书斋中。③ 布吕什在揭示出法官们普遍收藏启蒙书籍的现象后,又赶紧补充道,其中"大胆的哲学书籍并不多,无足轻重的《新爱洛漪丝》出现的频率是《爱弥尔》或《致达朗贝尔的信》的 6 倍,近 30 个书房中没有一本《社会契约论》"。④ 然而,我们能否凭借

---

　　① 18 世纪法国的书报检查制度十分复杂,高等法院、索邦神学院、国王政府任命的王家书报检查官和印刷业行会都有权审查书籍。审查书报也是高等法院的大治理职能之一。

　　② 参见 Ahmed Slimani, *La modernité du concept de nation au XVIIIe siècle* (1715—1789): *apports des thèses parlementaires et des idées politiques du temps*, p. 23; Roger Chartier, *The Cultural Origins of the French Revolution*, pp. 40-41; François Bluche, *Les Magistrats du Parlement de Paris au XVIIIe Siècle*, p. 282; 参见罗曼·罗兰选:《卢梭的生平和著作》,王子野译,生活·读书·新知三联书店 1993 年版,第 22 页。

　　③ François Bluche, *Les Magistrats du Parlement de Paris au XVIIIe Siècle*, p. 277.

　　④ François Bluche, *Les Magistrats du Parlement de Paris au XVIIIe Siècle*, p. 278.

《社会契约论》的收藏情况来判断法官们接受启蒙思想的情况？达尼埃尔·莫尔内（Daniel Mornet）早在一个世纪前便指出，《社会契约论》这一后世所公认的启蒙经典在旧制度下并未被广泛阅读。他曾对 18 世纪私人图书馆藏书的拍卖目录进行了统计，结果发现 20000 册书中才有 1 册是被视作革命圣经的《社会契约论》。① 因此，法官们喜读《新爱洛漪丝》、拒绝收藏《社会契约论》只是客观反映了这两本读物被公众所接受的情况。

启蒙书籍的焚毁者恰恰又是它们的收藏者，这多少有些令人费解的现象正反映了旧制度末年历史发展的吊诡之处。与人们通常的想象不同，启蒙读物对贵族、法官和神职人员等传统精英颇具吸引力。达恩顿对《百科全书》订购者的分析充分证明了这一点。② 那个时代的法国法官并非只是关注司法问题的专家，他们更是博学的文人，对历史、文学、艺术和科学都很感兴趣，并取得了一定的成就。比如，达盖索·德·瓦勒茹昂（D'Aguesseau de Valjouan，1700 年成为推事）是道德学家（Moraliste）；勒梅西埃·德·拉里维埃（Le Mercier de la Rivière，1747 年成为推事）是重农论者；安托万-伊夫·戈盖（Antoine-Yves Goguet，1741 年成为推事）写作过《论法律、艺术与科学的起源》，并期望自己的作品能与孟德斯鸠的《论法的精神》和卢梭的论文相媲美。③ 以上皆为巴黎的法官，同时代外省高法也出现了一些受启蒙思想启迪的法官。在这样的背景下，高等法院的法官们收藏启蒙书籍便不足为奇。即使这些书是官方的禁书，一位博学的法官也完全可以去阅读它。

收藏启蒙书籍的法官们也在潜移默化地吸收启蒙思想。18 世纪后期，在与国王政府的斗争中，高等法院不再满足于仅仅征引古代的法令或乞灵于模糊的传统，而是开始运用哲人的语言，"民族"、"公民"、"社会"和"自由"等观

---

① Daniel Mornet, " Les enseignements des bibliothèques privées (1750 —1780)", *Revue d'histoire littéraire de la France*, 17(1910) , pp. 449—492.

② 根据达恩顿的研究，"在穿袍贵族和佩剑贵族——尤其是在那些高等法院法官和军官中间，四开本的预订情况相当好"；作者还指出，"现代资本主义的资产阶级也买得起后来的《百科全书》，当时的少数开明商人也的确购买了——不过人数太少，和购买了大部分《百科全书》的特权阶层与专业人员相比，显得微不足道"。参见[美]罗伯特·达恩顿：《启蒙运动的生意》，叶桐、顾杭译，生活·读书·新知三联书店 2005 年版，第 289、514 页。

③ François Bluche, *Les Magistrats du Parlement de Paris au XVIIIᵉ Siècle*, pp. 225, 277.

念都被用来表达法官们的政治立场。① 维护等级社会并且将自由视为团体之特权的高等法院,如今开始谈及个体的自由与普遍的人权。比如,1764 年 3月,法官们为了抗议国王驱逐巴黎主教而写道:"每一个公民,自从其降生于一个君主国,就拥有他合法的自由权;这一自由是与财富或等级身份一样真实的遗产,而且自由比它们更加珍贵……"②在 1788 年 3 月的谏净书中,巴黎高等法院更是强调:"人生而自由,其幸福取决于正义。自由是不受时效约束的权利……自由与正义是所有社会的原则与目标,是一切权力不可动摇的基础。"③

　　根据研究者申南的分析,18 世纪后期,高等法院谏净书中的某些政治观念已经具有了洛克、卢梭和孟德斯鸠等哲人的思想印记。巴黎高法在 1784 年和 1785 年的谏净书中表达了洛克的财产观念,高法最经常援引的则是孟德斯鸠的《论法的精神》,此书堪称法官们的圣经。④ 其实,高等法院不仅吸收启蒙观念,甚至考虑过请哲人亲自撰写谏净书。卢梭曾在《忏悔录》中提到,1761年他收到第戎高等法院院长德·伯乐斯(Charles de Brosses)的来信,邀请他为高法撰写谏净书,并愿意提供所需的一切文件和资料,但他拒绝了这一请求。⑤ 高法院长德·伯乐斯是启蒙时代的著名文人,他曾声称,将高等法院和君主联系在一起的自然权利的契约已然被国王的专断独行所破坏,高法不必再遵从之。⑥ 虽然德·伯乐斯的计划未能实现,但上述事实足以说明高法法官对于启蒙思想的偏好。

　　除了阅读启蒙书籍,运用启蒙话语,某些法官也与哲人有一定的交往。巴

①　J. H. Shennan, *The Parlement of Paris*, pp.xviii, xlii. Alain J. Lemaître 专门分析了司法界在 1750 年之后对于公民概念的广泛运用,参见 Alain J. Lemaître (dir.), *Le monde parlementaire au XVIIIᵉ siècle*, *L'invention d'un discours politique*, pp. 255–263。

②　Flammermont éd., *Les Remontrances du Parlement de Paris au XVIIIᵉ siècle*, Tome II, p. 473.

③　Flammermont éd., *Les Remontrances du Parlement de Paris au XVIIIᵉ siècle*, Tome III, p. 714.

④　J. H. Shennan, "The Political Vocabulary of the Parlement of Paris in the Eighteenth Century", *Atti del quarto congresso internazionale della società italiana di storia diritto*, Florence, 1982, pp. 960–963.

⑤　卢梭还提到,在此期间他还收到巴黎高等法院一位法官的信,此人不满现行社会制度,请哲人为他选择一条退路,到日内瓦还是到瑞士,好让他全家去退隐。参见卢梭:《忏悔录》(二),范希衡译,商务印书馆 1986 年版,第 696 页。

⑥　Frédéric Bidouze, "Les remontrances de Malesherbes(18 février 1771):discours 'national' de ralliement et discours parlementaire", dans Alain J. Lemaître (dir.), *Le monde parlementaire au XVIIIᵉ siècle*, p. 66.

黎高法推事勒费夫尔·德·拉法吕埃尔·德·热农维尔（Le Febvre de la Faluère de Génonville）是伏尔泰的朋友；迪奥尼·杜塞茹尔（Dionis du Séjour）与达朗贝尔交好。① 雷恩高法的法官拉夏洛泰（La Chalotais）曾和伏尔泰探讨过自己的论著——《论国民教育》（1763 年出版），并且得到后者的赏识。② 曾在巴黎高法供职、后来担任出版总监的马尔泽尔布乃是法官与哲人保持友谊的典范。他与狄德罗、达朗贝尔、伏尔泰和卢梭都有过很深的交往，并且利用自己出版总监的身份保护了《百科全书》的出版。③ 1752 年，路易十五政府下令禁止《百科全书》的出版并要没收其手稿，马尔泽尔布将这个消息透露给了狄德罗，还将全部手稿藏匿于自己家中。支持启蒙事业的马尔泽尔布坚信，"一个人只读官方正式批准出版的书籍，将比其同时代人落后大约一个世纪"④。

在众多启蒙哲人当中，孟德斯鸠与高等法院关系最为密切。1708 年，19 岁的孟德斯鸠结束了在波尔多法学院的学习，进入当地的高等法院任律师。1714 年，买得了法院推事的官职。两年之后，他又从伯父那里继承了波尔多高等法院庭长的职位，并将此职位保有了十年（1726 年售出）。⑤ 长期在高等法院任职，促使孟德斯鸠对这一机构有较高的评价。他在《论法的精神》（1748）中指出：

> 君主政体即单独一人依据基本法治国的政体，其性质由中间、从属和依附的权力构成……既然有基本法，那就必然需要一些中间渠道，借以保障权力得以顺畅行使……
>
> 贵族的权力是最天然的中间和从属的权力，贵族在一定意义上构成了君主政体的本质，君主政体的准则就是：没有君主就没有贵族，没有贵族就没有君主，但有一个暴君。

---

① François Bluche, *Les Magistrats du Parlement de Paris au XVIIIᵉ Siècle*, p. 277.

② James Hanrahan, *Voltaire and the Parlements of France*, Oxford: Voltaire Foundation, 2009, p. 120；关于伏尔泰与拉夏洛泰相关通信原文，参见 John Rothney ed., *The Brittany Affair and the Crisis of the Ancien Régime*, New York: Oxford University Press, 1969, pp. 85-96。

③ Christian Bazin, *Malesherbes ou la sagesse des Lumières*, Paris: Jean Picollec Editeur, 1995, Chapitre III, "l'Encyclopedie et les Philosophes"。

④ De Lamoignon de Malesherbes, *Mémoires sur la librairie et sur la liberté de la presse*, p. 300.

⑤ 参见［法］孟德斯鸠：《论法的精神》上卷，许明龙译，商务印书馆 2009 年版，"孟德斯鸠生平和著作年表"，第 80—82 页。

……

对于君主政体而言,仅有中间力量还不够,还需要一个法律的监护机构。这个机构只能存在于政治集团之中,法律制定出来时由它来发布,法律被人遗忘时由它来提醒。贵族天生无知,浑浑噩噩,而且蔑视民事机构,所以需要一个机构不断地为束之高阁的法律拂去尘埃。①

在这番论述中,作者并没有提到高等法院。不过,孟德斯鸠为《论法的精神》准备了一个主题分析表(由他的儿子最终完成),在此分析表中的"高等法院"条目下又有一条脚注:参见"中间实(团)体"。这表明,"在孟德斯鸠看来,唯有在高等法院成为中间实体的条件下,绝对王权主义的君主制才能成为'宽和政体'"②。孟德斯鸠在这段文字中还提到了"法律的监护机构",这一机构指的也正是高等法院。根据研究者丽贝卡·金斯顿(Rebecca Kingston)的解释,孟德斯鸠之所以赋予高等法院等中间团体以重要角色,是因为这些公共机构不仅提供了制约专制权力的途径,同时它们还构成了制约个人野心的手段。在这些机构中个人的荣誉能与公共职责相调和。③

孟德斯鸠的这番言论在当时的司法界影响甚广,无论是高等法院理论家的著述还是法官们的谏诤书都重复了此位哲人的观点:高等法院是王国法律的守卫者,这一功能是不能被其他团体取代的。④ 可以说,在大革命前,孟德斯鸠的理论是高等法院反抗王权的重要理论来源之一。

小　结

尽管高等法院的法官们公开敌视启蒙哲人,焚毁其著作,但他们仍从哲人

---

① [法]孟德斯鸠:《论法的精神》上卷,许明龙译,商务印书馆 2009 年版,"孟德斯鸠生平和著作年表",第 22—24 页。

② 洛朗·韦尔西尼:"导言",[法]孟德斯鸠:《论法的精神》上卷,许明龙译,商务印书馆 2009 年版,"孟德斯鸠生平和著作年表",第 69 页。孟德斯鸠笔下的中间力量或中间实体究竟包含什么? 韦尔西尼认为是指贵族和高等法院(参见"导言",第 62 页),但也有学者指出它包括"高等法院、各省三级会议、有组织的贵族、持有自治特许状的市镇,甚至还有教会"。参见[美]R.R.帕尔默等:《现代世界史》(至 1870),何兆武等译,世界图书出版公司 2009 年版,第 253 页。

③ Rebecca Kingston, *Montesquieu and the Parlement of Bordeaux*, Geneva: Librairie Droz S.A., 1996, pp. 193−194.

④ André Lemaire, *Les lois fondamentales de la monarchie française d'après les théoriciens de l'ancien régime*, p. 215.

的著作中吸收了许多思想,尤其是从孟德斯鸠的著作中。高等法院的成员经常使用哲人的语言,比如使用民族、公民、社会、自由等词汇。他们还收藏宣传启蒙思想的书籍。尽管其思想成分颇为混杂,但究其实质来说,高等法院代表的仍然是司法君主制的思想,以及这种君主制中蕴含的古老的宪政精神。作为民族代表的观念也发轫于司法君主制,因为在司法君主制中国王通过高等法院等司法机构来统治国家,作为国王与臣民之间中介的高等法院因而具有双重代表的功能,到18世纪后期高等法院越来越倾向于作为民族的代表。可以说正是这些古老的传统使巴黎高等法院大部分的法官、律师同舟共济,并将他们与其外省的同行联结在了一起。不过传统的精神资源往往要与新的观念结合才会实现复兴,就高等法院的思想理论而言,如果不是吸收了冉森主义的宪政观念、民族高于国王的思想,并创造出高等法院联盟的口号,很难想象它可以与绝对主义君主制相抗衡,并在意识形态的斗争中占上风。也正因如此,本应维护社会秩序的高等法院沾染了较为激进的意识形态。

下　编

革命的预演：
莫普改革与绝对君主制的解体

　　1770—1771 年间,法国的司法大臣莫普试图一劳永逸地解决政府与司法机构之间的矛盾,他凭国王的密札流放了 155 名巴黎高等法院的法官,任用与之合作的新法官组建了莫普法院,并对外省的司法机构进行了大刀阔斧的改革。包括巴黎的法官在内,全国共有 700 多名法官遭受流放。对于莫普来说,这场改革的目的不仅是令旧制度下混乱、复杂的司法体系合理化,更在于消除代表穿袍贵族的法官们与王权相抗衡的倾向,重新树立法国王权的绝对权威。由是观之,莫普的举措也构成了旧制度末年一场重要的政治改革。然而,这场来势汹汹的改革只维持了四年,1774 年即位的路易十六召回流放的法官、恢复了原巴黎高等法院及外省的司法机构,莫普改革的成果似乎随着路易十五的去世而付诸东流。从表面上看,这场改革只不过是法国 18 世纪历史中一段无关紧要的政治插曲,然而,实际上它却构成了旧制度末年至关重要的政治转折。[1] 莫普大胆的改革引发了自 17 世纪中叶福隆德运动以来最为严重的司法与政治危机,它在公共领域所掀起的争议与讨论在某种程度上可被视作法国革命的预演。我们在追溯旧制度末年的危机时常常谈到杜尔阁、内克和卡隆(Calonne)的改革,但很少提及此前的莫普体制,其实正是莫普改革的失败将绝对君主制彻底封锁在了自身的矛盾之中,其后的改革都为时已晚、无力回天。因此,可以说这场司法改革处在旧制度末年政治的转折点上,理解它有助于我们从一个新的角度来思考法国革命的来临。

　　18 世纪的人和后世的历史学家们,对莫普改革这一事件有多种表述方式,主要包括:莫普"政变"(le coup d'État de Maupeou 或 le coup de Maupeou)、莫普改革(la réforme de Maupeou)、莫普革命(la Révolution Maupeou)和莫普危机(la crise Maupeou)。这四种称谓正反映了对莫普改革的多种定位,以及观察这一事件的不同视角。我们今天提起"政变"就会联想

---

　　① 关于莫普改革乃是旧制度末年政治转折的论断,笔者借鉴了法国史专家基斯·贝克的说法(Keith Michael Baker, "Introduction", *Historical Reflections/ Réflexions Historiques*, Vol.18, No. 2, Summer 1992.《历史思考》杂志该期专号主题即为"The Maupeou Revolution: The Transformation of French Politics at the End of the Old Regime"),但是贝克并未对此展开细致的论述。

到宫廷政治、派别纷争、政治阴谋等问题,这的确也是某些史家研究这一事件的重要角度。然而在旧制度下"政变"一词的含义与今天不尽相同:它指的是由国王支持发动的、引起轰动并有益于国家的政治变动。[①] 其实,当时说有益于国家无非指有益于王权。因此,时人所谓的莫普"政变"首先意味着这一变革是受国王支持的(今天,法国历史学家米歇尔·安托万和勒华拉杜里便直接称之为"君主的政变"[le coup de majesté 或 le coup de majesté de Maupeou][②])。其次,这个称谓在当时并不一定带有贬义,但它也表明这一事件引起了轰动。同样,莫普革命也是一个比较模糊的概念,它包含着不同层面的意思,是莫普的反对派(主要是爱国党人)给司法大臣的改革计划贴上了革命的标签,对他们来说,革命几乎是政治动荡的同义词。因此,今天的一些法国史专家,比如基斯·贝克和詹姆斯·柯林斯(James Collins),在使用莫普革命的概念时常常将"革命"一词打上引号。而对于弗朗索瓦·孚雷这样的历史学家而言,这场改革的激进性使之超出了改革的范畴,而成为了一场社会革命,因为它剥夺了一个团体数世纪以来所享有的特权。[③] 根据美国学者杜兰德·埃切维里亚的研究,这个政治事件在意识形态层面具有深刻的影响,甚至可以说它激起了一场思想革命。[④] 这样看来,莫普革命的含义从当时到现今已经发生了变化,但不变的是,它体现了这场改革的激进色彩。与前两个称谓相比,莫普改革和莫普危机的概念则较为明确:前者指的是莫普所做的司法改革、以及他改革法国君主制度的努力;后者指的是这次改革所引发的巨大的政治与社会危机。总之,历史学家们使用这四种不同的称谓来表述这一事件正表明了它的复杂性。

　　改革与革命的关系似乎是一个相对陈旧的话题,旨在挽救一个制度之根本性危机的改革失败以后往往会爆发革命。莫普改革与法国革命的关系也大

---

① Maurice Agulhon, *Coup d'État et République*, Paris: Presses de Sciences Po, 1997, pp.15–17. 阿居隆还指出,"coup d'Etat"一词今天所带有的负面色彩是1789年之后才逐渐出现的。

② Michel Antoine, *Louis XV*, p.928; Le Roy Ladurie, *L'Ancien Régime, 1610—1770*, Paris: Hachette, 1991, pp.368, 385.

③ François Furet, *La Révolution, de Turgot à Jules Ferry, 1770—1880*, Paris: Hachette, 1988, p.30.

④ Durand Echeverria, *The Maupeou Revolution. A Study in the History of Libertarianism, France, 1770—1774*, Preface, X–XI.

抵符合这一规律,然而,从更深的层次来看,它与法国革命的关系又比这一规律复杂得多。对于这个政治事件而言,改革与革命似乎是一个硬币的两面,从这面看是改革,而那面则是革命。站在当时的反对派的角度看,莫普的行为是一次革命(18 世纪意义上的)、一场政治灾难。而莫普政府自身以及后世同情莫普的史家更愿意强调它是一次改革,淡化其激进色彩,突出它与法国历史上司法变革之间的连续性。以我们今天的眼光来看,莫普改革所引发的"小册子战争"仿佛打开了潘多拉匣子,使激进的政治理论呈现在公众面前。人们对于"专制"、"自由"、"贵族"、"宪政"等问题的热烈讨论,使革命政治文化初具形态。法国革命史专家让-克莱蒙·马丹(Jean-Clément Martin)教授曾指出,发生于 1770 年代的莫普政变可以说是法国革命的第一阶段。① 面对既是改革又是革命的莫普体制,本书仍用改革来表述,这主要是因为,在中文语境下,我们更愿意慎重使用革命一词,使莫普体制与法国大革命这样的重大历史事件相区分。

纵观对于莫普改革之研究(当然很多研究只是涉及了莫普改革,而非以其为研究对象)的百年历史,我们一方面感觉历史学家们做了不少精致入微的工作,以期接近这段历史的真相,但另一方面又发现研究者们过度专注于"莫普改革能否挽救法国君主制"这个问题。这一问题的提出是建立在假设的基础之上,而这种历史假设往往很难论证,经过长期争论,研究者们至今仍各执一词。因此,笔者不打算深入考察这一问题,而更愿关注酝酿莫普改革的错综复杂的时代背景以及所产生的深远后果。

在阅读前人的研究成果的过程中,笔者发现各种角度彼此孤立,不能共同构成一个较为全面的考察视角。历史学家们比较重视作为政治事件的莫普改革,对其在司法层面的意义重视不足,比如,法学家维耶的研究成果《莫普改

---

① 马丹教授 2004 年 7 月 13 日在中国社科院世界史所所做的讲演中提出了这一观点。他认为广义的大革命应该以 1770 年代的莫普政变为起点,此时人们已对君主制提出了疑问。参演讲打印稿,第 13 页(在此,感谢端木美女士为笔者提供了演讲打印稿)。其实,孚雷撰写的《大革命,1770—1880 年》(*La Révolution, de Turgot à Jules Ferry, 1770—1880*)这部法国百年革命史,正是从 1770 年而不是 1789 年开始写起的,这种选择绝非偶然。查尔斯·泰勒也指出,1789 年 7 月 14 日攻占巴士底狱"其实只是一次旧式的大众暴动",但"他们的行为后来却被重新解释为主权人民的创举"。(参见"历史维度中的社会想象与民主转型",《中国学术》2004 年第 1 辑[总第 17 辑],商务印书馆,第 14 页。)攻占巴士底狱的确只是一个事件,它所具有的开创新纪元的意义很多是被历史所赋予的,而在它背后旧制度的瓦解、革命精神的降生是一个早已开启的过程。

革之后巴黎高等法院与高级法庭的构造》就较少被历史学家们引用。埃切维里亚的《莫普革命》和辛根姆的《两千万法国人的阴谋》①，分别关注莫普体制下的思想与公众舆论情况。但是，这两部作品都描绘了一场几乎没有莫普的莫普改革，改革者莫普的思想与行动并未受到重视。另外，埃切维里亚撰写的莫普革命的思想史中将伏尔泰看作一个绝对主义者，这似乎有欠妥当。虽然伏尔泰确实抨击高等法院，为国王政府辩护，但这并不意味着这位启蒙哲人真的是一个绝对主义者。辛根姆考察的是公众舆论问题，尤其是思想、舆论是如何传播的。可以说，辛根姆为这一研究加入了更多的社会维度，但同时给人感觉其分析与描述完全陷入到了历史细节之中，缺乏更高层次的关照。此外，她的研究主要基于巴士底狱的档案材料，可是这些被捕的爱国党人的材料就能够证明这是"两千万法国人的阴谋"吗？要知道那些支持政府的人是不会因言获罪、被捕入狱的。

笔者在吸收前人研究成果的基础之上，力图结合政治、经济、司法、思想及宗教等层面来综合地解释莫普改革，考察旨在挽救君主制危机的莫普改革如何加速了旧制度的灭亡，促进了大革命的来临。更重要的是，我们要将这一短暂的历史事件嵌入到更宏大的历史背景之中，既要把它放置到 18 世纪中叶以来高等法院与王权长期的冲突之中，同时还要把政治思想与政治事件的发展结合起来，观察政治思想如何在政治斗争的变化中演进，探索绝对主义的政治文化如何向革命的政治文化转变。

---

① 美国著名法国史专家范·克雷的女弟子辛根姆的博士论文《两千万法国人的阴谋：莫普时期的公众舆论、爱国主义以及对绝对主义的攻击》，于 1991 年在普林斯顿大学答辩，至今未见出版。这篇博士论文使用了大量的巴士底狱的档案材料论证在莫普改革期间出现了一种名为爱国主义的运动，它以组织秘密出版、传播非法读物（主要是小册子）的形式攻击司法大臣的改革。那些因兜售非法小册子而被捕进入巴士底狱的小贩，留下了大量的档案材料。正是依据这些资料，辛根姆使对爱国党的研究大大深化，对其社会构成进行了细致的描述，并且突出了妇女在其中所扮演的角色。

第五章　1756 年后的司法政治

——莫普改革之背景

凭借自身悠久的传统以及重要的职能,高等法院时常与路易十五政府就宗教与财政等问题产生摩擦甚至冲突。发生在 1770—1774 年间的莫普改革,正是 18 世纪高等法院与王权之冲突演进的合理结果。我们可以说,它是一个有着长期原因的短期事件,同时它也是七年战争后法国社会各种危机与变化交互作用的产物。因此,本章不仅要从司法政治历史的内部理解这次变革,更要将其放置在当时法国社会的大背景下来考察,由此我们会发现此时的经济、宗教、宫廷政治等因素都促成了这次司法改革的来临。史学界公认,18 世纪50 年代是法国政治文化发展的一块界碑,此时,反绝对主义的意识形态崭露端倪,更重要的是公众舆论开始在政治事务中扮演关键角色。而到了 60 年代,来自经济、社会、政治等层面的各种危机比十年前有增无减,几乎所有的官僚与受过教育的公众都意识到法国需要改革,但是人们对改革的内容却似乎永远不能达成一致。一向与王权矛盾重重的高等法院在 18 世纪 60 年代更是常常反对国王政府的税收政策,结果一场司法改革似乎势在必行。

第一节　七年战争引发的财政危机以及经济改革

高等法院的研究专家朱利安·斯旺曾指出:不完全了解七年战争的后果,就不可能理解 1756 年之后的司法政治。① 的确,七年战争乃是 18 世纪法国历史发展的一个分水岭,在高等法院与王权的关系层面更是如此。此前巴黎高等法院屡屡因冉森派的问题而与政府产生冲突,尤其是在 1752—1754 年和

---

① Julian Swann, *Politics and the Parlement of Paris under Louis XV, 1757—1774*, p. 197.

1756—1757 年都曾因所谓的忏悔证(billets de confession)而引发纠纷。但是，从经济的角度来看,18 世纪 40 年代至 50 年代初却是 18 世纪法国社会发展的一个黄金时段:工业产量激增,谷物价格稳定。① 而七年战争完全中断了这一发展,使法国陷入了深深的危机。法国历史学家德雷维翁(Hervé Drévillon)指出:"军队的霉运看来深深动摇了君主制的政治与社会结构,在此前的战争中溃败并没有产生如此重大的政治影响。"②

从司法政治的角度来看,这场战争使本来就紧张的高等法院与政府的关系雪上加霜。为了支付战争的大量花费,国王政府不得不诉诸增税和贷款,于是便有一系列的法令需要注册,导致高等法院与王权因增税问题频频发生摩擦。据统计,巴黎高等法院在 18 世纪 50 年代谏诤 15 次,而 60 年代则有 25 次之多,而且多数是因为财政问题。③

1756 年 7 月,掌玺大臣马肖(Machault)不顾高等法院的反对引入了第二个"二十分之一税",并要将第一个"二十分之一税"再延长十年。④ 其实法官们一向承认,在战时等特殊情况下国王有权增加税收,但是他们很担心这个新税将由临时性的变为永久性的。⑤ 1760 年 2 月,新财政总监西维埃特(Sihouette)又创立了第三个"二十分之一税"。⑥ 这一行为激起巴黎高等法院

① James B. Collins, *The State in Early Modern France*, p. 225; Colin Jones, *The Great Nation, France from Louis XV to Napoleon 1715—1799*, London: Allen Lane the Penguin Press, 2002, p. 125.

② Joël Cornette(dir.), *La Monarchie entre Renaissance et Révolution, 1515—1792*, Paris: Seuil, 2000, p. 294.

③ James C. Riley, *The Seven Years War and the Old Regime in France*, Princeton, N.J.: Princeton University Press, 1986, p. 143;范·克雷也指出,18 世纪 60 年代高等法院更倾向于关注财政与宪政事务,据他的统计,有 24 份陈述书(representations)和 11 份谏诤书与财政相关,有 25 份陈述书和 6 份谏诤书与司法及宪政问题相关(几乎都与布列塔尼有关),参见 Dale Van Kley, *The Damiens Affair and the Unraveling of the Ancien Régime, 1750—1770*, p. 100。

④ "二十分之一税"(vingtième)是旧制度下的一种直接税,因规定对纳税人全部收益课税 5%,故名。它不同于军役税,规定贵族和第三等级一样都必须缴纳。这一税收是在 1749 年由当时的财政总监马肖所创立的,目的在于控制 1748 年后(因参加奥地利王位继承战争)面临的债务问题。参见 Colin Jones, *The Great Nation*, p. 241; James B. Collins, *The State in Early Modern France*, p.xxxiv,关于"二十分之一税"的研究,可参见黄艳红:《法国旧制度末期的税收、特权和政治》,社会科学文献出版社 2016 年版。

⑤ J. H. Shennan, *The Parlement of Paris*, pp.xlii-xliii; Julian Swann, *Politics and the Parlement of Paris under Louis XV*, p. 161.

⑥ Jean Egret, *Louis XV et l'opposition parlementaire*, p. 94.

的一位法官将此情况与英国议会的情况做了类比:英国议会一次只对一年中的政府开支款项进行表决。从整体上看,高等法院虽然并不追求要像英国那样,但它的确要求国王将这次立法的效力限定在1760年。① 除了第三个"二十分之一税",新财政总监还要求对奢侈品进行广泛的征税,这将涉及烟草、马车、壁纸、丝绸、金银器皿等物品。这样一种倒退性的行为,在一个消费日益增长的时代招致了社会精英的普遍谴责。此外,西维埃特的继任者贝尔坦(Bertin)还提出要向那些免交军役税(taille)的人增加一倍人头税(capitation)。这个措施再次激起了高等法院成员的反抗,因为他们是免交军役税的,这会直接影响到他们自身的利益。② 在七年战争结束时,人们普遍期望战争期间额外征收的赋税将被废止。当贝尔坦下令延续战时征税时,高等法院法官们的情绪激愤。国王又试图通过举行御临高等法院会议来打消法官们的抗议,强行注册有争议的法令。但是,这并未能阻止法官们在1763年6月和8月两次起草谏诤书,抗议过高的税收。法官们甚至还攻击御临高等法院会议是独裁的程式。最后,路易十五还是妥协了,贝尔坦被罢免,以新法令代替了引发争端的措施。③

其实,在七年战争结束时,各国政府都增加了大量的债务,这使它们必须寻求各种途径支撑下去,政府要求获得的新收入来源,这在许多国家都受到了法官或议会的抵制,因而产生了国家体制性的危机。法国当时的情况也可以纳入这个大背景之中,是战争使国家陷入了财政上的窘境。但是,如果我们从历史的角度来看,就会发现在1733年(波兰王位继承战争爆发)和1741年(奥地利王位继承战争初期),高等法院都未深表抗议便接受了因战争带来的新征税法令,甚至可以说在整个奥地利王位继承战争中,高等法院都很少抵制政府因战争所带来的各种财政支出。④ 实际上,根据赖利的研究,七年战争间的税收并不比奥地利王位继承战争中的税收更沉重,赋税并没有像人们批评

---

① J. H. Shennan, *The Parlement of Paris*, p.xliii.

② James C. Riley, *The Seven Years War and the Old Regime in France*, pp. 152–153; Colin Jones, *The Great Nation*, p. 242.

③ J. H. Shennan, *The Parlement of Paris*, pp. 313–314.

④ Jean Egret, *Louis XV et l'opposition parlementaire*, p. 76; Julian Swann, *Politics and the Parlement of Paris*, p. 158.

的那么多。① 然而,受过教育的法国公众深信王国征税过多。达让松侯爵(1694—1757)在1756年1月9日的日记中指出,公众对征收第二个"二十分之一税"十分不满②,巴黎的法官们传达的正是公众的这种感受。高等法院反抗的正是政府拒绝妥协的态度和它采用的御临高等法院这样武断的方法。除了政府税收的内容与方式令人反感外,我们还应该注意到,18世纪50年代由冉森派问题引起的冲突导致了高等法院对政府越来越不满、越来越不信任。此时已然不能仅将税收是否合理作为二者冲突的焦点了,而应将之视作长期积怨的结果。而且,法官们很可能将在宗教斗争中积累的经验运用到关于税收的政治斗争中去。七年战争的失败更是使君主制蒙受了耻辱。当时广泛流传这样一种观念,即国家是被一个游手好闲的国王统治着,这在法官中间鼓舞了一种不顺从甚至批判的精神。③

其实在七年战争期间,为了不对臣民课税过重,为了不招致高等法院和公众更为强烈的批评,国王政府更多采用了借贷而非征税的方式来满足战争的需求。然而,借贷的利率很高,导致这场战争的费用要比此前的奥地利王位继承战争高出一倍。④ 结果,政府濒临破产,它无法从巨额债务的沉重负担中恢复过来。在这种情况下,一任接一任的财政总监们都必须绞尽脑汁来应付这一财政危机。而当时经济繁荣的关键因素和财政的重要基础都在于农业的发展。于是,在重农学派经济学家的影响下,路易十五政府采用了一个重要举措:它通过1763年5月的公告和1764年7月的法令对谷物贸易进行了自由化的激进改革。⑤ 1763年5月的公告允许谷物在法国各省之间自由流动,不需要许可证;1764年的7月法令允许出口谷物和面粉。在旧制度下,国王被看作是人民之父,他有责任解决其臣民的生计问题,就如同父亲首先得让孩子吃

---

① James C. Riley, *The Seven Years War and the Old Regime in France*, pp. 144–45,161.

② Argenson, *Journal et mémoires du marquis d'Argenson*, Tome neuvième, Paris:Librairie de la société de l'histoire de France,1867,p. 171.

③ Julian Swann, *Politics and the Parlement of Paris*, p. 197.

④ Colin Jones, *The Great Nation*, p. 231; Riley, *The Seven Years War*, p. 191.

⑤ 重农学派的重要代表人物魁奈同时也是一名外科医生,他于1749年进入凡尔赛担任御医,并且得到了蓬巴杜尔夫人的信任,因此他将其经济学理论介绍给了国王。参见 Jeremy L. Caradonna, "The Enlightenment in Question:Academic Prize Competitions and the Francophone Republic of Letters, 1670—1794", Unpublished dissertation, John Hopkins University, 2007, p. 324.

上面包一样,这是维护社会秩序的关键。因此,谷物贸易、粮食价格都受到了地方官员、高等法院和中央专门部门的严格监管。然而,这一传统的供给模式被突然打破了。自由法令处理谷物贸易的方式不是从供给和分配的传统着眼点考虑,而是从农业发展的角度考虑,这两个法令都致力于振兴法国农业,并通过提高粮食价格来保护种地的农民。① 美国学者卡普兰就此指出,陷入政治、经济与财政绝境的政府以为谷物贸易自由化的改革是通往新时代的大门。②

　　七年战争的失败也导致了信任的危机,人们普遍认为法国的制度存在缺陷,连国王都想进行一些改革。卡普兰认为这次改革在国王和高等法院关系上还有一层更为微妙的意义,它暗示着国王和法院之间可能达成谅解,共同缔造一种新型的统治。③ 然而,自由法令在 18 世纪 60 年代不仅没有取得预期的良好效果,反而引发了新的冲突。在 60 年代和 70 年代初,因饥馑发生骚乱的频率远远高于路易十五统治的其他时期。④ 从 1765 年开始,法国接连歉收,许多地区出现严重的饥荒,这使得政府不得不应对粮食短缺、面包价格攀升的问题。⑤ 当时,流言四起,人们纷纷声讨"囤积居奇者",大臣们被怀疑与投机商相勾结,通过投机谷物生意渔利。⑥ 正是在这种背景下,1767 年 12 月,巴黎高等法院恳求国王采取措施缓解贫困人民的生计问题,指出当时面包价

---

　　① 　Steven L. Kaplan, *Bread*, *Politics and Political Economy in the Reign of Louis XV*, Vol. 1, pp. 4–15, 90–95. 法令能被注册是和巴黎高等法院讨价还价的结果,但在普罗旺斯、图卢兹、格勒诺布尔、波尔多、第戎、里尔、雷恩等地的高等法院很快就被注册了,参见 Kaplan, *Bread*, *Politics and Political Economy*, Vol. 1, p. 180, 183. 此外,还应注意到,18 世纪五六十年代法国的社会与政治精英颇为关注农业的发展。1757 年 2 月,在雷恩成立的布列塔尼农业协会,这是首个农业协会,它旨在普及更有效率的耕作方法、推动谷物贸易和开垦自由,这些都是响应了经济学家和重农学派的要求。布列塔尼农业协会的成功促使大臣贝尔坦要求各地依据这一模式创立其他协会。通过 1760 年 8 月 22 日法令,全国成立了 20 多个协会。参见 Lucien Bély, *Dictionnaire de l'Ancien Régime*, p. 1169。

　　② 　Steven L. Kaplan, *Bread*, *Politics and Political Economy in the Reign of Louis XV*, Vol. 1, p. xxvi.

　　③ 　Steven L. Kaplan, *Bread*, *Politics and Political Economy in the Reign of Louis XV*, Vol. 1, p. 155.

　　④ 　Steven L. Kaplan, *Bread*, *Politics and Political Economy in the Reign of Louis XV*, Vol. 2, p. 447.

　　⑤ 　Jean-Luc A. Chartier, *Justice*, *une réforme manquée*(*1771—1774*): *Le chancelier de Maupeou*, p. 36; Durand Echeverria, *The Maupeou Revolution*, p. 10.

　　⑥ 　Joël Cornette(dir.), *La Monarchie entre Renaissance et Révolution*, p. 298. 关于 18 世纪法国的"饥荒阴谋"谣言,可参见周立红:《18 世纪法国"饥荒阴谋"谣言的盛行及原因》,《河北学刊》2011 年第 3 期。

格过高、军役税过重、捐税繁多。然而,国王对法官们的请愿给予了严厉的抨击。[1] 1768 年巴黎高等法院开始公开反对自由化的政策,当年农业的歉收为法官们攻击政府提供了口实。高等法院能够理解这一政策的目标与动机,但是 60 年代的经历使法官们认识到自由化的危险大于其好处,它所带来的生计危机乃是王权根本性的危机。于是,巴黎高等法院重新强调了监督管理的传统价值。[2] 鲁昂高等法院也在反对自由化政策中扮演了积极的角色,它认为自由化的理论已被实践所驳斥,事实上它使人民陷入了最悲惨的境地,并搅乱了整个商业经济。鲁昂高等法院的法官们并不反对自由化政策的初衷,但他们认为真正的自由不应导致如此悲惨的后果。在此,高等法院关注生计问题并不只是为了加强自身的声誉,它们确实关心社会与政治的安全,而国王则认为法官们夸大了人民的牢骚。高等法院相信自由化政策关乎人民的生计问题,而生计问题是人民最高的利益,是使社会具有凝聚力的前提条件;而政府认为这一改革能创造财富,而且经济改革的成功将为财政和制度改革清除障碍。这正是二者争论的焦点。[3] 在巴黎高等法院与国王政府因谷物贸易自由化政策展开冲突之际,一向效忠国王的高等法院院长莫普扮演了一位不成功的调解者的角色。1768 年莫普被任命为司法大臣,他的升迁标志着国王决心要以更为严厉的手段来对付高等法院。[4]

虽然法官与国王都有改革的意愿,但高等法院争取的是某种政治自由主义,是要充分发挥它以法律名义对国王政府行使的制约作用,而政府敢于尝试

---

① Flammermont éd., *Les Remontrances du Parlement de Paris au XVIIIe siècle*, Tome I, Introduction, p.iii.

② Steven L. Kaplan, *Bread, Politics and Political Economy in the Reign of Louis XV*, Vol. 2, p. 409.

③ Steven L. Kaplan, *Bread, Politics and Political Economy in the Reign of Louis XV*, Vol. 2, pp. 422–449.

④ 在此期间,莫普利用饥馑捞取政治利益,他散布谣言说是高等法院的成员造成了生计危机,他们为了自身的贪婪而牺牲了公共利益。其实,巴黎高等法院在最后时刻也想利用谷物问题获取政治资本。1770 年 12 月,在回应莫普的法令时高等法院提出长期的饥馑、人民的困苦,以及政府未能发布曾许诺的非自由化的法令等问题。参见 Kaplan, *Bread, Politics and Political Economy*, Vol. 2, pp. 411, 522–523, 526. 此外,莫普可以说是受命于危难之际。当时的情势为:巴黎高等法院拒绝注册、继续谏诤。外省高等法院中鲁昂高等法院已经罢工。格勒诺布尔和图卢兹高等法院反抗代表王权的长官。参见 Jacques de Maupeou, *Le Chancelier Maupeou*, Paris:Éditions de Champrosay, 1942, p. 62.

的只是经济自由主义政策,不能接受政治权力的松动。对于法官们来说,这种经济自由主义恰恰可能是危险的。可以说,谷物贸易自由化政策加深了国王政府与高等法院之间的分歧与矛盾,也反映出双方在改革理念上的背道而驰。而且,正是在这一冲突中,巴黎高等法院的院长莫普和他的同事们明显离心离德,前者最终为国王重用,登上了他的权力之巅。可以想见,在这种背景下被委以重任的莫普日后很难与其昔日的下属保持较好的协作关系。

总之,七年战争带来的财政危机、信任危机以及政府为摆脱危机而进行的经济改革努力,都使高等法院与王权的关系更加恶化,使国王政府将高等法院视作其前进途中的绊脚石。

第二节　耶稣会的取缔

七年战争后的法国还有一个非常重要的变化,即对耶稣会的取缔。反对教皇绝对权威的冉森派与捍卫教皇至上论的耶稣会士素为死敌。[1] 使冉森派不断遭遇迫害的《乌尼詹尼图斯谕旨》正是在耶稣会士的煽动下颁布的。在长期的斗争过程中,冉森派逐渐将自身的势力渗透到了司法界。在 1749—1757 年间拒绝圣事事件的纠纷中,巴黎高等法院反对派法官的利益与冉森派真正联系到了一起,他们遂与一批优秀的冉森派律师结成了冉森党。[2] 1757

---

①　冉森派的创始人冉森撰写《奥古斯丁论》(1640 年出版)的本意就是要回应耶稣会的莫利纳主义,可以说冉森派创立之初就是作为耶稣会的敌手而出现的。冉森的著作一经出版,耶稣会士就要求罗马教廷加以谴责。1713 年教皇颁布的谴责冉森派的《乌尼詹尼图斯谕旨》正是依据路易十四的耶稣会忏悔神甫之意所起草的。

②　Catherine Maire, *De la cause de Dieu à la cause de la Nation: le jansénisme au XVIIIe siècle*, pp. 413-415.关于巴黎高等法院何以要和冉森派相联合? 笔者认为,这可能是因为高等法院和冉森派拥有一些较为相似的特性。首先,二者都力图限制绝对的权威,但又都是没有完全背离正统的反叛者:高等法院并不想真正摧毁君主制,正如冉森派不愿分裂教会。据马克·菲玛豪利(Marc Fumaroli)的研究,二者还拥有相似的文化特性。他指出:在 16—17 世纪高等法院形成了一种封闭、自足的文化,这种文化是与宫廷里的绝对主义的文化相对立的。如果说宫廷文化是矫饰的、奢华的、感官的,那么高等法院的文化则是朴素的、严肃的、道德上十分苛求的。在这些方面,冉森派的文化恰恰与高等法院相一致,并将其推向了极致(菲玛豪利的分析转引自 David A.Bell, *Lawyers and Citizens: The Making of a Political Elite in Old Regime France*, New York: Oxford University Press, 1994, p. 71)。不过,我们还应该注意到这样一个事实:冉森党的人数其实非常有限。但因为冉森派法官有强烈的使命感,他们互相协作,在高等法院的辩论中彼此支持,因而有可能成为高等法院中的一股强大的势力。

年发生的达米安刺杀路易十五事件又使人们将怀疑的目光投向了耶稣会,因为人们相信耶稣会是允许刺杀暴君的。当然,这主要是冉森派在渲染达米安事件与耶稣会之间的关联。① 1759 年,葡萄牙的首席大臣蓬巴尔(Pompal)将耶稣会士驱逐出了葡萄牙,②法国的冉森派受到了这一消息的鼓舞,也伺机攻击法国的耶稣会士。1761 年,冉森党的领袖人物、高等法院的理论家勒佩日和克里斯托弗·库德海特一道编纂了四卷本的《耶稣会的诞生与发展史》,编者自称此书旨在颂扬葡萄牙国王两年前的行为(指驱逐耶稣会士——笔者注),这一举动为欧洲其他国家树立了典范。③ 显然,冉森派希望通过此书推动法国统治者取缔耶稣会。在书中,编者指出 16 世纪时耶稣会士是天主教联盟的灵魂,他们曾试图刺杀法国国王亨利三世和亨利四世,还多次密谋反对英国君主,④由此表明耶稣会对于世俗统治者具有威胁性。冉森党不只满足于展现耶稣会士的弑君倾向,更要揭露这个团体组织结构中内在的政治原则。在勒佩日等人看来,耶稣会的章程是"专制的",该修会是个充满专制主义的并极具扩张性的组织。作者指出,耶稣会计划建立一种世界君主制(une Monarchie universelle),它要侵犯所有的其他团体,要吞并基督教的所有权威,无论是精神的还是世俗的,而他们的首脑(即所谓的"将军")正是这个君主制中的独裁者。⑤ 此书要告诉读者,耶稣会士们想要主宰一切:他们要成为法官,要支配家庭,要控制宗教、商业甚至艺术。此时,高等法院中的冉森派法官肖

① Dale Van Kley, *The Damiens Affair and the Unraveling of the Ancien Régime*, 1750—1770, pp. 86-90;同时参见[英]J.O.林赛编:《新编剑桥世界近代史》第 7 卷,中国社会科学院世界历史研究所组译,中国社会科学出版社 1999 年版,第 162 页。其实根据达米安的自述,他是被拒绝圣事事件激怒而产生了刺杀国王的想法,参见 Anonymous, *Pièces originales et procédures du procès, fait à Robert-François Damiens*, Paris: Pierre Guillaume Simon, 1757。此问题同时参见 Jeffrey Merrick, *The Desacralization of the French Monarchy in the Eighteenth Century*, Baton Rouge: Louisiana State University Press, 1990, pp. 106-107。

② 蓬巴尔是耶稣会的死敌,他指责耶稣会士曾在巴拉圭的瓜拉尼战争中同印第安人一道对付葡萄牙人,他还认定耶稣会士参与了暗杀国王的行动。参见[德]彼得·克劳斯·哈特曼:《耶稣会简史》,谷裕译,宗教文化出版社 2003 年版,第 85 页。

③ Christophe Coudrette, Louis-Adrien Le Paige, *Histoire générale de la naissance et des progrès de la compagnie de Jésus*, Tome I, sans lieu de publication, 1761, p.viii.

④ Christophe Coudrette, Louis-Adrien Le Paige, *Histoire générale de la naissance et des progrès de la compagnie de Jésus*, Tome I, Art.VIII, Art.X, Art.XI.

⑤ Christophe Coudrette, Louis-Adrien Le Paige, *Histoire générale de la naissance et des progrès de la compagnie de Jésus*, Tome III, Deuxième Partie, Art I, p. 293.

夫兰(Chauvelin)神甫也谴责耶稣会首脑支配该修会方方面面的专制主义精神。① 其他小册子作者和高等法院自身也都将耶稣会首脑的权威描绘为专制的、不受限制的,而修会中的普通成员则如同奴隶,盲目服从。总之,这样一种组织将把法国的君主制转变为专制主义的体制。②

1761 年,耶稣会士恰好因债务问题而自投罗网。当时他们向巴黎高等法院提出上诉,反对马赛商业法院的判决。事件的缘起是,在法属马提尼克岛从事商业活动的高级耶稣会士拉瓦莱特(La Valette)因受七年战争的影响而破产,其债权人在马赛得到了反对耶稣会的判决。巴黎高等法院趁机处罚耶稣会为拉瓦莱特偿还债务,随后又成立了一个委员会来核查耶稣会的规章,认定耶稣会的章程与法国的法律水火不容,最终在 1762 年颁布法令在法国取缔耶稣会。到 1764 年,作为一个实体的耶稣会在法国的大多数地区都不再存在。③ 高等法院不仅将耶稣会士驱逐出境,还宣称他们是邪恶的,并将其财产充公。

面对这些指控与决议,耶稣会士争辩道,他们的章程是符合君主制度的,而非专制的。他们抗议法官无权干涉宗教事务,无权剥夺一个修会在法国享有了两个世纪的权利。路易十五并非有意忽视这些抗议,但他所能做的只是将最终驱逐耶稣会士的期限延迟到 1764 年。④ 其实,国王最初只想改革耶稣会,但在高等法院的紧逼之下,路易十五只好同意将整个修会驱逐出境,以此换得在税收问题上得到法官们的合作。当时国王称"这是为了我王国的安宁",但"这有悖于我的意愿"。⑤ 驱逐耶稣会的事件,在高等法院与王权的较

---

① Julian Swann, *Politics and the Parlement of Paris*, p. 206.

② Van Kley, *The Damiens Affair and the Unraveling of the Ancien Régime*, p. 197.

③ William Doyle, *Jansenism: Catholic Resistance to Authority from the Reformation to the French Revolution*, New York: St. Martin's Press, 2000, pp. 71-73; Alfred Cobban, *A History of Modern France*, Vol. 1, p. 85. 法国取缔了耶稣会后,仍然允许 3500 名耶稣会士作为普通公民继续居住在法国,参见 Colin Jones, *The Great Nation*, p. 249。另外,还应注意到耶稣会长期垄断法国的教育,并拒绝传授新的知识,比如牛顿的科学体系。而耶稣会的驱逐给法国的教育领域带来了生机,有利于新思想的传播。

④ Jeffrey Merrick, *The Desacralization of the French Monarchy in the Eighteenth Century*, pp. 107-108.

⑤ Van Kley, *The Religious Origins of the French Revolution*, p. 158; *The Damiens Affair and the Unraveling of the Ancien Régime*, p. 197; Le Roy Ladurie, *L'Ancien Régime*, *1610—1770*, p. 348.

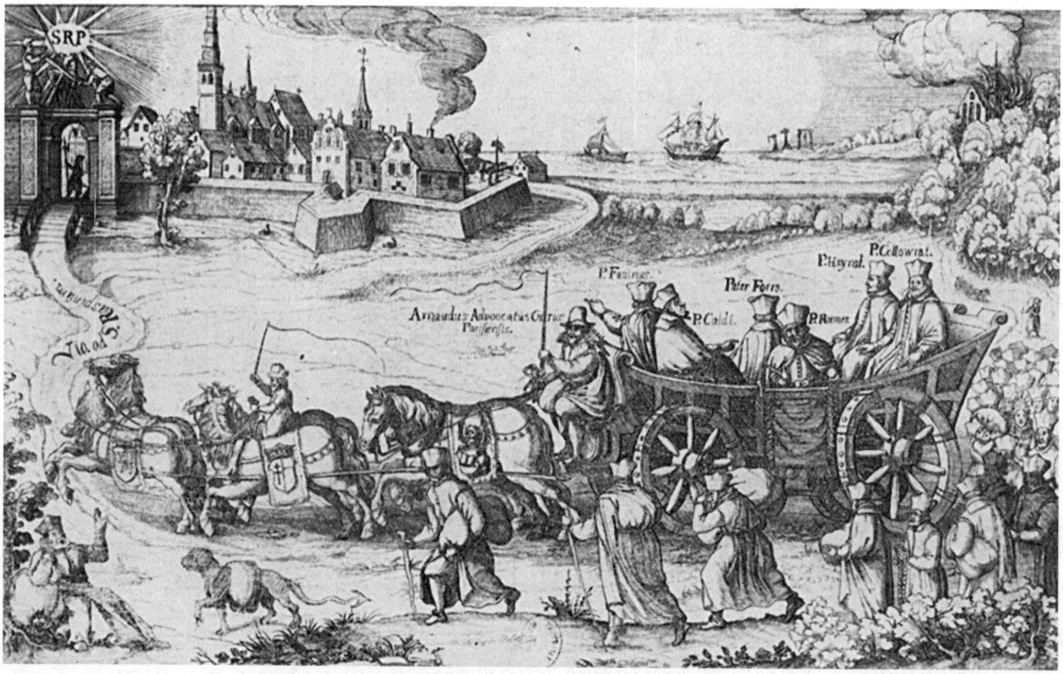

图 6　关于法国驱逐耶稣会士的讽喻画

（来源：gallica.bnf.fr/Bibliothèque de France）

量中代表了法院一方的胜利。① 与此前半个世纪中，国王政府对宗教事务的严格把持相比，此时的王权更加虚弱了。作为"教会长子"的法国国王已经无力左右宗教事务，这其实也销蚀了绝对主义王权的神圣根基。如今，耶稣会的罪名不仅是有违高卢派的特权，更在于它的专制主义特征。通过反耶稣会专制主义的浪潮，我们可以看出当时的法国社会对专制深恶痛绝，从而也可以理解日后莫普的"专制主义"何以掀起强烈的政治反抗。

　　然而，耶稣会的影响并非是能够轻易消除的。自亨利三世以来，耶稣会士就担任宫廷的忏悔师，耶稣会士在王室的影响一直很大，并逐渐形成了"虔诚党"（parti dévôt）。② 在路易十五时代，"虔诚党"成员包括，宫廷的耶稣会士忏悔神甫以及受其影响的王后、公主、王太子，还有某些大臣。在高级教士中，也有不少人同情耶稣会，他们无法原谅巴黎高等法院的这一举措。③ 即使在高等法院中也渗透着耶稣会的势力，比如，1761年，巴黎高等法院中有一百多名法官曾受过耶稣会士的教育，只是其中很少有人敢于公然捍卫他们先前的导师。不过，在他们的内心中对耶稣会还是同情的，尤其是那些大法庭的法官。④ 当时任巴黎高等法院院长的莫普正是耶稣会士的支持者。在所有外省的高等法院中，耶稣会士都有自己忠诚的朋友，这些人通常是修士。比如，有六个总检察官拒绝对耶稣会提起诉讼，其中还有两人为之辩护。⑤ 后来愿与莫普合作的人士中不少是同情耶稣会的（我们将在后文中对此详述）。

　　当我们提及虔诚党时，不得不介绍一下当时法国的宫廷政治。在路易十五统治时期，政府一直不够平衡、稳定，罢免大臣的事件接连出现。时人达让

---

　　① 法国历史学家法尔热称这也代表了公共精神（l'esprit public）的胜利，参见 Arlette Farge, *Dire et mal dire. L'opinion publique au XVIIIᵉ siècle*, Paris：Seuil, 1992, p. 270。

　　② "虔诚党"一词在16世纪末就已存在。当时称"parti des dévots"，指的是狂热的神圣联盟，它要在法国根除异端，并要在欧洲采取拥护天主教的哈布斯堡王朝的政策。参见 Van Kley, *The Religious Origins of the French Revolution*, p. 32。虔诚党并未随耶稣会的消失而衰落，相反，七年战争后的外交革命代表着虔诚党的胜利，因为它联合欧洲的两个主要的天主教国家反对新教国家，实现了法国的虔诚党自黎世留时代便定下的目标。参见 Van Kley, *The Damiens Affair and the Unraveling of the Ancien Régime*, p. 145。

　　③ Durand Echeverria, *Maupeou Revolution*, p. 39.

　　④ Julian Swann, *Politics and the Parlement of Paris*, p. 207.

　　⑤ Jean Egret, *Louis XV et l'opposition parlementaire*, p. 89.

松侯爵曾把这种现象归结为宫廷政治造成的。① 在莫普改革前后，这种宫廷政治发挥了一定的作用，宫内的派系斗争直接影响着国家的政治情势。权倾一时的蓬巴杜尔夫人作为国王的情妇遭到虔诚党的轻蔑，因此她很讨厌耶稣会士。受蓬巴杜尔夫人保护的大臣舒瓦瑟尔②在 60 年代与冉森党关系密切，他对高等法院采取了姑息的政策，尤其是在驱逐耶稣会的问题上。但是，1764 年年仅 43 岁的蓬巴杜尔夫人去世，而此后在宫中掌权的杜巴丽（Du Barry）夫人与蓬巴杜尔夫人不同，她得到了宫中虔诚党的支持。③ 舒瓦瑟尔很鄙视这位出身卑贱的国王新宠，而随后掌权的莫普与达吉永都受到了杜巴丽夫人的庇护。可以说，莫普改革、舒瓦瑟尔的倒台都与这种宫廷政治有一定关联。

耶稣会在法国消失后，高等法院内的冉森党的宗教使命似乎完成了，他们也变得越来越关心其他事务。1766 年之后的高等法院辩论记录揭示出，冉森派对政府的攻击涉及相当广泛的事务，比如王室财政，又如政府在布列塔尼的政策。④ 总的来说，耶稣会在法国被取缔，其意义是复杂的。这标志着自《乌尼詹尼图斯谕旨》以来（甚至更早）冉森派与耶稣会的斗争告一段落。要知道这是过去半个世纪中支配法国政治冲突的主要事件。而今，一方面在冉森派心中耶稣会还多少有些阴魂不散，而支持耶稣会的人也在心中埋下了仇恨；另一方面，高等法院与政府争论的焦点由宗教问题转向了更为纯粹的政治问题，财政危机、司法的问题凸显了出来。过去高等法院反对政府，多半是因为法官们觉得政府听命于教会，而现在矛头则直接指向了政府。

---

① Joël Cornette(dir.), *La Monarchie entre Renaissance et Révolution*, p. 300.

② 舒瓦瑟尔（1719—1775），他出身行伍，1746 年晋升准将军衔。1758—1761 年间，舒瓦瑟尔担任外交大臣，1761—1766 年担任海军大臣，1766—1770 年任陆军大臣。无论他出任何职，都是路易十五政府内的一名重臣。有历史学家认为，1757 年后重用舒瓦瑟尔乃是路易十五在试图稳定其统治时犯下的几个关键性错误之一（参见［美］彼得·赖尔、艾伦·威尔逊：《启蒙运动百科全书》，刘北成、王皖强编译，上海人民出版社 2004 年版，第 259 页）。舒瓦瑟尔在文人和贵族公众中深受拥护，法官、哲人和冉森派都得到了舒瓦瑟尔的庇护，比如他资助《百科全书》的出版，保护启蒙哲人免受王室官员的侵扰。更为重要的是，舒瓦瑟尔掌权期间宽容了高等法院针对王权的斗争。

③ Colin Jones, *The Great Nation*, p. 275; Julian Swann, *Politics and the Parlement of Paris*, p. 260.

④ Julian Swann, *Politics and the Parlement of Paris*, p. 298.

第三节　巴黎高等法院与外省高等法院的联合

耶稣会被逐出法国也反映出各高等法院团结一致、联合行动。这可以说是"各级高等法院联合"（union des classes）理论的一次胜利。最为敌视耶稣会的那些法官,与其他法院的带头煽动者保持着密切的联系。在各级高等法院联合的名义之下,他们共同作出了决定。[1] 18 世纪 50 年代以来,巴黎高等法院与外省高等法院的关系朝着两个维度发展:一是各法院同源一体、互相联合的思想被广泛宣传;二是巴黎与外省的法院相互影响,外省的地位越来越突出。

关于各高等法院同源一体的观念可以追溯到 16 世纪,当时的司法大臣米歇尔·德·洛皮塔尔在 1560 年时曾经说过:"各个高等法院只是国王的高等法院分出的不同等级。"不过洛皮塔尔的这一论断只是为了强调各个高等法院是平等的,从而否认巴黎高等法院具有突出的地位。[2] 在福隆德运动时期,巴黎高等法院曾致信外省高等法院要求支援,表现出要求联合的倾向,但这种倾向随福隆德运动的失败而消失。[3] 此外,巴黎高等法院经常因诸多事务,尤其是司法权限的问题,而与外省高等法院产生争执。因此在 18 世纪中叶以前,各高等法院相互联合的理论并未形成。直到 1753 年勒佩日才创造了这样一种理论,他指出:众高等法院正形成了唯一的一个高等法院,因为:"自三四个世纪以来,外省高等法院只是从这个唯一、普遍的高等法院派生而来的,因此这些法院必然成为这个被肢解的（巴黎）高法之功能与职责的衍生物。"[4] 1755 年 11 月,巴黎高等法院在谏诤书中明确指出:关于各高等法院同源一体分属不同等级的思想来自司法大臣洛皮塔尔。[5] 1756 年 8 月,巴黎高等法院更为清晰地表达了"各级高等法院的联合"的理论:"巴黎高等法院是王国中

[1]　Jean Egret, *Louis XV et l'opposition parlementaire*, p. 89.

[2]　Sarah Hanley, *The Lit de Justice of the Kings of France*, *Constitutional Ideology in Legend*, *Ritual*, *and Discourse*, p. 149.

[3]　Roger Bickart, *Les parlements et la notion de souveraineté nationale au XVIII siècle*, Paris: Librairie Félix Alcan, 1932, pp. 144-145.

[4]　Le Paige, *Lettres historiques sur les fonctions essentielles du Parlement*, p. 153.

[5]　Flammermon éd., *Les Remontrances du Parlement de Paris au XVIII siècle*, Tome II, p. 73.

首要的法院并且是宗主法院(la cour métropolitaine)……所有其他的法院都是它的分部,更准确地说是它的延伸。因此宗主法院以及它所有的'殖民地'(colonies)是独一无二的高等法院的不同等级(diverses classes)……它们被同样的精神所鼓舞,为同样的原则所滋养,面对同样的问题。"①据此全国各个高等法院实际上形成了一个高等法院,这不仅强调了各法院之间的联合,而且突出了巴黎高法的优越地位。

至关重要的是,这一理论一经提出便得到了外省法院的积极响应。1756年梅茨高等法院、格勒诺布尔高等法院、鲁昂高等法院以及艾克斯高等法院分别在谏诤书中阐释了这一思想。② 对于"各级高等法院的联合"的思想不可小视,达让松侯爵早就注意到了这一理论的危险性,他于1755年12月评论道:"王国中各高等法院宣称的这种联合,是与王权相对抗的,这是一条人们已经走上的危险之途……"③发生在1758—1759年间的贝桑松事件④,引起了巴黎、第戎和鲁昂高等法院的干预,最终演变成了全国性的危机。巴黎高等法院于1759年3月27日撰写了《关于贝桑松高等法院状况的谏诤书》,其中指出:"整个法官团体的共同利益和国家的利益,都是在团体的各个部分处于和谐状态时才能存在……"⑤这暗示了各高等法院之间相互依存的关系,为巴黎高等法院干预贝桑松事件提供了依据。司法大臣代表路易十五批驳了这一观点⑥:"当巴黎高等法院的官员们将其职能扩展到介入王国不同地区统治的普

① Flammermon éd., *Les Remontrances du Parlement de Paris au XVIIIe siècle*, Tome II, p. 138.

② Roger Bickart, *Les parlements et la notion de souveraineté nationale au XVIIIe siècle*, pp. 152–154. 另外,图卢兹高等法院在1755年就已表达了这一观点。

③ Argenson, *Journal et mémoires du marquis d'Argenson*, Tome neuvième, p. 142.

④ 贝桑松事件起源于地方法院抵抗政府的财政政策,尤其是1758年起草的削减省特权的系列法令。比较奇特的是,这些法令其实正出自地方监察官兼高等法院院长的 Bourgeois de Boynes 之手。法院中有24名法官支持院长,而另外30名法官则坚决抵制法令,最终被流放。参见 Julian Swann, *Politics and the Parlement of Paris*, pp. 198–202。

⑤ Flammermon éd., *Les Remontrances du Parlement de Paris au XVIIIe siècle*, Tome II, p. 177.

⑥ 这份谏诤书于4月4日呈交,国王接到谏诤书后,要求巴黎高等法院院长在指定的时间率一个代表团来宫中听回复。4月8日(周日)下午1点钟,院长带领三十多名高等法院代表来至宫中。路易十五在王太子、孔代亲王及群臣的围绕下接见了高法代表团,这种情况十分罕见,表明国王政府非常重视贝桑松事件。国王称,他已经在御前会议中查阅了高等法院的谏诤书,并令司法大臣代为解释自己的意图。参见 Flammermon éd., *Les Remontrances du Parlement de Paris au XVIIIe siècle*, Tome II, p. 184。

遍秩序时,他们应该感觉到自己超越了其职权的范围。只有在国王本人那里才存在权威的普遍性、完满性和不可分割性"。① 这实际上是告诫巴黎的法官不要以各高法同源一体为名干预其管辖权之外的事务。针对国王的答复,巴黎高等法院又草拟新的谏诤书予以回击:"王权之统一性的原则(le principe de l'unité)包含了法官群体团结一致的原则",国王们有时喜欢自称是司法团体的首脑,法官们是其成员,法院是作为一个具有普世性的团体来代表王国的司法;法官们还声称:司法权的行使"尽管托付给了不同管辖区的法官们,但是其本质是不可分割的,都是出自同样的原则","司法权的统一性如果没有在法官群体之中传播开来,那么这种权力在某些情况下会变得软弱无力"。② 高等法院与王权之间就这一理论问题的争论并未就此结束,我们在此不再一一罗列。总之,高等法院力图表明,各高法同源一体的特性,是由王权的普遍性与不可分割的属性所赋予的,法官们为了更好地行使司法权必须团结一致。

从这一过程中可以看出,在 1756 年之后,"各高等法院联合"的思想成为王权与高等法院之间政治对话的核心问题。真正使国王政府头痛的其实并非是理论问题,而在于全国的各高等法院常常以实际行动来实践这一理论原则,各法院对于贝桑松事件的态度就是例证。出于修辞策略上的考虑,高等法院表示它们联合为一的原因在于它们都代表君主的权威。但正如基斯·贝克所指出的:实际上,高等法院联盟的观念的逻辑基础不是王权的不可分割,而是源于民族之不可分割的原则。③ 正如我们在前文所指出的,在整个 18 世纪巴黎的法官们不断重申,他们在民族面前代表国王,在国王面前代表民族,但到了 18 世纪后期,高等法院在没有放弃它在民族面前代表国王的说法的同时,却越来越强调它在国王面前代表民族的权利,认为法院的谏诤、抗议都是传达了民族的声音。

1756 年之后,巴黎高等法院与外省相互影响,巴黎越来越关注外省高等法院与政府的冲突。在此前几乎总是巴黎高等法院在与王权的斗争中唱主

---

① Flammermon éd., *Les Remontrances du Parlement de Paris au XVIIIe siècle*, Tome II, pp. 184–185.

② Flammermon éd., *Les Remontrances du Parlement de Paris au XVIIIe siècle*, Tome II, pp. 189, 195.

③ Keith Baker, *Inventing the French Revolution*, pp. 231–232.

角,而现在,对于政府来说,对付十二家外省高等法院更加棘手。鲁昂高等法院尤为激进,其谏诤书和决议中包含着一些对王权最具争议、最大胆的攻击。比如,其法官竟然提出"仅以法国民族的名义就能宣布自由对于民族来说乃是自然之物",并且在 1760 年提出要求召开三级会议。[①] 同样,在雷恩高等法院国王政府也遇到了相当严重的困难。外省高法的地位开始变得突出,这与七年战争以来围绕税收、财政问题的争论在外省引起了广泛的关注有很大关系。而且也有证据显示,在自由化政策的冲击下,物价持续的上扬也促使外省高法加强了抵抗政府的意志。[②] 另外,此时连国王都想破除巴黎中心主义,谷物贸易自由法令正是要将政府政策与法国外省,尤其是农村的命运联系在一起。巴黎与外省高等法院的密切联系也与勒佩日等人在外省的关系网络有关。可以说,在巴黎高等法院内部,勒佩日是许多法官眼中值得信赖的圣人,是他们与其外省同事保持联系的重要纽带,比如他与格勒诺布尔、图卢兹、贝桑松和鲁昂的高等法院都联系密切。在巴黎高等法院借机取缔耶稣会的过程中,勒佩日便是幕后的重要活动者,他曾利用在外省的关系网络促使其他高等法院共同采取行动。[③]

但从当时的历史环境来看,也不能夸大各高等法院之间的这种一致性。高等法院的联合并不意味着法官们想要颠覆君主制度,或者只是出于他们自身的团体利益来反对国王政府的改革。在谷物贸易自由化的改革中,不同的高等法院对这一新法令存在分歧。所以也不能说各高等法院已由这一理论完全结合成了一个统一体。[④]

在高等法院把这一理论付诸实践的同时,国王政府也试图采取一些措施以挑拨离间各高等法院之间的关系,从而斩断它们互相联合的纽带。莫普在 1789 年呈给路易十六的报告书中回忆道:

> 在一场徒劳无益的斗争之后,我们相信,不应该直接攻击这些体系,而是应尝试着通过打碎它们的利益关系而切断其联系纽带。因此,为了

[①]　James C.Riley,*The Seven Years War and the Old Regime in France*,p. 214.

[②]　Steven L. Kaplan, *Bread*, *Politics and Political Economy in the Reign of Louis XV*, Vol. 2, p. 528.

[③]　Doyle,*Jansenism*,pp. 72–73.

[④]　关于各高等法院间的纠纷与冲突,参见 Jean Egret, *Louis XV et l'opposition parlementaire*, pp. 154–155.

讨好巴黎高等法院,1764 年我们在那里安插了一个贵族法庭(cour des pairs)以审判一些公爵和重臣,巴黎高等法院当时受到了一家外省高等法院的攻击,理由是它在发挥其领导职能时行为不当。然而,这是我们事先不能预料的,我们突然看到,在巴黎高等法院产生了一个本质上完全是贵族的法庭,它一直存在,它能自我培育,没有权威的协助,新的联合愈加令人生畏,这是我们曾想要瓦解的……最终,这总是对国家宪法和君主持久权利的侵害。我还要指出,在这个联合中,贵族在赋予高等法院新的影响的同时,丧失了自身的尊严,尴尬地处于一个人数众多的团体之中,他们在那里发现的不仅是同事,还有主人,后者能够利用贵族的名义消灭他们的特权。

其他高等法院只应变得不满,并妒忌这种新秩序,这在它们和巴黎高等法院之间设置了一条鸿沟,但它们却视而不见……

波城的事件,布列塔尼的不幸事件,使我们曾认为已经断裂的关联更密切了;因此导致了集体辞职,法官们通过辞职提出的要求不能被君主接受;因此,关于立法权的破坏性原则又出现了,并且更加强大;1766 年 3 月 3 日国王怀着尊严与力量提出了真正的原则。①

莫普所回忆的情况正反映了他们曾力图诱使外省高法嫉妒巴黎法院的特权,但这种方法并未奏效,反倒是促使贵族和巴黎高等法院联合在了一起。这使国王政府极其不安。莫普所提及问题的背景正是其司法改革的导火索——布列塔尼事件。

第四节　莫普改革的导火索——布列塔尼事件

我们在前文已经提及七年战争后外省的事务变得越来越重要。这场引发宪政危机的事件正是发生在法国的边陲地区——布列塔尼省。布列塔尼是一个三级会议省。② 古老的佩剑贵族精英控制着雷恩高等法院(雷恩位于布列

---

① Maupeou, *mémoire de Maupeou à Louis XVI*, appendice de *Le Chancelier Maupeou*, pp. 638—639.

② 三级会议省指的是仍然拥有省三级会议的地区。18 世纪的三级会议省主要包括布列塔尼、朗格多克、勃艮第和普罗旺斯,在这些地区税款的分派和征收都由省三级会议负责。

塔尼省),而穷困的贵族操纵着省三级会议。① 由于布列塔尼地处偏远、地方观念重,1763 年 11 月的征税计划(在新财政总监拉维尔迪[Clément-Charles-François de L'Averdy]的努力下,其他法院都通过了这个计划)在此地引起了深深的憎恶。人们认为在直接税(人头税和军役税)上的变化是对布列塔尼省特权的侵犯。1764 年布列塔尼的三级会议(在此地仍然只有三级会议才能批准新征税收)和高等法院联合抗议新增加的捐税。雷恩高等法院在 8 月呈交给国王的谏诤书中说道:

> 陛下,您王国中的法官们一直被那些试图改变统治原则的人所憎恨,此时此刻,您的高等法院正经历这样严酷的考验。布列塔尼所享有的免税权为那些依法有效的条例、律令所尊重,从未被违反。这几乎是王国中的一条习惯法,直至现今它一直被顺利地执行。②

作为布列塔尼总督(gouverneur)的达吉永公爵(duc d'Aiguillon)③对抵抗采取了强硬的措施,而雷恩高等法院的总检察官拉夏洛泰④为该省利益辩护。达吉永与拉夏洛泰二人素来不睦,达吉永早就指责拉夏洛泰性情乖戾,而在驱逐耶稣会的事件中积极反耶稣会的拉夏洛泰获得了胜利,同情耶稣会的达吉永自然大为不快。⑤ 此二人向来紧张的关系促使他们在新一轮的争论中剑拔弩张。在僵持不下的情况下,1765 年 5 月 20—23 日,76 名雷恩高等法院的法

---

① Colin Jones, *The Great Nation*, p. 272.

② A. Le Moy, *Remontrances du Parlement de Bretagne du dix-huitième siècle*, Paris: Champion, 1909, p. 86.

③ 达吉永与虔诚党关系密切。1770 年之前有小册子指责达吉永与耶稣会士有关。雷恩高等法院的人称达吉永一直是耶稣会的暗中支持者,本次布列塔尼事件都是由于他不能控制耶稣会的阴谋导致的(参见 Colin Jones, *The Great Nation*, p. 274)。帕尔默认为,达吉永是一位积极的管理者,他有一个大力发展野蛮、落后的布列塔尼的宏伟计划。他打算通过修路将布列塔尼与法国其他地区联系在一起,为此要征募农民作为劳动力,他希望引入王家徭役。而布列塔尼的三级会议认为修路属于他们的权限。一群旧式的贵族对内部改良根本没兴趣。三级会议抵制达吉永,雷恩高等法院强烈支持三级会议。参见 R. R. Palmer, *The Age of the Democratic Revolution*, Princeton and Oxford: Princeton University Press, 2014, pp. 70-71。

④ 拉夏洛泰是魁奈的朋友,他以撰写反耶稣会、反教权主义的小册子而出名,而且此人也是具有政治抱负的。他与蓬巴杜尔夫人和舒瓦瑟尔都保持良好的关系。参见 Colin Jones, *The Great Nation*, p. 273; James B. Collins, *The State in Early Modern France*, p. 251; Julian Swann, *Politics and the Parlement of Paris*, p. 259.

⑤ Jean Egret, *Louis XV et l'opposition parlementaire*, p. 159.

官以集体辞职的方式表示抗议,28 日国王下达密札将法官们软禁家中。① 在凡尔赛宫廷看来,高等法院和省三级会议的联合反抗似乎是某种阴谋。恰在此时出现了两封攻击国王的匿名信,信件从雷恩寄给了国王的大臣德·圣-弗洛朗坦伯爵,根据御用笔迹专家的判断信件出自拉夏洛泰的手笔。② 于是,国王政府于 11 月逮捕了包括拉夏洛泰父子在内的六名雷恩高法的法官。年迈的拉夏洛泰锒铛入狱,引起了人们的普遍同情。狄德罗在给伏尔泰的信中称,拉夏洛泰是"一位在各个方面都值得尊敬的法官",受迫害是"因为他拒绝阴谋破坏他的省份,并仇恨迷信和专制"。③ 伏尔泰也对拉夏洛泰表示同情。当时在法国游历的英国军官谢克尼斯(Thicknesse,1719—1792)也坚信拉夏洛泰父子是无辜的,并认为高等法院是为了"自由这项人人生而具有的权利而斗争"。④

鉴于雷恩高等法院已经中止了司法服务,国王便根据达吉永的建议于1766 年 1 月创立了一个新的法院代替雷恩高法⑤,这遭到了原高法成员与当地人民以及巴黎高等法院的抵制(与此同时,波城高等法院也被重组,这更激起了众怒)。在巴黎高等法院看来,以新法院代替旧高法的做法是相当危险的,这会留下一个惯例,它最终也会危及巴黎的法官们。一时间,巴黎高等法院及其外省的同僚纷纷拿起了武器,他们在 1766 年 2 月 13 日呈交给国王的谏净书中声称,近来政府"对布列塔尼高法法官们的压制行动骇人听闻且进展迅速","让人怀疑国内存在一个强大的计划,它意欲颠覆法律、摧毁司法界并撼动整个君主制",因此恳请君主凭借其智慧揭露这一阴谋。法官们还指出,高法要向君主表达的"不是个人的愿望,不是法院的利益,也不是要结束这场刑事诉讼,而是提出了关于国家和公共安全(sûreté publique)的准则,并

① "Further Selections from Linguet's Brief for the Duke d'Aiguillon", in John Rothney ed. , *The Brittany Affair and the Crisis of the Ancien Régime*, p. 151;James Hanrahan, *Voltaire and the Parlements of France*, p. 121.根据兰盖(Linguet)的描述,当时有 12 名法官拒绝辞职,他们成为被嘲笑的对象。

② John Rothney ed. , *The Brittany Affair and the Crisis of the Ancien Régime*, p. 155.

③ James Hanrahan, *Voltaire and the Parlements of France*, p. 122.

④ John Lough, *France on the Eve of Revolution*, *British Travellers' Observations 1763—1788*, London and Sydney:Croom Helm, 1987, pp. 249-250.当时的舆论视拉夏洛泰为英雄,而视达吉永为无赖骗子。参见 Christian Bazin, *Malesherbes ou la Sagesse des Lumières*, p. 141.

⑤ 在这个新法院当中有未来的财政总监卡隆和未来的巴黎警察总监勒努瓦(Le Noir)。参见 Colin Jones, *The Great Nation*, p. 273.

且抗议存在这一刑事诉讼",这个诉讼仅凭密札就指控法官们犯有重罪,"整个程序都是非法的"。① 在此,法官们将布列塔尼事件上升到了破坏君主制、危害公共安全的高度,认为其抗议是在纠正非法行为,保护社会秩序。面对法官们的抗议,路易十五于 1766 年 3 月 3 日亲临巴黎高等法院,发表了著名的"鞭笞训辞"(le discours de la flagellation 或 la séance de la flagellation)。国王首先指出:"发生在波城和雷恩高等法院的事情与其他高等法院无关,我已经对这两家法院做了处理,这关乎我的权威,我也不需对任何人解释",他进而声明:

> 他们的联合,风格猥琐,原则错误、鲁莽,描述这些原则的新鲜措辞矫揉造作,如果这些都没有显示出我业已禁止的联合体制(système d'unité)的危险后果,如今他们想要在原则上确立这一体制,并且胆敢付诸实践。

> 我不容忍在我的王国中形成这样的联合,它将产生共同义务与职责的自然纽带蜕变为一个抵抗的联盟,我也不容忍在君主制内引入这样一个想象的团体,它只会扰乱君主制的安宁。

路易十五的这一声明,显然针对的不仅是布列塔尼事件本身,更是在批驳 18 世纪 50 年代中期以来形成的各高等法院联和的思想观念。在他看来,布列塔尼事件中多家高法的共同干涉无疑是将联合的思想付诸实践了。而令国王更加不能容忍的则是高等法院不仅对国王并且对民族负责的思想:

> (有些坏人)提出所有的高等法院结成了一体,分成了不同等级;并宣称这个团体是不可分割的,它是君主制的本质与基础,它是民族的中心、民族的法庭和工具。他们还称这个团体是民族自由、利益和权利的保护者和主要的保管处。……他们还断言,这个团体负责一切关乎公益的事务,它不仅向国王负责还向民族负责;他们是国王与他的人民之间的仲裁者……要从原则上确立这样一种有害的新鲜玩意儿,就是要滥用法官的职位,就是要同司法制度相抵触,背叛其利益并漠视国家的根本法。

最后国王提醒高等法院千万不要忘记:

> 最高权力只存在于我手中……我的法院及其权威皆因我而存在……

---

① Flammermon éd., *Les Remontrances du Parlement de Paris au XVIIIe siècle*, Tome II, pp. 541-543.

　　立法权只属于我,无须依靠什么,也不可分享……民族的权利与利益——有些人胆敢认为它是与君主相分离的——必然是与我的权利与利益相结合的,并且只在我的手中。①

　　通过这个鞭笞训辞我们可以看出,路易十五已经清楚地感觉到高等法院试图分享他的最高权威,并且意识到了高法代表民族之观念的危险性。虽然国王坚称只有他才能代表民族,但实际上国王政府已变得相当软弱,内部分歧十分明显。在谁来审理拉夏洛泰的问题上政府左右摇摆、举棋不定。大臣舒瓦瑟尔与达吉永互不相容。达吉永怀疑舒瓦瑟尔暗中支持高等法院,而他试图改革布列塔尼省三级会议以使之更顺从的计划也受到了国王的冷落,在这种情况下他于 1768 年 8 月辞去了总督的职务。紧接着,国王政府对高等法院也作出了妥协:雷恩高等法院得以重建,被捕的法官获释,只有拉夏洛泰还处在流放之中。② 回到宫中的达吉永成了虔诚党的焦点人物,更是杜巴丽夫人的宠臣。③ 而法官们并不满足于这样的胜利,他们于 1770 年 3 月控告达吉永滥用职权(此时拉夏洛泰已被国王宣布无罪)。诉讼程序从雷恩高等法院开始,而此时达吉永提出要在巴黎高等法院的贵族面前审理他的案件。要知道巴黎高等法院是唯一的贵族法庭,法国的贵族只能在这个法庭中受审。路易十五当然要保护达吉永,而且国王感到自身的权威受到了挑战,所以要插手制止此事。1770 年 6 月,国王举行了一次御临高等法院会议,以使达吉永免遭责难。但巴黎高等法院拒绝妥协,外省的高等法院(波尔多、梅茨、第戎、雷恩)也纷纷加入到反抗的行列之中。恼怒的国王逮捕了两名布列塔尼的法

---

　　① "Séance royale, dite de la flagellation", dans Flammermon éd., *Les Remontrances du Parlement de Paris au XVIIIe siècle*, Tome II, pp. 556-558. 路易十五还要求在《法国公报》(*Gazette de France*)上刊登这篇鞭笞训辞,并把它传达到所有的最高法院,甚至包括殖民地的法院。这样一来,这篇演说不只是面对巴黎的法官更面向了所有公众。我们可以认为,此举体现了国王压服高等法院加强王权的决心。但这也引起了一些法官的不满。比如,第戎高法的院长 de Brosses 谴责道:这是"东方专制主义和不加修饰的专制"。参见 Michel Antoine, *Louis XV*, p. 853; Colin Jones, *The Great Nation*, p. 264。

　　② Colin Jones, *The Great Nation*, p. 274. 在布列塔尼事件发展过程中,勒佩日与拉夏洛泰关系密切,勒佩日准备了许多小册子为拉夏洛泰等六人说话,还在审判时为他们辩护。冉森派认为拉夏洛泰是耶稣会士阴谋的受害者,因为他在 1761 年攻击过耶稣会士。参见 Julian Swann, *Politics and the Parlement of Paris*, p. 309。

　　③ William Doyle, "The Parlements of France", p. 419.

官,并威胁巴黎高等法院,他将巴黎与外省高法的通信视作他们联合反对国王的罪证,路易十五想以此方式令高等法院屈服。① 但国王的方法并不能奏效,反而使冲突不断升级,终于引发了莫普改革。

布列塔尼事件可谓反映了 18 世纪法国政治的方方面面的因素:首先是官员个人之间的敌对,比如,拉夏洛泰与达吉永的对立,舒瓦瑟尔与达吉永的对立。其次是官员与宫廷的复杂关联,比如,拉夏洛泰与蓬巴杜尔夫人关系良好,蓬巴杜尔夫人之死使舒瓦瑟尔与拉夏洛泰都失去了保护伞,达吉永则受宫中虔诚党的赏识。再次是宗教层面的冲突,拉夏洛泰反对耶稣会,落难后得到冉森派的支持,达吉永则同情耶稣会。最后是政治原则上的冲突,国王与法官们就高等法院的联合之思想展开了激烈的冲突,当然,这一冲突也反映出巴黎高等法院与国王政府在争夺对地方司法事务的控制权。令国王不能容忍的是,巴黎高等法院干预的是发生在偏远的布列塔尼地区的事件,而且还有其他外省高法与巴黎的法院串通一气。而且,作为一国之君他竟不能保护他宠信的大臣,这难免令路易十五恼怒。

从更深层的角度看,布列塔尼事件还反映了行政权力与司法权的冲突。作为国王的代表,达吉永在 1770 年 6 月给路易十五的信中曾说道:"法官们想要摧毁古老的统治形式,以便用他们所欣赏的行政模式取而代之,在这种模式中他们自身扮演重要的角色……我的事件的结果是给他们提供了实现这一计划的手段,使他们能够了解并批评陛下的行政,并且能对那些循规蹈矩的大臣、指挥官、总督和特派员指指点点,公然批判。"②达吉永的话道出了冲突的实质:行政权与司法权各不相让,当国王的心腹受到法官的批判时,政府感到行政权受到了司法团体的侵犯。

小　　结

七年战争后的法国社会危机四伏,尤其是在经济层面,实现谷物贸易自由化和增加税收等措施都是政府力图摆脱危机的方式。然而,高法法官们制约

---

① Jones, *The Great Nation*, p. 277.

② d'Aiguillon to Louis XV, June 1770,转引自 Julian Swann, *Politics and the Parlement of Paris*, p. 328。

了政府的行动能力,在国王及其大臣看来,高等法院成了国家前进途中的绊脚石。相信法国君主制能够实现自身改革的历史学家们认为,高等法院的反抗只是为了维护穿袍贵族的利益,是一种自私自利的举动。的确,正因为有些赋税直接危及法官们的利益,所以法院的反抗才格外猛烈;但同时我们也应看到,法官们往往反映的是公众的声音,他们比大臣更加关心人民的疾苦。而且,最易激发高等法院反抗的是一切与专制相关的事务,比如,国王诉诸御临高等法院会议强行通过新法令,政府将雷恩法院的法官逮捕入狱的做法。在反抗王权专制行为的过程中,法官们越来越强调各高等法院同源一体、相互联合,而且联合起来的高等法院以民族的代表自居。在此,高等法院力图通过自身的司法权以及部分的立法权来限制国王政府的立法与行政职能,从而达到约束绝对权威的效果,在某种程度上朝着贵族的自由主义迈进。而国王政府希望重新加强自身的行政权威、立法能力,从而摆脱经济与社会危机。国王政府敢于尝试经济领域的自由主义,但在政治领域要维护绝对主义的权威。然而,高等法院在经济变革上又是相当保守的,担心新的举措会引发社会的骚动。可以说,国王政府与高等法院面对危机重重的法国社会都想进行某种变革,但二者的目标与原则可谓南辕北辙。

第六章　作为一场司法变革的莫普改革

如前所述,关于莫普改革的称谓众多,它是危机、是政变、是革命,但它首先是一场司法改革。抛开莫普欲建立威权君主制的宏大计划、莫普改革所引发的舆论战不谈,本章首先将围绕莫普在司法领域的举措进行介绍、分析,并揭示此次改革的激进性与合理性。其次,我们要考察的是,在许多法官宁遭流放而不与莫普合作的同时,为何也有司法界人士愿为莫普效劳? 他们与被流放的法官有哪些差异? 由这些人组成的莫普法院运转如何? 如果说新法院逐渐为人们所接受,那么改革为什么会失败? 莫普改革的成果是否真的付诸东流、荡然无存? 如果其影响继续存在,它又产生了怎样的结果?

第一节　莫普司法改革的具体措施

一、引发冲突的 12 月法令

如果说布列塔尼事件乃是莫普改革的导火索,那么 1770 年 12 月的法令则是莫普改革的序幕。据统计从 1767 年 1 月至 1771 年年初巴黎高等法院被废除,巴黎的法官们以谏诤书的形式向路易十五发出过不少于 26 次的抗议。[①] 抗议之频繁是空前的,这让人感觉到危机一触即发。在 1770—1771 年的冬天,司法大臣莫普和财政总监泰雷(Terray)劝说国王在财政改革和君主立法的最高权威问题上做文章,以制造一场政治危机,彻底压服高等法院,从而一劳永逸地解决问题。巴黎高等法院最初同意泰雷的改革计划,在经济问题方面,法官们常常能够让步,只是在政治领域他们要据理力争。然而,泰雷希望法官们反对他进一步改革的计划,从而激化矛盾,为采取极端的改革措施

---

① Julian Swann, *Politics and the Parlement of Paris*, p. 285.

提供契机;与此同时,莫普劝说国王将一纸敕令送往巴黎高等法院,通过它重申在鞭笞训辞中阐明的原则。这个敕令是在泰雷和勒布伦(Lebrun)的帮助下完成的①,它提出了对高等法院进行约束的一系列原则。莫普将草案呈交给了国王,11 月 28 日法令被送到了巴黎高等法院。为了让尚未返回巴黎的法官们也能参与讨论,对法令的审议会议延迟至 12 月 3 日举行。

这个法令的绪言是具有挑衅性的,它列举了自路易十五统治之始高等法院所犯的诸种罪状,尤其进一步攻击了各高等法院相联合、高等法院为民族之代表的思想:

> 体系的精神(l'esprit de système)在原则上是模糊的,在行动中也是大胆、冒险的。同时,它给宗教和道德风尚带来了严重的损害⋯⋯我们看到它们(众法院)接连提出新思想,并冒险尝试一些原则,这些新思想无论在哪个时代由哪个团体提出,都会因可能扰乱公共秩序而遭禁止⋯⋯

> 最终,各法院之间形成了一个联盟,它们认为这组成了唯一的团体,唯一的高等法院,它划分为不同的等级,分布在我们王国的各个部分。

> 这个新奇的想法,首先是由我们的巴黎高等法院构想出来的,随后又被它忽视,当巴黎高法认为将此观念付诸实践有用时,同时这一观念仍在其他高等法院继续存在时,它便在各高法的判决和法令中以"等级"(classes)、"一致"(unité)、"不可分割性"(indivisibilité)等术语出现⋯⋯好像它们忘了每个高等法院都是在不同的时期建立的,而且我们的先人在建立它们的时候使其互相独立,并没有确立它们之间的关联⋯⋯

> 这个体系最有害的一个结果是,它使我们的高等法院相信其决议变得更为重要了,而且它们中的几个认为自身变得更有力量了、更独立了,并确立了一些迄今为止未曾听闻的原则:它们称自己是民族的代表,是国王之公共意志的不可或缺的阐释者,是公权力之行政管理的监督者⋯⋯它们将把自身的权威提升到与我们的权威不相上下的水平,甚至还会超出⋯⋯

---

①　Robert Villers, *L'organisation du Parlement de Paris et des conseils supérieurs d'après la réforme de Maupeou*, p. 43.勒布伦是莫普的秘书,他对莫普改革贡献很多,我们将在第七章中详细介绍此人。根据勒布伦的回忆,他起草的敕令被认为过于软弱,泰雷神甫也起草了一份,最后采纳的正是泰雷的版本,包含绪言与条文。参见 Charles-François Lebrun, *Opinions, rapports, et choix d'écrits politiques de Charles-François Lebrun*; *recueillis et mis en ordre par son fils aîné*, Paris; Bossange, 1829, p. 34。

只有上帝才能赐予我们王权:我们的臣民应该由法律指引和统治,制定法律的权利只属于我们,这不取决于他人,也不与人分享。①

这个绪言的精神原则与鞭笞训辞是一致的。但是,从 1766 年春到 1770 年底这四年多的时间里,布列塔尼事件并没有依照国王政府的意图发展,反倒是君主在不断妥协。这使得政府进一步意识到了各高等法院联合之思想的危害性,因此指责法院的权威已经超越了王权。而且,这个绪言还从历史发展的角度指出了各高等法院本是互相独立的。这显然是为了回击高等法院所谓其联合的思想源于 16 世纪司法大臣洛皮塔尔的说法。在此,王权与高等法院关于历史话语的争夺才刚刚开始。总的来看,这个法令的绪言虽然不像鞭笞训辞那样带有一种王者的霸气,但它的抨击与指责却更加犀利。以下便是对巴黎高法提出的具体约束。

第一条:

我们禁止高等法院再使用"一致"、"不可分割性"和"等级"等词汇,也不准使用其他同义语来表达它们构成了分成不同等级的同一高等法院的思想。

除非经我们的命令允许,否则不得向其他高等法院传送任何文件、凭证、诉讼案卷、报告书、谏诤书、决议和判决……

第二条:

我们禁止它们中止服务,无论是故意的还是由于在开庭期间各法庭聚集在一起开会而中断服务,除非这样的集会是绝对必要的……

我们禁止法官们联合起来集体辞职,无论是经过磋商还是出于共同的意愿……

第三条:

我们再次允许他们在注册我们的法令、宣言或诏书之前提出谏诤书或抗议,他们认为这些意见有利于我们人民的福祉,同时利于我们的公务……

我们在倾听其意见之后,往往会认为有必要了解这些意见并进而判

---

① "Edit pour règlement de mois de Décembre 1770", dans Flammermont, *Le Chancelier Maupeou et les Parlements*, pp. 116–118.

断其重要性,在此时,我们将坚持自己的意愿,并将要求在我们或送信人面前注册我们的命令、法令、宣言和诏书,我们禁止法院提出任何可能阻止、扰乱或延迟执行上述法令的决议……①

第一条法令以具体的措施限制了各高等法院之间的交流、联系;第二条法令则禁止了法官们以罢工表示不满的抗争手段。如果说前两条法令是在禁止高等法院之间相联合的新趋势,那么第三条法令就是在剥夺高等法院的传统的权力了,它表面上保留了法院的谏诤权,但实际上却要求法官们在国王不听取谏诤的情况下屈从于国王的意志。这样一来,注册权与谏诤权的效力便大打折扣。从历史上看,早在16世纪谏诤权就已经发展成为以法律名义反抗王室政策的工具。只是在太阳王路易十四统治时期大大限制了注册权与谏诤权,国王要求先注册后谏诤。而路易十四死后,依靠收买法官而掌权的摄政王又恢复了高等法院昔日的权利。如今,这第三条法令又削弱了高等法院作为共同立法者的角色,自然引起了法官们的强烈不满。研究者哈德森也指出:从一开始各法院就意识到第三条法令乃是关键问题。②

毫无疑问,这引起了法官的强烈反应,他们将一系列的意见书和决议书送往凡尔赛。最初,法官们极力为自己辩解,并明确指出法令起草者"真正的目的在于实施这些危险的计划以满足个人私利及其报复心理,而不去担心这些计划对国家和君主所必然产生的负面后果"。③ 而国王回应道:"我是在非常成熟的思考之后,才草拟了这个法令。你们的意见只是以夸张的手法攻击那些值得我信赖的人……这些意见改变不了我的想法。"④在攻击大臣不起作用之后,法官们又从原则和传统的角度劝说国王。他们称高等法院不能注册"一个明显损害臣民最为宝贵的权利——财产权、自由、生命和荣誉——的法令,最终这个法令也会因败坏君主制的宪政而损害陛下重要且神圣的利益"。同时他们还提醒国王,那些英明伟大的先王总是使法官更具胆识、勇气并积极

---

① "Edit pour règlement de mois de Décembre 1770", dans Flammermont, *Le Chancelier Maupeou et les Parlements*, p. 119.

② David Hudson, "In defense of Reform: French Government Propaganda During the Maupeou Crisis", p. 52.

③ "Lit de justice pour l'enregistrement de l'édit de novembre portant règlement de discipline", Flammermont éd., *Les Remontrances du Parlement de Paris au XVIIIe siècle*, Tome III, p. 160.

④ Flammermont éd., *Les Remontrances du Parlement de Paris au XVIIIe siècle*, Tome III, p. 161.

保护其自由、生命及地位,最为渴望权力的路易十一尤其如此。①

　　然而,这些努力都不能使路易十五回心转意,国王于 12 月 7 日在凡尔赛召开了御临高等法院会议,他令司法大臣向法官们解释其意图。莫普在其发言中指出,"这个法令包含着一些真正的原则,它们是我们的祖辈承认并捍卫的原则",拒绝注册此法令是法官们迷恋那些新思想造成的,他还威胁道:"如果不停止反抗,那么你们就不再是国王的官员而成了其主人。"②针对莫普指责法官不尊重君主的言论,巴黎高等法院院长达利格赫(Étienne-François d'Aligre)婉转且有力地回应道:"您所有的臣民都知道陛下的品性温良至极,与眼下令人悲哀的情势并不协调,这样的情势预示着对王国法令及国家宪制的危险攻击。"③达利格赫院长通过对君主的赞美摆出忠君的姿态,同时暗指是国王身边的大臣带来了颠覆性的危险。这次御临高等法院会议并没能注册法令,反而进一步激化了双方的矛盾。几天之后,高法院长又奉旨来到凡尔赛,愤慨地表示:"既然法官的命运要遵从国家的命运,看来您的高等法院只能与法律一道共同毁灭了,但在这灾难性的时刻降临之前……必须告知陛下,这项法令具有摧毁法律本身的可能性,王权的稳定性正是建立在这些法律之上的,它们的目标在于永远确保不变性,并且强制法官和君主本人严格地执行这些法律。"④1771 年 1 月 4 日,路易十五回复了敕令书(lettres de jussion),再次敦促注册法令。⑤ 三天之后,巴黎高法又呈上了一份决议书,称这一法令将阻碍其履行日常的职能,同时也令其不再能真正充当古代律法的神圣保管处。⑥ 1 月 13 日国王收到决议,同时对高法院长说,"这份决议包含着与我的敕令所确立的原则相抵触的东西,我将始终坚持贯彻执行这一敕令"。⑦ 1 月

---

　　① Flammermont éd., *Les Remontrances du Parlement de Paris au XVIIIᵉ siècle*, Tome Ⅲ, p. 162.

　　② Flammermont éd., *Les Remontrances du Parlement de Paris au XVIIIᵉ siècle*, Tome Ⅲ, pp. 163–164.

　　③ Flammermont éd., *Les Remontrances du Parlement de Paris au XVIIIᵉ siècle*, Tome Ⅲ, p. 165.

　　④ Arrêté du 13 décembre 1770, Flammermont éd., *Les Remontrances du Parlement de Paris au XVIIIᵉ siècle*, Tome Ⅲ, p. 171.

　　⑤ Flammermont éd., *Les Remontrances du Parlement de Paris au XVIIIᵉ siècle*, Tome Ⅲ, pp. 173–174.

　　⑥ Flammermont éd., *Les Remontrances du Parlement de Paris au XVIIIᵉ siècle*, Tome Ⅲ, p. 174.

　　⑦ Flammermont éd., *Les Remontrances du Parlement de Paris au XVIIIᵉ siècle*, Tome Ⅲ, pp. 175–176.

15 日,巴黎高法再次起草决议表达抗议,同时暂停了司法活动。国王连续签署了两封敕令书,指责法官们放弃日常工作毫无道理,有损臣民的利益,并认为这种轻率行为是对王权的攻击,应受惩罚。① 然而,路易十五的敦促与威胁已经无济于事。1 月 17 日,巴黎高法给国王回复了书信,信中法官们又以历史为自身辩护。他们指出 1586 年时,巴黎高法的院长德·阿雷(de Harlay)曾告诉亨利三世"存在两类法令,一类是国王的法令(les ordonnances des Rois),这些法令可以改变,可因时因事而异;而另一类则是王国的法令(les ordonnances du Royaume),是不可违反的"。法官们认为诚如德·阿雷院长所言:"这些不可违背的法令是免受任何变化侵蚀的",而且"1717 年 7 月的法令坚定有力地表明,君主本人处于一种幸福的无力状态,他不能给这些法律带来任何损害"②。巴黎高等法院远循亨利三世时期的传统,近遵路易十五初年(即摄政时期)的法令,都力图证明王国之根本法不可违背,且这些法令将国王置于"幸福的无力状态",这与 12 月法令所强调的君主在立法上的最高权威针锋相对。路易十五拒绝阅读此信,并于 1 月 18 日下达了最后一封敕令书,法官们经过简短的磋商,决定仍拒绝接受此敕令书,这时双方的关系已经极其紧张。而且,在这场没完没了的关于立法的争论中,高等法院更占上风。

莫普的秘书勒布伦指出,当时他们已经预料到 12 月法令必然会引起顽固的抵抗,但估计高等法院大法庭中的法官们不会参与不合时宜的骚动。在勒布伦看来,大法庭中的法官年长、资深,不再激情澎湃,也不再受野心驱使,他们满足于现状,珍惜安宁的生活,而且其中有些人获得了宫廷的青睐。他认为几个调查庭的法官年纪轻,渴望功成名就,不过大多数人也没有过高的奢望,只求日后平稳升迁至大法庭工作。因此,勒布伦判断还是有可能通过御临高等法院会议注册 12 月法令的。③ 从勒布伦的描述来看,司法大臣一方预计到该法令将遭遇强烈的抵抗,但根据法院不同层次法官的利益需求判断,他们将获得一定的妥协与支持。的确,长期享受优待的"戴臼型圆帽的庭长们"整体

---

① Flammermont éd., *Les Remontrances du Parlement de Paris au XVIIIᵉ siècle*, Tome III, pp. 176-177.

② Lettre au roi du 17 janvier 1771, Flammermont éd., *Les Remontrances du Parlement de Paris au XVIIIᵉ siècle*, Tome III, p. 178.

③ Charles-François Lebrun, *Opinions, rapports, et choix d'écrits politiques*, pp. 34-35.

上对于王权怀有好感,在 18 世纪五六十年代之前,也很少见这一群体反抗政府。① 因此,就当时的情况而言,司法大臣有理由期待获得资深法官们的支持。不过,实际上,他并未指望这个法令能被接受,甚至期望它能够激起年轻法官们的强烈反抗,并能够分化高法阵营,争取一部分人留下来,在他的新法庭内任职。② 在法令刚正式送交高等法院不久,莫普就要求在御临高等法院会议上(12 月 7 日)注册此法令。所给时间之仓促足以显示出司法大臣激化矛盾的真实动机。在御临高等法院的会议上莫普盛气凌人,法官们则以反复谏诤、举行司法罢工等形式还以颜色。自此莫普便打开了一个潘多拉匣子,他已经不能完全左右事态的发展。莫普有改革的雄心,但缺少缜密的计划,他在仓皇之中启动了旧制度末年最重要的一次改革。

二、巴黎高等法院的废除及在外省的司法改革

1771 年 1 月 20 日(星期日)③凌晨 1 点至 4 点,所有巴黎高等法院的法官都被两个王室保镖的敲门声唤醒。他们是司法大臣和国王差遣来的,手持密札,上面以国王的名义要求法官们恢复其司法工作,并且让他们不要对送信人犹豫迟疑、拐弯抹角,而是要直接给出接受或拒绝的书面答复。④ 在这些法官当中,35 个人拒绝直接回答,70 个人给出了否定的答复,50 个人表示服从。在这 50 人中,其实只有 38 人明确回答"是",而另 12 个人表示周一可以去法院。这样算来,总共 117 个人或者是给出了否定的答复,或者拒绝回答,抑或仅仅许诺周一上午出现在法院;而只有 38 人屈服了。⑤ 在同一天,高等法院集会并表决产生了一个决议:重申了他们不妥协的决心。当夜,除了表示妥协

---

① Olivier Chaline,"Les infortunes de la fidélité:Les partisans du pouvoir royal dans les parlements au XVIII° siècle",pp. 338-339.

② Durand Echeverria,*The Maupeou Revolution*,p. 17;William Doyle,"The Parlements of France and the Breakdown of the Old Regime",p. 423.

③ Joynes 认为是 1 月 19 日,这是错误的。Daniel Carroll Joynes,"Jansenists and Ideologues:Opposition Theory in the Parlement of Paris,1750—1775." unpublished dissertation,the University of Chicago,1981,p. 301。

④ Flammermont,*Le Chancelier Maupeou les Parlements*,p. 207.

⑤ 关于法官们的答复参见 Flammermont, *Le Chancelier Maupeou et les Parlements*,pp. 209-211。Echeverria 的统计是与此相一致的,而 Doyle("The Parlements of France and the Breakdown of the Old Regime",p. 423)与 Villers(*L'organisation du Parlement de Paris*,p. 45)都认为有 50 个人给予了肯定的答复,他们都忽略了其中 12 个人称周一可以去法院只是托词,真正表示屈服的仅有 38 人。而且首批流放的也是 117 人。

的 38 名法官,其他法官都被流放到了法国的各个偏远之地。莫普本希望继续留用剩下的法官,因为如果这些人继续行使其职能,那么就比较容易形成一个新的法院。此外,莫普深知如果能得到老法官的支持便能强化其改革、分化其敌人。但是司法大臣却打错了算盘,那 38 人发现其他同事被流放后态度变得坚决起来,他们也于 21 日在法院集会并决议与那些遭受流放的同事共命运,于是在夜里他们也接到了流放令。① 至此,巴黎高等法院共有 155 名法官被流放。

　　巴黎高法的法官们反对损害了其权利的 12 月法令是合情合理的,可是为什么他们能够做到集体选择被流放呢? 竟没有人如莫普所愿趁机投靠国王的阵营? 首先,在这样的集体抗争中,法官们很可能被某种非理性的激情所感染,形成同荣辱、共命运的情怀,抱定斗争到底的决心。其次,从理性的角度分析,我们应该注意到,在高等法院内任职,升迁并非易事,法官个人的命运是和法院紧紧捆绑在一起的。长期以来,司法界形成了这样一种传统:多数高法成员在司法罢工中团结一致。其实,在高等法院和国王政府的斗争中,选择国王的阵营往往是十分危险的,很可能遭到同事唾弃和公众诋毁,对此法官们都了然于心。此外,他们甚至不能信任国王,路易十五曾频频对高等法院让步,在这种情况下,如果在不恰当的时机投靠了国王的阵营,日后很可能成为君主向法院妥协时的牺牲品。更为重要的是,以过去的情况来看,那些领导斗争的人不仅不会受到大的打击,还很可能引起国王的注意,日后被委以重任,比如,在反耶稣会的斗争中赢得声名的高等法院成员拉维尔迪担任了财政总监。总之,一个 18 世纪的法官首先应该忠于他的法院而不是政府,跻身于反抗王权的阵营之中并不一定危险,相反还可能成为日后的晋升之阶。

　　法官由于反抗国王政府而遭流放的情况在 18 世纪并非没有先例(比如1720 年、1732 年和 1753 年的流放),那么这次流放与以往有何不同呢? 首先,

---

　　①　Echeverria,*The Maupeou Revolution*,p. 17;Flammermont,*Le Chancelier Maupeou et les Parlements*,pp. 215-217.其实这 38 人在第二天就被流放了,而 Doyle 却认为"在接下来的一个星期当中,留下来的法官几乎全体一致地拒绝复职",莫普于是将他们流放。这里多伊尔又在细节上出现了错误。参见 William Doyle,"The Parlements of France and the Breakdown of the Old Regime",p. 423.这两次流放的总人数为 155 人,而孚雷的 *La Révolution*,*1770—1880* 中认为流放了 130 人,参见第 30 页。Badinter(*Les«Remontrances»de Malesherbes*, p. 74)等人的著述中也称流放了 130 人。笔者认为弗拉麦尔蒙的统计是最为可靠的,130 人的统计虽广为采纳,但可能并不准确。

所有法官被流放时也都被褫夺了其职位，这意味着他们不仅是被流放而且将被长久地取代，此举是以往未曾有过的，而且它严重侵犯了法官的财产权。其次，整个法院被集体流放的情况前所未有，而且法官们接到流放的密札后当天就得离开巴黎①，其刻不容缓之势体现出了莫普的苛刻。再次，司法大臣采取了将各个法官遣送至不同流放地的措施，这正符合他想对法官们分而治之的一贯策略，如此一来他们就不可能形成小团体了（比如在 1753 年的流放中二十几名年轻法官结合成了一个小团体，探讨法学、政治学问题，为高等法院的斗争寻找理论依据②），同时也使其流放生活更加难耐。最后，流放地点极其偏僻、条件之艰苦，前所未有。③ 有的法官无法承受这种身体与精神的双重伤害，比如，米肖（Michau de Montblin，1736—1777）原本是 60 年代在巴黎高法涌现出的最有作为的法官，但莫普的流放毁了他的身体，不久便因病去世，年仅 41 岁。所有这些严酷、苛刻的措施都反映出了莫普的尖刻、鲁莽与激进。

这种激进举动引发的是多米诺骨牌效应，搅乱了整个法国司法界。外省的高等法院和一些最高法院仍然忠于统一联合、团结一致的原则，它们以决议、信札、谏诤书的形式向国王强烈抗议。其中，一向走在反抗前列的鲁昂高等法院在 2 月 5 日的决议书中甚至提出要求召开三级会议。

历史学家们常常以 1750 年作为高等法院与王权斗争甚至法国政治文化发展的一个重要分水岭，因为此时的斗争呈现出越来越强的意识形态色彩，且公众舆论开始成为政治的新主宰。然而，从另一个角度看，自 18 世纪 30 年代到 1770 年，高等法院与王权在摩擦与冲突中已形成了一种斗争模式。在这种模式中，法院与政府形成了某种平衡关系，双方在一定程度上保持着默契，否则很难想象这种局面会长期存在。二者冲突的程度并没有它所展现的那样激烈，因为谏诤书、御临高等法院会议只是政治的公开外观，在其背后双方还有更为复杂的接触、沟通与妥协。在当时的官僚体系中，要想出人头地，必须得

---

① Flammermont, *Le Chancelier Maupeou et les Parlements*, pp. 228–229.

② 参见 Maire, *De la cause de Dieu*, p. 416。

③ 马尔泽尔布在 1771 年谏诤书（*Remontrances de 1771*，收录于 Elisabeth Badinter, *Les «Remontrances» de Malesherbes*, p. 152）中称莫普"钻研着选出那些鲜为人知的地点"。弗拉麦尔蒙也承认这些有可能是莫普精心挑选过的地方（关于流放地的问题，参见 Flammermont, *Le Chancelier Maupeou et les Parlements*, pp. 218–227）。不过，在流放的第二年，许多法官被准许回到其领地上度过其流放生涯（Swann, *Politics and the Parlement of Paris*, p. 360）。

批评政府以引起它的注意。另外,虽然高等法院常以民族之代表自居,但是它对王权依然怀有敬意。面对国王的密札,法官们选择了流放而不是进行更激烈的政治反抗,这正说明高等法院并非真正反叛王权的政治团体。可以说,莫普的极端举动将高等法院与王权之间既斗争又相互妥协的模式打破了,这是法官们始料不及的。公众的反应也是相当震惊,他们之所以会同情法官,也正因为这样严酷的惩罚措施超出了其想象。只有当原高等法院被流放时,人们才发现它是君主制链条上不可或缺的一环。在接下来的日子里,莫普进行了大刀阔斧的改革,以重建司法秩序,我们将其改革分为以下几个层次。

第一,重建巴黎高等法院。由于巴黎高等法院担负着重要的司法与行政职责,其管辖范围极大,所以废除法院绝非儿戏,失去了它的工作会造成严重的困难。因此,需要立即成立暂时的机构取而代之。1771 年 1 月 24 日在警察的严密保护下,莫普举行了国务会议(le Conseil d'Etat)①的成立仪式。这些国务会议委员"都带有一副沮丧的神情,就好像在参加一场葬礼"。② 然而,这个新法庭根本无法正常运转。它无法使支持流放法官的律师们处理任何事务,他们拒绝出席诉讼案。只要武装保护松懈下来,各法庭中就充满了拥挤的人群所制造的嘈杂声,其中大多数是律师助理,他们以嘘声、辱骂甚至身体暴力来攻击新法官。③

在这种情况下莫普不得不建立一个长期的法院,也就是历史上所谓的莫普高等法院(Parlement Maupeou)。④ 在 1771 年 4 月 13 日的御临高等法院会议上(当时有大量军队在场,没有出现骚乱)正式成立了莫普法院。这个新法院是如何组建的呢?莫普原本希望用原高等法院中较为温和的成员填补这些位置,但从上文我们已经得知法官们集体流放打碎了莫普最初的构想。于是他又试图废除大法院(le grand conseil)⑤和间接税法院,从而使其成员取代被

---

① 埃切维里亚称之为首个莫普法院,安托万等研究者称之为过渡性高等法院(le Parlement intérimaire)。

② Jean Egret, *Louis XV et l'opposition parlementaire*, pp. 182–183.

③ Echeverria, *The Maupeou Revolution*, p. 17.

④ 不过,莫普法院的称谓并不限于改组后的巴黎高法,比如,重建的普罗旺斯高法、格勒诺布尔高法也被称作莫普法院。

⑤ 大法院和巴黎高等法院、审计法庭相同,都是从御前会议(conseil du roi)派生出来的,但它出现得较晚,是在 1497—1798 年间通过法令确立为最高法院之一的。参见 Bernard Barbiche, *Les institutions de la monarchie française à l'époque moderne XVIᵉ–XVIIIᵉ siècle*, p. 107。

流放的巴黎高等法院的法官。但这两个法院中的法官很多是失势法官的亲属,他们并不容易被控制。比如,间接税法院的院长马尔泽尔布成了司法大臣最激烈的批评者之一,他选择和几位同事一起于 4 月 9 日被流放。① 最后大法院中剩下了 23 人,间接税法院剩下了 8 人,这些人愿意为莫普法院服务。但仅靠这些人并不够,他们还必须从其他最高法院甚至律师当中选取补充人员。② 由于找不到充足的人员来为新法院效力,同时也要改变过去高法冗员较多的情况,莫普将法官的数量由 1770 年的大约 170 名削减到 75 名③,其中包括 7 个庭长,68 个推事,另有一些国王的检查大臣(gens du roi)。④

其次,改变原来的司法管辖地图,约束高等法院的权力。过去,巴黎高等法院的司法管辖权覆盖了法国的三分之二的地区,只有那些远离中心的地区才不属它管辖。⑤ 巴黎高法司法权范围过大,在早期对于君主制而言是有利的,因为这样能够通过司法上的联合统一促成政治上的统一。但是从司法层面的角度看,其弊病也是显而易见的。比如,工作缓慢、难寻诉讼人,巴黎的法院难以对遥远地区进行有效的司法监督。莫普本人也深感当时司法管辖权划分混乱,他后来回忆道:"好几个高等法院的管辖权过大;有些法院,一方面被限制得太紧,另一方面又过于向外扩张,于是迷失在这种古代封建制形成的奇怪的分割中。"⑥通过 1771 年 2 月 23 日的法令,巴黎莫普法院的司法权限缩减到只限于法兰西岛(Ile de France)、奥尔良、皮卡第大区(la Picardie)、兰斯

---

① Pierre Grosclaude, *Malesherbes: témoin et interprète de son temps*, Paris: Fischbacher, 1961, p. 248.作者还提供了被流放者名单。

② Swann, *Politics and the Parlement of Paris*, p. 353.勒布伦指出大法院过去常常受到各高等法院的攻击,它有着与高法相对立的原则,因此用其成员填补巴黎高法空缺,此外还调用了布列塔尼、贝桑松、波城等地高法法官,还有些下级司法机构成员、律师、教士等组建新高法。参见 Charles-François Lebrun, *Opinions, rapports, et choix d'écrits politiques*, p. 40。

③ 关于法官数量说法不一。根据菲利克斯的研究,应是 101 名法官,参见 Joël Félix, *Les magistrats du Parlement de Paris, 1771—1790*, pp. 26-27;研究者莱维的书中又说莫普创立了 70 个带薪职位,参见 Darline Gay Levy, *The Ideas and Careers of Simon-Nicolas-Henri Linguet*, Urbana: University of Illinois Press, 1980, p. 144。

④ Swann, *Politics and the Parlement of Paris*, p. 353.

⑤ 这些偏远地区包括:la Bretagne, la Normandie, la Guyenne, le Languedoc, la Navarre, la Provence, le Dauphiné, la Bourgogne, les Flandres, le Roussillon, la Franche-Comté, l'Alsace, la Loraine.参见 Villers, *L' organisation du Parlement de Paris*, p. 50。

⑥ Maupeou, *Mémoire de Maupeou à Louis XVI*, appendice de Flammermont, *Le Chancelier Maupeou et les Parlements*, p. 608.

和苏瓦松地区,这仅相当于一个外省高法的管辖范围。与此同时,新法令在阿拉斯(Arras)、布卢瓦(Blois)、马恩河畔的沙隆(Châlons-sur-Marne)、克莱蒙-费朗、里昂和普瓦捷这些原本没有高等法院的城市建立了六个新法院,即高级法庭(conseils supérieurs)。为什么选择在这六个城市建立高级法庭? 莫普选择的依据是什么? 首先,要避开那些公众舆论明显反对莫普的地区,要选择舆论易被操纵的城市。其次,这些城市中原有的司法机构(比如初等法院、巴伊辖区法庭或特殊法庭)对于高等法院有怨言,这些司法机构的成员可能背弃法官团体共同的抵抗事业而为司法大臣所用。最后,往往是耶稣会影响深远的城市能满足上述条件。①

　　无论背后的动机如何,莫普缩减巴黎法院的管辖范围、新建高级法庭的措施的确使法院的分布更为合理,建立起了更为有效的司法网络。改革后,住在加来、圣-弗洛尔(Saint-Flour)、拉罗歇尔(La Rochelle)和里昂等地的居民不必再长途跋涉到巴黎来上诉了。② 针对高级法庭,维耶评论道:"通过创立六个分布合理且组建迅速的新上诉法院,司法大臣实现了一个巨大的进步。"③对莫普来说,高级法庭的优越性更在于"它们之间没有联合的纽带"④,这样便不会发生各法庭联合与政府斗争的情况。六所高级法庭与高等法院一样有权审理民事和刑事的讼案,它们对在巴伊和塞内夏尔辖区法庭处理的案件拥有终审判决权。但高级法庭的职能仅限于司法,并不具备政治角色,它们可以注册法令但不得延迟注册。而巴黎高等法院是唯一具有谏诤权的法院。但是,谏诤书必须在法院接到新法令的两个星期内呈上,谏诤书可以被复制,但不可以印刷,如果要求这样做的话。如此一来,巴黎高等法院的司法管辖权及政治影响力都明显变小了。

　　当时有人谴责莫普建立高级法庭是为了连高等法院的名字都消灭掉,而莫普辩解道:这是因为"要照顾到高等法院的敏感,并保持这些古老团体的尊

----

① Jacques Le Griel, *Le Chancelier Maupeou et la Magistrature française à la fin de l'Ancien Régime: Le Conseil Supérieur de Clermont-Ferrand, 1771—1774*, Paris: Imprimerie Henri Jouve, 1908, pp. 20-22.

② Antoine, *Louis XV*, p. 934.

③ Villers, *L' organisation du Parlement de Paris*, p. 67.

④ Maupeou, *Mémoire de Maupeou à Louis XVI*, p. 645.

严"。① 莫普此说不免有些牵强。不过,对于司法大臣来说高级法庭的建立意味着这场暴风骤雨即将风平浪静,因为:

> 建立这些法庭的法令本身,以及伴随着法令的公布我在此所做的讲话,为老法官的回归又打开了一扇门。国王表达了遗憾之情,因为他被迫采取措施展现出其全部的权威……②

的确,这些新建的高级法庭为一些被撤销的司法机构中的法官提供了职位。莫普此时认为:"有用的改革在短暂的震动中不费力地实行着,法庭的稳定性得以确保,这场猛烈的暴风雨结束了……"③

司法大臣在缩小巴黎高法的司法范围的同时,却也扩大了其权能,因为原间接税法院的任务如今由巴黎高等法院来肩负。从当时事态的发展来看,显然是马尔泽尔布的直言进谏导致了间接税法院被废黜,但莫普却在司法层面为这一举措找到了依据:他认为"高级法庭的建立促使了摧毁间接税法院",而且这样做可以简化财政法令、形成有利于人民的律令:

> 人们说税务事业如此分散在不同的法庭对于财政是有害的。人们还认为,在一个唯一的法庭内形成了更加固定、持久的判例,最终,权力机构的感受会对这个唯一的团体形成更加积极的影响,这个团体的成员也更靠近权力机构,他们是服从的……陛下,财政法令应是如此的确切,执行起来应该逐句地落实,以至法官们不能进行随意的阐释,在这种情况下,判决的一致性将导致法令的一致性。这些法庭是为了人民而建立的,只是为了财政的利益而存在的法庭将成为一个可憎的法庭,将被国家宪政所否认,进而被君主们的心灵所否认……

> 我承认,完全有必要简化财政法令并使之不那么严苛,我认为下面的做法是真正有利的,即把法令的实行托付给这样的法庭,它们习惯于更通俗的程式,更支持公民的自由……④

第三,改组外省高等法院。莫普的司法改革不可能仅局限于巴黎高等法院,他必定得把改革扩展到全国。根据德罗兹的统计,至 1771 年年底,全法国

---

① Maupeou, *Mémoire de Maupeou à Louis XVI*, p. 608.
② Maupeou, *Mémoire de Maupeou à Louis XVI*, p. 627.
③ Maupeou, *Mémoire de Maupeou à Louis XVI*, p. 628.
④ Maupeou, *Mémoire de Maupeou à Louis XVI*, pp. 628-629.

共有 700 多名法官遭受流放。① 据勒佩日记载,司法大臣曾提出用高级法庭取代所有外省高等法院,并仅赋予巴黎高法核查、注册法令及提交谏诤书的特权。但这个计划遭到了国王及其御前会议的反对,理由是不能牺牲外省的特权与传统,同时那样做也会显得很专制。② 因此,大多数的地方高等法院没有被废除,只是被改造。但杜埃、梅茨、东贝和鲁昂四家高等法院遭受被废除的厄运,它们的权力被转移到了新成立的高级法庭和其他法院。③ 另外,莫普尤其擅长运用机构间或地区间的竞争、对立状态来为自己服务,比如,艾克斯高等法院被其老对手普罗旺斯的审计法庭所取代,这对前者来说乃是耻辱。在改造外省高等法院的过程中,莫普将所有顽抗的法官解职,使其他人屈从于他的意志。在 1771 年 8 月至 11 月期间,所有高等法院都被整肃(除了波城高等法院,因为在 1765 年它已被整改)。莫普努力以各种方式劝诱现存法官中的顺从者为改革后的法院服务。各地法院对莫普的反应不尽相同。鲁昂法院的前法官中仅有两人愿意为新成立的高级法庭效力。而在格勒诺布尔、第戎和图卢兹,相当多的老法官被劝服留任。在杜埃和波尔多,新法院几乎全是由老成员组成。④ 总的来说,外省的高等法院基本保留了过去的权限,只有图卢兹高法的司法权限被缩减⑤;从其成员组成上来看,一般保留了一半左右的老法官。

　　莫普在外省高等法院的改革成效究竟如何呢? 对此,历史学家们的意见并不统一。埃切维里亚认为,对外省高等法院所采取的举措,没有在巴黎的措施更有效,即使流放了最爱制造麻烦的法官,改革后的外省高法,尤其是波尔

---

　　① Joseph Droz, *Histoire du Règne de Louis XVI pendant les années où l'on pouvait prévenir ou diriger la Révolution française*, Tome I, p. 36.

　　② Antoine, *Louis XV*, pp. 935 - 936; Flammermont, *Le Chancelier Maupeou et les Parlements*, p. 437.

　　③ Doyle, "The Parlements of France", pp. 426-427; Echeverria, *The Maupeou Revolution*, p. 19. 有的历史学家,如帕尔默认为外省高法被废除了(R. R. Palmer, *The Age of the Democratic Revolution*, p. 97),这显然是不准确的。鲁昂的司法权被在鲁昂和 Bayeux 成立的高级法庭所分割。参见多伊尔前引文,第 426 页。

　　④ Swann, *Politics and the Parlement of Paris*, p. 354; Doyle, "The Parlements of France", pp. 427-428.

　　⑤ 图卢兹高法的司法权限被在尼姆成立的高级法庭所分享,参见 Doyle, "The Parlements of France", p. 426; Barbiche, *Les institutions de la monarchie française*, p. 112.

多高法继续抵抗新税收。① 其实波尔多高法几乎全是老法官构成的,这种抵抗并不奇怪,因为保留了大部分旧成员的法院在莫普体制下更具抵抗精神。库仑的研究表明,格勒诺布尔的莫普法院自认为并非傀儡法院,相信它能够在政府面前捍卫本省利益。法官们确实也因新税法而和政府抗争,虽然斗争以失败而告终,但库仑据此认为莫普改革在此显然是落败的。② 然而,研究者斯旺却以为,抛开谏诤书、抗议和大量恶毒的攻击文学,莫普终使不屈不挠的法国高等法院屈服。多伊尔也指出,莫普在约束众高等法院方面确实取得了成功。依他之见,新法官们多亏了莫普体制才取得了如今的地位,而留任的老法官们亦不希望那些满怀怨恨的旧日同事回归,因此他们都会与新体制同舟共济。③ 在笔者看来,总的来说,其他法院并不敢像波尔多高法那样大胆反叛,大部分法院虽然存在不满,但保持了克制与顺从。就此而言,莫普的改造似乎是成功的,但是这种成功并非一劳永逸,因为还是有大量法官保持了对于政府专制的提防。

第四,将捐纳官位持有者变为领取薪金的公务员。在 1771 年 2 月 23 日法令中莫普推出了其改革中最为激进的举措——废除司法界的官制买卖。从16 世纪开始,买官鬻职的做法扩展到了司法界,法官捐纳来的职位可以担任终身,并可以父子相传,由此国王便失去了对任命权的控制。这样就形成了一些世代在高等法院任职的家族。批判买官制的呼声由来已久,早在 16 世纪,政治思想家让·博丹就担心公务员的自由选择导致僭越了原本国王拥有的最高统治权;蒙田则谴责在教士、贵族、第三等级之外出现了一个"第四等级"(quatriesme estat)。17 世纪初的法学家鲁瓦佐(Loyseau)以及路易十四的重臣科尔贝都担心,买官制会误导出一个渴慕虚荣而非热爱商业、制造业以及农业生产活动的民族。④ 对于君主制而言,国王政府在获取丰厚收益以填补财政漏洞之余,却失去了对于绝大部分司法官职的任免权。这些官位持有者不

① Echerverria, *The Maupeou Revolution*, p. 19.

② Clarisse Coulomb, "L'échec d'un serviteur du roi. Vidaud de La Tour, premier président du parlement Maupeou à Grenoble", *Histoire, Économie et Société*, 2006, n°3, pp. 376, 378, 383.

③ Swann, *Politics and the Parlement of Paris*, p. 354; Doyle, "The Parlements of France", pp. 428, 430.

④ 16—17 世纪对于买官制的谴责参见 Hervé Leuwers, *La justice dans la France moderne*, p. 81。

必仰国王鼻息生存,整个司法界都因此保持了较大的独立性。

改革之后,在新的高级法庭与高等法院中的职位都是由国王任命的而不再是可以买来的,也不再是世袭的。莫普在法令中称:"买官制的产生是由时代的不幸造成的,它给我们选拔官吏制造了障碍,往往淘汰的是那些德艺双馨的法官,他们本来才是最佳的人选……因此,我们决定在不同的省份建立高级法庭,其中法官是由我们无偿的任命的,他们是凭借我们对其禀赋、经验和能力的了解而被选中的。"①如今,法官的薪水都以工钱的形式支付,这取决于任职者是否一丝不苟地履行了职责。② 然而,那些被流放的法官的职位实际上乃是他们的私有财产,如何解决这一问题呢? 在正式建立莫普法院的同时,新法令便规定废除巴黎高等法院原法官们的职位,授权"清算"(liquidation)(对自愿辞职者退还其职位所值的金钱),而事实上,只有少部分法官接受清算其职位。③ 同样令人印象深刻的是,未来的司法是免费实行的,取消了深受批评的诉讼费(épices)。这个措施被一些人褒奖为王权建构"迅速、纯粹、免费"之司法的举措之一。④ 这两项改革所宣称的目的是,节省外省的诉讼当事人的费用,避免在巴黎延误审判,杜绝由买官和诉讼费带来的司法腐败所导致的不称职。⑤

买官制和诉讼费都是普遍受到诟病的制度,那么关于废除买官和司法免费的措施效果究竟如何呢? 然而,根据多伊尔的分析,这并未真正产生良好的效果。在过去的高等法院中法官从职位上所得的收入甚低,这种收入有两个来源:一是由政府付给的微薄的工钱;二是诉讼费。诉讼费是由诉讼人支付给法庭的,然后由法官们再重新分配。这两项收入都不能满足法官的生活需求。莫普一举废除了这两项收入,而是引入了由政府发放的固定薪水。但是,这笔薪水最终还是靠向地方增加税收得来的,因此司法的免费便意味着由原来的诉讼人付钱变成了人人分担而已。⑥

---

① Villers, *L' opposition du Parlement de Paris*, p. 68.

② Swann, *Politics and the Parlement of Paris*, p. 352.

③ Echeverria, *The Maupeou Revolution*, p. 19.

④ Jones, *The Great Nation*, p. 283.

⑤ Echeverria, *The Maupeou Revolution*, p. 18.

⑥ Doyle, "The Parlements of France", p. 433.同时还可参见 Villers, *L' opposition du Parlement de Paris*, pp. 68-75; Egret, *Louis XV et l'opposition parlementaire*, pp. 190-199; David Hudson, "In defense the reform: French Government Propaganda During the Maupeou Crisis", p. 58。

第五，对于律师界的改革。以往在谈及莫普的改革措施时，历史学家们往往忽略莫普在律师界的改革。其实律师们的集体罢工是令司法大臣极其头痛的问题，失去了律师们的服务，司法体系很难正常运转。于是，在 1771 年 6 月，莫普废除了检察官(procureur)，并创立了一百个可以出售的职位，名为高等法院的律师(avocats du parlement)，它兼具律师和检察官的职能。他宣布所有学习法律的毕业生都有权辩护。而照过去的规定，学习法律的毕业生要先担任三年至七年的见习律师(avocat écoutant，原意为“只带耳朵的律师”)，尔后才有资格充当辩护律师。① 尽管如此，司法大臣还是希望能重建过去的律师团体使之为新法院服务。他甚至委任他所信赖的律师金(Pierre-Louis-Claude Gin)撰写小册子，劝说罢工的律师恢复工作。一些律师看到了莫普改革的合理性，愿意在新体制内施展自己的才能。更多的律师迫于失业的经济压力而陆续复职，但是作为整体的律师团体仍处于罢工的状态，以勒佩日为首的冉森派律师们仍继续坚持罢工。此外，一个重要的变化是：1774 年 3 月莫普颁布了一项《国王公告》，限制在高等法院中使用成文的“司法诉状”，并严禁在案件审理期间印刷传播其司法诉状。如有违反者，无论是作者还是书商都将受到严厉的处罚。② 这样，律师就不得不口头上为大量案件辩护。也就是说，此时不再依赖于成文的、书面的司法诉状后，口头演说的能力变得越来越重要。因此莱维指出，在莫普改革期间，这种新制度要求律师成为演说家。③

除了已然施行的改革，莫普还制订了多项计划，力图使法国的司法更加合理化。比如，他指出了旧制度下司法机构“权限往往很混乱，未被明晰，经常相互交错，因此出现了一些冲突……”他曾计划“为所有这些司法管辖区划分永久的界限，使各辖区都拥有一些受教育的公务员，一个律师团，一些下级官

---

① David A. Bell, "Lawyers into Demagogues: Chancellor Maupeou and the Transformation of Legal Practice in France 1771—1789", *Past and Present*, No. 130(Feb., 1991), p. 120. 关于见习律师的问题，参见 Sarah Maza, *Private Lives and Public Affairs*, p. 88。

② 在旧制度下，这种司法诉状与普通出版物相比拥有独一无二的传播特权，它不受书报检查的制约，且发行量很大。连那些只读小说的女人也都阅读司法诉状。关于 1774 年 3 月的《国王公告》，参见 Sarah Maza, *Private Lives and Public Affairs*, p. 38; David Bell, "Lawyers into Demagogues", pp. 126-127。

③ Levy, *The Ideas and Careers of Simon-Nicolas-Henri Linguet*, p. 145. 莱维的观点也得到了贝尔的确认，"Lawyers into Demagogues", p. 129. 号称“莫普法院之鹰”的兰盖正是这种擅长演说的律师的代表，他创造了一种随心所欲的演说风格。参见 David Bell, *Lawyers and Citizens*, p. 154。

员,他们工作更忙碌,也更老实、正直"。① 另外,他还提出要提高法官的素质。他认为:"我们所谴责的刑事诉讼程序中最大的弊端不在于刑事法令本身,而在于法官的愚昧无知,在于我们的教育存在普遍的缺陷。大部分轻率的法官在介入案件前没有深入研究自然法和民法的首要基础,信赖那些不可靠的指导者,依靠惯例、裁决的权威和法律顾问……当人们控诉法令的时候其实应该控诉那些解释法令的人。"②莫普所提出的最为宏伟的计划当属废除各地不同的习惯法,编纂一部法兰西总法典:

> 通常反映了古代惯例的习惯法,到了不同的省份,各有各的细微差别,带有一种地方色彩,有时会歪曲其精神和含义。

> 这些习惯法的风格,和惯例一起变陈旧了,形成了今天一种特别的语言,对人民来说是无法理解的,对于学者来说也是晦涩难懂的……

> 我曾设想了一个计划,废除所有习惯法……我把它们汇集到法兰西的总法典之中,化简其差异与特例……

> 最终,我筹划过汇集我们所有分散的法律,结合所有的条例,使之清晰,经过一次深刻的讨论,取消、修改那些不能与井然有序的社会中真正的准则相协调的内容。③

　　总的来看,莫普的改革在一些方面取得了成功。比如在波尔多,被精简的新法院实际上比过去的法院审判速度更快了、费用也更低了。新的体制废除了诉讼费,这种由诉讼当事人所进行的合法的贿赂如今被政府直接付给法官的报酬所取代。④ 多伊尔也认为莫普在约束法院方面确实成功了。⑤ 此外,他在全国范围内明晰、简化司法权,编纂统一的法典、革新审判程序等宏伟计划最终在拿破仑时代得以实现。这也证明了其改革存在高瞻远瞩的一面。

　　作为一场改革,莫普的措施在多大程度上触动了旧制度的根基? 它的激进性又表现在哪里? 勒华拉杜里在谈到莫普改革时评论道:"1771 年,莫普想要把团体——绝对主义的老式国家(le vieil État corporatif-absolutiste)推向更

---

① Maupeou, *Mémoire de Maupeou à Louis XVI*, pp. 610–611.
② Maupeou, *Mémoire de Maupeou à Louis XVI*, pp. 614–615.
③ Maupeou, *Mémoire de Maupeou à Louis XVI*, pp. 617–618.
④ Collins, *The State in Early Modern France*, p. 254.
⑤ Doyle, "The Parlements of France", p. 430.

加纯粹绝对主义的阶段"。① 的确,团体主义乃是旧制度的重要特征,而莫普正是要向旧制度下最大的团体——高等法院——开刀。这个团体具有古老的传统,有自身的认同,同时还有一定的封闭性,它认为自己处于国王与人民之间,既可以在国王面前代表民族,也可以在民族面前代表国王。如今,莫普通过流放几百名(巴黎和外省的)法官、改组法院、限制它们之间的联合,从而打破(至少是大大削弱了)这个中间团体,使国王直接面对人民,加强中央集权。因此,诚如勒华拉杜里所言,他把国家建设推向了更加绝对主义的阶段。

而且,莫普在司法界废除买官制的做法,在旧制度下更是一个极其大胆的举动。以我们今天的理解,买官鬻爵意味着官场的腐败,是人人所深恶痛绝的,是理应杜绝的现象。但在旧制度下,买官制并不意味着腐败,它并不是以行贿等非法手段获取职位,当时购买官职完全是合法的、公开的。当莫普没收、清算法官们的官职时,实际上是剥夺了这些穿袍贵族数代以来父子相传的私家财产。对此孚雷评论道:"在这个意义上,作为一个整体的贵族都受到了打击,与之相伴受到冲击的是整个团体社会。"②我们知道,在路易十四时代结束后,法国的贵族从过去受压抑的状态中解脱了出来,在一定程度上出现了所谓18世纪"贵族复兴"的现象。③ 在路易十五统治时期,贵族阶层总体上加强了其在国家体制中的地位。在这种背景下,莫普大力打击高等法院穿袍贵族的举动就更具激进色彩了。因此,可以说,莫普在司法领域的改革实际上触动

---

① Le Roy Ladurie, *L' Ancien Régime*, 1610—1770, p. 386.

② Furet, *La Révolution*, p. 30.虽然有一部分穿袍贵族是支持莫普的(下文我们将详述此问题),但是贵族整体上是反对莫普的。当时外省的贵族声称与司法界团结一致。1771年7月到达巴黎的英国人沃波尔(Walpole)在贵族圈中听到的是哀声一片(参见 Lough, *France on the Eve of Revolution*, p. 255)。此外,支持高法的穿袍贵族与佩剑贵族联合在了一起(参见 Jones, *The Great Nation*, p. 276)。

③ 我们常常把旧制度末年的法国贵族阶级当作一个没落的阶级,而忽视了这个群体具有活力的一面。法国学者居伊·肖希南-诺加雷所著《18世纪的法国贵族》一书的核心观点即为,旧制度末年的贵族实际上是一个年轻的社会阶级,它是开放的,仍有活力的一个阶级。参见 Guy Chaussinand-Nogaret, *La Noblesse au XVIIIe Siècle*, Paris: Hachette, 1976。孚雷也曾指出,在整个18世纪,"贵族并不是一个衰落中的集团或阶级。它从来没有这么出类拔萃过……贵族在那个繁荣的时代可谓独占鳌头"。参见[法]弗朗索瓦·傅勒:《思考法国大革命》,孟明译,生活·读书·新知三联书店2005年版,第166页。勒费弗尔也曾论述过18世纪贵族复兴的现象,参见 Georges Lefebvre, *The Coming of the French Revolution*, Princeton: Princeton University Press, 1967, pp. 15-20。

了旧制度的根基。

第二节　关于莫普高等法院

莫普司法改革的各个步骤、环节的重要性并不相同,其中最为重要的一环当属取代原巴黎高等法院的莫普法院,它可以说是整个改革的支撑点。因此衡量莫普司法改革的成效如何,最重要的一点是要看莫普高等法院的运转如何。考察莫普法院的情况对于全面认识莫普的改革是至关重要的。从时人的反映以及一些历史学家的分析来看,似乎莫普很难劝说那些称职的人接受任命,因此导致了一群庸人占据了巴黎高等法院的位置。比如莫普的顾问莫罗后来都承认,"所有的(新)法官在我看来都有些平庸,我为国王的权威感到羞愧。"[1]更为糟糕的是,巴黎新高法的法官们被一些小册子攻击,他们遭到了公众的鄙夷。这导致后世的史家,无论他们支持还是批判莫普的司法改革,大都接受了新法官平庸无能的观点。[2] 人们普遍认为,新法官未曾受过良好的教育、缺乏工作经验,而且不具备作为一名穿袍贵族所需的社会背景与财富。人们甚至可以从这些法官的姓氏中一眼看出其卑微的出身。[3]

但是法国学者菲利克斯却推翻了这一结论。[4] 他认为巴黎莫普法院的人并非全然陌生于高等法院的世界。莫普高法的 101 名法官中至少有 69 人在 1771 年之前已经属于高级穿袍贵族了。[5] 莫普法院的法官们与那些流放的官

---

① Echeverria, *The Maupeou Revolution*, p. 19; Egret, *Louis XV et l'opposition parlementaire*, p. 187.

② 历史学家作出的判断主要是依据攻击新法院的小册子。如 Flammermont 和 Egret 都呈现了批判新法官的言论,但他们的分析主要还是依据新闻界人士德·麦豪伯(Pidanzat de Mairobert)的论断,而此人正是爱国党一方的重要成员。另外,马尔泽尔布也称莫普法院起用了一批不熟悉高法的法官,参见 Grosclaude, *Malesherbes: témoin et interprète de son temps*, p. 243。但是马尔泽尔布是站在高法一方的,他的论断也不一定完全客观。

③ Egret, *Louis XV et l'opposition parlementaire*, p. 227.

④ 他的结论也不是那么具有创新性,Villers 已经指出过莫普高法的一些人颇具才干,参见 Villers, *L'opposition du Parlement de Paris*, p. 278;但菲利克斯做了量化的分析。

⑤ Joël Félix, *Les magistrats du Parlement de Paris*, *1771—1790*, pp. 26-27. 多伊尔也指出, 1771 年巴黎高法贵族出身的法官所占的比重与 1715 年相同,变化很小,参见 William Doyle, "Was There an Aristocratic Reaction in Pre-Revolutionary France", in Douglas Johnson ed., *French Society and the Revolution*, Cambridge: Cambridge University Press, 1976, p. 12。

员们之间的相似性大于差异。他们大部分出身良好,宽裕或富有,他们完全属于穿袍贵族的世界。他们有文化,有些甚至可谓博学,从他们家中的藏书情况来看,很多人还拥有启蒙思想家的书籍。时人德·麦豪伯(Pidansat de Mairobert)描绘了一个一点也不让人喜欢的推事德·拉·布雷泰琪(Billeheu de la Bretèche)的形象,一个极其无知、根本不会阅读的人。而根据菲利克斯的考证,这个法官不仅出身好、富有,而且是个十足的学者。据研究,新法官们和昔日的巴黎高法法官处理的讼案同样多,且同样迅速。正因此,莫普法院在终了时赢得了人们的尊敬。① 斯旺也认为,这些法官在1771—1774年间使司法体系正常运转,如果路易十六能给他们机会的话,他们能继续完成其任务。② 莫普本人在日后给路易十六的报告书中称,"尽管存在如此多的困难,各个法庭还是随着时间的推移得到了巩固",当然他也承认"在巴黎需要更多的时日来奠定、来巩固"③。另外,根据埃格雷的研究,新高法一正式确立便很自然地考虑平息公众的敌意,它要把舆论的不满向上传达。1771年6月一位庭长在给其亲属的信中写道:"巴黎高等法院现在要致力于撰写谏诤书,以便将其臣民的悲惨景象、过重的负担告知国王。"④学习其前任法官们为民请命的姿态必定能够帮助新法官树立威信。综合上述研究,我们有理由同意菲利克斯的论断。

尽管巴黎莫普法院的法官们并非如时人所挖苦的那样平庸、无能,他们也逐渐为人们所接受,但是我们终究不能否定他们的确组成了一个极其顺从、依赖于国王政府的高等法院。1771年4月13日召开了创立莫普高法的御临高等法院会议,在司法大臣发表了一番长篇大论之后,新任的高法院长"完美

---

① Joël Félix, *Les magistrats du Parlement de Paris*, pp. 41-43; Flammermont, *Le Chancelier Maupeou*, p. 376. Villers 还指出外省的许多城市也都对那些新法庭感到满意(参见 Villers, *L'opposition du Parlement de Paris*, p. 300)。

② Swann, *Politics and the Parlement of Paris*, p. 357. 但从人员的组成来看,新高法的一个最大缺陷是一直缺乏律师,参见 Félix, *Les magistrats du Parlement de Paris, 1771—1790*, p. 33。

③ 参见 Maupeou, *Mémoire de Maupeou à Louis XVI*, p. 633。哈德森甚至认为早在1771年8月时巴黎的公众就已愿意接受新法官了(参见 Hudson, "In Defense of Reform: French Government Propaganda During the Maupeou Crisis", p. 73),结合莫普本人的证言,笔者认为哈德森的论断未免夸张。

④ Egret, *Louis XV et l'opposition parlementaire*, p. 203.

地"领会了其讲话的精神,他概括道:"我们只能履行沉默、尊敬和服从的义务"。① 事实上也正是如此,政府在新法院注册了一系列法令而未遭明显的抗议。比如,1771 年 11 月财政总监泰雷发布了一项法令,它要使第一个"二十分之一税"成为永久性税收,同时将第二个"二十分之一税"延长十年。对此,巴黎的莫普法院也呈交谏诤书,但其口气之软弱如同在与大臣们进行商议。② 总之,莫普法院的新法官们满足于政府对其作出的一些微不足道的让步,并没有抵抗的诉求。

既然莫普高法的法官们有着与原法官们相似的家庭、学识背景,为什么他们愿为莫普服务呢? 那些准备效力于司法大臣的法官们清楚地知道,他们将受到社会的制裁。易于封爵的诱惑、对某些王室补助金的向往,并非一定能构成新法官支持莫普的充分理由。莫普的同时代人往往认为野心和阴谋是1771 年改革暂时成功的根本原因,莫普法院的法官也大都是出于个人野心而支持司法大臣。当然,对于这些法官来说这是一次好机会,但是这确实也承担了巨大的风险。因为,国王政府在以往同高等法院的斗争中常常最终妥协,如果没有更深层的原因作为支持,很难想象新法官们甘于冒如此大的风险。我们不能排除这样的可能,即很多新法官是赞成莫普改革的,而且他们只有通过在巴黎高等法院中任职才能更好地维护这一改革。从莫普法院成员的背景来看,我们可以发现他们大都是司法界中更靠近国王政府而疏离于原巴黎高法的人士。其中,又包含以下几类。

首先是原效力于大法院的法官。前文我们已经指出在组建莫普法院时原大法院中有 23 人愿为莫普服务,构成了新法院的重要组成部分。③ 大法院原本负责司法方面的事务,它处于御前会议和其他最高法院之间的过渡地带,其权限总是模糊的、不固定的:它审理那些国王不想让高等法院插手、专门指定令其处理的案件。这个法院一直与高等法院存在冲突关系,尤其在 18 世纪。④ 在 1750 年之后,路易十五政府开始将大法院视作对抗高等法院政治诉

---

① Flammermont éd.，*Les Remontrances du Parlement de Paris au XVIII* *siècle*，Tome III，p. 192.

② Flammermont éd.，*Les Remontrances du Parlement de Paris au XVIII* *siècle*，Tome III，p.xvi.

③ Barbiche，*Les institutions de la monarchie française*，p. 107.

④ Barbiche，*Les institutions de la monarchie française*，p. 107.

求的武器,先后在 1755 年和 1768 年加强了大法院的权力。① 弗朗索瓦·布吕什曾强调在路易十五统治时期巴黎高等法院与大法院之间争论的重要性,并提出,这些争吵会促使大法院中的一个并非无足轻重的派别支持莫普。② 我们可以说,在高等法院与国王政府的冲突中,大法院虽然是司法界的一个组成部分,但它却是倾向于政府一边的。在这一背景下其成员愿为司法大臣服务是可以理解的。

莫普所利用的不仅是大法院与高法的矛盾,他同时也借助高等法院系统内部的派别之争为自己服务。他要将在以往的冲突中偏向国王的人士纳入到新法院中。莫普的秘书勒布伦曾经指出,他们选取了布列塔尼支持达吉永的法官,贝桑松、波城高等法院和阿尔萨斯的最高法院的一些法官,还有一些低级法庭的成员,一些律师,几个致力于研究法律问题并具启蒙思想的教士。③ 在路易十五统治时期,政府与最高法院之间频繁的冲突促使分化瓦解了司法贵族的团体精神。在布列塔尼事件中有些法官是支持达吉永的,如今他们为莫普所用。在贝桑松事件中忠于国王的法官也被召入了莫普法院。

还有些人也曾追随其同事们共同抵抗王权,但如今决定站到国王一边。比如,德·萨拉(Luc-Augustin de Salles,昔日波城高等法院的推事,后来效力于莫普高法),他曾一直跟同事们一道参与司法罢工,后来终于决定屈从于国王的命令。1765 年,他与 11 个高法成员共同决定恢复工作,而其大部分同事则被流放。从这时起,萨拉就决心要依附于像莫普一样的权威。又如达维农(Davignon),自 1759 年起他就在巴黎高等法院担任代理检察官(substitut),他最后也选择了服务于莫普和国王政府。达维农在 1774 年如此表达了其原则:"在1771 年之前我长期在高法担任代理检察官,我觉得没有其他动机,只是我服从国王的命令,继续履行我的职责。同样的服从,同样的职责令我重回法院,以等待国王的命令。"④ 对于这样的人来说,并无所谓笃定的信念与原则,只是完成工作。

莫普法院的人员构成上也体现了宗教的分野。新体制的"三巨头"——

---

① Swann, *Politics and the Parlement of Paris*, p. 21.

② François Bluche, *Les magistrats du Grand Conseil au XVIIIᵉ siècle* (*1690—1791*), Paris: Les Belles Lettres, 1966.

③ Villers, *L'organisation du Parlement de Paris*, p. 271.

④ Félix, *Les magistrats du Parlement de Paris*, p. 48.

莫普、泰雷和达吉永①都是反对起诉耶稣会的,因此莫普高法任用了大量支持耶稣会的人士。大部分新高法的教士推事——甚至世俗的推事——都来自支持耶稣会士的小集团。② 他们当然会敌视原高等法院的成员,因为这些人曾支持冉森主义反对国王政府,甚至驱赶了耶稣会士。另外,我们在前文已经指出宫中的虔诚党和耶稣会士关系非常密切。虔诚党的核心人物是王太子(路易十五之子),虽然在莫普改革前王太子已经去世,但他昔日的忏悔师科赖(Collet)神甫如今已被安置在新巴黎高法之中。另外,在外省也是那些曾同情耶稣会的高法如今继续为莫普效劳,比如杜埃高法,尽管它被变为了高级法庭。③ 在某种程度上可以说,1771 年的莫普改革也是长期的宗教冲突中的一场新战役。

以上,我们从不同的角度分析了莫普法院的构成,从而揭示出这些法官为何愿与莫普合作。这些不同的角度也往往存在重合之处,比如莫普法院的法官吕克(Luker)神甫曾是布列塔尼反对高等法院和三级会议的贵族王党中的领头人之一,他依附于达吉永,同时此人也是反冉森派的。④ 总之,这些人和那些在最高法院的法官们拥有相似的特征,因为他们大都属于高等法院中出身良好的贵族。但是,这些人因以下特点使之明确地区别于那些被流放的法官(这也是能解释其遭受侮辱、攻击的原因):他们曾反对高等法院抵制政府政策的行为,也敌视法院对冉森派的支持,并同情被驱逐的耶稣会。而且尤其要强调的是,这些莫普法院的法官们无疑是与王权,而非与法院,有更直接的联系。

在莫普体制实行三年多的时间内,很少受到严重的抵抗。监察官在外省的权威也进一步得到了肯定,同时,布列塔尼的三级会议也被制服。各个新法院也提交谏诤书,但次数很少,且内容短,更重要的是,这些谏诤书不能被印刷,沟通只是在傲慢的国王和充满敬意的法官之间秘密进行。然而,正是在莫普改革似乎已经取得成功的时候,改革走向了终点。

---

① 达吉永于 1771 年 6 月出任外交大臣。莫普改革时期的小册子作者称莫普、泰雷和达吉永为"三巨头"(Triumvirat),参见 Lucien Laugier, *Un ministère réformateur sous Louis XV: le triumvirat (1770—1774)*, p. 17。

② Félix, *Les magistrats du Parlement de Paris*, p. 50。

③ Swann, *Politics and the Parlement of Paris*, p. 356。

④ Félix, *Les magistrats du Parlement de Paris*, pp. 46, 51-52。吕克当年手下的律师后来也都效力于莫普,参见 Bell, *Lawyers and Citizens*, p. 146。

第三节　莫普司法改革的失败及其深层影响

一、改革的失败

路易十五在 1771 年 4 月 13 日建立莫普高法的御临高等法院会议上说：
"我将绝不改变"。① 表面上看，新法院运转良好，且越来越为时人所接受，似
乎这个改革已经完全取得了成功。然而各种危机都在背后潜藏着，新司法制
度的大厦只是建立在浮动的地面上。随着 1774 年 5 月路易十五的去世、路易
十六的继位，莫普的改革试验被迫终止。8 月 24 日，新国王将莫普和泰雷解
职（在此之前，达吉永已被罢黜），11 月重建了巴黎高等法院、间接税审理法院
和大法院，召回了被流放的法官。随后，遭镇压、改组的外省司法机构多数都
得以重建，莫普新建的六个高级法庭则被撤销。1774 年 12 月，当路易十六被
告诫重建众高等法院的后果时，他承认从政治层面考虑可能并不明智，但是他
强调："对于我来说这是最普遍的意愿，我想要受人爱戴"。② 下面两幅版画
（图 7，图 8）便描绘了新国王因召回高等法院而受公众爱戴的图景。

图 7 作品由雕刻师让-贝尔纳·雷图（Jean-Bernard Restout，1732—1797）
于 1774 年创作，题为"高等法院的回归：路易十六，凭借其关乎正义/司法的美
德带来了公众的幸福"。在画面的近景中，路易十六身着盛装，他正在迎接正
义女神，正义女神则手牵谷物女神，象征着给民众带来了幸福。在画面右下
角，长着翅膀的守护神正在给国王与王后玛丽·安托瓦内特的肖像画放置花
环。在天空上，名望女神吹奏着号角，另一名女神向下播撒玫瑰。画面的远景
是巴黎的司法宫，即高等法院所在地，被召回的法官们面向建筑的台阶，拾级
而上。画面的右侧是司法宫的另一处台阶，莫普法院的法官们从上面走下来，
并做出抗议的姿态。③

1774 年创作的另一幅版画（图 8）"所希望的回归：路易十六召回高等法院"，

---

① Flammermont éd.，*Les Remontrances du Parlement de Paris au XVIIIe siècle*，Tome III，Introduc-tion，p.xvii.

② Jean-Luc A.Chartier，*Justice，une réforme manquée（1771—1774）: Le chancelier de Maupeou*，p. 44.

③ 关于图像的解读参见"French Revolution Digital Archive"，https://frda. stanford. edu/en/catalog/wr039kg8801。

LE RETOUR DU PARLEMENT

Louis XVI appuié sur sa vertu relève la justice qui ramene la Felicité publique

图7　高等法院的回归：路易十六，凭借其关乎正义/司法的美德带来了公众的幸福

（来源：gallica.bnf.fr/Bibliothèque de France）

LE RETOUR D'ESIRÉ,

Louis XVI. Rappelle Son Parlement.

Paris chez Le Pere et Avaulez, rue St Jacques, à la Ville de Rouen.

图 8 所希望的回归：路易十六召回高等法院

（来源：gallica.bnf.fr/Bibliothèque de France）

同样表达了国王的决定乃众望所归。

当莫普与泰雷倒台之后,不只是巴黎充满了欢声笑语,庆祝活动几乎遍及法国,尤其是在那些拥有高等法院的城市。在雷恩,拉夏洛泰结束了九年的监禁与流放生涯回到了故地,受到了热烈的欢迎。迎接他的队伍长达约16公里。为他入城开路的是200名骑马青年,其中大部分为法律专业的学生。大街上挤满了人,人们上千遍地欢呼:"国王万岁! 拉夏洛泰先生万岁!"还有一群人挤到他的车前,为他献上桂冠。① 在波尔多,高等法院的院长勒贝尔东(Le Berthon)回归时,受到了民众对英雄凯旋般的欢迎:迎接他回城的队伍异常壮观,有好几百驾马车;当地的共济会为他修建了一座宏伟壮丽的凯旋门;他家的庭院中挤满了前来祝福的民众,人们在烟花声中载歌载舞直到凌晨。庆祝波尔多高法重建的活动在整个城市持续了一个星期。②

相形之下,解职时的莫普和泰雷境遇悲惨。坐在马车里的莫普遭到人群的辱骂和拦截,甚至有人向马车扔石头。当泰雷乘摆渡船穿越塞纳河时,一群人挤到岸边向开船人高呼,要求把泰雷扔到河里,甚至试图割断渡船的绳索。③ 从上述历史情境中,我们很容易看出舆论的倾向。

路易十六称自己"想要受人爱戴",这既是对舆论的正确判断,也在一定程度上反映了他的真实想法。我们知道,路易十五在其统治末年声名不佳,情妇政治尤其使他丧誉。时人相信政府没有宠妃杜巴丽夫人的准许,什么也办不成。④ 而莫普改革正与这种不光彩的宫廷政治牵扯到了一起。支持"三巨头"的杜巴丽夫人的不良声誉恰恰使改革蒙羞。新国王即位后想要挽回王室的糟糕形象,拿莫普、泰雷开刀是顺理成章的。此外,宫廷内部的新形势也要求推翻莫普体制。路易十六的王后玛丽·安托瓦内特很讨厌杜巴丽夫人,国

① Clarisse Coulomb, "«L'heureux retour». Fêtes parlementaires dans la France du XVIIIᵉ siècle", pp. 201-202.

② William Doyle, *The Parlement of Bordeaux and the End of the Old Regime, 1771—1790*, p. 162.

③ Echeverria, *The Maupeou Revolution*, p. 30.

④ 参见 Lough, *France on the Eve of Revolution*, p. 242。这位美貌的宠妃出身卑微,关于她的种种传言成为当时人们议论的话题,当时有一本关于杜巴丽夫人之轶闻的小册子非常流行,参见 Darnton, "An Early Information Society: News and the Media in Eighteenth-Century Paris", *The American Historical Review*, Vol. 105, No. 1(Feb., 2000), pp. 9,31-32。其实,我们今天无法知晓宠妃对国王到底有多大的影响,但是时人确实相信路易十五是听从其情妇的。

王便把先王的宠妃送进了修道院,这使莫普等人失去了保护伞。而且,安托瓦内特也厌恶莫普与泰雷,这部分由于她偏爱因莫普而失势的舒瓦瑟尔。舒瓦瑟尔家族在洛林时一直为安托瓦内特父亲的家族效劳,此外正是舒瓦瑟尔安排了她与路易十六的婚姻。① 宫内权力的交接总会在法国的政坛上产生震荡,这一次亦不例外。

与宫廷内部变化遥相呼应的是外面亲王、大臣们的活动。自莫普改革之初亲王们(尤其是孔蒂和奥尔良)就和法官们站在一起,并上呈了《亲王的抗议书》,抨击莫普的一切变革。待路易十六继位之后,奥尔良公爵又千方百计地劝说新国王疏远司法大臣。② 奥尔良公爵的努力显然得到了其他亲王、王后及大臣的支持,尽管宫中的虔诚党极力反对,但无济于事。新国王任用了年迈的莫勒帕(Maurepas)为国务大臣和心腹顾问,而后者正是莫普的对手,他也积极筹谋罢黜莫普并重建旧法院。③ 路易十六本来就是个刚刚 20 岁且缺乏政治经验的年轻人,王后、亲属及重臣对他的影响是极大的。如今,仍有人痛惜莫普改革的夭折,比如法国政治家、法学教授让·富瓦耶(Jean Foyer,1921—2008)就认为路易十五死得过早,路易十六太过年轻和软弱。④

在我看来,莫普改革的失败不是因为不需要改革,亦不能简单归咎于路易十六的决定。18 世纪易受凡尔赛宫廷左右的法国政治,也只是改革失败的表面原因。从具体的改革措施分析,莫普的改革并没有取得应有的效果,比如免费的司法并没有真正给人民带来好处,而废除买官制、削减法官数量、使司法合理化等举措又不可能产生立竿见影的效果。更为重要的是,在一个以团体主义、贵族统治为根基的社会中,莫普打击高等法院就等于是同时向团体主义

---

① Collins, *The State in Early Modern France*, p. 255.很可能正是在王后的要求下,6 月 9 日国王结束了舒瓦瑟尔的流放,这位老臣回到巴黎后,受到了王后的热情欢迎,由此可见王后对舒瓦瑟尔的器重。参见 Echeverria, *The Maupeou Revolution*, p. 30。

② Villers, *L'organisation du Parlement de Paris*, pp. 315–317.

③ Echeverria, *The Maupeou Revolution*, pp. 28,30.

④ 让·富瓦耶在给《司法,一场失败的改革(1771—1774)》一书撰写的序言中指出了这一点,参见 Jean-Luc A.Chartier, *Justice, une réforme manquée(1771—1774): Le chancelier de Maupeou*, p. 10.斯通则提出,在路易十五去世前政府的政策已经开始反对莫普了,因为凡尔赛宫廷已经意识到了在法国实行不受高等法院等机构节制的极端威权主义是行不通的。参见 Bailey Stone, *Reinterpreting the French Revolution: A Global-Historical Perspective*, Cambridge: Cambridge University Press, 2002, pp. 35–36。

和穿袍贵族发起了挑战（前文分析改革的激进性时已经揭示了这一点）。这样的改革在缺乏广泛社会支持的情况下是无法获得成功的。

　　如果我们从当时的历史趋势观察，会发现莫普的司法改革正在某种程度上体现了当时欧洲的政治潮流——开明专制。① 在普鲁士，腓特烈大帝将司法改革置于极为重要的地位，他削减法官人数、使法官领取高薪，同时禁止私自收费和罚款，并打算制定一部适用于普鲁士全部领土的统一法典。此外，他改组中央政府，使官僚机构现代化、合理化，同时维持他个人对国家事务的控制。在瑞典，古斯塔夫三世在 1772 年发动了一场不流血的政变，颠覆了原有的政治秩序，使国会从属于国王，在王国重新确立起绝对主义。在此后的二十年中，古斯塔夫三世作为开明专制君主统治瑞典。② 同时代的俄国女沙皇叶卡特琳娜二世、奥地利君主约瑟夫二世也都是开明专制的代表。与这些开明君主的改革相比，莫普改革是由大臣主持的，但是我们也应看到，司法大臣的重要举措都得到了路易十五的支持③，正因此莫普的行动又被称为"君主的政变"。所以，它与上述改革具有一定相似性，它们共同的目标都在于加强绝对王权的统治。

　　但是，与著名的腓特烈二世和叶卡特琳娜二世不同的是，莫普的行为深深触动了贵族的利益。腓特烈二世公开奉行在绝对主义国家机器中吸收和提拔贵族的政策④，在腓特烈二世的法典中更明确宣布贵族阶级是国家的主要团体。而叶卡特琳娜二世也把贵族视为维护中央政府统治的同盟军，并颁布了著名的《贵族宪章》。可以说，这两位开明君主都为争取贵族支持自己的统治而对贵族做出了让步。面对颇具独立精神的法国贵族、面对历史悠久的高等法院，路易十五与莫普采取激进的改革措施是难以获得成功的。

---

　　① 帕尔默曾对此评论道："夭折的莫普法院，代表法国开明专制制度励行革新中走得最远的一步棋。路易十五摧毁旧法院，诚然是武断、专横、暴虐的，但这在当时确实有开明的含义，因为旧法院是贵族和特权阶级的堡垒，数十年来一直阻碍实施种种改革方案。"参见［美］R.R.帕尔默等：《现代世界史》（上），第 262 页。

　　② 帕尔默正是将莫普改革与古斯塔夫三世政变并置在一章之中进行分析的，参见 *The Age of the Democratic Revolution*，Ch.IV。

　　③ 安托万指出，大部分的决定都是国王与司法大臣——在泰雷与拉弗利埃（La Vrillière）的协助下——共同做出的。参见 Antoine，*Louis XV*，p. 929。

　　④ ［英］佩里·安德森：《绝对主义国家的系谱》，刘北成、龚晓庄译，上海人民出版社 2001年版，第 243 页。

同时,我们还应注意到,莫普体制不仅包含司法改革,还包含经济改革。当时共同执掌大权的还有财政总监泰雷和外交大臣达吉永,他们的掌权形成了"三头政治"。这种"三头政治"是一个整体,经济层面的改革对司法改革的成败也起着至关重要的作用。我们在下文就要分析泰雷经济改革对莫普体制的影响。

二、泰雷经济改革对莫普体制的影响

正如我们在第五章中所揭示的,旧制度下的高等法院总是与经济问题密切相关,税收问题、粮食的供给问题都受到法官们的密切关注与干预。正是七年战争后的税收摩擦为莫普改革提供了重要的契机。司法大臣和国王大举改革法院也基于为了顺利通过新的财政法令以摆脱经济危机的考虑。因此,我们在考察莫普的司法改革的同时,不能避开此时的经济改革。另外,更为重要的是,此时担任财政总监的泰雷神甫就是由司法大臣举荐的。[①] 在支持莫普的研究者看来,莫普与泰雷二人并肩战斗,分别在自己的领域内反抗特权,他们不在乎舆论,是现代制度的真正创立者。[②] 莫普在《致路易十六的报告书》中也指出,他在财政总监那里得到了支持,他还说:"泰雷先生在巴黎高等法院才能出众:他思维敏捷、见解正确,工作起来不知疲倦……我承认曾指望在他的任期内取得最有利的成功。"[③]莫普意识到,经济问题尤其是税收问题是高法与政府发生冲突的关键之处,如果要巩固司法改革的成果,必须要化解当时的经济危机。从 1765 年开始农业收成就很差,1768 年更是出现明显的歉收,粮食的短缺导致面包价格上涨。那些贫困的社会阶层本来就挣扎在温饱线上,面包价格哪怕只是上涨几苏也会带来灾难性后果,这种问题又常常归咎于政府。[④] 1769—1771 年间的谷物歉收、经济危机与财政困境往往被后世的

---

① 泰雷出生于一个普通的资产阶级家庭,曾担任巴黎高等法院的教士推事。在高等法院任职期间,他就表现出了调解高等法院和国王二者意愿的特殊才能(参见 Kaplan, *Bread, Politics and Political Economy*, p. 492)。泰雷是在司法大臣莫普的举荐下当上财政总监的,莫普在与舒瓦瑟尔的斗争中得到了这位新同僚的支持。参见 Flammermont éd., *Les Remontrances du Parlement de Paris au XVIIIe siècle*, Tome III, Introduction, p.ix。

② Jacques de Maupeou, *Le Chancelier Maupeou*, pp. 77-78.

③ Maupeou, *Mémoire de Maupeou à Louis XVI*, p. 619.

④ Jean-Luc A.Chartier, *Justice, une réforme manquée*(1771—1774)*: Le chancelier de Maupeou*, p. 36; Jones, *The Great Nation*, p. 281.

研究者所忽视,其实,其严重程度堪与1787—1789年的情形相提并论。

在这种背景下,经济形势与这场司法改革的成败息息相关。当高等法院的反抗或多或少被压制时,泰雷开始改变税收结构。当时政府面临的最紧迫的问题无疑是财政问题。财政总监计划通过减少债务和增加税收来重建财政秩序,其具体措施包括拒绝偿还债务、暂停支付政府债券利息和征收强制贷款等。在征收"二十分之一税"方面,他责令各地监察官严格核实为征税而给财产所做的估价,以此方式使纳税更加公平,让土地精英支付更多的税金。泰雷想利用这些新原则重塑政府财政管理的结构,发展出更有效、更受中央控制的财政制度。他的确也取得了一些成就:到1774年下台时他虽然没能平衡预算,但增加了约4000万里弗的岁入,并将赤字减至4000万—4100万里弗。[1]

然而,泰雷所采取的一些缓解财政危机的措施却引起了尖锐的抨击。这首先是因为他使用了一些违规、非法的手段来提高税收和减少开支。人们认为,在高等法院软弱无力的情况下,财政总监在粗暴地压榨纳税人。[2] 其次,泰雷任期内新增了大量可出售的职位,据估计至少有9000个,这比路易十五统治的任何时期都多。在1764—1765年间,财政总监拉维尔迪废除了出售市政官职的制度,恢复了在显贵会议中选举市政官的做法。然而泰雷于1771年颠覆了拉维尔迪的改革,重新鬻卖市政官职。多菲内等地的市政当局拒绝购买新官职,并且得到了当地改组后的高等法院的支持。[3] 泰雷还将百分之一税(centième denier)[4]扩展到了所有官职的转让,从而带来了大量收益。此外,个人如果利用买来的官职当作跻身贵族的阶梯,就得为特权待遇交付更高的额外费用。财政总监的这种做法与莫普废除高等法院买官制的举措(事实上泰雷也是这一措施的重要参与者)背道而驰,正因此,多伊尔评论道:莫普的改革并不致力于全面废除买官制,泰雷的做法更是保守的,而非真正的改革者。[5]

---

[1]　Echeverria,*The Maupeou Revolution*,p. 20.

[2]　Jones,*The Great Nation*,p. 284.

[3]　Joël Cornette(dir.),*La Monarchie entre Renaissance et Révolution,1515—1792*,p. 316.

[4]　1703年起实行的一种税。规定国王有权从一切不动产及不动产实际产权的转让(包括出售、交换、赠与及旁系继承等)过程中提取1%的费用。1771年后这一税收扩及到了官职转让。

[5]　Doyle,"The Parlements of France",pp. 431-432.多伊尔在此还指出,泰雷以破坏信用为代价降低了债务,这使得此后法国政府的贷款利率更高,也更难募集。

泰雷的经济改革中更为重要的一个措施乃是实行了谷物贸易去自由化的政策。[1] 他深知在粮食价格高涨的时候,没有大臣可以指望自己受欢迎。于是,1770 年 7 月泰雷放弃了自 1763 年以来政府所遵从的谷物自由贸易法令;谷物的出口也在 12 月 23 日的法令中被禁止,从而全面控制了国内的谷物贸易,以期通过提高下层阶级的经济安全性来重建政治与社会的稳定性。泰雷把自由法令的实施比喻成洪水,而他的职责主要是将水引回到天然的水库中去,并建立起能经得起未来洪水冲击的大坝。但问题是,去自由化的措施并没能迅速带来经济的复苏,它并没能像所有法国人期待的那样立即结束危机,没有恢复社会的平静,相反,结果是让人们怀疑泰雷的政策和意图。[2] 连政府内部都开始质疑泰雷的政策,一些外省监察官督促财政总监放弃严格的统治经济(dirigisme)政策,恢复到自由放任政策。[3]

此外,他和他的支持者(尤其是杜巴丽夫人)通过一些令人怀疑的手段赚足了自己的腰包。18 世纪 70 年代,宫廷腐败颇为严重。1772 年总包税所的股份名单上包含泰雷家族、泰雷的秘书、路易十五的两个女儿、杜巴丽夫人,甚至还有国王本人。在这种情况下,不得不使高等法院成员和公众怀疑其改革的动机。[4] 泰雷的经济措施对于莫普的体制有着至关重要的作用。法院的改革其实对于普通百姓的影响不大,人们只是从道义上支持老法官。而莫普体制下的经济秩序却是与大众的生活息息相关的。泰雷所受的指责其实也为莫普的倒台埋下了祸根,时人是无法把泰雷与莫普的改革区分开来的。

三、司法秩序的重建与莫普司法改革的深层影响

路易十六作出废除改革的决定后,高级法庭全部取消,其成员都被辞退,大部分法官回到了原来的职位上。其中巴黎莫普法院的庭长及推事们的待遇是最好的,他们组成了一个新的大法院。[5] 另外,被废除的巴黎和克莱蒙-费

---

[1] 对于这一问题,可参见周立红:《法国旧制度末期谷物贸易改革研究(1763—1776 年)》,第三章"泰雷神父推行的谷物贸易改革",北京大学博士学位论文,2007 年;周立红:《泰雷的"国家谷物专卖局"与生计问题国家化》,《世界历史》2010 年第 5 期。

[2] Kaplan, *Bread, Politics and Political Economy*, pp. 491, 555, 698.

[3] Echeverria, *The Maupeou Revolution*, p. 22. 杜尔阁 1774 年后的谷物贸易政策就是要反泰雷之道行之。

[4] Collins, *The State in Early Modern France*, p. 255.

[5] Villers, *L'organisation du Parlement de Paris*, pp. 319-320.

朗的间接税法院被恢复。接着,外省的高等法院,甚至包括 1765 年就被改组的波城法院,都得以重建。但是,法院的重建不应被理解为莫普改革被彻底推翻,这绝非简单的复原,而是双方妥协的产物。国王同意重建法院,但最终要接受所有新法令。首先,停止服务(罢工)或集体辞职将受到没收官职的处罚。其次,建立一个全能法庭(la cour plénière)以判断各种规章纪律是否得当。这个法庭由亲王、大贵族、大臣、国家的各种参事共同构成。① 另外,一旦高等法院拒绝履行职责,大法院就成了备用的法庭。这样一来,如果高等法院像以前一样固执,它将受到全能法庭的裁决;如果高等法院的成员求助于司法罢工,它将自动被大法院所取代。最后,还增强了高等法院中最为保守的大法庭的权力,同时废除了喜欢滋事的两个调查庭(原本有 5 个调查庭)和一个诉讼审理庭(原本有两个诉讼审理庭),此外还加强了院长的权威。② 外省高等法院也要受新纪律的约束。总的来说,政府相信这些限制足以控制高等法院。高等法院一方,经过三四年的流放生活,昔日斗志昂扬的法官们饱受折磨,他们已经厌倦了与王权的冲突,愿意接受国王政府提出的要求,连莫普改革最为激烈的抨击者马尔泽尔布都心甘情愿地接受回归的条件。不过这些约束的有效性并非像其条文中规定的那样强。在 1785—1786 年财政总监卡隆的贷款问题上高等法院又加以阻挠,但它并没有严重违反 1774 年的妥协条件——既没有诉诸司法罢工,也没有宣扬各高等法院联合的观念。③ 所以可以说,这些妥协条件虽然给高法与王权之间带来了十年的和平,但不能从制度上根除其结构上的危机。

从司法的角度看,莫普司法改革的影响是复杂而深远的。首先,它在司法实践上产生了深刻的变化。1771—1774 年间,律师作为一种新型的政治人物在法国赢得了持久的显著地位,他们成了"公众"之正义的捍卫者并自诩代表了"民族的声音"。④ 其实,在 1771 年之前存在一个律师团体,其领袖人物往往是冉森派,这个律师团体有一套不成文但十分严格的行为准则,反抗者要被施以清除出律师界的惩罚。但莫普司法改革的实施致使律师团体陷入了危

---

① Villers, *L'organisation du Parlement de Paris*, p. 320; Doyle, "The Parlements of France", p. 442。

② 对高等法院的约束措施参见 Echeverria, *The Maupeou Revolution*, p. 33; Doyle, "The Parlements of France", p. 442.

③ John Hardman, *French Politics, 1774—1789*, pp. 220-230.

④ David Bell, "Lawyers into Demagogues", p. 109.

机,它事实上已不再存在。此时,那些为莫普法院效力的律师们不再受传统的律师团体行为准则的约束,而新高法又未能给他们制订新准则。在莫普改革期间律师团体的瘫痪状态为出现新型律师、形成新的司法实践扫清了道路。① 此时,律师们已经不再满足于仅仅为人辩护,而是力图尽量展现自己的修辞才能。又加之此时出现了一些轰动一时的案件,律师们便成了公众关注的焦点人物。而律师们出版的、免于书报检查的司法诉状更是赢得了大量的读者。可以说此时的律师已经类似于引人关注的文人了。虽然 1774 年旧法院得以重建,罢工的律师也如同英雄般的凯旋,但是律师界却很难重建其昔日的准则了。在莫普改革期间发展起来的这种新型的司法实践——将公众作为权威——延续了下来。著名的律师们,如日后在大革命中十分活跃的塔尔盖,纷纷成为政治名人,享有昔日法官们才拥有的地位。② 正是当老法官因流放不再领导巴黎的反抗力量时,律师们掌握了领导权而成为公众的代表。在法官逃避责任的情况下,律师们自愿取而代之,成为民族的代表,他们认为律师的职业被赋予了充当人民喉舌的宝贵权利。③ 而且,我们在前文已经指出,在莫普法院由于限制使用书面的司法诉状,迫使律师们不得不口头进行辩护,这使得律师成为演说家。或者说,只有那些善于演讲的律师们才能出类拔萃。在这样的背景下,我们便不难理解,为何在大革命前夕,在法官们被人民所抛弃的情况下,同属于司法界人士的律师们却能在第三等级的选举中大显身手:第三等级的代表有 578 名之多,其中近一半是法律界人士,律师有 200 名左右。④ 根据贝尔的统计,在律师代表中有 78% 的人接受了莫普的改革,并为莫普的法院效力。⑤ 这一数据能充分说明,律师们正是在莫普改革期间真正走向政治舞台的,成为拥有极大影响力的演说家,而这直接影响了法国革命。

除了律师的变化,我们还应注意到法官群体的变化。近四年的流放生活对法官们的打击是沉重的,有的法官因此付出了生命,而这一切是他们始料未

---

① Sarah Maza, *Private Lives and Public Affairs*, p. 54.

② David Bell, "Lawyers into Demagogues", pp. 114–141.

③ Ahmed Slimani, *La modernité du concept de nation au XVIIIe siècle(1715—1789): apports des thèses parlementaires et des idées politiques du temps*, p. 358.

④ [法]阿尔贝·索布尔:《法国大革命史》,马胜利等译,中国社会科学出版社 1989 年版,第 92 页。

⑤ David Bell, "Lawyers into Demagogues", p. 140.

及的。回归后的巴黎法官心有余悸，他们已经失去了往日的威风。就巴黎高等法院而言，在 1774—1780 年，除了反对杜尔阁的改革政策，它对公共事务表现出前所未有的沉默。从 1774—1782 年的八年时间中，只举行了三次御临高等法院会议，而且 1774 年那次还是为了重建原高等法院。从这个角度看莫普改革还是成功地遏制了那些法官，不过，这也为更激进的律师们提供了活动的空间。当法官们不再常常为民请愿的时候，他们也就淡出了公众的视野。此外，变得保守的法官们甚至和主教们合作，他们疏远了曾经大力支持他们的冉森派，这一教派在莫普改革期间所释放出的激进主义令法官们惶恐。① 高等法院对冉森派的态度，在一定程度上促成了后者从法国政治舞台上消失，而冉森派的衰落也使高等法院失去了其最为重要的支持群体。托克维尔曾提出这样的问题：为什么在大革命前一向被人民爱戴的法官遭到抛弃？② 其实这是一个缓慢的过程，在莫普改革之后，巴黎法官的崇高声誉就在渐渐消失。因此，在 1787—1788 年间，高等法院希望召开三级会议正说明它已经无力代表民族了。

在外省，由于地方高等法院所遭受的打击较巴黎小，所以它们也并没有巴黎那般驯服。抗议之声时而可闻，但是由于各法院之间常有分歧，所以也难以形成统一的抵抗力量。另外，在外省一些法院存在流放回归的法官和曾为莫普效力的法官共事的现象，二者之间的矛盾带来了司法界的分裂。比如在波尔多高等法院，其中有一半人为莫普服务过，因此二者常常产生摩擦，出现了罢工与反罢工、双方分别向政府请愿等现象。还有艾克斯的高等法院对当地的审计法院异常敌视，因为后者在莫普改革期间取代了它。③ 1774 年后司法界中存在着"受难者"与"变节者"之间的矛盾甚至斗争④，这无疑加深了司法

① Doyle, *Jansenism: Catholic Resistance to Authority from the Reformation to the French Revolution*, p. 82.

② Alexis de Tocqueville, *The Old Regime and the Revolution*, Vol.II: *Notes on the French Revolution and Napoleon*, edited by François Furet and Françoise Mélonio, Chicago: University of Chicago Press, 2001, p. 51.

③ Doyle, "The Parlements of France", p. 448.

④ 莫普法院的不满可参见 Maupeou, *mémoire de Maupeou à Louis XVI*, p. 644；曾拒绝为莫普服务的律师如今要求更好的待遇。参见 Darline Gay Levy, *The Ideas and Careers of Simon-Nicolas-Henri Linguet*, p. 155；Shanti Marie Singham, "A Conspiracy of Twenty Million Frenchmen: Public Opinion, Patriotism, and the Assault on Absolutism during the Maupeou years, 1770—1775", p. 74。多伊尔也指出，在莫普体制之后，存在"坚持者"和"回归者"的相互责难，在高等法院中出现过一些政治排斥事件。参见 Doyle, *Venality, the Sale of Offices in Eighteenth-Century France*, p. 70。

界的分裂,使之不可能再像过去一样在公共事务中发挥巨大的作用。而且对于政府政策,巴黎的驯服与外省一定程度的抵抗形成了对比,这一现象也同样意义深远。1788 年正是外省高法而非巴黎在积极反抗拉穆瓦尼翁的司法改革。

小　结

我们究竟应该如何评价莫普的司法改革呢? 首先,我们承认,莫普的司法改革存在合理性的因素。托克维尔曾指出:"旧制度下的司法权不断超出其权力的自然范围,另一方面,司法权从未全面履行其职权。"①从这一角度看,莫普的改革正是要削弱高等法院的政治角色,同时使其专门履行司法权(莫普还将原间接税法院的职能赋予巴黎高等法院)。此外,莫普大大削弱中间团体、加强中央集权的倾向,废除法官买官制的努力,都在大革命时期被最终实现。而且莫普编纂统一法典的计划以及一些使司法更加合理化的原则,在拿破仑时期变成了现实(昔日作为司法大臣秘书与智囊的勒布伦后来效力于拿破仑②),并一直支撑着 19 世纪的司法体系。如前所述,从 18 世纪后期欧洲的政治潮流来看,莫普的改革也与开明专制的精神有几分吻合。

然而,这些因素并不能确保莫普改革的成功,其缺陷也是相当明显的。第一,莫普是用国王的密札发动了改革,而这在时人看来不像是改革,更像是一场政治阴谋。依赖于象征专制主义的密札进行改革,在公众眼中并不具备程序上的合法性。而且,莫普所采取的严酷的流放措施遮蔽了其改革的合理性,给人留下了打击其政敌的印象。第二,莫普的重要改革措施中有自相矛盾的现象。比如,他一方面谴责买官制的弊端,废除了法官捐纳来的职位;另一方面却又出售高等法院律师的职位,以缓解法院中律师过少的问题。与此同时,为解决财政危机,与莫普合作的泰雷将本已规定由选举产生的市政官职重新出售。这样的做法着实有损改革的声誉。第三,改革的矛头是针对高等法院

---

① 　[法]托克维尔:《旧制度与大革命》,冯棠译,商务印书馆 1992 年版,第 94 页。

② 　勒布伦后来成为拿破仑的第三执政、第一帝国时的财政总监(architrésorier)、德·普莱桑斯公爵(duc de Plaisance);正是他怀有莫普时期的改革计划,并把这些计划融入到共和八年的宪法之中,他也是这部宪法的倡导者之一。

这一至关重要的机构,而这个机构的某些职能是难以取代的。在旧制度的法国存在着两种权利定义的冲突,一是基于法律,二是基于特权。这些冲突的权利导致了无休止的法律诉讼,处理司法事务的高等法院便显得格外重要了。另外,因为君主制对于自由出版和代议制的不宽容,加之它对高等法院不能全面控制,使得几乎所有合法的政治活动都进入到了司法的渠道。这些无疑都赋予了高等法院独一无二的重要性。在缺乏缜密、周全、稳妥的计划的情况下,莫普便对如此重要的国家机构采取高压措施是相当危险的。而且,莫普所建立的新法院,虽然能够完成其司法角色,但它完全听命于政府、依附于王权,并不具备原高等法院制约行政权、反对专制的功能。

第七章　作为政治制度选择的莫普改革

——莫普与马尔泽尔布关于改革之争

　　司法改革只是莫普改革的第一个层次,从更深的层次上讲,它是一场旨在挽救法国君主制危机的政治改革。莫普希望通过他的一系列改革达到重新确立王权的威严、实现威权君主制的目的。而莫普的主要批评者马尔泽尔布则提出了一套与之全然不同的自由君主制的原则。在笔者看来,莫普与马尔泽尔布关于改革的争论正体现了这场政治改革的核心问题,即法国君主制应何去何从,要进行怎样的制度选择? 同样为司法贵族出身,同样力图维护君主制度的莫普和马尔泽尔布缘何有如此深刻的冲突? 如果莫普的改革思想是当时的形势所需要的,那么为什么以马尔泽尔布为首的大法官会强烈抵抗? 此二者的冲突或许可以被视作法国君主制的内在分裂与大革命的起源因素之一。

　　在以往对于莫普改革的研究中,人们比较重视这一事件所激起的公众舆论的强烈反应,而较少关注莫普本人的改革思想,在埃切维里亚《莫普革命——关于自由思想史的研究》一书和辛根姆的博士学位论文《莫普时期公众舆论、爱国主义和对绝对主义的攻击》中几乎是描绘了一场没有莫普的莫普革命。这或许是因为集中体现其改革思想的《莫普致路易十六的报告书》(*mémoire de Maupeou à Louis XVI*)中充满了辩解之辞,但我以为这依然是最直接反映莫普有关君主制及司法改革等问题的见解的原始材料,它穿越了种种对于莫普改革的指责而发出了自己的声音。① 与此同时,马尔泽尔布作为莫普改革的最激烈、最有影响的批判者,在对莫普改革的研究中也未受到应有的重视,那些关注莫普改革的历史学家并未仔细分析过马尔泽尔布 1771 年、

---

　　①　需要指出的是,这篇报告书虽然写作于 1789 年,但这并不是莫普在大革命前夜才形成的思想,其核心观念在莫普改革期间的各项法令、御临法院会议讲话中都有体现。报告书只不过进一步厘清了这些思想以及当时事态的变化。

1775 年的谏诤书以及他在流放中的著述。将两者的思想冲突进行比照研究更是前人所未做的工作,而笔者以为这种比较研究将能使我们更好的理解旧制度末年法国君主制所面临的困境。

第一节 莫普与马尔泽尔布:两位司法大贵族

二百多年来,拉穆瓦尼翁(Lamoignon)家族(也就是马尔泽尔布的家族)一直与莫普、塞吉耶(Séguier)、若利(Joly)等家族共同掌管着法国的司法事务。[1] 以莫普家族为例,自 1626 年起,这个家族有 50 多个亲属或姻亲任职于巴黎高等法院,还有同样数量的成员在其他司法团体中供职。莫普家族和许多穿袍贵族家族相似,是在 16 世纪末由富裕的资产者进入贵族行列的。[2] 由于其家族成员精明强干、善于审时度势,所以迅速得到了升迁。到了司法大臣之父勒内-夏尔·德·莫普(René-Charles de Maupeou, 1688—1775)时,这个家族真正开始飞黄腾达,老莫普 1717 年便花费 77 万里弗购得了巴黎高等法院大法庭的"戴白型圆帽的庭长"[3]一职,后来又先后担任了巴黎高等法院的院长(1743—1757)和副司法大臣、掌玺大臣(1763—1768),这使得莫普家族登上了穿袍贵族的权力顶层。[4] 小莫普(René-Nicolas-Charles-Augustin de Maupeou, 1714—1792)在 29 岁那年当上了巴黎高等法院的法官,二十年之后(即 1763)开始任院长。[5] 比其父相比,小莫普有更强的权力欲望。拉穆瓦尼翁家族的姓氏更是一直享有盛名。该家族原本是佩剑贵族出身,但 16 世纪时夏尔·德·拉穆瓦尼翁(Charles de Lamoignon, 1514—1572)步入了司法界,先后担任律师、法官,使其家族转变成了穿袍贵族。两个半世纪以来,其家族成员几乎都担任着高级法官。[6] 马尔泽尔布(Chrétien-Guillaume de Lamoignon

---

① Badinter, Les«Remontrances»de Malesherbes, 1771—1775, pp. 11-12.

② Jacques de Maupeou, Le Chancelier Maupeou, pp. 17, 19.

③ Jacques de Maupeou, Le Chancelier Maupeou, pp. 18, 20.

④ Flammermont, Le Chancelier Maupeou, p. 4.

⑤ 参见《启蒙运动百科全书》,第 258 页。而根据弗拉麦尔蒙,莫普在 1733 年成为巴黎高等法院的推事,四年之后又继承了其父的"戴白型圆帽的庭长"职位。参见 Flammermont, Le Chancelier Maupeou, p. 7。

⑥ Christian Bazin, Malesherbes ou la sagesse des Lumières, pp. 29-31.

de Malesherbes, 1721—1794) 并没有沿用其家族的姓氏拉穆瓦尼翁, 而是选用其领地的名称作为姓氏。① 1741 年 20 岁的马尔泽尔布步入司法界成为一名代理总检察官(substitut du procureur général), 三年之后他被授予法院推事的职务, 1749 年马尔泽尔布接替其父担任间接税法院的院长。在 1750—1763 年间, 他还负责书报检查工作。

司法大臣莫普的母亲正来自拉穆瓦尼翁家族, 老司法大臣拉穆瓦尼翁和她是近亲。② 然而, 这层姻亲关系并没有改变长期以来莫普家族与拉穆瓦尼翁家族之间竞争、敌对的关系。1717 年, 马尔泽尔布之父拉穆瓦尼翁就和老莫普竞争过巴黎高等法院中"戴白型圆帽的庭长"③职位; 当年老司法大臣达盖索(d'Aguesseau)于 1750 年 11 月辞职时, 时任巴黎高等法院院长的老莫普自认为肯定能够接替司法大臣的职务, 然而结果却是他的对手拉穆瓦尼翁·德·布兰迈斯尼尔(Lamoignon de Blancmesnil)被委以重任。老莫普因此愤恨难平, 当时正值拒绝圣事事件愈演愈烈, 这位院长先生乐得给新司法大臣多制造些麻烦。为此, 他不惜疏离耶稣会士, 转而投靠冉森派。④ 1768 年, 当年迈的拉穆瓦尼翁不得不因病辞职时, 他也根本不愿让老莫普之子继任。⑤

伴随着两个家族间旧有的对抗, 莫普与马尔泽尔布又在同一竞技场上相遇。此二人虽然会因家族的宿怨而增加敌对程度, 但其实他们都已经超越了

---

① 对此, 马尔泽尔布解释说:"这个姓氏是一种重担, 因为它强加给人一些重要的义务"。参见 Christian Bazin, *Malesherbes ou la sagesse des Lumières*, p. 30。

② Jacques de Maupeou, *Le Chancelier Maupeou*, p. 19.

③ Jacques de Maupeou, *Le Chancelier Maupeou*, p. 40.

④ Flammermont, *Le Chancelier Maupeou et les parlements*, p. 9.

⑤ 自 1763 年起, 司法大臣拉穆瓦尼翁就生活在他的领地马尔泽尔布, 处于被流放的状态。此前, 因形势危急, 蓬巴杜尔夫人决定撤换司法界的首领, 而已经年过八十的拉穆瓦尼翁却拒绝辞职, 因而被流放到其领地上, 国王将掌玺大臣的职位交给了也上了年纪的 Feydeau de Brou (Flammermont, *Maupeou*, pp. 1-2, 18.)。这个老者只当了一年的掌玺大臣, 后来就由老莫普接替。为何拉穆瓦尼翁有权拒绝辞职呢? 我们应该简单了解一下司法大臣(Chancelier)这一官职。司法大臣是王国中的第一法官, 是整个司法界的首脑。对高等法院而言, 他是国王的代言人。在御临高等法院会议时, 正是司法大臣使法官们知晓国王的意图。由于在旧制度下司法也同时兼具管理与行政的职能, 他也是王国所有官员中的头领。司法大臣体现着司法(国王的第一特性), 因此他也象征着君主制的连续性; 在国王去世时, 他是大官中唯一不必穿丧服的, 因为司法是永恒的。当司法大臣由于年迈或受疾病所累不能行使其职责时, 或者当他失去国王的宠信时, 他可以保留其头衔以及所有属于他地位的荣誉, 但是国王可以收回印玺。通常, 国王会把印玺交托给一个司法大臣的代理者, 此人即为掌玺大臣。掌玺大臣与司法大臣的职能相同, 所不同的

个人的斗争,而走向了对于不同君主制理念、不同改革思想的冲突。在小莫普和马尔泽尔布身上都有些不同于其父辈的东西,他们的父辈是传统的贵族,都主要是为了个人的前途、利益而选择阵营,比如老莫普可以和冉森派合作。而在18世纪70年代法国君主制危机四伏、面临转折的时刻,小莫普和马尔泽尔布都根据自身对于君主制思想原则的理解提出了不同的改革理念。

从性格与品德上看,马尔泽尔布与莫普更是判若云泥。相貌丑陋的莫普遭到了其同时代人极尽能事的挖苦,一位游历法国的英国伯爵曾这样描绘莫普:

> 他脸色黑黄,目光敏锐、多疑。他的样子显露出卑鄙、邪恶;他的眼睛既像是在转来转去的寻找猎物,又像是在盯着他所布下的陷阱。他颇具才干,有冒险精神。权力是他的目标,专制主义是他的路径,神甫们是他的工具。①

这里描绘的与其说是莫普的外貌,不如说是时人对于莫普道德品质、行为动机的判断。就连莫普的后人也承认其祖先在人品上有明显的缺陷:他吝啬、爱记仇、武断、专横、无情;而马尔泽尔布给人的印象则是天真、淳朴、爽直、自然。莫普蔑视公众舆论;而马尔泽尔布对于舆论非常敏感。② 莫普一向野心勃勃,一心为自己攫取权力(在多伊尔笔下莫普的改革似乎只是为了满足个人的野心);而马尔泽尔布则为人谦逊,对权力毫无兴趣。二人在人品上的差异,大概在很大程度上决定了他们生前身后的名声。依笔者之见,我们不应该从其个人的品格着眼,来判断其改革君主制的思想,但同时又应该理解他们在品行上的差异对当时的舆论施加了重要的影响。在多伊尔等历史学家看来,莫普个人的权力欲与改变法国的愿望是互不相容的,而笔者以为这二者似乎并不矛盾,有了权力他才能施展自己的改革方案。如果只是为了获取权力,他可以

是,他是可以撤职的。有时,也可以由司法大臣和掌玺大臣共同分担职责,比如拉穆瓦尼翁就从不掌玺。参见 Bernard Barbiche, *Les institutions de la monarchie française à l'époque moderne XVIe - XVIIIe siècle*, pp. 154 – 155, 161; Marcel Marion, *Dictionnaire des institutions de la France*, pp. 83–84。莫普虽然于1774年倒台,但是直至1790年他一直保有司法大臣的头衔。

①　Walpole, *Memoirs*, Vol. IV, p. 331。转引自 John Lough, *France on the Eve of Revolution, British Travellers' Observations 1763—1788*, p. 255。

②　Jacques de Maupeou, *Le Chancelier Maupeou*, pp. 71 – 72; Badinter, *Les « Remontrances » de Malesherbes*, pp. 16–17, 19.

选择更为稳妥的方式。莫普自己也曾经说过："哎！如果我只是想着个人的私利，我难道不能和(高等法院)这个团体保持一致吗？这一团体遍布整个王国，长期以来，它已经确立了这样的观点，即它是权威的制衡力量。"①

在宗教倾向方面莫普与马尔泽尔布也存在差异。虽然老拉穆瓦尼翁是个虔诚的耶稣会士②，马尔泽尔布幼年在路易大王中学也接受了耶稣会的教育，然而，耶稣会的教育似乎没有给马尔泽尔布留下什么影响，倒是他在其外祖母家结识的拥护冉森派的皮塞勒(Pucelle)神甫③对他影响深远。大概正因如此，马尔泽尔布更接近古代的苦行主义或波罗亚尔的冉森主义，而不是其同时代人的享乐主义。他厌恶奢华、享乐的生活，不运动也不打猎。④ 在宗教倾向上，莫普显然同情耶稣会士、支持虔诚派，这正是他在担任高等法院院长期间与其同事明显意见不合的地方。如果说莫普与马尔泽尔布存在什么相似的地方的话，那就是他们都不追求那种传统法国贵族所迷恋的奢华、享乐的生活。

同为法官出身的莫普与马尔泽尔布对待高等法院的态度因何如此大相径庭？曾经属于巴黎高等法院一员的莫普为何对其昔日的同僚采取了极端的措施？我们不应忽视，在各高等法院中也存在着亲王权的力量。⑤ 在高等法院与王权的斗争中莫普一直与其同僚保持距离。莫普的后人在给他所做的传记中说："他想着未来……不首先改变制度就别想改变人。改革法国的念头一直占据着他的思想。在那时，他已经感觉到将来自己肯定会掌权……他利用高等法院院长的职位增长经验。"⑥此时的莫普在韬光养晦，他留给人的印象是"莫普不是一个好法官，有关其职业的问题，他似乎没有个人主见，而是听从其同事的意见"⑦。他不喜欢冉森派，更反对其团体的行为，尤其是他们对

---

① Maupeou, *Mémoire de Maupeou à Louis XVI*, p. 600.

② 老拉穆瓦尼翁在驱逐耶稣会士时曾为其求情，参见 Egret, *Louis XV et l'opposition parlementaire*, p. 88; Van Kley, *The Religious Origins of the French Revolution*, p. 157。

③ Grosclaude, *Malesherbes: témoin et interprète de son temps*, pp. 55-60.

④ Badinter, *Les «Remontrances» de Malesherbes*, pp. 12-13.

⑤ 沙利纳指出高等法院中的王权支持者长期受到研究者的忽视，他的研究表明，追随王权者最后往往成为斗争的牺牲品。参见 Olivier Chaline, "Les partisans du pouvoir royal dans les parlements au XVIIIᵉ siècle", pp. 335-353。

⑥ Jacques Maupeou, *Le Chancelier Maupeou*, p. 60.

⑦ Jacques Maupeou, *Le Chancelier Maupeou*, p. 53.

于王权的抵抗,他还劝说过担任院长的父亲同政府协商。达让松曾评论道:"庭长莫普是为宫廷工作的。"①此外,高等法院成员越来越不满于老莫普的领导,强迫他放弃了院长之职,国王为了补偿老莫普,向他提供了一笔王室津贴,1763 年又任命他为掌玺大臣和副司法大臣。而当小莫普当上了巴黎高等法院的院长之后,他并不能充分确立自己在法院中的权力,很多谏诤书就是写给他的。② 在这种情况下,莫普决心效忠于绝对主义王权。当上了司法大臣的莫普虽然是司法界的领袖,但他更是国王政府的重臣③,1770 年 12 月后甚至可以说他已经攫取了实际上的首相的权力。

马尔泽尔布因其保护启蒙思想家的事业而著称,他与启蒙大哲保持交往,伏尔泰与卢梭二人不和,但他们都欣赏马尔泽尔布。在某种意义上马尔泽尔布也称得上是启蒙哲人,其思想的深度完全配得上这样的称呼。相比之下,莫普就逊色得多,历史学家们也常常说莫普是个没有计划的投机主义者。多伊尔就非常强调莫普其实事先并没有改革计划,埃切维里亚也同意这一点。④笔者以为,虽然莫普在仓促之中启动改革,缺乏缜密的计划,但是他的助手勒布伦是有谋略的,对于改革的大方向有深入的思考。可以说,正是莫普的个人政治野心为勒布伦提供了发挥才能的空间。

莫普的改革理念很可能并非都来自他本人,他年轻的秘书勒布伦对其有着至关重要的影响。在勒布伦的长子为其汇编的文集中收录了司法大臣在 1770 年 12 月 7 日、1771 年 2 月 23 日和 1771 年 4 月 13 日三次御临法院会议上的发言,明确表示莫普的这三份发言稿实际上出自勒布伦的手笔。⑤在这部文集中还收录了 1769 年勒布伦写给莫普的报告书节选。⑥ 研究者维耶指出:莫普在 1789 年呈交给路易十六的报告书完全借鉴了勒布伦 1769 年

---

① Jacques Maupeou, *Le Chancelier Maupeou*, p. 44.

② Julian Swann, *Politics and the Parlement of Paris*, p. 70.

③ 在旧制度下,国王政府的核心是由一名司法大臣、四名国务大臣(陆军大臣、海军大臣、宫廷大臣和外交大臣)和一名财政总监构成的。

④ Doyle, "The Parlements of France", pp. 416, 423; Echeverria, *The Maupeou Revolution*, p. 14.

⑤ Charles-François Le Brun, *Opinions, rapports, et choix d'écrits politiques*, pp. 189–199.

⑥ Charles-François Le Brun, *Opinions, rapports, et choix d'écrits politiques*, pp. 171–188.

的报告。① 勒布伦的报告书试图表明"如果我们继续盲目地沿着过去的路走下去,在法国不可能再维持一个政府,不可能建立一套合理的财政制度,也不会形成普遍的法规;这些存在意见分歧的高等法院在反抗中联合起来,于是就不再能行使权力;我们必须呼吁民族,不要等待民族自身的意志……"②他后来回忆起当初的改革,还提到"那时我们必须预料到斗争以及一致的抵制;我们决心预先防范这样的反抗,并迫使众高等法院回归到君主制公认的原则上来,并在其周围竖立一道它们无法跨越的障碍"③。勒布伦的这些言论表明,他把高等法院视为国家改革发展路途上的绊脚石,必须采取遏制措施,其建议确实在 1770 年《12 月法令》中得到了体现。

勒布伦出生于 1739 年,他是耶稣会士出色的学生。在致力于法律学习之前,他曾在英国进行过一次长时间的游历,并对这个国家的政治制度很感兴趣。他与莫普并肩工作,成了司法大臣忠诚的合作伙伴。④ 满怀热情且欣羡英国制度的勒布伦,向司法大臣呈交了一项宏大的改革计划,他要把法国的君主制转变成英国的模式。莫普则道出了实践这项改革计划的难度,他说:"如果我把这份报告交给公文委员会(Conseil des dépêches),大家都会起来反对我,人们指责我背叛王权,是哲人们的同类或者是一个上了他们当的人……因此我只能沿着前任的轨迹缓慢地在司法部门做我所力所能及的改革,同时等待最好的时机。"⑤勒布伦在听取了莫普的建议后又递交了一份更为温和的计

---

① Villers, *L'organisation du Parlement de Paris*, p. 46。埃切维里亚也认为 12 月法令的基本政策是在勒布伦所呈交的备忘录中制定的。参见 Echeverria, *The Maupeou Revolution*, p. 16。笔者也对这两个文本进行了比较,发现勒布伦 1769 年的报告的摘要大部分都出现在了莫普 1789 年的报告书中。但勒布伦的文集是在 1829 年由其子编辑出版的,也很难说其中 1769 年的报告完全是勒布伦个人的想法。司法大臣后人雅克·莫普认为勒布伦是个值得注意的人,但他还是倾向将莫普的改革思想归于他本人,参见 Jacques Maupeou, *Le Chancelier Maupeou*, p. 74。

② Charles-François Le Brun, *Opinions, rapports, et choix d'écrits politiques*, p. 18.

③ Charles-François Le Brun, *Opinions, rapports, et choix d'écrits politiques*, p. 33.

④ 通过当时著名的法学家洛利(Lorry)的推荐,莫普雇用了勒布伦担任儿子的辅导教师。洛利担保这是个很有能力的人,对经典很有研究。莫普很快发现他确实是个有前途的小伙子,于是请他担任自己的秘书。参见 Villers, *L'organisation du Parlement de Paris et des Conseils supérieurs d'après la Réforme de Maupeou*, p. 46; Jacques Maupeou, *Le Chancelier Maupeou*, pp. 53, 74。

⑤ 参见 Villers, *L'organisation du Parlement de Paris*, p. 47。根据雅克·莫普的说法,勒布伦曾在英国游历,受英国制度的启发写作了一篇长长的报告交给了莫普。而莫普具有务实的精神,他看完报告后不无讽刺地对年轻人说,"但愿我将把这个报告送给委员会,竟有人把这个送到我的地盘上来教我如何统治!"参见 *Le Chancelier Maupeou*, p. 74。

划,这就是后来被莫普所模仿的那份计划。① 我们现在大概很难说清在这次改革中哪些是莫普的主意,哪些是勒布伦的思想,但无疑二者是互相影响的。即使这些计划完全出自勒布伦,但只要莫普曾力图推行之,我们就不能否认他的改革意图。

莫普与马尔泽尔布最初明显的冲突始于莫内拉(Guillaume Monnerat)的案子。1767 年一个名叫纪尤姆·莫内拉的男子被一名包税人代理逮捕,后者指控他走私烟草。一份密札令莫内拉在黑暗的地牢中遭受了六周的囚禁之苦,而在此后长达六个月的时间中他都未被审讯,最终莫内拉被关押了两年之久。然而,事实证明莫内拉是无辜的,他被误认为其他人而身陷囹圄。恢复自由后的莫内拉向间接税法院控诉包税人。1770 年马尔泽尔布领导的间接税法院支持了莫内拉的控诉,并判给他 5 万里弗的赔偿。1770 年六七月份国务会议颁布决议使判决无效。② 正是莫普制定了一套提审的诉讼程序(la procédure d'évocation),它允许撤销法院对一些争执案件的裁判权,结果把这种裁判权转移给了其他法庭,甚至包税人。③ 马尔泽尔布为莫内拉的案子专门致信给莫普(1770 年 7 月 28 日),他在信中说:"如果让高等法院、审计法庭和间接税法院来确认国务会议的决议,那么这些法院便能对所传达来的决议进行谏诤⋯⋯如果没有经过事先的谏诤就强迫接受这些决议,这是建立起了专制的权威。"④不仅如此,马尔泽尔布还向国王呈交了谏诤书(8 月 14 日谏诤书),表示抗议。在谏诤书中他写道:"只想让您了解到人道与正义已在何等程度上遭受践踏,在这样一个空洞的借口之下:说什么极端的严格是必要的,为了恢复您的权利。"⑤而在随后的 8 月 17 日谏诤书中,他甚至提醒国王尊重"君主制的根本法和法国政府的一切真正原则"⑥。

在莫内拉的诉讼案件中,马尔泽尔布与莫普之争的实质已经展露出来:马

---

① Villers, *L' organisation du Parlement de Paris*, p. 47.

② Echeverria, *The Maupeou Revolution*, pp. 12 – 13; Pierre Grosclaude, *Malesherbes: témoin et interprète de son temps*, p. 228.

③ Bazin, *Malesherbes ou la sagesse des Lumières*, p. 139.

④ Pierre Grosclaude, *Malesherbes: témoin et interprète de son temps*, p. 229.

⑤ Bazin, *Malesherbes ou la sagesse des Lumières*, pp. 139–140; Pierre Grosclaude, *Malesherbes: témoin et interprète de son temps*, pp. 230–231.

⑥ Pierre Grosclaude, *Malesherbes: témoin et interprète de son temps*, p. 233.

尔泽尔布所支持的是个人的自由、公平的审判,并要防止滥施刑罚。从政治的层面上讲,他强调的是法院有权监督、批评甚至控制包税人的行为。更宽泛地说,马尔泽尔布肯定了司法权在行政权之上。对于莫普来说,正义、人道以及个人的权利都不是要首先关注的问题,而且他希望削弱传统司法机构的权力,从而减少争端,维护王权的稳定。

　　史学界一般认为,司法界与王权的斗争本质上体现了法国贵族和国王的冲突。如果从大处着眼确实如此。但是,我们也不能忽视这样的事实,即支持国王加强绝对主义王权的也是贵族。在第六章中我们已经看到莫普法院中的法官正是这样一群贵族。当然与莫普为敌的马尔泽尔布(及其支持者)也出身高贵,他们之间甚至有亲属关系。[1] 正是这两派司法贵族在旧制度末年为王权提出了不同的发展方向。可以说司法大臣莫普创建的这种政府模式与马尔泽尔布一直所倡导的模式截然相反:莫普以为应该重新确立国王的威严,应该一劳永逸地结束高等法院的反抗与骚动。埃格雷与斯旺将莫普的模式称为威权君主制(la Monarchie autoritaire)。我们知道,所谓绝对君主制仍要尊重王国的传统、古老的机构以及根本法,而莫普完全替换原巴黎高法的做法无疑是打破了古老的传统与准则。勒华拉杜里将其模式称为更为纯粹的绝对君主制,而埃格雷等人直接称之为威权君主制,我们在此也采用这一概念。与之相反,马尔泽尔布认为应依据法律进行统治、强调君主权威的限度、尊重民族的权利与公民的自由,因此研究者巴丹泰认为马尔泽尔布希望将法国的绝对君主制转化为自由君主制(la Monarchie libérale)。[2] 在笔者看来,马尔泽尔布继承的正是文艺复兴以降塞瑟尔、罗什-弗拉万等法学家所倡导的温和君主制的传统,我们也可以称之为司法君主制。不过,深受启蒙思想熏陶的马尔泽尔布为这种温和君主制思想增添了自由的色彩。

---

　　[1] 莫普改革不仅使法官之间产生了分化,也使穿袍贵族家族内部产生了分裂。依附于王党还是高等法院? 这个问题扰乱了一些家庭的和谐。比如 de Nicolay 庭长被流放,而他的儿子却进了莫普法院。王室成员内部也是如此,比如孔蒂亲王带头反对莫普,而他的儿子 De la Marche 伯爵却屈从于王党,国王也拒绝承认一些反改革的王公为他的亲属。参见 Félix, *Les magistrats du Parlement de Paris 1771—1790*, pp. 48-49。

　　[2] Badinter, *Les «Remontrances» de Malesherbes*, *1771—1775*, p. 130.

第二节 莫普与马尔泽尔布关于改革之争

1771 年 2 月 18 日,作为间接税法院院长的马尔泽尔布最终完成了一份
"巴黎间接税法院的非常谦卑、充满敬意的谏诤书",其主题围绕"1770 年 12
月法令以及巴黎高等法院的现状"。这篇谏诤书猛烈抨击了 12 月法令以及
莫普流放法官的行为。马尔泽尔布并没有提到莫普的名字,只是含糊地称某
人、有人,但很显然他指的就是莫普。在这份谏诤书中,马尔泽尔布指责莫普
"实行了一套威胁这个民族的毁灭性体系"。他认为莫普夸大了各高等法院
联合之思想的弊端,向国王"展示了法官们普遍反叛的幻影"。在他看来,莫
普对法官们不加审判就定罪,并没收他们的财产,这种行为才是有罪的。而马
尔泽尔布及其法院正是代表民族向国王发出抗议,要求国王将"正义归还给
臣民"。①

1789 年,远离权力中心十五年之后,莫普给路易十六写了一份长达百页
的报告书(le compte rendu 或 le mémoire)②,在这篇报告书中莫普力求为自己
辩解,甚至不惜歪曲事实。他在开篇这样写道:

> 我有必要向陛下把我的行政工作解释清楚。……今天,在行将就木
> 之际,没有期望,没有欲念,我也不再怕被我的仇敌怨恨……给我留下的
> 只有回忆,关于那些我完成的职责还有我想要做的事业。……我不会违
> 背我的原则。我根本不打算掀起公众舆论反对我的君主所作的判断。一

---

① 路易十五在接到马尔泽尔布的谏诤书后不到一分钟便说:"我不会收下间接税法院的
谏诤书,因为这份谏诤书涉及了不该涉及的事务,而且它在呈给我之前已经公诸于众了。"的确,
马尔泽尔布曾想在法院接受了谏诤书后立即秘密印刷它,而且它确实在秘密传播。这份谏诤书
在社会上取得了巨大的成功。18 世纪的编年史作者 Bachaumont 曾写道:"间接税法院的谏诤书
在公众之中获得了不可思议的成功,其复制数量如此之大,以至于没有一户人家没有它的手抄
本,所有善良的法国人都想读一读它,并看看其作者,在他们眼中,这位作者不仅是法官的捍卫
者,也是祖国的守护神。"有人说,法官从未写出过如此精彩的作品。这篇谏诤书使马尔泽尔布
声名鹊起,他成了国王面前的勇敢者、人民的律师。参见 Badinter, Les «Remontrances» de
Malesherbes, 1771—1775, pp. 79-80;Bazin, Malesherbes ou la sagesse des Lumières, pp. 133,143-144,
153;Pierre Grosclaude, Malesherbes: témoin et interprète de son temps, p. 237。

② 莫普通过当时的外交事务大臣 Montmorin 伯爵将报告书呈交给了路易十六。但是这篇
文字根本没有引起国王的注意,而是把它放到了王家图书馆中(手稿的保管者于 1789 年 7 月 3
日接到了国王的命令)。参见 Flammermont, Le Chancelier, Introduction, p.v。

名大臣就是国家(l'Etat)忠诚的牺牲品,他要向国家牺牲他的财富、生命甚至荣耀。我无意公开讨论那些想法,如果人们知道这是我的思想,它们可能看起来不再是正确、真实的了;但是我敢于期望,它们将得到陛下您的承认。①

在这篇文字中莫普表达了自己未能完成其宏伟大业的遗憾,虽然正是路易十六的决定令莫普倒台,但他依然对国王表达了忠诚之情,体现出自己乃是为君主的事业服务,只求得到理解。文中清晰传递了莫普的改革思想。他强调自己是受命于危难之际,当时政府忙于应付政治与财政危机,只进行些小的修修补补的工作,没有能对其存在的本质性缺陷进行大刀阔斧的改革:

陛下,司法大臣的显职高位可不再只是个空头衔,自从政治在一头,财政在另一头,成为两个轴心,一切事务和行政都围绕着它们转动。政府被这双重运动所驱使,在统治期间几乎没有片刻的安宁,只有在安静的时候我们才能审视世俗的宪法(la constitution civile)、君主制的内部结构、风俗以及法律。

某些情况、某些偶然性带来了些许变化、革新;但人们却永远不能深究其基础,永远不致力于重建形成社会链条的各个环节;这个链条经常被打断……②

莫普已经看出君主制内部结构上的缺陷才是本质性危机。他认为正是高等法院导致了这种危机,它将形成一种寡头政治,"使法国臣服于 12 个贵族集团"③。他抨击官职买卖乃是行政管理的耻辱,并揭露法国司法的种种弊端。他还打算在法国开展公民教育,使人民理解政府的行为,让他们用自己的眼睛来判断是非。④

在马尔泽尔布与莫普的争论中,首先是关于根本法的争论。我们发现二人都声称尊重传统、神圣的原则,但他们所理解的传统却是完全不同的。关于根本法概念的模糊性也产生了公开的辩论。对于莫普来说,约束高等法院的

---

① Maupeou, *Mémoire de Maupeou à Louis XVI*, appendice de Flammermont, *Le Chancelier Maupeou*, pp. 599–600.

② Maupeou, *Mémoire de Maupeou à Louis XVI*, p. 602.

③ Maupeou, *Mémoire de Maupeou à Louis XVI*, pp. 609, 623.

④ Maupeou, *Mémoire de Maupeou à Louis XVI*, pp. 602–605.

(1770)12 月法令"包含着一些真正的原则,我们的祖先认可并捍卫了这些原则,我们历史上的某些不朽的作品又将这些原则神圣化了"①。他还说,这条法令"符合古老的法律,它浸透着智慧,体现了宪政的原则,是公共利益所授意的,是被众高等法院所激起的"②。然而在马尔泽尔布看来,12 月法令恰恰背离了古老的原则,它不仅违反了根本法,而且几乎摧毁了所有法令。他开篇即指出这是"对所有法令都构成破坏的一条法令",它"是要摧毁法律本身"③。在分析 12 月法令的前两个条款时,他得出了这样的结论:

在一个国家中,如果存在一些古老的、受尊崇的法令,如果人民将之视为保护其权利和自由的堡垒,如果这些法令真能够有效地限制滥用权威,那么,陛下,恕我们没有考察过是否在某个国家中国王可以废除类似的法律……

关于 12 月法令中第三条款对注册权的践踏,马尔泽尔布又论述道:

在法国如果有一条法律被视为神圣的话,那就是独立注册权的必要性,因为所有其他法令都依赖于它。

在法国像在其他君主国一样,存在一些属于民族的不可侵犯的权利……然而,这些民族性的权利,无论它们是什么,都只是靠一些法令来保障的,如果一个大权在握的宠臣能够任意破坏一切法令,那么这些权利就被摧毁了。④

在马尔泽尔布看来,莫普的第三条法令是对民族不可侵犯的权利的严重攻击。但是依据莫普的见解:

……由国王操控的、在国王面前进行的注册法令的古老惯例,只剩下一种非法的应用方式、一个空洞的形式,它不具备任何特色;于是,一个不可避免的结果是:不仅是异议,而且是抵制、积极的对抗成了一项合法确立的权利,实行这一权利也成了一项职责。⑤

---

① 莫普在 1770 年 12 月 7 日的御临高等法院会议上说了这番话,参见 Flammermont éd., *Les Remontrances du Parlement de Paris au XVIIIe siècle*, Tome III, pp. 163-164。

② Maupeou, *Mémoire de Maupeou à Louis XVI*, p. 632.

③ Malesherbes, *Remontrances de la cour des aides de Paris, du 18 février 1771*, Elisabeth Badinter, *Les «Remontrances» de Malesherbes*, pp. 151-152.

④ Malesherbes, *Remontrances de la cour des aides de Paris, du 18 février 1771*, p. 157.

⑤ Maupeou, *Mémoire de Maupeou à Louis XVI*, p. 637.

拥护绝对王权者一向认为注册权从来都不是决策权和反对权。如果政府提出的一项法令,在审核后被发现有违于王国古老的法律,那么将由国王来决定哪个最重要。① 因此,莫普的观点是,司法改革前的注册权本身就违背了古老的惯例,更算不上神圣的律令。对于买官制的问题,二者也存在同样的争论。马尔泽尔布认为:"财产权是所有人的权利,在法国到目前为止它是最受人尊敬的;职位的不可撤销也是王国的一条神圣法令,因为通过这条法令每个公民都能确保他的身份地位。"②根据马尔泽尔布的观点,通过流放高法法官、没收他们的职位,司法大臣触及的不仅是古代的习俗,更是触及了极为神圣的财产权问题,这是整个王国的根本法令。没收买来的职位,被一致认为是对所有人的自然权利的攻击,如果某人能够既不经司法程序亦不经审判的剥夺法官们的职位,那么任何财富不都能被某些贪婪的人所剥夺吗? 马尔泽尔布深知,坚称这是对自然法的攻击会把公众拉向他的一边。与之针锋相对,莫普提出:法官职位的不可撤销根本不是马尔泽尔布所谓的神圣法令,最多是一个约定俗成的法令。莫普说,"买官鬻爵是国家不幸的结果",在他看来是"国王为了公共利益牺牲了罢免其官吏的权力",而现在应该恢复国王的这种权力。③ 马尔泽尔布指责莫普违反根本法,而莫普也以同样的罪名控诉高等法院。他认为高等法院在传播反对宪法的舆论,毁灭王国的公法④;还有,高等法院对达吉永公爵审判的行为也"损害了法国的公法和自然法"。因此,他的行为正是要"全力以赴地捍卫我们公法的不变准则"⑤。

　　既然二者在根本法或者说神圣法令的问题上纠缠不清,那么在法国的历史传统中究竟什么是不可违背的根本法,或者说古老的神圣法令? 其实所谓根本法(lois fondamentales)主要是那么几条基本原则:法国王位继承中男性继位的原则(le principe de masculinité)、国王的天主教信仰原则(le principe de la

---

① Elisabeth Badinter, *Les «Remontrances» de Malesherbes*, p. 86.
② Malesherbes, *Remontrances de la cour des aides de Paris, du 18 février 1771*, p. 159.
③ Maupeou, *Mémoire de Maupeou à Louis XVI*, pp. 610−611.
④ Maupeou, *Mémoire de Maupeou à Louis XVI*, p. 624.
⑤ Maupeou, *Mémoire de Maupeou à Louis XVI*, p. 622.

catholicité)和王室领地不可转让的原则(l'inaliénablité du domaine de la cou-
ronne)。① 但同时,根本法又是一个相当抽象、含糊的概念,缺乏明确的界定,
公法中的任何原则都被当作根本法,王国中的一切先例、习俗也都可以被笼统
地称为根本法。到18世纪中叶,在高等法院理论家的著述和法官们的谏诤书
中提出了以下五条与高等法院相关的不可违背的根本法:第一,存在作为司法
团体的高等法院,任何其他团体(无论是古老的还是新成立的)都不能取代高
等法院的这一功能。第二,高等法院是中间团体,它是王国法律的守卫者,它
连接着君主与臣民,这一功能也是不能被其他团体取代的。第三,由高等法院
来核查法令、敕令,也就是说,它具有拒绝注册或要求修改法令的权利。第四,
高等法院的成员不可被罢免。第五,各高等法院同源一体,分属不同等级。②
由此看来,马尔泽尔布正是根据高等法院方面对于根本法的认识来抨击莫普
改革。而在司法大臣眼中,则是高等法院自己制造了某些根本法,他指出:
"它们以根本法的名义把这些呈现给君主和民族,将根本法视作空洞的声音,
任凭这些根本法默默传播,骗取人民的信任。"③

　　对于马尔泽尔布与莫普关于司法改革是否违背根本法的争论,很难说清
哪方更有法律依据。如前所述,旧制度下根本法的概念本身就是模糊的,虽然
双方都承认根本法具有神圣性,但对于根本法的内容却不能达成一致。在莫
普改革中所体现出的这种思想冲突其实是在消解根本法的效力:接受高等法
院一方关于根本法观点的人,会发现根本法(或者说一些神圣的法令)也是可
能被废除的;而站在莫普一方的人会认为一些所谓的根本法乃是晚近的"发
明创造"。对于这样的后果,马尔泽尔布是早有预见的。他认为,国王虽然并
不愿意,但却已开启了关于法国公法的讨论。马尔泽尔布曾对他的朋友奥雅
尔(Augeard)说:

　　　　对于公法,您很无知,在这一点上您与2400万法国人是一样的。此

------

①　François Olivier-Martin, *L'absolutisme français.suivi de Les parlements contre l'absolutisme tra-
ditionnel au XVIIIe siècle*, Paris: L.G.D.J. 1997, pp. 218–220; Villers, *L'organisation du Parlement de
Paris*, p. 17.

②　André Lemaire, *Les lois fondamentales de la monarchie française d'après les théoriciens de
l'ancien régime*, pp. 215–216.

③　Maupeou, *Mémoire de Maupeou à Louis XVI*, p. 624.

外,对于王权和人民的幸福而言,过多的了解这一问题是否有利,这仍然是一个大问题。可以肯定的是,司法大臣在行政管理和政治上对国王及其后继者都犯下了最大的错误;他激起了这样一个问题(关于公法的问题),对于这个问题的解决有朝一日可能会改变王国的宪法甚至朝代本身。①

在1771年的谏诤书中他又表示,莫普的法令与举动"已经开启了关于王国之根本法的争论",它将质疑那些君主制的最古老的律令。② 据研究,在大革命前夜,贵族与教士仍然对传统观念忠心耿耿,声称法国已有一部基于传统的宪法了,但是第三等级却要求起草一部新式宪法。③ 其实,在莫普改革期间,司法大臣的激进行为与马尔泽尔布对其践踏根本法的强烈指责,正使公众看到了捍卫传统宪法的贵族们已经对根本法的内容产生了严重分歧,那么制定一部成文的新式宪法自然显得势在必行。④

其次,关于专制主义的争论。在莫普和马尔泽尔布的思想中都有反对专制主义的倾向,但他们在谁会造成专制这个问题上产生了分歧。马尔泽尔布称:"有人相信能够仅通过专制权威(autorité arbitraire)的一项法令就能摧毁法国的第一法院"⑤;他还指出:1770年12月的第三条法令"通过摧毁注册权不再给予专制权力(pouvoir arbitraire)任何限制"。⑥ 这里的专制权威或权力无疑都指的是莫普政府。而且这不是一般的专制、武断,马尔泽尔布甚至用"恐怖"来形容莫普改革引发的后果。他在谏诤书开篇第一句话就写道:"陛下,有人想要在国家的所有等级中引起恐怖(la terreur),但这并没有动摇您的间接税法院。"⑦在马尔泽尔布眼中,当时的法国已经具备了所有走向专制的条件:对法令的蔑视、权力强大的宠臣、不受约束的权威以及在各等级中引起

① Elisabeth Badinter,*Les«Remontrances»de Malesherbes*,p. 77.

② Elisabeth Badinter,*Les«Remontrances»de Malesherbes*,p. 77.

③ [美]路易斯·亨金、阿尔伯特·J.罗森塔尔编:《宪政与权利》,郑戈、赵晓力、强世功译,生活·读书·新知三联书店1996年版,第29页。关于大革命前的法国宪法观念的讨论参见Marina Valensise,"La constitution française",in Keith Baker(ed.),*The Political Culture of the Old Regime*,pp. 441–467。

④ 当然,制定新宪法的要求,更直接与美国宪法在法国的影响有关。

⑤ Malesherbes,*Remontrances de la cour des aides de Paris*,*du 18 février 1771*,p. 163.

⑥ Malesherbes,*Remontrances de la cour des aides de Paris*,*du 18 février 1771*,p. 156.

⑦ Malesherbes,*Remontrances de la cour des aides de Paris*,*du 18 février 1771*,p. 151.

的恐怖气氛。因此他大声疾呼："法兰西民族已经和一个奴性的民族（un Peuple esclave）没有任何区别了！"①

可是，司法大臣莫普也认为他的行为正是为了遏制高等法院的专制主义，防止可能出现的寡头政治。对于高等法院寡头政治的危害，他这样论述道：

> 如果存在一些团体，它们自视为分有了一部分王权，如果这些不可摧毁的、作为国家重要组成部分的团体能够选择自己的成员或只接受那些令他们中意的人，如果所有成员已然被共同利益以及家庭亲戚关系的纽带所连接，那人们就不担心即将看到培育起了一个寡头政治的空间吗？这一寡头政治首先依靠人民攻击君主，在束缚住君主之后，便用其全部力量从各个方面来重压人民……那么，想要免受压迫的公民还剩下什么避难所？那将不再存在行政管理……不再有自由……②

换言之，莫普认为高等法院有专权的倾向，将使"整个法国服从于12个贵族集团"；③然而，根据马尔泽尔布的观点，高等法院恰恰是防范专制主义的屏障，是弱小者的保护人，是唯一敢与权臣抗争的团体：

> 法院是那些软弱者与不幸者的唯一保护人；长期以来不再存在三级会议，在王国的大部分地区地方三级会议也不复存在。除了这些法院，所有团体都被迫沉默或消极的服从。在外省，没有任何人敢于冒被指挥官（commandant）或御前会议的特派员报复之危险，更不敢冒被陛下的大臣报复之危险。
>
> 因此，法院是唯一被允许站在人民的立场上发出声音的……④

1776年7月，马尔泽尔布在给德·布勒特伊（de Breteuil）男爵的信中进一步解释道："我一生担任法官，法国的法官相当于其他国家的反对党。因此，我是反对派……我认为法官是在我们的宪法中有必要保存的团体，因为它是法律的守护人，它使公民的利益遵守规则，它是反对专制主义的唯一保障……这就是为什么我坚持反对莫普、泰雷的原因……"⑤

---

① Malesherbes, *Remontrances de la cour des aides de Paris, du 18 février 1771*, p. 157.

② Maupeou, *Mémoire de Maupeou à Louis XVI*, p. 609.

③ Maupeou, *Mémoire de Maupeou à Louis XVI*, p. 623.

④ Malesherbes, *Remontrances de la cour des aides de Paris, du 18 février 1771*, p. 153.

⑤ Elisabeth Badinter, *Les «Remontrances» de Malesherbes*, pp. 98–99.

在这个问题上的冲突直接导致了他们对于买官制的不同态度。莫普明确反对在司法界买官鬻爵，以破除法院中的亲缘、利益纽带，摧毁形成寡头政治的空间。其实对买官制的攻击早已有之，重视加强王权的黎世留、科尔贝等人都曾提出过。莫普与这种倾向一脉相承，他攻击买官制的意图正在于加强王权的控制。而致力于限制王权的马尔泽尔布则强调买官制的优点。在 1773 年被流放期间，马尔泽尔布曾写道："那些拥有买来的职位的法官，比那些被宠臣以国王的名义任命的人强得多，对于后者来说，向其保护人溜须拍马是为得到任命而付出的代价。"①马尔泽尔布对于买官制的欣赏、对于专制主义的厌恶，都受到了孟德斯鸠的影响。孟德斯鸠认为买官与世袭制加强了高等法院抵抗中央权威的手段，因此买官制是有利于自由事业的。即使它是一种非常有钱的贵族的特权，它也是反对绝对权威中央集权化的一种手段。② 马尔泽尔布和孟德斯鸠一样都极端厌恶专制主义，都希望法国能够免于它的蹂躏。不过孟德斯鸠小心翼翼地区分了君主制和专制主义；而马尔泽尔布认为"专制的君主制"并非是个不合逻辑的推论，因为"没有一个国王不喜欢专制主义"③。

如前一章所述，18 世纪 70 年代正是开明专制时兴的年代，叶卡特琳娜二世和腓特烈大帝都为开明君主树立了榜样。莫普加强中央集权的改革多少迎合了这一潮流，正因如此，推崇开明专制的伏尔泰才支持莫普改革。在开明专制的体制当中，君主个人的美德是关键因素。在莫普的逻辑中，君主正是英明、宽厚、仁慈的，他的绝对权威能够确保王国的安宁，因此他并不考虑对权威的限制。而马尔泽尔布提出："国王个人的美德不能保证在他统治期间他的王国免受彻底的破坏。"④在否定了开明专制的可靠性后，马尔泽尔布进一步指出莫普体制根本称不上开明专制，而是东方专制主义。他在流放期间曾论

---

① Pierre Grosclaude, *Malesherbes: témoin et interprète de son temps*, p. 282.
② Elisabeth Badinter, *Les «Remontrances» de Malesherbes*, p. 88. 对于买官制的问题，我们在 19 世纪的托克维尔那里又看到了相似的观点。他指出："当问题涉及法官时，买官鬻爵往往是有益的，因为好的司法的首要条件即是法官的完全独立；但是当涉及行政制度本身时，买官鬻爵却始终是有害的，在这里需要的是责任心、服从和热忱。"参见[法]托克维尔：《旧制度与大革命》，冯棠译，商务印书馆 1992 年版，第 83 页。
③ George A. Kelly, "The Political Thought of Lamoignon de Malesherbes", *Political Theory*, Vol. 7, No. 4, November, 1979, p. 487.
④ Malesherbes, *Remontrances de la cour des aides de Paris, du 18 février 1771*, p. 158.

述过这一问题。他区分了两种专制主义:一种是普鲁士的专制主义;而另一种专制主义权威的行使没有任何准则、不求助于司法的约束,类似于东方的专制主义,它比第一种专制主义更可憎,更令人难以忍受,而这正是法国当时的制度。①

以马尔泽尔布为首的法官与以莫普为首的大臣互相指责对方的群体想要独揽大权,王权所倚重的两派可治国安邦的穿袍贵族陷入了深深的分裂。马尔泽尔布强烈要求限制专制权威的观点在社会上广为流传,进一步加深了人们对于专制主义的恐惧。在这种反专制的思想土壤中,莫普的威权体制,尽管包含着一些合理化的改革因素,也难以生根。②

第三,关于司法权与行政权的关系问题。在马尔泽尔布与莫普关于专制主义的争论背后,隐含着他们更根本的分歧,即司法权与行政权二者的关系问题。在关于莫内拉案件的谏诤书中,马尔泽尔布表明法院有权监督包税人的行为,流露出司法权应在行政权之上的观点。而新建立的莫普体制则是要限制司法权,扩展行政权。在司法改革过程中,新巴黎高等法院(莫普法院)的司法权仅局限在首都附近,而且它完全听命于国王政府。在外省新成立的六所高级法庭更是易于控制:

> 高级法庭从其结构上来看永远不会提出高等法院的要求,它们之间没有联合起来的纽带,与高等法院也没有,它们是我们反对高等法院的一道有力的屏障;它们能避免外省停止服从,同时使之尊重王权的司法权……③

莫普不仅要降低法官的地位,同时也削减了其数量,他认为:

---

① Pierre Grosclaude,éd.,*Malesherbes et son temps*,pp. 67-68,75-76。马尔泽尔布并非不知道作为一个整体的高等法院存在这样或那样的缺点,但是两害相权取其轻,他无论如何也不能容忍不受限制的权威。他也承认应对高等法院进行一些改革,参见 Elisabeth Badinter,*Les «Remontrances» de Malesherbes*,p. 97。

② 其实对于专制主义的这种极端厌恶心理还直接影响了大革命初期的宪政建设。有学者指出,美国宪政是积极宪政的典型,而1791年的法国宪法是消极宪政的代表。法国人把注意力过分集中在限制政府的权力上,所以在1791年他们只解决了专制的问题,没有更好地赋予政府应有的权力。当危机到来时,法国1791年宪法不能维持政府的权力,导致政府被推翻,国家陷入动乱。参见 Stephen Holmes,*Passions and Constraint: On the Theory of Liberal Democracy*,Chicago:University of Chicago Press,1995。这种分析具有一定道理,回到莫普与马尔泽尔布之冲突的问题上来,马尔泽尔布对于莫普体制中专制主义的抨击虽然有理,但是对于如何解决当时君主制体制的危机,他也拿不出锦囊妙计。

③ Maupeou,*Mémoire de Maupeou à Louis XVI*,p.645.

大量的法官是国家的一个负担,而且法官的数量众多导致了法官以及他们提出的要求不受重视,从而使之致力于骚动,因此产生了无所事事、游手好闲的状况,在这种无所事事中,产生了焦虑和那些空洞的计划,这些都折磨着高法团体和王权。因此应该将高等法院缩减到必要的数量,以行使其职能。同样,还要迫使它们接受一项严格的纪律,一种隶属关系……①

种种措施都是为了使"最高司法权掌握在君主手中"②,其实也就是使一向独立的司法界变得驯服,服从于由大臣主导的国王政府。在这样的体系中实际上扩展了行政管理的影响与作用。

马尔泽尔布对国王的行政体系一直持怀疑、批判的态度。在抨击1770年12月的第一条法令时他指出,如果禁止巴黎与外省高等法院相联合,那就不能确保下情上达。他指出:"位于首都的法院拥有更多能接近君主本人的幸运",这些团体的首领"如果他们要反对某些明显不公平的东西,他们的声音将传达到整个区域并在其中形成骚动";而那些外省的法官并不具备这样的优势,"他们的抱怨总会被抱怨所针对的那些人拦截",因为外省送来的谏诤书不会到达国王手中,而且送到御前会议中的报告也是由那些掌握了武断权力的人呈交给国王,而人们反对的正是这些掌权者。③ 在此,马尔泽尔布婉转地指出行政长官和国王身边的权臣不会使外省法官进谏的渠道畅通,只有司法界联合起来,才能补救这种弊端。在流放期间,马尔泽尔布称法国走向了东方专制主义正是针对行政体系而言,认为它成了一种不受司法约束、免于一切控制的暴政,并建议实行行政改革。④ 流放结束后,马尔泽尔布撰写了1775年谏诤书⑤,它总结了其二十年来所捍卫的思想,其中尤为系统地阐述了法国行政制度的弊病。在他的论述中,专制主义直接等同于秘密的行政管理:

---

① Maupeou, *Mémoire de Maupeou à Louis XVI*, p. 645.

② Maupeou, *Mémoire de Maupeou à Louis XVI*, p. 607.

③ Malesherbes, *Remontrances de la cour des aides de Paris, du 18 février 1771*, pp. 153–154.

④ Pierre Grosclaude, éd., *Malesherbes et son temps*, pp. 67–68, 75–76.

⑤ *Remontrances relatives aux impôts*, 6 mai 1775. 其全名为 *Très humbles et très respectueuses Remontrances que présentent au Roi notre très honoré et Souverain Seigneur les Gens tenant sa Cour des Aides*. 这部谏诤书当时并没有立即公开传播,而是到1778年在外国印刷后传回法国,并成为"爱国主义"的主要作品。参见 Bazin, *Malesherbes ou la sagesse des Lumières*, pp. 151–152.

我们今天所反对的专制主义(le despotisme),是在您不知情的情况下,由行政管理的密使(émissaires)所实行的,陛下绝对不认识这些人。① 这种行政的最大弊端在于它的秘密性,公民的命运由那些监察官、包税人和财政官员秘密操纵。② 所有的决策都是秘密进行的,也不知道是哪位官员做出的决定。他甚至认为秘密的行政比专制主义更加恶劣:

> ……引入法国的这个政府比专制主义更有害,与东方的野蛮状态相符合:这就是秘密的行政。在这种行政体系中,在一位正直的君主的眼皮底下,在一个被启蒙的民族(Nation éclairée)中间,不公正的行为能够公然出现……行政管理的所有下属部门都建立在不公正的体系之上,可以没有任何依托,既不公之于众,也不求助于上级权威。③

这种行政体系的另一个恶果是中央集权主义(centralisme),那些监察官并不能拒绝国王的命令,他们也不能捍卫外省的利益。马尔泽尔布分析了司法与行政这两种力量发展演进的历史,提出古代的司法与行政并不分离,建议恢复这种古老的传统以防止行政权的滥用。尤其值得注意的是,作为一名法官的马尔泽尔布反复申斥行政的秘密性。在司法界,法官的谏诤书、律师的司法诉状都可以印刷传播,著名的案件总能引发法庭内外的公开辩论。因此,他希望行政管理也能够透明、公开,并接受司法的监督。要求公开性的马尔泽尔布与几次运用国王的密札流放法官的莫普显然格格不入。

莫普与马尔泽尔布对于司法与行政两种权力之关系的分歧,其实乃是法国君主制发展历程中长期面临的问题。法国君主制原本具有司法君主制的本质特征,即王权倚重于司法机构来管理王国的事务。然而,自16世纪以来,随着王权的发展,缓慢低效的司法管理日益不敷需要,国王政府便发展出行政体

① Malesherbes, *Remontrances relatives aux impôts*, 6 mai 1775, p. 202.
② 马尔泽尔布反对监察官、特派员、包税人、财政官员,莫普则攻击法官。这两派穿袍贵族在利益上本来就存在冲突。前者中只有一部分来自穿袍贵族世家,他们的利益是同国王的行政机构的利益相一致的。而后者,高等法院的成员为地方领主对农民的经济压榨提供法律保障,而且往往他们自己就有这种领地权。另外,地方行政长官作为国王税收的征集人,则有兴趣保护农村社会摆脱领主的索求。在高等法院和行政长官长期的冲突中这也是一个因素。参见[英]J.O.林赛编:《新编剑桥世界近代史》第7卷,中国社会科学院世界历史研究所组译,中国社会科学出版社1999年版,第301页。但同时,我们也应注意到,法官们也常常站在农民的立场上反对国家的苛捐杂税,比如,马尔泽尔布1775年的谏诤书正是在反对沉重的税收。
③ Malesherbes, *Remontrances relatives aux impôts*, 6 mai 1775, p. 206.

系来加强对国家的管理,政府常常派特派员、总督来代表国王执行任务。随着绝对君主制的确立、中央集权的发展,这套行政体系的权威越来越大,它与司法界的摩擦也越来越深。行政君主制的发展必然带有专制的因素,正如同孚雷所说,"在 18 世纪末叶的法国,被看作'专制的'东西,其实是行政君主制本身的进步"①。然而,行政君主制的进步就意味着司法君主制的衰落,意味着行政权侵蚀了司法权,这是二者相冲突的根本原因。此外,行政君主制的专制特征也不能被一向声称反对专制的司法界所容忍。

莫普打算建立的威权君主制可以说是行政君主制模式的极端化,而马尔泽尔布勾勒的自由君主制也正是以传统的司法君主制为底色的。这两种模式都有传统可循,莫普称:"陛下,法律的改革是一项与您的睿智相称的工作;它是路易十四的荣耀的一部分,它也将成为您的荣耀。"②而马尔泽尔布则呼吁人们返回到查理曼时代,重现古代的良好风俗。但他们的蓝图也都从当代汲取了灵感。研究者贝尔指出,莫普所采取的一系列镇压高法的举措都是从过去五十年来形成的"行政话语"中吸收的内容。它规定了对社会的管理是由一个单一的全能的权力实行,而无须借助自治的中介团体。如果这种话语不存在,很难想象莫普的策略。③ 马尔泽尔布的理论则更具有两面性。如研究者凯利所说,一方面,对他来说历史与传统很重要;另一方面,他看到了新奇事物的好处。④ 他反对秘密的行政管理,追求政治的公开性,这不仅超越了传统的范畴,甚至带有革命政治文化的特征。

第四,关于国王、政府与人民的关系。在莫普的报告书和马尔泽尔布的谏诤书中都涉及了君主及其政府与人民的关系问题。莫普在报告书中没有先谈及其当年司法改革的情况,而是首先论述公民的教育问题。⑤ 在其改革的蓝图中原本包括教育改革,因为他"发现社会链条始于教育,宪法的原则在儿童

---

① [法]弗朗索瓦·傅勒(又译孚雷):《思考法国大革命》,孟明译,生活·读书·新知三联书店 2005 年版,第 160 页。

② Maupeou, *Mémoire de Maupeou à Louis XVI*, p. 645.

③ David Bell, "How (and How not) to Write Histoire Evénementielle: Recent Books on Eighteenth-Century French Politics", *French Historical Studies*, Vol. 19, Fall 1996, p. 1179.

④ Kelly, "The Political Thought of Lamoignon de Malesherbes", p. 486.

⑤ 这里,我们应该注意到作为司法大臣的莫普其实也是教育大臣(Grand Maître de l'Université)。参见 Jacques de Maupeou, *Le Chancelier Maupeou*, p. 136。

期就生下了根,不断巩固,当人成熟了这些思想也成熟了"①。在他看来当时法国的教育状况是:

> 法国根本没有公民的教育。人们教育有才智的人,却几乎从不培育公民。……被行政管理的所有善行所包围,人们只感觉到行政所施加的沉重负担;因此这些埋怨声时刻准备着爆发……如果这种警告政府的指责声——它几乎总是荒谬的——受到启发,那只能产生傲慢与轻蔑;由此导致了对于公共权威之手段的憎恨;……人民,几乎总是被抛弃的,只知道政府的武力,知道政府遏制、镇压他们。②

为了补救公共教育中的这种弊端,莫普提出要通过教育使"公民懂得下命令但不傲慢,服从但不埋怨,既不夸大权威的权利,也不夸大服从者的不幸"。随着学生年龄的增长,教育者就要"更加详细地向他们阐明政府的性质、组织和行为",莫普这样设想的意图在于,使人民能够理解政府的作为,"最终是为了让他们用眼睛判断行政"。③ 一方面这是要培养顺从的民众,另一方面莫普确实也看出了当时问题的实质,百姓确实不理解政府的作为,因而也就不可能支持政府。莫普也不是完全漠视舆论,他雇用律师兰盖撰写文章宣传政府政策,这和他想改变教育的思想是一致的。另外,莫普的改革致力于摧毁高等法院这样的中间团体,以便使君主与人民直接相遇,那么政府要能够与人民沟通,就需要他所谓的公民教育。

在莫普的理论中政府肩负着教育、引导人民的职责,从而使人民理解政府。而马尔泽尔布指出,合法性来源于人民,人民的幸福乃终极目标:

> 人民的幸福总是目标和终点;上帝把王冠戴在国王们的头上,只是为了给臣民带来其生命的安全,其人身的自由,以及他们财产的安全保有。
>
> 这个真理铭刻在您和您的臣民心中,这是由神法和自然法产生的……各君主可能拥有或多或少的权力,但他们都拥有同样的义务。④

人民的幸福与民族的权利是马尔泽尔布的谏诤书论证的一条主线。在谏诤书中我们看到至少 15 次提及"民族的权利"或"人民的利益或事业"。在马尔泽

---

① Maupeou,*Mémoire de Maupeou à Louis XVI*,p. 602.

② Maupeou,*Mémoire de Maupeou à Louis XVI*,pp. 602–603.

③ Maupeou,*Mémoire de Maupeou à Louis XVI*,pp. 604–605.

④ Malesherbes,*Remontrances de la cour des aides de Paris*,du 18 février 1771,p. 156.

尔布的理论中,人民(le peuple)、公众(le public)和民族(la nation)几乎是可以相互替代的概念。传统上公共和民族都是由君主所代表的,在马尔泽尔布这里,此二者已经成了和君主相分离的概念了,而且公众和民族都在国王之上。研究者巴丹泰甚至称马尔泽尔布建立了他自己关于国王和民族之间简单的契约的理论。① 马尔泽尔布虽然也提及上帝将王冠戴在国王头上,但这种神圣性是建立在确保人民的福祉之上的,人民才是王权合法性的真正源泉。他甚至对国王说:"您的权威服从于臣民的意志,您也将从中受惠。"至此,马尔泽尔布已经掏空了绝对君主制的神权思想,发展出了自由君主制。这一自由君主制的首要目的就是保护臣民的生命安全、人身自由和财产权。依马尔泽尔布之见,作为中间团体的高等法院和间接税法院,其主要职责就在于保护个体,尤其是弱小者,因为他坚信"人道居于一切法律之首"。② 在莫内拉案件中,马尔泽尔布为了受害者的自由与权益而发出抗议;在1771年的谏诤书中他称"法院是那些软弱者与不幸者的唯一保护人";在1775年的谏诤书中,他又明确指出:"我们是人民的保护人,我们要恳求的是您的正义。"③把正义归还给人民,也是马尔泽尔布反复论述的一个主题。马尔泽尔布的传记作者巴赞称,对这位大法官来说"正义比国王的满意更加重要"④。研究者凯利曾指出:马尔泽尔布试图在国王、法院和人民之间建立一个完美的三角,并希望由一套根本法来保障司法的公正。⑤ 在这个三角之中,国王要以人民的利益为重,王权要受到高等法院的制约,因为高等法院代表着人民或者说民族。⑥ 或许我们可以说,这就是其自由君主制的核心内容。

在莫普的体制中个人的自由不占据任何位置,如果说他要捍卫什么的话,那首先是秩序。他在报告书中多次提及防止无序、混乱、无政府状态的出现。然而,"在不公正和秩序之间,马尔泽尔布从不犹豫"⑦。莫普也并非全然不关

---

① Elisabeth Badinter, Les «Remontrances» de Malesherbes, p. 83.

② Pierre Grosclaude, Malesherbes: témoin et interprète de son temps, p. 232.

③ Malesherbes, Remontrances relatives aux impôts, 6 mai 1775, p. 190.

④ Bazin, Malesherbes ou la sagesse des Lumières, p. 140.

⑤ Kelly, "The Political Thought of Lamoignon de Malesherbes", p. 496.

⑥ 马尔泽尔布在流放期间曾写道:"他们是高等法院的成员,但他们也有责任将自己视为民族的领袖"。参见 Pierre Grosclaude, éd., Malesherbes et son temps, p. 78。

⑦ Elisabeth Badinter, Les «Remontrances» de Malesherbes, p. 113.

心大家的利益,但这要靠君主的美德与仁慈来实现:

> 但是在君主制中,君主——他不可能比法令更严格——可能减缓其严厉性,并像父亲那样惩罚违反正义的行为。如此的宽厚是君主制的一个美德,这改变了此种政府的性质……大家的利益要求存在这样一种权力,在某些情况下,纠正法律可能惩罚的东西,它能使绞刑台和犯人身上的烙印都处在合适的位置上……①

与莫普要引导人民不同,马尔泽尔布认为民族是被启蒙的了。这一分歧使他们对书报检查、公众舆论都有不同的判断。莫普建议"建立新的书报检查秩序……使精神服从规则"②。众所周知,马尔泽尔布在担任书报检查官期间,采取了极为宽松的措施,他甚至保护了《百科全书》等启蒙著作的出版。对他来说,舆论是不需被限制的,相反,权威应该接受舆论的监督。他曾指出:"在一个统治良好的国家中……所有拥有最高权力的人都应服从三种限制:法律的限制,求助于更高一级权威的限制,公众舆论的限制。"③

正因为马尔泽尔布将民族、舆论的权威置于王权之上,所以在原巴黎高等法院被废黜的情况下,他提出召开三级会议。④ 而对于三级会议,莫普有他的看法。据记载勒布伦在报告中提出要召开三级会议,对此,莫普回应道:"三级会议只是在动荡时期不幸召开。因此,预防措施在君主们的头脑之中。我们更喜欢与我们所了解的困难作斗争,而不是跳入我们没有探测过的苦海深渊之中。"⑤

小　结

马尔泽尔布与莫普二人在穿袍贵族中都属于颇具才干、励精图治之辈,他

---

① Maupeou, *Mémoire de Maupeou à Louis XVI*, p. 631.

② Maupeou, *Mémoire de Maupeou à Louis XVI*, p. 606.

③ Malesherbes, *Remontrances relatives aux impôts*, 6 mai 1775, p. 204.

④ Pierre Grosclaude, *Malesherbes: témoin et interprète de son temps*, p. 239; Antoine, *Louis XV*, p. 931.

⑤ Jacques de Maupeou, *Le Chancelier Maupeou*, p. 74。关于三级会议莫普还认为它是鲁莽、大胆的。其中,"贵族领主野心勃勃、相互分裂,教士强大,第三等级软弱……",参见 Robert Villers, *L'organisation du Parlement de Paris*, p. 35。

们都力图捍卫君主制,但实际上却走到了相反的方向上去。莫普的改革计划旨在"重新建立形成社会链条的各个环节",这可以概括为斩断那些有害的纽带、链条,同时恢复有益的、被折断的社会链条。各高等法院联合的思想和买官制正是他所认为的有害的链条。而对马尔泽尔布来说联合起来的高等法院是君主与人民之间的缓冲带,它可以使下情上达,构成一个完美的三角。同样,买官制在马尔泽尔布看来可以维持司法界的独立精神。笔者以为,莫普与马尔泽尔布争论的最终焦点是:谁能代表民族、保护民族免于暴政的侵害?莫普认为是君主,而马尔泽尔布认为是高等法院。马尔泽尔布想要的是自由(消极自由),莫普想清除政府行为的制度与习俗上的障碍。莫普要破除团体主义,而马尔泽尔布认为团体是反对专制主义的屏障。莫普强调的是国家机器的正常运转,是政府的效率,这是行政君主制历史发展中追求的目标;而马尔泽尔布则要求正义、对弱小者的保护。莫普强调的是秩序和君主制的权威,而马尔泽尔布更着迷于一些抽象原则的价值。在某种程度上可以说马尔泽尔布是个理想主义者,他是启蒙哲人的同盟军;而莫普是个不折不扣的现实主义者,他曾告诉他的秘书勒布伦,他无意被视作"哲人们的同类或是一个上了他们当的人"。① 法国君主制的发展中一直存在两种声音:从国王倚重何种力量治国来看,可分为司法君主制与行政君主制;而从思想发展来看,有加强王权的思想,也有贵族自由派的思想发展脉络。他们二人的争论正应放在这种历史的维度中来审视。

至于如何评价他们为旧制度末的法国君主制所设定的两种发展方向,并不仅仅是谴责莫普、颂扬马尔泽尔布那样简单。此二者都有回归传统的一面,但也都有符合时代要求甚至超越其时代的一些东西。莫普司法改革中的很多计划——这些计划很可能源自勒布伦——到拿破仑时代才得以实现,而且这套体系成了整个19世纪司法机构的基础②,因此可以说莫普的改革有使国家机构合理化、现代化的因素。然而,莫普以密札强迫法官服从、不经审讯就流放法官并没收其财产的做法,是以牺牲个体的基本自由与权利来解决冲突、挽救危机。在启蒙运动的大背景之下,在强调捍卫自由与权利的时代,这种不顾

---

① Jacques de Maupeou, *Le Chancelier Maupeou*, p. 75.
② Flammermont, *Le Chancelier Maupeou*, introduction, p. vi.

个体权益——不仅是践踏了法官的权益,在莫内拉案中莫普也表现出了对于普通个体的漠视——来换取中央集权的威权模式并没有发展空间。马尔泽尔布所倡导的珍视个体自由、限制专制权威、以人民的幸福为政府统治目标的精神原则至今仍有价值。但是,他所推崇的国王、法院与人民之间的完美三角关系没有给行政体系足够的空间,这似乎是要退回到古老的司法君主制的时代。然而,在法国君主制中行政权与司法权长期相冲突的局面并不是能够轻易解决的。而且在马尔泽尔布的自由君主制的模式当中,过分倚重高等法院这个以贵族为主体的机构,但这个机构并非没有维护自身利益的一面,这一点马尔泽尔布私下里也承认。所以,他的改革模式也不能挽救君主制结构上的危机。更值得注意的是,这两位司法大贵族(以及他们所代表的圈子)的冲突不仅不能挽救当时政府的危机,反而加速了旧制度的崩溃。莫普以自己的行动告诉世人传统是可以打破的;马尔泽尔布在大力抨击莫普的过程中所倡导的思想已经掏空了君主制的神圣性,并提出了反对秘密行政、以舆论监督最高权威等新原则。可以说,此二者使法国君主制产生内在分裂的同时,也都给未来的革命政治文化指引了方向。

第八章　引发舆论战的莫普改革

莫普改革的激进行为迅速成为巴黎街头巷尾议论的话题,并在外省也引起了强烈的反应。支持高等法院的"爱国党"(parti patriote)发出强烈的抗议,政府一方也为改革进行辩护性的宣传,这两个阵营产生了激烈的舆论战,引发了所谓的"笔战"(guerre de plume)或"小册子战争"。① 双方争论的焦点乃是高等法院的斗争是否具有合法性? 民族与君主的关系是怎样的? 组织政府的正确方式为何? 双方都力图证明自己的原则是正确的。这场舆论战成为历史学家们在研究莫普改革时关注的焦点,其中公众对于这一事件持何种态度乃是人们谈论最多的问题。大部分研究者认为公众几乎一边倒地支持被流放的法官,哈德森则论证了公众舆论对莫普改革的争论逐渐变得冷淡。② 对于这个问题,我们认为,从路易十六重建高等法院时的言论(他称重建高法是普遍的意愿)、从时人的回忆录、从流放法官回归时的庆祝场面,都可以看出高等法院赢得了公众较多的支持和普遍的同情。③ 然而,人们的这种同情之心并不代表他们就完全接受"爱国党"一方的舆论宣传与意识形态。其实,在这场舆论战中公众同时受到双方阵营的影响。对于公众来说,并不需要完全接受

---

① 勒布伦提到了笔战的说法,参见 Charles-François Lebrun, *Opinions*, *rapports*, *et choix d'écrits politiques*, p. 39。

② David Hudson, "In Defense of Reform"。1771 年春爱国党的作品达到最初的高潮,1772—1773 年逐渐衰落,1774 年开始复苏,到 11 月达到新高潮,老高法重建后迅速衰落消失。哈德森据此指出公众已经对高等法院漠不关心。但辛根姆等人则认为,这更多可能是因为政府的高压政策和反抗者因被捕而面临的经济压力造成的。

③ 我们认为支持和同情这两种态度是有差异的。对于同情高法者而言,他们可能认为高等法院存在种种弊端,但是法官们一旦被剥夺了财产、被流放到荒芜的地区,他们便开始同情这些司法贵族。"这一切都是随着同情不幸的心灵而产生的",时人便已做出这样的判断(参见 Joël Félix, *Les magistrats du Parlement de Paris*, *1771—1790*, pp. 43—44)。但是,这种同情可能会随着法官们的回归而消失。

一种意识形态,而抛弃另一种意识形态,他们并不需要做出这样的选择。我们想要强调的是,两派思想都有可能在公众的心中留下印记,很多东西可能会在他们的头脑中产生新的综合。更为重要的是,双方对于政府统治原则的争论,是在鼓励人们去怀疑、去探询这些他们从来不敢去考虑的问题。

在笔者看来,这场舆论战可以视作马尔泽尔布与莫普之争的延续,但是其中又有了些新鲜、微妙的东西出现。莫普与马尔泽尔布毕竟都是司法大贵族,而在这场舆论战中唱主角的则是律师。他们的见解与诉求与这两位司法大贵族存在一定的差异。支持高等法院的爱国党的某些著作已大大超出了高等法院立宪主义的范畴;而对于号称"莫普高等法院之鹰"的兰盖来说,一旦他所推崇的君主专制的路行不通,他便希望由第三等级自己来代表自己。《莫普革命》一书的作者埃切维里亚认为,是舆论战中独立于两派的第三种势力获得了最后的胜利,而我们更强调在这两大阵营中都有一些新的势头在潜滋暗长,它们借助这场舆论战宣传发展了自身。埃切维里亚指出:1770—1774 年与 1787—1789 年的思想模式是明显不同的,但何以发生这样深刻的差别他却并不知晓。① 所谓的第三种势力何以在此时胜出? 或许,我们可以在这场舆论战中寻找动力。它把平时不会引起讨论的问题突然摆在了大众的面前。另一个值得注意的问题是,在对莫普改革的判断上,启蒙运动产生了分歧。舆论战的双方都运用常见的启蒙运动学说来阐述自身的观点,这场冲突其实也表明了启蒙运动内在的张力与矛盾。因此,本章还要解决的一个问题是,支持和反对莫普的两方与启蒙运动存在怎样的关系。

第一节　支持高等法院的"爱国党"及其舆论宣传

一、"爱国党"的构成

1771 年的事件促成了大革命前法国历史上绝无仅有的一次宣传战。根

---

① Echeverria, *The Maupeou Revolution*, p. 298. 埃格雷［Egret, *La Pré-Révolution française* (*1787—1788*), Paris:PUF, 1962］曾提出民族党(parti national)乃是新生政治力量, Kenneth Margerison 则进一步论证了这一观点(*Pamphlets and Public Opinion: The Campaign for a Union of Orders in the Early French Revolution*, West Lafayette:Purdue University Press, 1998)。但笔者认为,这种新的政治力量并不是到 1787—1788 年才冒出来的,我们应在更早的阶段寻找它的起源。

据德罗兹的估算,当时出现了 500 种作品,其中四分之三是反对莫普的。① 在巴黎高等法院的法官们被流放后不久就出现了一个支持高法的"爱国党"。② 它并非是拥有一套特殊的意识形态的现代政党,而是被莫普改革激起的声势浩大的政治上的反对力量。只要憎恶莫普政府、欢迎流放法官回归的人都可以被宽泛地称为爱国党。因此,"爱国党"的成分相当复杂,有亲王、律师、法官、文人、冉森主义者。③ 作为整体的"爱国党"比较年轻,大部分在 35—45 岁之间。④

与高等法院休戚相关的法官、律师在爱国党中发挥着积极作用是理所当然的,而以孔蒂亲王为首的王亲贵戚也在舆论战中起着领导作用,这值得我们注意。其实,孔蒂亲王与巴黎高等法院的联合由来已久。国王的堂兄弟孔蒂长期在外交事务以及高等法院和教士的争端中充当国王非正式的顾问;他曾对结束高等法院在 1753 年 5 月至 1754 年 9 月的长期流放起到了重要作用。但在 1756 年,孔蒂与国王的关系却走向了破裂,这一半是出于外交政策上的原因,一半是因为国王在国内明显采取了反对高等法院的措施。⑤ 1771 年 4 月,以孔蒂为首的五位亲王共同提出了反对莫普改革的抗议书⑥,并很快广为

① Joseph Droz, *Histoire du Règne de Louis XVI pendant les années où l'on pouvait prévenir ou diriger la Révolution française*, Tome I, p. 30.

② "爱国党"的出现也与爱国主义(le patriotisme)观念的流行相关。在旧制度末年,爱国主义指的是对于共同体或国家的爱,它成为一种美德,甚至可以说是首要的美德。参见 Peter R. Campell, "La rhétorique patriotique et le monde parlementaire", dans Alain J. Lemaître(dir.), *Le monde parlementaire au XVIIIe siècle*, pp. 194-195。

③ 关于"爱国党"的社会成分,埃切维里亚认为是很难界定的(Echeverria, *The Maupeou Revolution*, p. 38)。而在这方面辛根姆的论文做了大量的工作。但是她把哲人、受雇佣的穷文人也都算作爱国党,似乎欠妥。因为在笔者看来,哲人始终和爱国党保持着一定距离,而受雇佣者更像是爱国党的工具,而非真正的爱国党。

④ Singham, "Vox Populi, Vox Dei: Les Jansénistes Pendant la Révolution Maupeou", *Chroniques de Port-Royal*, No. 39, 1990, pp. 181, 198.

⑤ Van Kley, *The Damiens Affair and the Unraveling of the Ancien Régime, 1750 —1770*, pp. 64-65。勒布伦在回忆文字中也指出,孔蒂亲王在高等法院和国王之间协调、沟通,他是同情法官的。参见 Charles-François Lebrun, *Opinions, rapports, et choix d'écrits politiques*, p. 38。

⑥ "Les Protestations des Princes du Sang"(Avril, 1771), dans Mathier-François Pidansat de Mairobert éd., *Les efforts de la liberté et du patriotisme contre le despotisme du sieur Maupeou, chancelier de France, ou Recueil des écrits patriotiques publiés pour maintenir l'ancien gouvernement français*, Tome I, Londres, 1775(document électronique, BNF), pp. 1-16.自福隆德运动以来,亲王们基本保持克制,而在莫普改革期间他们发出了抗议。亲王的抗议书中反复强调要保留贵族的权利。

流传。孔蒂亲王还利用他所掌控的圣殿(孔蒂亲王是马耳他骑士团的世俗领袖,骑士团在巴黎有一块地盘被称作圣殿)来保护爱国党作品的出版。最为成功的《莫普先生的私密通信》(*correspondance secrète et familière de M. Maupeou*),在1771—1773年间陆续出版,很可能是在圣殿印刷的。[①] 除孔蒂亲王外,奥尔良公爵的表现也很活跃。亲王的支持具有突出的意义,他们反莫普改革的行动与以往秘密谋划的宫廷政治并不相同,因为它采用了公之于众的抗议书的形式。

在法官被流放后,律师就成了一支越来越重要的力量,他们在抗击莫普改革的运动中扮演了关键角色。从社会出身来看,律师是内部成分庞杂的群体,其经济状况也各不相同,巴黎的律师中有四分之一的人生活在贫困之中,而另四分之一的人则相当富有。[②] 他们一般都不是来自贵族家庭,律师的人生经历多是反映了社会的向上流动。因此,即使一些富裕的律师也与巴黎的中下层甚至下层有着密切的关系。当律师们进行罢工的时候,他们对巴黎人民的亲近感进一步增强了。18世纪70年代的警察局文件称,律师是巴黎的反抗队伍中最危险、最激进的部分。[③]

有些下层人民可能是出于自身的经济利益而支持法官。巴黎和外省的法官都对地方经济起着重要作用,他们向沿街叫卖的小贩和仆人提供工作。对于一些商人来说,巴黎的法官们是他们重要的消费群体。据研究,法官是奢侈品的主要消费者。[④] 因此,法官被流放危及了这些人的生计,他们从自身的经济利益出发也站在了高等法院一边,从而壮大了"爱国党"的声势。

如果再根据其信仰来区分,我们会发现在爱国党中冉森派也扮演了关键性的角色。冉森派的灵魂人物勒佩日撰写了大量抨击莫普的小册子。[⑤] 不仅勒佩日参与其中,众多的冉森派也都表现活跃。1772年1月,一位名为德·

---

① Durand Echeverria, *The Maupeou Revolution*, p. 23.

② Sarah Maza, *Private Lives and Public Affairs*, pp. 56, 89.

③ Singham, "A Conspiracy of Twenty Million Frenchmen", p. 169.

④ Hudson, "In Defense of Reform", pp. 57—58.

⑤ Singham, "Vox Populi", p. 184; Maire, "Port-Royal: The Jansenist Schism", in Pierre Nora (ed.), *Realms of Memory*, Vol. I, p. 329. 从拒绝圣事的丑闻到反抗莫普的小册子战争,勒佩日编写了不下七十种应时之作,几乎都与1752年至1772年间巴黎高等法院的斗争有关。参见 Van Kley, *The Damiens Affair*, pp. 146—47; Maire, *De la Cause de Dieu*, pp. 404, 407, 413。

麦豪伯(Pidansat de Mairobert)的新闻传播者①甚至称冉森派转变成了"爱国党":"当耶稣会士在法国消失之后,冉森主义失去了其最大的价值及其真正的兴趣,它转变成了爱国党……它还是一如既往地喜欢独立,以无可匹敌的勇气与教皇的专制主义斗争;政治专制主义并非一个可以让人不太讨厌的祸害;现在这个党要用它在其他类型的斗争中已派不上用场的能量全力以赴地朝这个敌人进攻。"②

并非所有的"爱国党"都是冉森派,但不可否认,冉森派是"爱国党"中的中坚力量。据研究,在莫普改革期间因传播"爱国党"作品被捕者中至少三分之一是冉森派,正是他们负责巴黎几乎所有的散发网络。③ 冉森派为什么要冒险投入到针对莫普改革的政治反抗中去?既然拒绝圣事事件早已成为过去,冉森派的头号敌人耶稣会士也已经在1764年被逐出了法国,那么冉森派为何依然在政治运动中冲锋陷阵呢? 其实,冉森派的重重顾虑并没有随耶稣会被取缔而消失,莫普对于耶稣会士的同情一直令他们深感不安。④ 比如,高等法院的一位冉森派法官德·圣文森(Robert de Saint Vincent)怀疑是耶稣会士操纵了激起法官们罢工抗议并引发了莫普改革的1770年12月法令,并指责莫普是他们的代理人。还有爱国党人声称莫普要建立"国家莫利纳主义"(State Molinism),甚至怀疑莫普打算召回耶稣会士。⑤ 莫普的新高等法院中的教士推事多数由反冉森派的巴黎主教所推荐⑥,他们都是同情耶稣会士的,因此冉森派对亲耶稣会分子在新体制下扮演的角色十分不满,这也更加重了他们的疑虑。其次,冉森派承担着支持高等法院的义务。正是高等法院一直

① 达恩顿称他是18世纪最有名的新闻传播者(nouvelliste),专门收集有趣的新闻。参见 Darnton, "The News in Paris: An Early Information Society", in *George Washington's False Teeth*, New York: W.W.Norton & Company, 2003, p. 37。

② Van Kley, "Du Parti Janséniste au Parti Patriote", *Chroniques de Port-Royal*, No. 39, 1990, p. 115.

③ Singham, "A Conspiracy of Twenty Million Frenchmen", p. 241.

④ Jacques de Maupeou, *Le Chancelier Maupeou*, p. 54.他喜欢耶稣会士可能只是因为他们是高等法院的敌人,参见此书第71页。

⑤ Echeverria, *The Maupeou Revolution*, pp. 45-46; Singham, "Vox Populi, Vox Dei", p. 185.需要指出的是,冉森派的始作俑者冉森的思想是对耶稣会士莫利纳(Molina, 1535—1600)之神学理论的回应,莫利纳主义认为,在上帝的恩惠起作用的情况下人的意志仍是自由的,这样,他就能够在上帝恩惠与人的意志之间求得调和。

⑥ Van Kley, *The Religious Origins of the French Recolution*, p. 275.

在保护冉森派并驱逐了耶稣会士。现在唯一能保护他们的法官们遭受流放，他们理应挺身而出。还有，当看到王亲贵戚走在了反抗队伍的前列时，普通的冉森教徒也不怕支持"爱国党"了。最后，或许也是最深层的原因，如果不存在一个强大的敌人的话，如果不加入到斗争中去的话，冉森派可能就失去了相互维系的纽带。事实证明的确如此：1764 年驱逐了耶稣会士后，冉森派在高等法院的权力便逐渐衰落①，它似乎失去了宗教上存在的基础。但是，反抗莫普所建立的新体制的斗争重新赋予了冉森派宗教与政治上的使命感，使他们能够团结一致、共同斗争。然而，当 1774 年莫普倒台、原高等法院得以重建时，"作为一支积极力量的冉森主义已经消失了"。② 因为，成功挫败莫普改革后，冉森派也就失去了其政治上存在的理由。③

　　通过从不同角度分析爱国党的成分，有助于我们理解这样一个事实：即存在着深刻社会差别的人群何以能够成为反莫普的同盟军。其一，存在律师这样一个能够连接贵族法官和下层劳动人民的团体；其二，冉森主义的信仰因素也充当了一种社会的黏合剂。而且，恰恰律师是与冉森派结合得最为密切的。根据大卫·贝尔的研究，到1700 年，律师的领袖们已经接受了热忱、严肃的冉森主义。④ 冉森派何以会在律师界有如此大的影响呢？ 现在这仍是一个较难回答的问题，我们只能做出一些推测。首先，冉森派的领袖阿尔诺的先人几代都是大律师，其家族在司法界很受尊重。凭借阿尔诺家族在司法界的人际关系，冉森派在创始之初就有可能在律师中传播。其次，据一位冉森派法官在大革命之后的解释：自 1650 年以降，很多人都拒绝进入神学院，因为这要求他们在一份反冉森派的文件上签字。因此这些因同情冉森派而进入不了教会的人便步入了巴黎的律师界。⑤ 这种解释也具有一定的道理。再次，许多律师都受过奥拉托利会（Oratoire）的教育，而它正是耶稣会在教育方面的对手，当时

---

①　Swann，*Politics and the Parlement of Paris*，p. 70.

②　Maire，"port-royal"，p. 331；Maire，*De la cause de Dieu*，p. 375.

③　除了因为丧失了敌手，冉森派势力的消退还在于重建后的高等法院与冉森派产生了距离。这是因为高等法院对冉森派在莫普改革期间所释放出的激进主义感到恐慌，如今，法官们转而与主教们形成了空前的联合。参见 Doyle，*Jansenism*，p. 82。

④　David Bell，"Safeguarding the Rights of the Accused"，in Van Kley ed.，*The French Idea of Freedom*，Stanford：Stanford University Press，1994，p. 243.

⑤　David Bell，*Lawyers and Citizen*，p. 73.

许多奥拉托利会会员都表示同情冉森主义。① 律师们所受的这种教育无疑也会促使他们支持冉森派。

二、爱国党的言论传播与秘密出版

18世纪的法国人对信息有着大量的需求,他们尤其对宫廷里发生的事情感兴趣。② 皮埃尔·盖索特甚至称:"实际上18世纪染上了一种怪病,人们对于各种流言蜚语、信笔写就的趣闻轶事有着无穷无尽的兴趣"。③ 当时的一位著名律师塔尔盖也指出:"我们法国人需要信息,就像每天需要面包一样。"④ 虽然当时法国也有官方的报刊,比如《法国公报》(Gazette de France)、《学者杂志》(Journal des Savants)等,但是其内容根本无法满足公众的好奇心。除了咖啡屋、小酒馆与沙龙外,王宫(Palais-Royal)的花园、杜伊勒里公园、卢森堡公园等场所也是人们交流小道消息、议论时事的地方。这些公共空间都为"爱国党"传播其反政府言论提供了便利条件。而在莫普改革发生后,位于市中心的巴黎高等法院所在地成了城中最热闹的地方,人们在那里集会、闲谈、发呆以及从事各式各样的反对活动。⑤

在反抗莫普的斗争中,"爱国党"懂得利用律师团体的组织与纪律规范,还善于组织秘密出版匿名的小册子,他们印刷并散发的小册子多达500种。⑥其中有些小册子就是高等法院的谏诤书和决议。在莫普政府的严密监控下,这些小册子竟在巴黎及周围的郊区被印刷和分发。那么"爱国党"的秘密出版事业何以能够获得成功呢?首先,冉森派具有从事秘密出版的传统,拥有丰富的经验。比如,早在18世纪20年代末,在弗勒里对冉森派的高压政策下,诞生了冉森派的秘密周刊《教会新闻》(Nouvelles Ecclésiastiques,1728—1803)。

---

① [英]J.O.林赛编:《新编剑桥世界近代史》第7卷,中国社会科学院世界历史研究所组译,中国社会科学出版社1999年版,第150页;Michel Mourre, *Dictionnaire Encyclopédique d'Histoire*, Paris, 1978, p. 3263。

② 对于这一问题,罗伯特·达恩顿进行了大量的研究,尤其值得关注的是他于2000年发表在《美国历史评论》上的《一个早期信息社会:18世纪巴黎的新闻与媒体》("An Early Information Society:News and the Media in the Eighteenth-Century Paris")一文。

③ Pierre Gaxotte, *Paris au XVIIIe Siècle*, Paris:Arthaud, 1968, p. 157.

④ "Lettres d'un homme à un autre homme sur les affaires du temps"(Mai 1771), dans Pidansat de Mairobert éd., *Les efforts de la liberté et du patriotisme*, Tome I, p. 195.

⑤ Sarah Maza, *Private Lives and Public Affairs*, p. 56;Singham, "A Conspiracy", p. 138.

⑥ Van Kley, "Du Parti Janséniste au Parti Patriote", p. 117.

这份秘密报刊价格低廉(只有 6 苏左右),且发行量很大,有 6000 份之多。更为惊人的是,警方一直未能将它的秘密印刷、传播系统破除。这是因为该报有一套精密的传播体系,即使警方偶尔破获其中的一个小分支,其他部分也能继续不受影响地良好运作。[①] 如今"爱国党"把冉森派运作《教会新闻》的方式运用到反莫普的文学传播中,自然能收到良好的效果。另外,"爱国党"中有王公贵族、有被流放法官的亲属,因此"爱国党"的核心成员是具有经济实力的,他们可以雇用那些为经济利益驱动的穷人们印刷传播"爱国党"的作品。比如有些贫穷的妇女就是出于经济上的目的而成了传播"爱国党"非法读物的媒介。这样便扩大了传播网络。警察们想要抓住这些印刷、散发者从而消灭他们的出版、传播网络,却往往徒劳无功。其实那些散发者也常被抓获,但这些人被捕后总是三缄其口,不供出他们所属的网络。典型的冉森派在狱中祈祷、阅读并等待上帝的决定来释放他们。[②] 冉森派牺牲和殉难的精神风气,结合二十年来形成的非法出版和散发反抗文学的网络,便确保了巴黎人总能获得"爱国党"的小册子。

对在莫普改革期间因反对莫普被捕的人士成分进行分析,有助于我们更好地理解"爱国党"的成分,尤其是其中下层成员。辛根姆在这方面做了精细的研究。"爱国党"中的精英成员较少有被捕的,重要的作者勒佩日、奥雅尔、塔尔盖等人都被保护起来了,免于被捕。这与并不支持莫普的巴黎警察总长萨尔丁(Sartine)对其领导成员的保护有关,此人与孔蒂亲王等人关系良好(正是这位警察总长保护了圣殿)。[③] 总的来说,警方并没有什么大的斩获,他们抓到的都不是什么重要人物。[④] 根据辛根姆对巴士底狱的档案材料的分析,在 1771—1773 年间有超过 100 人因参与反对莫普的活动被捕和被质询。警察的注意力主要集中在那些制造反动文学的人,以及那些印刷、出版、写作和散发的人身上。另外,他们也逮捕那些发表了恶性言论(mauvais propos),尤其是直接反对国王言论的人。1771 年夏和 1772 年夏、秋,"爱国党"的出版

---

① 关于《教会新闻》的出版、传播,参见 Van Kley, *The Religious Origins*, pp. 94-96;Maire, "Port-Royal", p. 328。

② Singham, "A Conspiracy of Twenty Million Frenchmen", pp. 190,241.

③ Singham, "A Conspiracy", pp. 163,165-166,170,193;Antoine, *Louis XV*, p. 931.

④ 哈德森指出,警方抓了不少兜售小册子的人,但从未抓到过任何作者或印刷者,参见 Hudson, "In Defense of Reform", p. 59。

物相当多,所以被捕者也很多。① 对于这些被捕者,有的会在条件最恶劣的监狱中被关押上几年,有的则被流放,但是大部分会被关押3—6个月,并向国家交少量罚金。总之,与莫普想要严厉追捕反抗者的愿望相比,警察对"爱国党"的惩处是较轻的。这主要是因为大部分的案件都是有关书籍的违法行为,而在过去的二十年中对这类犯罪处理宽大,这是马尔泽尔布担任书报总监的结果。②

发生在1771—1774年间的爱国党运动,正处于旧制度末年的历史过渡环节,它连接着18世纪五六十年代的冉森派—高等法院的政治抗议和法国革命前夜的"爱国主义"。爱国党的运动虽然短暂,但是这一抗议运动却造就了具有冉森主义特色的革命政治文化,它对即将来临的法国革命有着深刻的影响。此种革命政治文化首先表现出冉森派严肃、苦行的行为准则。冉森主义与高等法院都推崇一种素朴、严肃、克己的精神,反对耶稣会士道德感的松弛。这种精神在18世纪70年代的反抗中表现得更加突出,几乎成了一种新型的革命伦理学。冉森派的小册子作者揭露法国人肤浅、无聊的特征,并要求人们重视爱国主义的新态度。③ 在冉森派的伦理学中,反对下流的幽默、玩笑和肤浅的感官快乐,珍视严肃的态度、苦行的生活以及牺牲的精神。这样的精神追求为舆论宣传、政治辩论增添了严肃性。冉森派的苦行与牺牲精神,鼓励人们在斗争中坚守原则、毫不妥协,以正义与爱国之名忍受贫穷、流放以及其他种种意想不到的悲惨境遇。冉森派一向声称他们听从良知的指引,他们为之奋斗的事业是正义的、合法的,因此在这样的事业中是不允许妥协和放弃的。在莫普改革期间,许多律师都以罢工的形式表示反抗,但他们中的一些人迫于生计不得不向莫普体制妥协而重操旧业,这些人受到了其他爱国党人的羞辱与嘲笑。与之相反,一些虔诚的冉森派将坐牢视为殉道,在他们因传播秘密文学而被捕时拒绝向警察透露任何消息。在冉森派不妥协的原则背后有他们的宗教精神作为依托,这种宗教精神在"爱国党"的政治中留下了深深的印记。我们可以说冉森派在某种程度上使当时的政治斗争具有了神圣化的色彩。

---

① Singham, "A Conspiracy", pp. 163–164.

② Jones, *The Great Nation*, p. 265.

③ Singham, "Vox Populi, Vox Dei", p. 187.

三、"爱国党"所宣传的思想

爱国党人广泛散播谏诤书、高等法院的判决（arrêts）、决议（arrêtés）、巴黎与外省的各种法院所起草的信件，既有手抄本，也有印刷本。理论上，这些是致国王的官方请愿书，而实际上，它们是用来劝说公众的，是各种团体的公开声明，它甚至在呈递给国王之前就已经公之于众了。第七章所分析的马尔泽尔布致路易十五的谏诤书即是如此。"爱国党"的作品可以粗略分为三类：第一类是对被流放的法官、坚持罢工的律师给予道义上的支持，鼓励他们坚持到底；第二类为讽刺、诽谤性的文字，挖苦莫普高等法院法官平庸无能、私德不淑、无法胜任司法工作；第三类为政治哲学著作。

"爱国党"常常标榜法国历史的一些特殊性（或者说法国君主制的特色），但同时他们也把法国放置在当时欧洲的大背景下考虑，以叶卡特琳娜二世和腓特烈大帝为自身辩护。要知道，此二者都是开明专制的代表，而莫普的倾向则是更为接近这种开明专制的。但在爱国党人的笔下，此二者都成了他们自己的同盟军（在马尔泽尔布关于专制的区分中，也是明确将开明专制与东方专制主义区别开的，他认为莫普的是东方专制主义，而非开明专制）。当时出现了分别题为"俄国女皇为高等法院辩护"（1771 年 6 月）和"匈牙利女王和普鲁士国王为高等法院辩护"（1771 年 12 月）的两篇文章。前一篇文章颂扬了叶卡特琳娜二世的政府，并指出她在 1767 年的指令中建立起了根本法、中间权威，而且法庭能够反抗那些有违新法典的敕令。文章称"看到有理性的人们赞同这样一种观念是可耻的，即国王是其王国的主人，他罢免法官，就像假发师撵走他的伙计们"。① 作者声称叶卡特琳娜二世曾如是说：

> 从属于最高权威的中间权力机构（les pouvoirs intermediaires）构成了政府的本质特征……
>
> 一个国家的根本法，必然规定了我的统治方法，也就是说，君主的权力是源自法庭的……
>
> 应该有一个法律的保管机构（un dépôt des loix），这个保管机构只能是政治团体，当法令被制定时它来宣布法令，当法令被遗忘时它来使人们

---

① "Le Parlement justifié par l'Impératrice de Russie, ou lettre à M. ＊ ＊ ＊" (juin 1771), dans Pidansat de Mairobert éd., *Les efforts de la liberté et du patriotisme*, Tome I, pp. 84-85.

想起这些法令……①

作者针对莫普一方抨击原司法体系混乱复杂、效率低下,而如此声辩:

> 很多人抱怨司法裁判的时间冗长、手续繁多;他们错了,因为正是这些时间与手续确保了公民处于独立自主的状态,保护了他的财产和自由。孟德斯鸠先生曾经这样说,而叶卡特琳娜二世则被这一真理的确凿性所说服。②

显然,在这篇文章中作者借叶卡特琳娜二世之口重复了孟德斯鸠和勒佩日的观点,仿佛高等法院的立宪主义思想已经在俄国的一代明君那里得到了实践。

第二篇文章声称要把腓特烈大帝对于统治的想法引入到法国来,并认为这可以为高等法院的行为辩护。③ 作者称普鲁士国王坚信"一个王国从代表民族、保管法律的政治团体那里获得了大大的益处";而且"国王在谴责宠臣的行为的同时,为法律的保管团体进行了彻底的辩护,因为它的所有罪责都在于维护法律,这也是为了维护王权"。④ 针对莫普政府宣称其所作所为是与普鲁士的开明君主的行为相一致的,文章作者辩解道:

> 的确,这位君主在他的国家中所做的正是莫普在这里所做的;但是这位君主在这样做的同时承认他的错误;他没有激起其国家中的所有等级反对他;他没有以赶走人民的保护人并剥夺其法令的形式来嘲弄人民……总之,如果说他建立了专制主义,那么他也承认这一点;但他的人民没有遭到过度的捐税的压榨,没有被各样的烦恼所摧残。在他那里,专制主义是法律上的,而非事实上的;而在我们这里,它几乎是一种事实……⑤

在以往的高等法院与政府的争论中,二者常常援引历史、传统为自身辩护,而现在又加入了现实的参照。之所以这样做,文章作者透露出了他的初

---

① "Le Parlement justifié par l'Impératrice de Russie, ou lettre à M. * * * ", p. 90.

② "Le Parlement justifié par l'Impératrice de Russie, ou lettre à M. * * * ", p. 91.

③ "Le Parlement justifié par l'Impératrice Reine de Hongrie, et par le roi de Prusse" (Décembre 1771), dans Pidansat de Mairobert éd., *Les efforts de la liberté et du patriotisme*, Tome IV, p. 199.

④ "Le Parlement justifié par l'Impératrice Reine de Hongrie, et par le roi de Prusse", pp. 202, 204.

⑤ "Le Parlement justifié par l'Impératrice Reine de Hongrie, et par le roi de Prusse", pp. 204-205.

衷："我们对于在司法大臣—国王与众高等法院之间寻找仲裁者感到很为难"①,因此,这位爱国党作者要把叶卡特琳娜二世、腓特烈大帝(作者承认他是两篇文章的共同作者②)当作衡量莫普改革的仲裁者。这表明靠传统来为自身辩护已经不能满足需要,因为莫普一方也同样是善于利用传统的,因此他们又展开了对于"时代潮流"的争夺。爱国党作者又借两位开明君主的口吻重复了高等法院关于自身乃是"法律的保管者、民族之代表"的传统理论,让理论与现实结合在了一起。这样,高等法院的行为不仅是符合传统理论的,更是合乎潮流的。此外,作者还使读者注意到了事实与理论间的差距:虽然莫普并不承认自己专制,但事实上他实行了专制主义;与之相反,腓特烈大帝虽然在理论上建立了专制主义,但事实上人民不会感到这是专制的。

在大量反对莫普的作品中,更为重要的则是讨论法律的权威、君主制的限度以及自由问题的政治学方面的著述。塔尔盖③于 1771 年所撰写的《一个人就时下问题致另一个人的信》是这方面论证有力、令人信服的一部作品,它以九封通信的形式讨论了当时重要的政治问题。作者以一个普通人自居,他称自己不是推事、律师或检察官,也并非这些人的亲朋好友,他是出于公益来谈论这些问题。④ 作者在第一封信开头就批评法国人只有团体精神、没有真正的公民,号召大家关心公共事业:

> 法国人,每个人都被归了类,人人都有自己要从事的职业;人人都有团体精神,几乎没有别的精神了。如果您去某个地方,您会发现一名神甫、一名征税官、一名指挥官、一名法院的推事、一名批发商,而几乎没有一名公民。⑤
>
> ……
>
> 我愿意只看到一个民族、一个家庭,兄弟们实际上拥有共同的利益与共同的权利。那么这些共同的利益与权利是什么呢? ……作为人,他们

---

① "Le Parlement justifié par l'Impératrice Reine de Hongrie, et par le roi de Prusse", p. 205.

② 根据埃切维里亚的研究,这位作者是律师 André Blonde(1734—1794)。参见 Echeverria, *The Maupeou Revolution*, p. 40。

③ Guy Jean Baptiste Target(1733—1806),是巴黎高等法院的一名律师,当时他仍在罢工;他日后成了国民制宪议会中的领袖人物。

④ "Lettres d'un homme à un autre homme sur les affaires du temps", *Les efforts de la liberté et du patriotisme*, Tome I, p. 135.

⑤ "Lettres d'un homme à un autre homme sur les affaires du temps", p. 130.

的生命、自由是他们共同的东西,作为公民,荣誉、社会地位及财产是他们的权利;作为臣民,他们从属于政府与君主本人。①

在此,塔尔盖抨击了团体精神,而这正是旧制度的一个根本特征。他希望处于不同团体、不同类别的人结成一个民族、一个家庭,大家拥有共同的权利与利益。在高等法院的传统思想中等级秩序与团体都是要维护的东西,高等法院本身就是最大的一个团体。法官们希望由这个特殊的政治团体来代表整个民族,而如今塔尔盖提出了处于不同团体的人要结成一个民族、一个整体。虽然他仍然称,作为臣民要从属于政府与君主,但臣民的身份已经排在了公民的身份之后,并强调荣誉、社会地位与财产是公民共同的权利。而作为公民,就应该关心公益,关心国家大事。在塔尔盖看来,虽然 12 月法令涉及的"只是穿袍贵族的事务",但目前人们应该把它看作是关涉自身利益的事情。② 在谈到穿袍贵族时,作者的评论相当微妙:

> 通常,穿袍贵族像其他人一样关注自身,他们为了自身的荣誉与特权而努力斗争,而为我们的权利的抗争就比较轻微。这样做不对……在我看来,我们应该原谅他们的那点团体精神,因为这是很普遍的一种精神……③

在此,我们发现,塔尔盖对贵族的评价与高等法院传统的捍卫者有了很大的差异,他开始批判穿袍贵族的缺点,但同时又希求公众能够原谅他们的缺点。在谈到高等法院与三级会议之关系时,塔尔盖认为高等法院只拥有有限的权力,它不能代表三级会议,尤其在税收问题上它更不能取代三级会议。④此外,他还追述了高等法院的历史、分析了免费司法等当时讨论较多的问题,而对于团体精神的批判无疑是塔尔盖最为核心的思想。

当时最具影响力、颇为大胆的一部作品是《法国公法原理》(*Maximes du droit public français*,1772,1775)。这部 700 页的著作乃是梅伊神甫在布隆德和莫尔特罗的帮助之下完成的。在某种程度上,此书是对莫普危机的一个回应,它旨在劝说公众支持召回原高等法院。它汇集了所有人为法、自然法、历史、哲学方面能够驳斥专制主义的论断,书中举出了一长串引自权威著作的例

---

① "Lettres d'un homme à un autre homme sur les affaires du temps", pp. 133-134.
② "Lettres d'un homme à un autre homme sur les affaires du temps", pp. 134-135.
③ "Lettres d'un homme à un autre homme sur les affaires du temps", pp. 135-136.
④ "Lettres d'un homme à un autre homme sur les affaires du temps", p. 202.

子,这些事例都是颂扬人民、贬低国王的,历史学家卡卡松因此称"《法国公法原理》构成了一部真正的革命精神的百科全书"①。梅伊、布隆德和莫尔特罗都是冉森派理论家,书中时常运用出自教会会议至上论、里歇主义、冉森主义、高等法院立宪主义的各种原则,以论证民族享有最高统治权。此外,此书不再提及君权的神圣性;相反,竟力图表明"应是国王为人民,而非人民为国王"②。他具体论述道:"国王只是一个代表,他受人民委托统治国家,他应将自己的精力甚至生命都献给公益,所有的重担都落在他身上,但好处属于王国。"③《法国公法原理》为召回高等法院法官而作,但在论述中越走越远,它大大削弱了绝对君主制的神学基础,树立了民族和人民的崇高地位。

在国王与民族及人民的关系问题上,德·劳拉居埃伯爵(Comte de Laura-guais)在 1771 年出版的《法国公法摘要》(Extrait du droit public de la France)中表达了更激进的观点。他指出,法国的国王最初是由选举产生,国王是为国家服务的,他要确保王国内每个臣民的安宁并保护他们的财产;可以说国王与人民之间存在相互的誓言,也可以说民族和国王之间存在一个协定:"您在这些条件约束之下当国王,我便忠于您,如果您背离了这些前提条件,我将是您的评判者"。④ 可见,在德·劳拉居埃伯爵心目中,民族高于国王,一旦国王违背了对于民族或人民的誓言,便毫无尊荣可言,要接受民族的审判。面临莫普改革,作者抛出这样的观点,既是为了敦促国王顺应民意召回法官,同时也旨在表达其限制王权的理论。

第二节　捍卫莫普改革

面对"爱国党"所掀起的舆论宣传,莫普政府也采取了应对措施。首先,国王政府禁止印刷、出售、散播有关财政改革和行政管理的书籍,警方严密控

---

① Elie Carcassonne, *Montesquieu et le problème de la constitution française au XVIIIe siècle*, Paris: PUF, 1927, pp. 430, 436.

② Joynes, "Jansenists and Ideologues", pp. 312, 317.

③ Joynes, "Jansenists and Ideologues", p. 318。Joynes 对《法国公法原理》进行了详细的分析。

④ Hélène Dupuy-Brégant, "Le roi dans la Patrie", *Annales historiques de la Révolution française*, Année 1991, Numéro 284, p. 146.

制秘密出版物和"恶性"言论的传播。① 在最初的一年中,种种防备几乎都是徒劳的,总会有大量的支持高等法院的小册子通过各种渠道展现在公众面前。但是,1772 年夏、秋后秘密出版物的确慢慢减少,这说明官方的限制起到了一定作用。当然,更为重要的是,政府还进行了舆论反击战。② 莫普周围也集聚了一些人才,比如,前文所提到的司法大臣的秘书勒布伦。勒布伦称他参与了宣传写作并校订了多种著述。③ 另外,还有官方史家莫罗、著名律师兰盖为莫普效力。伏尔泰也是莫普改革的拥护者,他的态度也起到了为政府宣传的作用。与高等法院的支持者相比,政府方面舆论宣传的优势在于,不必借助秘密出版,可以堂而皇之地公开宣传。它也不必鼓动人们采取抵制行动,只需接受新的变化。官方渠道的著名出版物有《法国公报》《政治新闻》(*Journal Politique*)等。现在,高等法院与政府双方都在求助于公众舆论这一新型权威,这说明公众对政治问题享有了最高的裁夺权力。

从具体的"小册子战"来看,莫普这边的笔杆子们采取了和对方相似的策略,也以理论阐释为主,辅以谩骂与讽刺。莫普一方的主要论点是高等法院的不正当要求威胁到了国王的合法权力。唯有君主才能确保人民的幸福,在一位国王的统治下,政府的政策原则才更具一致性。国王才是人民的唯一代表,不能以高等法院来监督君权。④ 另外,莫普的辩护者们还攻击高等法院的贵族立场,力劝律师们恢复工作。

"爱国党"一方非常善于借助历史阐释高等法院权力来源的合法性,而莫普一方也从历史角度予以回应,双方展开了一场对于历史表述的争夺战。官方作者们认为,对于早期历史中的那些会议,当时的人们所知甚少,可能也无从知晓,日耳曼人与高卢人都未曾充分描述过他们的制度。⑤ 总之,对于前卡佩时期集会的描述是不可靠的,这些机构与高等法院或三级会议都不相同,无

---

① Keith Michael Baker, "Introduction", *Historical Reflections/ Réflexions Historiques*, Vol. 18, No. 2, Summer 1992.

② 法国政府具有进行舆论宣传的传统,这一传统大约可追溯至 17 世纪。长期以来,大臣们雇用律师、卖文为生的文人来为政府宣传。政府还在咖啡屋、公园和社交场所传播其观点。七年战争期间政府就做过攻击英国的宣传。

③ Charles-François Lebrun, *Opinions, rapports, et choix d'écrits politiques*, p. 39.

④ Echeverria, *The Maupeou Revolution*, pp. 127–130.

⑤ Hudson, "In Defense of Reform", p. 66.

论如何没有充分的证据证明这些古代的机构能够有效地限制君主的权威。有一位小册子作者,引用了一些与 12 月法令第三条非常相似的先例。作者称,1566 年由司法大臣德·洛皮塔尔颁布的穆兰敕令(*L'ordonance de Moulins*)中包含着一些类似的条款,有一条规定国王在听取了谏诤之后可以命令注册;1641 年黎世留要求高等法院在八天之内谏诤,否则视为法令已被注册;1718 年曾强加给高等法院一条如同 12 月法令一样具有限制性的条款。① 总之,莫普的宣传家们想证明过去的统治者们对高等法院就像路易十五一样严厉,约束高等法院是国王政府长期以来的传统。下面我们就以官方作家莫罗和兰盖为例分析政府的宣传,并进一步发掘他们的思想与司法大臣之间的差异。②

一、莫罗——官方史学家

国王政府首先求助于律师雅格布-尼古拉·莫罗(Jacob-Nicolas Moreau),于是他成了最主要的反对高等法院的理论宣传家。莫罗生于 1717 年,其父是勃艮第的一名坚定的冉森派。17 岁的莫罗被送到巴黎,在冉森主义的中心之一博韦学院(Collège de Beauvais)接受教育,凭借其父的关系,莫罗进入到了首都的司法圈子,并于 1741 年获得了律师资格(1746 年开始担任辩护律师)。③ 与同时代的很多人一样,莫罗是在关于《乌尼詹尼图斯谕旨》的争论和拒绝圣事事件的冲突中培养了自己的政治意识。但与其他冉森派律师不同的是,在 18 世纪 50 年代的政治争论中,莫罗没有跻身于冉森派—高等法院的阵营,而是变成了绝对王权的热情支持者,因为在他看来,冉森派与高等法院的原则威胁到了公共权威与社会秩序。莫罗的观点很快引起了政府的注意,到 18 世纪 50 年代末他已经成了受政府雇用的笔杆子和法律顾问。④ 他参与协助拉穆瓦尼翁、布尔茹瓦·德·布瓦纳(Bourgeois de Boynes)、西维埃特和

①　Hudson,"In Defense of Reform",p. 61。如今,米歇尔·安托万是运用相类似的方法为莫普辩护,参见 M. Antoine,"Sens et portée des réformes du chancelier Maupeou"。

②　此外,官方著名写手还有 Bouquet 和 Gin,他们都是律师。参见 David Bell, *Lawyers and Citizens*,p. 200。

③　Keith Baker, *Inventing the French Revolution*,p. 59.

④　Keith Baker, *Inventing the French Revolution*, pp. 60–61;Swann, *Politics and the Parlement of Paris under Louis XV*,p. 184。自 1759 年起莫罗开始依附于政府。他在 1760 年左右曾写道,高等法院的意见变成了流行的偏见。参见 Carcassonne, *Montesquieu et le problème de la constitution française au XVIIIᵉ siècle*,p. 394。

贝尔坦等大臣草拟国王的答复,或写作非官方的小册子,来抨击高等法院不合理的要求。① 1763 年左右,政府委托莫罗负责监管文献保管处,该机构的存在是为了给那些致力于研究法国历史和公法的人提供便利。在莫罗的指挥下,文献保管处的收藏日益丰富。此时,莫罗实际上成为官方的史学大臣,1774年正式获得"法兰西史官"(Historiographe de France)的称号。② 高法法官对莫罗则已经相当敌视,视之为危险的反高法宣传家。③ 当莫普改革刚刚开始之际,莫罗就参与其中。有资料显示,在 1771 年 1 月高等法院与政府僵持不下之际,莫普曾向达吉永公爵寻求帮助,而后者献出了一份由莫罗起草的解决危机的计划。1 月 19—20 日行动的一些内容可能是由莫罗构想出来的。莫罗也正是帮助司法大臣建构新法院的助手之一。④

我们在前文多次提及勒佩日的影响,其实莫罗当时也享有很高的知名度,他和勒佩日分属两个阵营,成为在王权—高法的政治冲突中难分伯仲的两个人物。由于出身于冉森派家庭并接受了冉森派学校的教育,莫罗非常了解具有冉森主义底色的爱国党及其舆论宣传的套路。他认为高等法院阵营的成功之处在于动用司法论证与历史事实反对政府,求得公众的支持,政府也应以同样的策略应对。于是,作为官方史家的莫罗,也积极致力于搜集法国历史资料,通过运用历史资源来捍卫君主制。

莫罗于 1773 年出版了《道德、政治与公法讲义》,在这本 200 页的书中他勾勒了从克洛维到路易十四时代的历史,评述历代君主的作为,阐释君主制的准则。他试图"通过历史证明,在法国,一旦我们的国王不再强大和绝对,财产就不稳定,人民的自由就不可能实现"。⑤ 爱国党一方的灵魂人物勒佩日也

---

① Swann, *Politics and the Parlement of Paris under Louis XV*, p. 232.

② Elie Carcassonne, *Montesquieu et le problème de la constitution française au XVIIIe siècle*, pp. 518-519; Dieter Gembicki, "Jacob-Nicolas Moreau et son «Mémoire sur les fonctions d'un historiographe de France»", *Dix-huitième Siècle*, n° 4, 1973, pp. 192-193.

③ Baker, *Inventing the French Revolution*, p. 66.

④ Swann, *Politics and the Parlement of Paris under Louis XV*, pp. 348, 352. 卡卡松称,即使莫罗没有修改 12 月法令,他也参加了 1771 年重建外省高法的行动,并参与了司法大臣的计划。参见 Carcassonne, *Montesquieu et le problème de la constitution française au XVIIIe siècle*, p. 518。

⑤ Jacob-Nicolas Moreau, *Leçons de morale, de politique et de droit public, Puisées dans l'Histoire de notre Monarchie*, Versailles: De l'imprimerie du département des affaires étrangères, 1773, pp. 200-201.

常常喜欢追溯历史以证明高等法院行为符合古代君主制的原则,他所撰写的
《关于高等法院基本职能的史学信札》(在书中,勒佩日将注册权的起源追溯
到了克洛维时代)和《关于御临高等法院的信札》都遵循了这样的逻辑。勒佩
日常常将君主制的传统上溯到法兰克王国,十分推崇法兰克时代的一些做法。
在这个问题上,勒佩日承袭了孟德斯鸠的观点,后者也认为法国的君主制起源
于法兰克时代。莫罗与勒佩日明显不同,他更欣赏罗马时代的制度,认为法兰
克王国的君主从罗马的制度中汲取了养料:

> 殿下,您应该知道公法是罗马人在各省确立的:因为您将很快发现
> (同时我自以为能向您证明),即使我们的祖先带来了一些蛮族的习俗,
> 但我们还是从罗马人——他们已经统治了半个已知的世界如此长的时
> 间——明智的制度中得到了理性、人道与好的法律。高卢的新征服者最
> 好怎样做呢? 他已经完成了征服;但他想要统治:他已有军事力量,但缺
> 乏统治工具。他从被征服人民那里借来了这些工具。他发现一套良好的
> 机制已经确立了。罗马的皇帝们放弃了管理:克洛维抓住了它,并将自己
> 视为他们的继承者。①

这就是说法国君主制的一些制度、原则是起源于罗马的(伏尔泰也支持
这样一种观点)。法国君主制究竟起源于法兰克还是罗马,在当时来说绝非
仅是个历史问题,而是关涉遵从法兰克模式还是罗马模式的问题。对于勒佩
日所代表的爱国党而言,作为法国君主制起源的法兰克制度是具有神圣性的;
而对于莫罗来说,法兰克人带有一些蛮族的传统,他们的好的制度是从罗马吸
收而来的。罗马模式意味着君主的旨趣具有法律效力,政治改革只能由国王
及其大臣来推动;法兰克模式则具有限制王权的倾向,承认中间团体至关
重要。

莫罗在肯定法国君主制中的罗马因素的同时,也不断阐释成为好君主的
前提条件。他指出:"统治并不意味着享受愉悦,而是要使他人愉悦;它意味
着要给他人带来造物主的恩惠,并捍卫社会的正义……选择并执行这样的原

---

① Jacob-Nicolas Moreau, *Leçons de Morale, de politique et de droit public*, pp. 32–33. 另外需要
指出的是,此书的卷首献辞表明它是献给王太子的。莫罗得到了王太子(即路易十五之子)的赏
识,后者请莫罗教导自己的儿子们。参见 Carcassonne, *Montesquieu et le problème de la constitution
française au XVIIIe siècle*, p. 519。

则就是我们所谓的公共管理(Administration Publique),引导这种管理原则的科学与法律就是我们所谓的公法。"①在此,莫罗没有提及国王的神权,也没有将国王比作慈父,而是突出了要使被统治者感到愉悦。在后文的论述中,他甚至还提出了人的不可让与的权利、人民的自由幸福:"经过这些考察,您将深信人的不可让与的权利,这些权利是所有社会之真实、根本的原则……在考察了我们历史上各个时期政府的性质之后,您将会寻求一种能永远存在下去的政府,以使国王强大,人民自由且幸福。您将注意到一个民族的公法永远不会武断,因为自然权利是它的基础。"②在莫罗的逻辑中,自然权利是公法的基础,而公法又引导着政府的公共管理,因此依据公法统治并不会武断、专制。

莫罗此书要告诫未来的统治者,如今法国国王不能仅占据王位而无所作为,必须成为一个积极参与统治的君主,就像早期历史上的法国国王一样,否则就不能从臣民那里赢得敬意。他认为,只有有作为的君主才能维护秩序,捍卫人民的自由。此书出版于莫普改革期间,字里行间流露出塑造开明君主的意味,为君主的绝对权威辩护,并认为这样的权威并非专制。1774 年 1 月,莫罗又撰写了《论君主制与专制主义的差异》(*Des différences de la Monarchie et du Despotisme, ou lettre à M.de L.C.*)。其中他区分了绝对权威与专断权威的差异,并界定了君主制的特性:其一,"有一个一直存在的法律团体,它向民族保证来维护政府必定要保护的权益";其二,"在君主的监督之下,法官团体必须负责维护和统一执行这些法律,这个团体所能做的只是提醒君主,指出法则的缺陷以及执行中的弊端"。③ 从这些字句中我们能发现孟德斯鸠的影子,而且莫罗也强调在政府中对权威的制衡,但是莫罗认为这个中间团体并不具有任何独立的传统,在法国从未有这样一种中间权威,它能根据其根本法坚决阻止君主的行为。正如卡卡松所说:"莫罗支持的是罗马式的君主制,他使所谓的中间团体变得软弱无力。"④这实际上是对高等法院法官们的反抗行为及思想理论的否定。

---

① Moreau, *Leçons de Morale, de politique et de droit public*, pp. 24–26.

② Moreau, *Leçons de Morale, de politique et de droit public*, pp. 146–147.

③ 转引自 Elie Carcassonne, *Montesquieu et le problème de la constitution française au XVIIIe siècle*, pp. 520–521。

④ Elie Carcassonne, *Montesquieu et le problème de la constitution française au XVIIIe siècle*, p. 524.

二、兰盖——"莫普法院之鹰"

律师西蒙-尼古拉-亨利·兰盖（Simon-Nicolas-Henri Linguet, 1736—1794），也是莫普改革的坚定支持者，他甚至被称为"莫普法院之鹰（l'«aigle» du Parlement Maupeou）"。[①] 兰盖出生在一个冉森派家庭，然而他却是支持耶稣会士的。1762 年，他在巴黎散播支持当时刚被镇压的耶稣会士的小册子。[②] 在其早期出版的理论著作中，他建构了一种家长式君主制的政治体制模型，其中有一个全能的统治者进行管理，减少反抗，保护臣民的财产与生命安全。他承认，他要用自己的理论教给有影响力的同时代人一种解救危机重重的君主制的艺术，将之从不可逆转的腐败、分裂中拯救出来。[③] 1764 年，他出版了一本题为《论在法国司法管理和民法领域进行改革的必要性》（*Nécessité d'une réforme dans l'administration de la justice et dans les lois civiles en France*）的小册子。其中，他提出应该废除"这一系列的司法机关，它们逐渐使诉讼当事人坠入深渊，最后往往将他们的幸福消磨殆尽"，并应该使初等法院具有全国范围的司法管辖权。[④] 他认为改革是必须的，如果国家不进行改革便会灭亡，就如同一棵未被好好修剪的树会死亡一样。他相信改革后的司法体系将会更有效，对所有有产者都能起到保护作用。总之，之所以要立即进行司法改革就是要保护第三等级中的有产者。在这本书中，他还表示反对在经济、政治及社会层面的贵族复兴，期望加强法国国王和第三等级中有产者之间的政治联系。[⑤] 1766 年，他又出版了一本《罗马帝国变革史》（*Histoire des révolutions de l'Empire romain*）。因为这本书，他被视作为古代暴君辩护，但实际上，他拥护的是一位能够压制贵族特权、保护平民安全的全能君主。[⑥] 从中我们可以发现兰盖也

---

① Jean Cruppi, *Un avocat journaliste au XVIIIe siècle*, *Linguet*, Paris：librairie Hachette, 1895, p. 254.另外，兰盖在巴黎莫普法院中非常活跃，他口才出众，几乎出现在所有重要的审判中，仅 1773 年一年中，他出场 17 次，赢了 13 场，成为当时最著名的律师。参见 David Bell, *Lawyers and Citizens*, p. 153。

② Levy, *The Ideas and Careers of Simon-Nicolas-Henri Linguet*, pp. 9–11.

③ Levy, *The Ideas and Careers of Simon-Nicolas-Henri Linguet*, p. 6.

④ 转引自 Jean Cruppi, *Un avocat journaliste*, p. 43。

⑤ Levy, *The Ideas and Careers of Simon-Nicolas-Henri Linguet*, pp. 26–28.

⑥ 兰盖甚至认为只有在中东（孟德斯鸠认为的政治专制主义的典型地区）才能发现其理想的社会——家长君主制的绝对主义。他认为所谓"专制的"亚洲社会才是走出历史循环的出口。参见 Levy, *The Ideas and Careers of Simon-Nicolas-Henri Linguet*, pp. 29, 63–64。

与莫罗相似,拥护一种罗马模式的君主制。与莫罗相比,他更以第三等级有产者的代言人自居,处处考虑如何保护这一群体的利益,并厌恶享有特权的司法贵族团体。

在莫普改革来临之际,兰盖也恰恰处在一个关键的位置上。1770 年 2 月,兰盖同意接下了达吉永公爵的案子,为之充当辩护律师。自此他便成了支持莫普改革的宣传者。为了支持泰雷的行政管理原则,1770 年兰盖出版了《有关民法理论的信札》(Lettres sur la Théorie des lois civiles)。兰盖的出发点是,所有的政治权力、法令和所有权实际上都是源于行使武力、源于暴力和篡夺,而且无论神权和人的权力对其都不能进行道德上的制裁。因此,"君主拥有并行使权威是因为他们拥有之……没有法庭可以裁决他们"。① 他称,今天这个世界充满了某些哲学虫豸、经济学虫豸,他们是从《论法的精神》中繁衍出来的,他们从这本书中汲取了营养,习惯于谈论"自由""政治制度""权力的制衡"。兰盖指责孟德斯鸠的弟子们不是人民的保护者,不是民族的供养者,而是"贪婪的秃鹰",捕食并撕毁民族。② 对于兰盖来说,当时的法国正经历着政治信任的乱局:公众盲目信任高等法院,而人民与国王政府之间的信任却遭遇危机。他要用手中的笔效力政府,为莫普和泰雷的政策辩护,强化国王与人民之间的政治纽带,弱化民众对于高法法官的精神支持,割断二者联系的纽带。

1771 年兰盖又撰写了一个仅仅 8 页的小册子,题为《对于善良法国人的忠告:一个公民致法国各高等法院的谦卑的谏诤书(节录)》。莫普改革期间,法官们的谏诤书广泛传播,兰盖则将自己的小册子定位为普通公民写给法官们的谏诤书,向他们力陈与国王政府对抗的危害。他指出:"在承认有抗议权的同时,也应该承认这一权力不是没有限度的";"一个坏大臣(甚或一个坏国王)是一座燃烧的火山,但与君主相竞争的高等法院则是民族永久的祸患"。③ 兰盖深深质疑高法法官们的权威来源,他质问道:"你们的权威源自何处? 谁赋予了你们这样的权威! 是民族赋予的? 难道民族想要服从于两个主人? 是

---

① Echeverria, *The Maupeou Revolution*, p. 170.

② Levy, *The Ideas and Careers of Simon-Nicolas-Henri Linguet*, pp. 94-95.

③ Linguet, *Avis aux bons Français, ou Extrait d'une brochure, intitulée, Très-humbles remontrances d'un citoyen aux Parlements de France, en 1771*, 1788(Reprod.), pp. 1, 3.

法律赋予的？根本不存在你们要捍卫的根本法。"①在此，兰盖攻击的是高等法院法官以民族之代表自居的言论以及他们捍卫根本法的思想。在小册子的结尾处，作者这样告诫高等法院成员：

> 如果你们的动机像你们所宣称的那样纯洁，请从这个迷醉的时刻清醒吧……你们为法国准备了怎样的未来！你们认为有必要战胜权威，而这将为我们制造一个苦难的源泉。你们竖立的这个元老院（sénat）、你们所贬低的王权，此二者将会永远互不相容的斗争，直到宪政变质，让位于专制主义或无政府状态……你们将促使这个悲惨的事件发生！你们的名字——不幸，很有名——将被记入我们的大事记中！而人民——这些充满野心的政治斗争的牺牲品，只能呻吟着你们的名字。何等的荣誉！这样的荣誉为法国人又做了什么？
>
> ……智者们还有真正的爱国党们，请最终屈从于君主的权力吧……②

在此，兰盖是以人民的口吻向法官们和爱国党人发出呼吁，请他们停止与王权的争斗、臣服于王权。在他看来，人民永远是贵族与王权冲突的牺牲品，为了人民的利益必须服从国王政府，这才是明智的爱国之举。他一向反对贵族的野心，寄希望于享有绝对权威的仁慈君主，认为强大的君主才能保障臣民的自由与安全。

兰盖长期与高等法院为敌，憎恨穿袍贵族。他与高等法院的矛盾由来已久，在18世纪60年代，他就主张国王政府的行政工作和司法改革必须包括对于高等法院特权的严格限制。在其早期的职业生涯中，兰盖就指出法国的司法机构屈从于贵族复兴的利益，这给平民的财产带来了巨大的威胁。在兰盖的思想中，国王的利益是与第三等级相一致的，而贵族是这两者之间的障碍，是他们应共同对付的敌人。当国王及其大臣所进行的挽救君主制、捍卫人民利益的改革失败之后，另一种选择就是革命。1774年9月，兰盖在致鲁博（Roubaud）神甫的信中明确表达了这一思想。③

---

① Linguet, *Avis aux bons Français*, pp. 3-4.

② Linguet, *Avis aux bons Français*, p. 8.

③ Levy, *The Ideas and Careers of Simon-Nicolas-Henri Linguet*, pp. 120, 258.

兰盖对大臣改革事业的支持并没有随莫普改革的终结而结束,他依然不断地进行宣传,力图使高等法院丧失声誉与政治影响,并重组法国的行政。1777—1792 年的 15 年间,兰盖利用他所创办的《18 世纪年鉴》杂志(*Annales politiques*,*civiles*,*et littéraires du dix-huitième siècle*)来宣传自己的方案,他要解救在意识形态层面濒于瓦解的君主制。这个杂志不仅利用一切机会来攻击高等法院,更成为诞生各种新鲜政治词汇的试验室。他不仅坚决反对贵族,还教育第三等级如何辨别自身的权利,并更好地捍卫自身的利益。1789 年,他已经成了第三等级的领袖,他声称自己不再是个体的保护人,而是人民大众的保护者。[①] 兰盖从一个王权拥护者变为革命者的过程,看似吊诡,实则有其自身的逻辑,这一过程对他来说并不漫长。

第三节　舆论战与启蒙

一、阵营双方与启蒙运动的关系

在舆论战的两个阵营中,我们发现启蒙运动陷入了矛盾甚至分裂:孟德斯鸠的著作被当作"爱国党"的旗帜、马尔泽尔布也常被视为启蒙哲人的同盟军;而伏尔泰却为维护绝对君主制的莫普一方辩护。双方也都运用常见的启蒙运动学说来阐述自身的观点。对此我们可以说,这场冲突表明了启蒙运动的张力和矛盾,在这个至关重要的政治问题上,启蒙陷入了分裂;但也可以从另一个角度看:即双方都在向启蒙运动靠拢,如果我们仍然承认存在一个统一的启蒙运动的话。我们可以说两派分别在不同的层面有与启蒙思想相一致的地方。下面我们就具体阐释双方与启蒙运动存在怎样的关系。

从"爱国党"一方来看,一方面某些爱国党人的著述吸收了启蒙思想,另一方面某些沙龙——沙龙正是启蒙运动的阵地之一——也支持着爱国党人的事业。埃切维里亚指出:"一部分爱国党染上了哲学病。"比如,杜布莱夫人(Mme. Doublet)著名沙龙中的客人都是冉森派,或者是高等法院的人,"他们并不炫耀其哲学上的自由思想,但他们却默默地实践之"。[②] 在这个沙龙中,

---

① Levy,*The Ideas and Careers of Simon-Nicolas-Henri Linguet*,pp. 242−243,247,249.

② Echeverria,*The Maupeou Revolution*,pp. 54−55.

人们讨论搜罗来的信息,然后汇集成新闻信札贩卖到外省。① 另一个例子是,1771 年在德·拉·费尔泰-安博夫人(Mme. de La Ferté-Imbault)——著名沙龙女主人若芙兰夫人(Mme. Geoffrin)之女——周围成立了诙谐文学协会(l'ordre des Lanturelus),其首要任务就是嘲笑、挖苦刚刚取代了旧法院的莫普高等法院。②

爱国党人常常出入沙龙高谈阔论,同时,他们的著作中也往往浸透着启蒙精神。前文所论及的《法国公法原理》蕴含着革命精神,其论调已和启蒙思想十分接近。而撰写于莫普改革期间(当然也是为了抨击莫普而作)的小册子《公民读本》(Catéchisme du citoyen,1775),更是体现了卢梭的精神原则。这一匿名著作应该说是爱国党人作品中最为激进的一部,它曾被大臣卡隆称为最具煽动性的小册子之一。③ 此书作者名为纪尧姆-约瑟夫·塞日,是波尔多高等法院的一名律师。④ 在大革命前,这本小册子成了"想要了解其民族公法的所有法国人的经典书籍"⑤。全书以问答的形式展开,一开篇就讨论何为政治社会(société politique)。作者指出:政治社会乃是"人们通过一个原初的契约(un contrat primitif)自由结成的整体",他们之所以联合是出于"个体的软弱和相互的需要";政治社会的目的在于"保护社会成员及其共同的福利(le bien-être)"。⑥ 紧接着,作者又谈到了公意(la volonté générale),认为它是"社会中所有成员的共同意愿(le vœu commun),这种意愿清晰地展现了出来,而且是针对涉及公共利益的事物的"。⑦ 作者还指出:"主权仅存在于作为整体的人民之中",换言之,"存在于我们所谓的公意之中"。⑧ 在为高等法院辩护

① Robert Darnton,"An Early Information Society: News and the Media in Eighteenth-Century Paris",pp. 3-4;Dena Goodman,The Republic of Letters: A Cultural History of the French Enlightenment,Ithaca and London: Cornell University Press,1994,pp. 154-156.

② Didier Masseau,Les ennemis des philosophes. L' antiphilosophie au temps des Lumières,Paris: E-ditions Albin Michel,2000,pp. 84,87.

③ Keith Baker,Inventing the French Revolution,p. 129.

④ 1746 年,塞日出生在波尔多的一个商人家庭。1768 年,22 岁的塞日进入了波尔多高等法院的律师团体。参见 Keith Baker,Inventing the French Revolution,pp. 129-131。

⑤ Guillaume-Joseph Saige,Catéchisme du citoyen,ou Eléments du droit public français,par de-mandes et par réponse,Genève,1787(Reproduction en fac-similé),Avertissement,p.v.

⑥ Guillaume-Joseph Saige,Catéchisme du citoyen,pp. 2-3.

⑦ Guillaume-Joseph Saige,Catéchisme du citoyen,p. 8.

⑧ Guillaume-Joseph Saige,Catéchisme du citoyen,pp. 9,129.

时,塞日称高等法院法官只是"公意的工具,只能以公意之名行动"[1],高法团体"是国家宪制不可或缺的组成部分","只有民族有权废除它",国王无权这么做;"高等法院的每个成员都依法享有其地位"。[2] 在论述废除高等法院的恶果时塞日还写道:

> 高等法院团体在政府面前软弱无力,也没有足够的信心来捍卫人民的事业。但毫无疑问,如果高等法院这道屏障被彻底摧毁,那么专制主义将如同洪流掀翻一切;人们的财产将被损毁,公民权利遭到破坏,整个国家不久将只呈现出饱受奴役、苦难深重的景象。[3]

在此,塞日将高等法院视为防范专制主义的屏障,这样的论断在高法话语体系中并不新颖。新颖的是,在他笔下高等法院由民族的代表变成了公意的工具,而且公意掌握最高统治权,其中卢梭的影响显而易见。此外,他甚至还暗示第三等级在国家中最为重要,应该争取平等,这距离西耶斯只有一步之遥,某种革命意识形态呼之欲出。

在这场舆论战中,莫普一方也得到了启蒙哲人的支持。伏尔泰在莫普改革的支持者中最为著名。这位启蒙哲人在青年时代就曾数度与法国的司法机构发生龃龉。在伏尔泰积极呼吁复审让·卡拉案(1762)的过程中,他对旧有的司法体制产生了深深的厌恶之情。[4] 根据科萨胡托的研究,伏尔泰在1764年认真阅读过勒佩日的《关于高等法院基本职能的史学信札》。他在通信中嘲讽道:书的作者是个很有文化的人,但这个人"就像堂吉诃德,到处都能看到骑士和城堡,而其他人所见不外乎磨坊主和风车"。[5] 由此可见,伏尔泰早就熟悉了高等法院的思想理论,并且深表怀疑。1769年他出版了《巴黎高等法院史》(*Histoire du Parlement de Paris*),不过,当时他是以虚构的比戈尔

---

① Guillaume-Joseph Saige, *Catéchisme du citoyen*, pp. 132–133.

② Guillaume-Joseph Saige, *Catéchisme du citoyen*, pp. 139–140.

③ Guillaume-Joseph Saige, *Catéchisme du citoyen*, p. 292.

④ 让·卡拉(Jean Calas)是一位信奉新教的图卢兹布商,其子自杀身亡,但图卢兹高等法院却判定卡拉为阻止其子改宗而实施了谋杀,因此处决了卡拉并没收了其财产。伏尔泰得知此案冤情后通过各种途径为卡拉家族伸冤,并借此倡导宗教宽容与司法改革。在伏尔泰的努力下,此案得以重审和改判,法官们最终恢复了卡拉的名誉,其家人也得到了赔偿金。

⑤ Vincent Cossarutto, "En première ligne. Voltaire face aux théories parlementaires pendant la «révolution» Maupeou (1771—1772)", *Histoire, Économie et Société*, n°3, 2016, p. 101.

(Bigore)神甫的名义发表,并不承认这是他的作品。伏尔泰通过描述历史进程中的高等法院,实际上反驳了勒佩日等人所呈现的高法史,否定了其反抗王权理论的历史基础。如今的研究表明,伏尔泰在此书中也有一些剪裁史实、断章取义的地方,令历史描述为自己的论断服务。① 至莫普改革结束时,此书已经出了多个版本,此时又增加了评论司法改革的新章节。他写道:

> 这个机构对国王的敕令的持续顶抗,比它对几个公民所施的暴行,更令政府大为不快。它诚然战在民众一边,但它妨碍国家行政运作。它似乎始终意欲在最高权力的废墟之上树立自己的权威。②

对于司法大臣设立高级法庭并废除买官制的举措,伏尔泰表示十分满意。他认为以前"巴黎高等法院管辖范围过大,迫使有的公民为打官司长途跋涉",此外司法部门"卖官鬻爵导致征收高额诉讼费用",而莫普改革一举破除了这两大弊端。③ 当时伏尔泰身居靠近日内瓦的费尔奈(Ferney),而这一地区原本属巴黎高等法院管辖,因此他对巴黎高法过度扩展的管辖权严重不满。

在莫普改革初期,伏尔泰几个月间就撰写了11种匿名的小册子以支持政府的举措。④ 他讽刺那些在法国四处传播的高等法院谏诤书,尤其回应了马尔泽尔布所撰写的《间接税法院的谏诤书》。伏尔泰嘲讽高等法院的根本法观念,声称莫普改革废掉的只是卖官鬻爵的根本法、诉讼费和休庭期的根本法。他否认高等法院是国王与人民之间的中间团体,也不认为各高法同源一体,能充当王国法律的保管处,他甚至认为法官团体恰似君主制政治躯体上的顽疾。⑤ 伏尔泰曾问道:如果依据高等法院的理论进行统治,那法国会变成什么样? 他认为:到那时,要么是有两个相敌对的政府使法国陷入无政府状态,要么是由法院统治,而它将不能宽容任何与之相异的意愿。伏尔泰继续写道:"你们似乎惧怕专制主义,这种专制主义有可能取代温和的政府,但是我们更

---

①　James Hanrahan, *Voltaire and the Parlements of France*, pp. 143-144, 150-154.

②　[法]伏尔泰:《巴黎高等法院史》,吴模信译,商务印书馆2015年版,第314页。

③　[法]伏尔泰:《巴黎高等法院史》,吴模信译,商务印书馆2015年版,第316页。

④　Vincent Cossarutto, "En première ligne. Voltaire face aux théories parlementaires pendant la «révolution» Maupeou(1771—1772)", p. 99.

⑤　Vincent Cossarutto, "En première ligne. Voltaire face aux théories parlementaires pendant la «révolution» Maupeou(1771—1772)", pp. 100, 106-107.

害怕无政府状态,因为这几乎是一种充满骚乱的暴政。"①在与他人的通信中,伏尔泰曾吐露了他的心声:"尽管我热爱自由,但我宁愿生活在狮子的爪下,也不愿被一千只像我一样的耗子所蚕食。"②

贬斥高等法院的哲人不仅限于伏尔泰,孔多塞就是他的盟友。在 1771 年夏天的通信中,孔多塞指出:"人民应该认识到高等法院这个机构在掌管司法管理权的同时分有了国王的立法权,它意欲引入最为专制的统治形式";"像我和伏尔泰这样住在外省的人都知道高等法院对于人民的司法有多糟糕……"。他还揭露了高等法院在查禁启蒙著作、谴责启蒙哲人方面的所作所为。③ 这可能正是他厌恶这一司法团体的根本原因。在伏尔泰、孔多塞等启蒙哲人支持莫普改革的同时,莫普法院的著名律师兰盖也在思想上向启蒙哲人靠拢。比如,1767 年兰盖写成了《民法理论,抑或社会中的根本原则》(*Théorie des lois civiles*, *ou Principes fondamentaux de la société*)。此乃他的巨著,他将此书送到了伏尔泰手中,因为兰盖认为自己关于改革的论断与伏尔泰有几分相似。他对孟德斯鸠思想体系的批评的确令哲人感到满意。④ 在社会的起源、社会阶级关系等问题上,兰盖的论点又与卢梭有一些相似性,堪称是卢梭的门徒。⑤

18 世纪法国的启蒙运动面向实际问题,哲人们十分关注政治、经济与司法层面的改革。在此背景下,便不难理解为什么阵营双方都与启蒙运动产生了交集,并从启蒙思想中获取了灵感。双方都向启蒙靠拢的这种倾向,在一定程度上使两派在意识形态上的相互融合成为可能。

---

① Hudson, "In Defense of Reform", p. 68.

② Echeverria, *The Maupeou Revolution*, p. 156.

③ Condorcet, "To Amélie Suard" (June-July 1771), in John Rothney ed., *The Brittany Affair and the Crisis of the Ancien Régime*, pp. 304–305。孔多塞在此信中还指出,不明白为什么有些文人一年前还高声反对高等法院,如今却为支持老高法而大声疾呼。应该说,启蒙文人整体上对于高等法院和莫普改革的态度比较复杂,其中狄德罗尤其耐人寻味。他认为莫普 1771 年对于高等法院的镇压是打破了法国反专制的堡垒,并把这场改革视为大臣与王权专制主义的体现。然而,他对于高等法院也没有什么正面评价,甚至对于法官的评价比对王权更尖刻。参见 James Hanrahan, *Voltaire and the Parlements of France*, p. 20。

④ Levy, *The Ideas and Careers of Simon-Nicolas-Henri Linguet*, pp. 46–47.

⑤ Levy, *The Ideas and Careers of Simon-Nicolas-Henri Linguet*, pp. 49–55.

二、意识形态的融合及对公众的启蒙

参与这场舆论战的人大多是律师和法官,这些法学界人士不仅善于挖掘史实,更擅长利用修辞博得读者的同情。律师兰盖甚至被誉为 18 世纪的"修辞皇帝"。在这种情况下,他们的文本自然会吸引读者。一些律师在咖啡屋、小酒馆、公园以及大街上散播他们的书籍,宣讲他们的思想,其中也不乏抱怨和煽动性言论。这些律师与启蒙运动中的大知识分子不同,他们并不像后者那样鄙视下层人民。研究者辛根姆指出,对于激进的律师来说,劳动者并不是流氓、坏蛋或是愚蠢的百姓,而是邻居,没准还是亲戚。① 与大知识分子的启蒙运动相比,律师唱主角的舆论战更易启迪下层人民。同时,秘密出版也带动了公众对当时政治问题的热烈讨论。巴黎人最喜欢在圣殿、王宫、杜伊勒里公园和卢森堡公园等地进行政治讨论。爱国党尤为重要的社交中心是那些在法院、圣殿、王宫和圣雅克街周围的咖啡屋和小酒馆,他们在这些地方秘密出售、借阅、抄写甚至宣读爱国党的作品。德·梅西-阿尔让都(de Mercy-Argenteau)伯爵在致奥地利君主玛利亚·特蕾莎的信中说:"现在,每个人都因所发生的事情变成了反叛者,公众在不受限制地进行讨论。政治问题成了宫廷、社会、城市甚至整个王国内唯一的话题。"②可以说莫普改革将政治话题移出了特权阶层的范围,将高等法院与政府之间的争论渗透到了社会的各个阶层中。

萨拉·玛萨认为莫普改革突然开启了一个公共空间。③ 其实,自 18 世纪50 年代后讨论政治问题的公共空间就一直存在,但是莫普改革使这种空间迅速发展、膨胀,讨论问题的热度也较此前大大升温。对于这场舆论战的激烈程度,作为沙龙女主人的埃皮奈夫人④曾做过这样的描述:"一个人写了,另一个人就要回应……每个人都想考察一下国家的宪政;头脑变得发热。这些争论

---

① Singham,"A Conspiracy",p. 169.

② Echeverria,*The Maupeou Revolution*,p. 27。索布尔也指出,尤其从 1770 年起,舆论越来越关注政治和社会问题,参见[法]阿尔贝·索贝尔:《法国大革命史》,马胜利、高毅、王庭荣译,中国社会科学出版社 1989 年版,第 44 页。

③ Sarah Maza,*Private Lives and Public Affairs*,p. 57.

④ Madame d'Epinay(1726—1783),她投身于巴黎文学和知识圈子,经常参加若芙兰夫人和德芳夫人的沙龙,并与狄德罗、达朗贝尔和伏尔泰保持友谊。参见[美]彼得·赖尔、艾伦·威尔逊:《启蒙运动百科全书》,刘北成、王皖强编译,上海人民出版社 2004 年版,第 302 页。

是人们过去所不敢想的。"①由于官方加大了对出版监察的力度,所以大量的小册子都是匿名出版的。在匿名的情况下,作者们将他们原本不敢公开发表的思想也大胆地写了出来。

虽然争论双方都表现出互不相容的姿态,但实际上双方所宣传的观念中有一些本质上相通的东西,比如都以维护公益、保护民族的权利为目标。此外,双方的阵营也都不是铁板一块,比如,"爱国党"的领袖亲王们宣传要保护贵族的特权,而塔尔盖则在批评贵族的团体精神,梅伊的《法国公法原理》颂扬人民、贬低国王,已经成了具有"革命精神的百科全书"。在政府一方,莫普并不强调个体的利益,而莫罗提出了"人的不可让与的权利",兰盖更是要保护第三等级的财产与自由。因此,他们在互相攻击的同时也在互相融合,两派共同完成了对大众的政治启蒙。之所以会出现这种现象,部分原因在于,在双方的舆论宣传中唱主角的多是律师,比如塔尔盖、塞日和兰盖。而律师的社会出身与法官(更不用说像马尔泽尔布和莫普这样的司法大贵族)存在着差异。在巴黎的法官们处于流放状态时,这些律师提出了一些激进思想,比如《法国公法原理》和《公民读本》都将高等法院传统的立宪思想激进化了。② 与此同时,莫罗大谈自然法、兰盖注重第三等级利益的思想也与莫普的思想存在着相当大的差异。正是两派阵营内部之间的分化,为它们之间的相互融合提供了可能。

---

① Keith Baker, *Inventing the French Revolution*, p. 140; Jack Censer and Jeremy Popkin(eds.), *Press and Politics in Pre-Revolutionary France*, Berkeley and Los Angeles: University of California Press, 1987, p. 211。埃皮奈夫人在 1771 年 4 月致 Galiani 神甫的信中还写道:"每个人都在讨论政府宪政的本质。各式各样的人物——女人、乡下人、哲人、诗人、散文作者、有理性的人、无理性的人——都忙于谈论这些问题。笔战已经开始,人们的头脑发热,词汇在变化,你只能听到一些大词,比如'国家的理性'、'贵族'和'专制主义'。"参见 Echeverria, *The Maupeou Revolution*, p. 27。德勒兹的研究认为,女性在这场反对专制主义的斗争中扮演了重要角色。她们谈论国家宪法、根本法、不可撤销的公职,"她们鼓励自己的丈夫、儿子和兄弟要沿着荣誉之路前行",也就是说,女人督促男人们坚持抗争。时人甚至说,莫普要是能让女人沉默、律师开口(意指律师停止罢工,与莫普法院合作——笔者注),那他就有救了。参见 Joseph Droz, *Histoire du Règne de Louis XVI pendant les années où l'on pouvait prévenir ou diriger la Révolution française*, Tome I, p. 30。

② 在莫普改革结束后,重建的波尔多高等法院和巴黎高等法院都先后谴责了塞日的《公民读本》,参见 Baker, *Inventing the French Revolution*, p. 128。辛根姆甚至认为,在莫普革命期间律师的政治化有助于为巴黎的工人阶级——无套裤汉——形成激进化的框架。参见 Singham, "A Conspiracy", p. 169。

1774年,有人在信中写道:"今天,很少有年轻人在离开学校的时候不打算建构一种政府的新体系。"①或许这种说法有些夸张,但它也反映了当时受过教育的年轻人积极思考政治问题的现象。在两派相互攻击对方践踏根本法、不尊重历史传统的同时,却把根本法和历史传统的内涵给掏空了。他们都声称自己所代表的阵营是依据传统与根本法行事,但是他们对传统与根本法的阐释却是不同的。这其实起到了鼓励受过教育的公众去思索一些根本性的政治问题,去构建他们理想的政府统治模式。从这个角度看,这场激烈的舆论战确实起到了政治启蒙的效果。

而且,各种政治观点都被迅速投向了这个巨大的意识形态的公共空间之中,某些相对立的思想可能在其中完成新的综合。我们知道,"爱国党"一方的主旨是反对专制主义,而莫普一方的观点是反对贵族的寡头政治。双方都在批判着对方所倡导的体制,他们把绝对君主制和贵族掌权的君主制的弱点全都暴露给了公众。而人们将法官对专制主义的批判和大臣对贵族的攻击结合到了一起,形成了既反专制主义又反贵族的思想。在西耶斯那里,贵族寡头政治与专制主义不再是大臣和贵族相互指责的东西,而是结合在了一起,都成了民族的对立面。在"爱国党"和莫普的支持者中都滋长出了新倾向,而且他们互相攻击的话语也在相互汇聚,共同塑造着大革命的政治文化。

人们一般认为是启蒙哲学动摇了旧制度社会秩序的思想根基。其实,这次关于莫普改革之争的舆论战在旧制度末年的思想舞台上也产生了重要的影响。从表面上看,莫普改革只产生了激烈的、暂时的变化,但实际上它深刻转变了法国人有关政府与社会的思想模式。而且,公众舆论对这些问题的关注并没有随着莫普改革的终止而结束。莫普改革虽然结束,但这些小册子不断被重印(尤其是在大革命前一两年),依然在影响着旧制度末年的法国公众。甚至1789年8月颁布的《人权与公民权宣言》都从高等法院的谏诤书中汲取了灵感。② 令人感到意味深长的是,莫普改革旨在挽救法国君主制的危机,然而它所导致的思想争论却有助于塑造革命意识形态,加速了旧制度的覆亡。

---

① Echeverria, *The Maupeou Revolution*, p. 28.

② Jacques Godechot, *Les constitutions de la France depuis 1789*, Paris: Flammarion, 1970, p. 25.

小　结

莫普改革虽然只持续了四年,但它一头连接着自摄政王时代以来王权与高等法院的斗争,并将这一斗争推向了高潮,另一头它又通向了法国革命。所以我们说它处在一个政治转折点上。这场改革在司法、政治以及思想层面所掀起的波澜最终都促成了政治上的转折。

从司法层面看,莫普的举动首先使法国的根本法产生了危机。过去,王国上下都认为法国君主制中存在一些约定俗成的根本法(或神圣法令)。在马尔泽尔布等人看来,莫普的1770年12月法令是对传统的根本法的践踏,而莫普一方却辩护道这一法令正体现了古老的神圣原则。这样一来,何谓根本法、法国是否存在这样的根本法或者说神圣法令、是否可以挑战根本法都成了问题,而这样的问题在常规状态下是不可能被提出的。

当那些不屈从于莫普的法官被流放后,司法界并不是真正获得了秩序,而是失去了秩序。曾经依附于高等法院并受律师团体严格约束的律师们如今变得异常活跃,昔日的律师团体名存实亡。在一向被认为代表民意的法官被流放的情况下,律师成了新型的政治名人。他们成了正义的捍卫者,代表了"民族的声音"。日后的革命者塔尔盖正是在此时走上了政治的前台,成为公众人物。由于律师的社会出身较法官低,他们更容易接近下层人民,又加之此时的律师赢得了昔日法官的显赫地位,因此,他们在革命前夕的第三等级代表选举中大显身手。正是莫普改革促成了这样的转变。

从政治层面看,莫普改革激起了强烈的社会反应,导致形成了一个有凝聚力的、比较激进的反对势力——"爱国党"。这个党打着爱国主义的旗号把各种势力整合到了一起,它连接着上至王公贵族、下至食不果腹的穷人,将这些存在深刻阶级差别的人结为了反对专制主义的同盟军。值得注意的是,"爱国党"是以冉森派为主体的,带有冉森主义的色彩。这个宗教派别曾长期受到高等法院的庇护,以勒佩日为首的冉森派律师还与法官们结成了冉森党。因此,在原巴黎高等法院遭到废黜的情况下,冉森派在这次政治抗议浪潮中扮演了重要的角色,并造就了具有冉森主义特色——强调严肃、苦行、牺牲的精神——的革命政治文化。而此种政治文化是与大革命的精神相契合的。

　　莫普改革也促成了法国君主制内部的分裂。我们知道，旧制度下的官僚之间本来就矛盾重重、派系复杂，但这种分歧主要是建立在个人利益之上的。莫普的改革却使王公贵族、政府重臣和法官们分化成了不仅基于个人利益同时也基于政治原则的两个阵营。莫普与马尔泽尔布就分别是这两个阵营的代表，他们所提出的君主制改革的模式，虽然都具有一些合理性因素，但却互相掣肘，使任何一种改革模式都无法实施，最终将法国君主制封锁在了自身的矛盾之中。

　　从思想与意识形态层面来看，莫普改革激起了舆论战，使公众对讨论政治问题的热情激增。司法大臣对于非法出版物的打击，并没能限制秘密出版物的传播，却导致了匿名作品大量涌现。在隐去真名的情况下，许多作者将他们往日不敢公之于众的观点都发表了出来。从这个意义上讲，莫普仿佛打开了一个潘多拉匣子，从里面飞出了各种激进、带有革命意识形态色彩的观点。比如，梅伊、塞日等人的著作已经成了当时最具煽动性的小册子，它们在社会上广泛流传，对公众甚至下层人民进行着政治启蒙。此外，当各种政治观点被迅速投向这个意识形态的公共空间后，某些相对立的思想可能进行相互的融合，迸发出更为激进的思想火花。

结　　语

　　从中世纪晚期至近代早期,司法对于法国王权而言意义非凡,主持司法、伸张正义、造福臣民被视作君主的重要使命。在王权并不强大的时期,作为"第一法官"的国王形象尤为重要,它增添了王权统治的合法性。在此背景下,一套金字塔式复杂的王权司法体系逐渐形成。在这个司法金字塔的上层便是诞生于中世纪盛期的巴黎高等法院和15世纪以后陆续设立的外省高等法院。高等法院的重要地位不仅体现在其历史悠久,更在于它们职能众多。各高等法院除了对于民事与刑事案件进行终审,它们还具有对于王室法令的注册权和谏诤权,因而实际上分享了国王的立法权。此外,高等法院还拥有行政管理的职能,高法法官的治理权几乎触及日常生活的方方面面。托克维尔在《旧制度与大革命》中描述了一个远离下层人民、不再从事社会管理的贵族阶级形象。然而,高等法院中大量的穿袍贵族似乎并不符合这一描述。这些司法贵族穿梭于市井之间,他们利用手中的治理权管理、规训甚至帮助普通民众,相较于政治冲突,为王权维护社会秩序其实乃高法职能的常态。高等法院对于社会生活的广泛介入,使得法官容易获得民众支持,甚至使其萌生代表整个民族的错觉。

　　要理解高等法院的多重职能,需要借助司法国家或司法君主制的概念。从中世纪晚期至17世纪初的法国政治制度可被视为司法君主制。在这样的体制中,法官承担公共管理的重要任务,并指引各项工作。据此,我们也可以理解其何以在这一历史时期司法机构迅速发展。在绝对主义的光谱中,司法君主制的绝对主义色彩较弱,它仅能接受温和、有节制的绝对主义。随着法国君主制绝对主义色彩的加强,这种司法管理模式自然不能满足需要,它运转缓慢、效率较低。更重要的是,司法界官职买卖制度盛行,高法法官的职位几乎都是可继承的财产,这促使高法世界形成了一个具有较强内在认同的司法贵族团体,在一定程度上独立于王权,这不利于中央集权的发展。

王权的加强,需要司法君主制逐渐转型为行政君主制,即将治理大权委托给可以任命、撤换的总督、监察官以及各种特派员。但是这样的转型是一个缓慢的过程,而且矛盾重重。首先,司法官吏与行政官吏存在职能上的交集与冲突。前者不可能轻易让渡自己的权力,并尽力抵抗行政君主制的发展。其次,在司法界形成了一套温和君主制的理论,这一理论把高等法院看成约束王权的重要力量,常常把高等法院比作罗马元老院,它本质上希望建立一个高级穿袍贵族在其中占据重要地位的君主制。自15—16世纪以来,这样的思想反复出现在高法理论家的话语之中,并将其塑造成了法国自古有之的历史传统。

尽管存在一些阻碍因素,法国还是塑造出了欧洲最典型的绝对主义,在太阳王时代基本确立了法国的行政君主制,绝对主义达到了最高阶段。路易十四去世之后,曾长期受压抑的法国贵族出现了复兴,高等法院重新获得了失去的权力,18世纪法国司法贵族对于国王政府的束缚不仅表现为对于财政、宗教政策的干预,也体现在对地方利益的维护与地方管理的把持。受托克维尔关于旧制度研究的影响,我们通常以为18世纪的贵族等级无法作为,任凭君主摆布。实际上,司法贵族拥有强大的势力,依然谋求司法君主制的复兴,他们与国王政府展开了一系列冲突,并善于利用历史资源、启蒙观念和舆论武器,为自身的斗争摇旗呐喊。

但是,也应看到,法官们绝非反叛者,即便在福隆德之乱中他们也力图在法律的框架下行事,以颁布法令的形式来匡正政府的弊端。因此,法官们是王权的制衡者,却不是革命者,他们深知自身与王权存在着相互依存的关系。同样,国王政府也从未将高等法院连根拔起,彻底清除这一组织。绝对君主制理论本身就包含着对于法律统治的肯定,法官们的服务是构成王权合法性的重要因素。18世纪上半叶法官与国王政府的矛盾并不十分尖锐,相互的斗争也较为克制。然而,18世纪中叶之后进入法国的多事之秋。七年战争的困扰增添了政府与法院之间的税收矛盾,战争的失利更使路易十五的王权黯淡无光,它无力压制宗教争吵,也无法克服经济危机。与此同时,公众舆论开始绽放光彩,喧闹的舆论放大了高法与王权的冲突。面临重重危机,进一步强化中央集权,打碎司法特权集团,似乎是一种可行的选择,莫普改革应运而生。

莫普改革在很大程度上继承了洛皮塔尔、科尔贝的改革宗旨,体现了法国君主制自身发展的需要,莫普使官僚机构合理化、加强王权的倾向都与那个时代开明专制的精神有几分契合。然而不同的是,普鲁士和俄国的君主都是以向贵族妥协为前提加强其统治的。但莫普流放法官、废除买官、没收其职位的做法给法国贵族重重的一击,而且他是向颇具团体认同精神的高等法院开刀的。在这种情况下抛开莫普改革措施本身的缺点不谈,其改革也很难取得成功。

归根结底,法国的高等法院具有与王权既相互冲突又相互依存的双重特性,对之进行激进化的改革也会伤害君主制自身。这个古老的机构虽然时常和国王政府相抗衡,但同时也在维护着君主制。高等法院所进行的抗议,尽管对王权构成了冲击,但始终维持在一定限度之内。即使莫普以密札相逼迫时,法官们也没有变成反叛者,这些人与莫普一样都是力图维护法国君主制度的。然而,莫普对这一机构采取了严厉的打击措施,促使更为激进的政治势力登上了历史舞台。尽管路易十六即位之后恢复了原司法体系,但经过流放的法官变得较为温顺、保守(这种状况持续了十年之久),他们甚至疏远了一向与之同舟共济的冉森派,转而与主教合作。法官们的退缩、保守使他们无法再起到限制王权、为民请命的作用,也渐渐失去了民意的支持,因此,革命前他们要让位于真正的代表性机构——三级会议——来代表人民。

从莫普改革及其所引发的舆论战中,我们可以看到事件、思想与情绪所产生的合力。尽管这场改革有着远因与近源,但是它所采取的大量流放法官等极端措施,对于当时的公众与普通民众都产生了很大的冲击,人们普遍感到震惊并同情被流放的法官。这样的情绪力量大大扩张了原有的舆论空间,使得原本不那么关注政治问题的人们也阅读法官的谏诤书、谴责或维护改革的小册子,广泛谈论宪法、专制、统治模式等根本性的问题,可以说在莫普改革的舆论战中法国民众经历了一次政治启蒙。舆论战中新奇、激进的思想纷至沓来,早已超出了高等法院原有的理论资源,一种革命意识形态呼之欲出。如今,寻找革命意识形态起源的做法显得有些过时,但是我们依然要承认,某些革命观念并非是在1789年突然涌现,法国人的政治热情也不是在革命前夕一夜诞生的。

参考文献

法文基本史料:

Argenson, M.R., Marquis d', *Journal et mémoires du marquis d'Argenson*, Tome neuvième, Paris: Libraire de la société de l'histoire de France, 1867.

Bernis, *Mémoires et lettres de François-Joachim de Pierre, cardinal de Bernis (1715—1758)*, Tome premier, Paris: E.Plon et Cie, 1878.

Coudrette, Christophe et Le Paige, Louis-Adrien, *Histoire générale de la naissance et des progrès de la compagnie de Jésus*, Tome I, III, sans lieu de publication, 1761.

Delamare, Nicolas, *Traité de Police*, Tome I, Paris, 1705.

Diderot, Denis, d'Alembert (éds.), *Encyclopédie, ou dictionnaire raisonné des sciences, des arts et des métiers*, Tome 5, Paris, 1752.

Flammermont, Jules (éd.), *Remontrances du Parlement de Paris au XVIIIe Siècle*. 3 tomes, Paris: Imprimerie nationale, 1888−1898.

La Roche-Flavin, Bernard de, *Treze livres des parlements de France*, Bordeaux, 1617.

Lebrun, Charles-François, *Opinions, rapports, et choix d'écrits politiques de Charles-François Lebrun; recueillis et mis en ordre par son fils aîné*, Paris: Bossange, 1829.

Le Gros, Nicolas, *Du Renversement des libertés de l'église gallicane*, T. 1, sans lieu de publication, 1716.

Le Paige, Louis-Adrien, *Lettres historiques, sur les fonctions essentielles du Parlement; sur le droit des pairs, et sur les loix fondamentales du royaume*, Amsterdam,

1753—1754.

————, *Lettre sur les Lits de Justice*, sans lieu de publication, 18 août 1756.

Linguet, Simon-Nicolas-Henri, *Avis aux bons Français, ou Extrait d'une brochure, intitulée, Très-humbles remontrances d'un citoyen aux Parlements de France, en 1771*, 1788(Reprod.).

"Les Protestations des Princes du Sang"(Avril 1771), dans Mathier-François Pidansat de Mairobert éd., *Les efforts de la liberté et du patriotisme contre le despotisme du sieur Maupeou, chancelier de France, ou Recueil des écrits patriotiques publiés pour maintenir l'ancien gouvernement français*, Tome I, Londres, 1775, pp. 1–16.

"Le Parlement justifié par l'Impératrice de Russie, ou lettre à M. ∗ ∗ ∗"(Juin 1771), dans Pidansat de Mairobert éd., *Les efforts de la liberté et du patriotisme*, Tome I, pp. 84–129.

"Le Parlement justifié par l'Impératrice Reine de Hongrie, et par le roi de Prusse"(Décembre 1771), dans Pidansat de Mairobert éd., *Les efforts de la liberté et du patriotisme*, Tome IV, pp. 198–250.

Malesherbes, Chrétien Guillaume de Lamoignon de, *Très humbles et très respectueuse remontrances de la cour des aides de Paris, du 18 février 1771, sur l'édit de décembre 1770, et l'état actuel du parlement de Paris*, Elisabeth Badinter, *Les «Remontrances» de Malesherbes*, Union générale d'éditions, 1978, pp. 149–165.

————, *Remontrances Relatives aux impôts*, 6 mai 1775. *Très humbles et très respectueuses Remontrances que présentent au Roi notre très honoré et Souverain Seigneur les Gens tenant sa Cour des Aides*, Elisabeth Badinter, *Les «Remontrances» de Malesherbes*, pp. 167–284.

————, *Mémoires sur la librairie et sur la liberté de la presse*, Paris: H. Agasse, Imprimeur-Libraire, 1809.

Maupeou, René Nicolas Charles Augustin de, *mémoire de Maupeou à Louis XVI*, appendice de Flammermont, *Le Chancelier Maupeou et les parlement*, Paris, 1883, pp. 599–646.

Moreau, Jacob-Nicolas, *Leçons de morale, de politique et de droit public, Puisées dans l'Histoire de notre Monarchie*，Versailles：De l'imprimerie du département des affaires étrangères，1773.

Target，Guy Jean Baptiste，"Lettres d'un homme à un autre homme sur les affaires du temps"（Mai 1771），dans Pidansat de Mairobert éd.，*Les efforts de la liberté du patriotisme contre le despotisme du sieur Maupeou，chancelier de France，ou Recueil des écrits patriotiques publiés pour maintenir l'ancien gouvernement français*，Tome I，pp. 130-218.

Saige，Guillaume-Joseph，*Catéchisme du citoyen，ou Eléments du droit public français，par demandes et par réponse*，Genève，1787.

编选或英译的史料：

Grosclaude，Pierre（éd.），*Malesherbes et son temps.*（Nouveaux documents inédits），Paris：Librairie Fischbacher，1964.

Rothney，John（ed.），*The Brittany Affair and the Crisis of the Ancien Régime*，New York：Oxford University Press，1969.

Saint-Simon，*The Age of Magnificence，The Memoirs of the Court of Louis XIV*，selected，edited and translated by Ted Morgan.New York：Paragon House Publishers，1990.

Seyssel，Claude de，*The Monarchy of France*，translated by J.H.Hexter，edited，annotated，and introduced by Donald R.Kelley，New Haven and London：Yale University Press，1981.

英法文著作与论文：

Adams，Thomas Mcstay，*Bureaucrats and Beggars: French Social Policy in the Age of the Enlightenment*，Oxford：Oxford University Press，1990.

Agulhon，Maurice，*Coup d'État et République*，Paris：Presses de Sciences Po，1997.

Andrews，Richard Mowery，*Law，Magistracy，and Crime in Old Regime Paris，1735—1789*，Volume I，Cambridge and New York：Cambridge University Press，1994.

Antoine, Michel, *Louis XV*, Paris: Librairie Arthème Fayard, 1989.

———, "Sens et portée des réformes du Chancelier de Maupeou", *Revue Historique*, 1992/3 (n°583), pp. 39–59.

———, "La monarchie absolue", in Keith Baker ed., *The Political Culture of the Old Regime*, Oxford: Pergamon Press, 1987.

Aubert, Gauthier et Chaline, Olivier (dirs.), *Les Parlements de Louis XIV: Opposition, coopération, autonomisation?* Rennes: Presses universitaires de Rennes, 2010.

Aulard, Alphonse, *Histoire politique de la révolution française*, Paris: Armand Colin, 1901.

Baker, Keith Michael, *Inventing the French Revolution: Essays on French Political Culture in the Eighteenth Century*, Cambridge: Cambridge University Press, 1990.

——— ed., "Introduction", *Historical Reflections/ Réflexions Historiques*, Vol. 18, No. 2 (Summer 1992).

Bastier, Jean, "Le Parlement de Toulouse et les justices subalternes", dans Jacques Poumarède, Jack Thomas, *Les Parlements de province, pouvoir, justice et société du XVe au XVIIIe siècle*, Toulouse: Framespa, 1996.

Bazin, Christian, *Malesherbes ou la sagesse des Lumières*, Paris: Jean Picollec Editeur, 1995.

Beik, William, "The Absolutism of Louis XIV as Social Collaboration", *Past and Present*, No. 188 (Aug., 2005).

Bell, David A., *Lawyers and Citizens: The Making of a Political Elite in Old Regime France*, New York: Oxford University Press, 1994.

———, "Lawyers into Demagogues: Chancellor Maupeou and the Transformation of Legal Practice in France 1771—1789", *Past and Present*, No. 130 (Feb., 1991).

———, "The 'Public Sphere', the State, and the World of Law in Eighteenth-Century France", *French Historical Studies*, Vol. 17 (Fall 1992).

———, "How (and How not) to Write Histoire Evénementielle: Recent Books on Eighteenth-Century French Politics", *French Historical Studies*, Vol. 19, No. 4 (Fall 1996).

————, "Safeguarding the Rights of the Accused", in *The French Idea of Freedom*, Edited by Van Kley, Stanford University Press, 1994.

Bickart, Roger, *Les parlements et la notion de souveraineté nationale au XVIIIe siècle*, Paris: Librairie Félix Alcan, 1932.

Bidouze, Frédéric, "Les remontrances de Malesherbes (18 février 1771): discours 'national' de ralliement et discours parlementaire", dans Alain J. Lemaître (dir.), *Le monde parlementaire au XVIIIe siècle*, Rennes, 2010.

Bien, David, "Cathotic magistrates and Protestant marriage in the French Enlightenment", in Rafe Blaufarb, Michael S. Christofferson, and Darrin M. McMahon, eds., *Interpreting the Ancien Régime: David Bien*, Oxford: Voltaire Foundation, 2014.

Bluche, François, *Les magistrats du Parlement de Paris au XVIIIe siècle*, Paris: Economica, 1960, 1986.

————, *Louis XIV*, Paris: Fayard, 1986, 1988.

Boisse, Emmanuelle, "L'activité du Parlement de Toulouse en 1750", dans Jacques Poumarède et Jack Thomas (éds.), *Les Parlements de province, pouvoir, justice et société du XVe au XVIIIe siècle*, Toulouse: Framespa, 1996.

Bonney, Richard, *L'absolutisme*, Paris: PUF, 1989.

Bonnin, Bernard, "Parlement et communautés rurales en Dauphiné, de la fin du XVIe au milieu du XVIIIe siècle", dans René Favier (dir.), *Le Parlement de Dauphiné, des origines à la Révolution*, Grenoble: Presses Universitaires de Grenoble, 2002.

Boone, Rebecca Ard, *War, Domination, and the Monarchy of France: Claude de Seyssel and the Language of Politics in the Renaissance*, Leiden: Koninklijke Brill NV, 2007.

Breen, Michael P., "Law, Society, and the State in Early Modern France", *The Journal of Modern History*, Vol. 83, No. 2 (June 2011).

Brown, Elizabeth A. R., Famiglietti, Richard C., *The Lit de Justice: Semantics, Ceremonial, and the Parlement of Paris, 1300 —1600*, Sigmaringen:

Thorbecke,1994.

Campbell, Peter R., *Power and Politics in Old Regime France 1720—1745*, London and New York:Routledge,1996.

————, "La rhétorique patriotique et le monde parlementaire", dans Alain J. Lemaître(dir.), *Le monde parlementaire au XVIIIe siècle*, Rennes,2010.

Caradonna, Jeremy L., "The Enlightenment in Question:Academic Prize Competitions and the Francophone Republic of Letters,1670—1794", Unpublished dissertation,John Hopkins University,2007.

Carcassonne, Elie, *Montesquieu et le Problème de la Constitution Française au XVIIIe Siècle*, Paris:PUF,1927.

Carey, John A., *Judicial Reform in France before the Revolution of 1789*, Cambridge,Mass.:Harvard University Press,1981.

Censer, Jack and Popkin, Jeremy (eds.), *Press and Politics in Pre-Revolutionary France*, Berkeley and Los Angeles: University of California Press,1987.

Chaline, Oliver, Sassier, Yves (dirs.), *Les Parlements et la vie de la cité* (*XVIe–XVIIIe Siècle*), Rouen:Publications de l'Université de Rouen,2004.

Chaline, Olivier, "Les infortunes de la fidélité:Les partisans du pouvoir royal dans les parlements au XVIIIe siècle", dans *Histoire,économie et société*,n° 3,2006.

———— dir., *Les parlements et les Lumières*, Pessac:Maison des Sciences de l'Homme d'Aquitaine,2012.

Chartier, Jean-Luc A., *Justice, une réforme manquée(1771—1774): Le chancelier de Maupeou*, Paris:Fayard,2009.

Chartier, Roger, *The Cultural Origins of The French Revolution*, trans.by Lydia G.Cochrane,Durham and London:Duke University Press,1991.

Chaussinand-Nogaret, Guy, *La Noblesse au XVIIIe Siècle*, Paris: Hachette,1976.

Cobban, Alfred, "The' Parlements' of France in the Eighteenth Century", *History*, Vol. 35, No. 123/124(1950).

————, *A History of Modern France*, Vol. 1, London and Tonbridge: The

Whitefriars Press, 1957.

Collins, James B., *The State in Early Modern France*, Cambridge: Cambridge University Press, 1995.

Constant, Jean-Marie, "La monarchie tempérée prônée par Claude de Seyssel: une idée d'avenir dans le monde politique français, aux XVIe et XVIIe siècles", dans Patricia Eichel-Lojkine (dir.), *Claude de Seyssel: Écrire l'histoire, penser le politique en France, à l'aube des temps modernes*, Rennes: Presses Universitaires de Rennes, 2010.

Cornette, Joël (dir.), *La Monarchie entre Renaissance et Révolution 1515—1792*, Paris: Seuil, 2000.

Cossarutto, Vincent, "En première ligne. Voltaire face aux théories parlementaires pendant la «révolution» Maupeou (1771—1772)", *Histoire, Économie et Société*, Année 2016, Numéro 3.

Coulomb, Clarisse, *Les pères de la patrie: La société parlementaire en Dauphiné au temps des Lumières*, Grenoble: Presses universitaires de Grenoble, 2006.

———, "«L'heureux retour». Fêtes parlementaires dans la France du XVIIIe siècle", *Histoire, économie et société*, Année 2000, Volume 19, Numéro 2.

———, "L'échec d'un serviteur du roi. Vidaud de La Tour, premier président du parlement Maupeou à Grenoble", *Histoire, Économie et Société*, Année 2006, Numéro 3.

Cruppi, Jean, *un avocat journaliste au XVIIIe siècle, Linguet*, Paris: librairie Hachette, 1895.

Cubells, Monique, *La Provence des Lumières: Les Parlementaires d'Aix au XVIIIe siècle*, Paris: Maloine S.A. Editeur, 1984.

D'Agay, Frédéric, "Quatre-vingt mille magistrats", dans Philippe Boucher (dir.), *La Révolution de la justice*, Paris: Jean-Pierre de Monza, 1989.

Darnton, Robert, "An Early Information Society: News and the Media in the Eighteenth-Century Paris", *The American Historical Review*, Vol. 105, No. 1 (Feb., 2000).

Dauchy, Serge; Demars-Sion, Véronique; Leuwers, Hervé; Michel, Sabrina

(dirs.) , *Les Parlementaires , acteurs de la vie provinciale* , Rennes: Presses Universitaires de Rennes , 2013.

Davies , Peter , *The Extreme Right in France , 1789 to the Present* , New York: Routledge , 2002.

Deprat , Carole , "À propos des treze livres des parlements de France" , dans Jacques Poumarède et Jack Thomas (éds.) , *Les Parlements de province , pouvoir , justice et société du XVe au XVIIIe siècle.* Toulouse: Framespa , 1996.

Dewald , Jonathan , *The Formation of a Provincial Nobility. The Magistrates of the Parlement of Rouen , 1499—1610* , Princeton University Press , 1980.

Doyle , William , "The Parlements" , in Keith Baker ed. , *The Political Culture of the Old Regime* , Oxford: Pergamon Press , 1987.

———, *Jansenism: Catholic Resistance to Authority from the Reformation to the French Revolution* , New York: St. Martin's Press , 2000.

———, "The Parlements of France and the Breakdown of the Old Regime , 1770—1788" , *French Historical Study* , Vol. 6 , No. 4 (Autumn , 1970).

———, *The Parlement of Bordeaux and the End of the Old Regime 1771—1790* , London and Tonbridge: Ernest Benn Limited , 1974.

———, "Was There an Aristocratic Reaction in Pre-Revolutionary France" , in Douglas Johnson ed. , *French Society and the Revolution* , Cambridge: Cambridge University Press , 1976.

———, *Venality , the Sale of Offices in Eighteenth-Century France* , Oxford: Clarendon Press , 1996.

———, "Colbert et les offices" , *Histoire , économie et société* , Année 2000 , Volume 19 , Numéro 4.

Droz , Joseph , *Histoire du Règne de Louis XVI pendant les années où l'on pouvait prévenir ou diriger la Révolution française* , 3 tomes , Paris: Jules Rnouard , 1860 (première édition , 1839—1842).

Du Rusquec , Emmanuel , *Le Parlement de Bretagne* , Rennes: Éditions Ouest-France , 2007.

Dupuy-Brégant , Hélène , "Le roi dans la Patrie" , *Annales historiques de la*

Révolution française, Année 1991, Numéro 284.

Duquesne, Jean, *Dictionnaire des Gouverneurs de Province sous l'ancien Régime*, Éditions Christian, 2002.

Echeverria, Durand, *The Maupeou Revolution: A Study in the History of Libertarianism*, *France*, *1770 —1774*, Baton Rouge and London: Louisiana State University Press, 1985.

Egret, Jean, *Le Parlement de Dauphiné et les affaires publiques dans la deuxième moitié du XVIIIᵉ siècle*, 2 Tomes, Grenoble: Imprimerie Allier Père et Fils, 1942.

———, *La Pré-Révolution française(1787—1788)*, Paris: PUF, 1962.

———, *Louis XV et l'opposition parlementaire*, *1715—1774*, Paris: Armand Colin, 1970.

Estang, Bastard de, *Les Parlements de France*, *essai historique sur leurs usages*, *leur organisation et leur autorité*, 2 Tomes, Paris: Didier et Cie, 1858.

Farge, Arlette, *Dire et mal dire. L' opinion publique au XVIIIᵉ siècle*, Paris: Seuil, 1992.

Favier, René, "Le Parlement de Dauphiné et la ville de Grenoble", dans René Favier(dir.), *Le Parlement de Dauphiné*, *des origines à la Révolution*, Grenoble: Presses Universitaires de Grenoble, 2002.

Félix, Joël, *Les magistrates du parlement de Paris*, *1771—1790*, Paris: Éditions Sedopols, 1990.

Figeac, Michel, "Les magistrats du Parlement de Bordeaux devant leur devoir social du Grand Siècle à la Révolution", dans Serge Dauchy el.dir., *Les Parlementaires*, *acteurs de la vie provinciale*.

———, "Les magistrats en révolte en 1789 ou la fin du rêve politique de la monarchie des juges", *Histoire*, *économie et société*, Année 2006, Volume 25, Numéro 3.

Flammermont, Jules, *Le Chancelier Maupeou et les parlements*, Paris: Alphonse Picard, 1883.

Franklin, Julian H., *Jean Bodin and the Rise of Absolutist Theory*, Cambridge:

Cambridge University Press, 1973.

Furet, François, *La Révolution*, *de Turgot à Jules Ferry*, *1770 —1880*, Paris：Hachette, 1988.

Garrioch, David, "Daniel Roche and the History of Paris", *French Historical Studies*, Vol. 27, No. 4(Fall 2004).

Gembicki, Dieter, "Jacob-Nicolas Moreau et son «Mémoire sur les fonctions d'un historiographe de France»", *Dix-huitième Siècle*, n° 4, 1973.

Giesey, Ralph E., "The Presidents of Parlement at the Royal Funeral", *The Sixteenth Century Journal*, Vol. 7, No. 1(Apr., 1976).

———, "The King Imagined", in Keith Baker(ed.), *The Political Culture of the Old Regime*, Oxford：Pergamon Press, 1987.

Glasson, Ernest, *Le Parlement de Paris*, *son rôle politique depuis le règne de Charles VII jusqu' à la Révolution*, 2 Tomes, Paris：Hachette et Cie, 1901.

Godechot, Jacques, *Les constitutions de la France depuis 1789*, Paris：Flammarion, 1970.

Goodman, Dena, *The Republic of Letters: A Cultural History of the French Enlightenment*, Ithaca and London：Cornell University Press, 1994.

Grosclaude, Pierre, *Malesherbes: témoin et interprète de son temps*, Paris：Fischbacher, 1961.

Gutton, Jean-Pierre, *La société et les pauvres en Europe(XVIe –XVIIIe Siècles)*, Paris：Presse Universitaires de France, 1974.

Halévi, Ran, "La modération à l'épreuve de l'absolutisme de l'Ancien Régime à la Révolution française", *Le Débat*, 2000/2 n° 109.

Hamscher, Albert N., *Parlement of Paris after the Fronde*, *1653—1673*, Pittsburg：University of Pittsburg Press, 1976.

———, "The Parlement of Paris and the Social Interpretation of Early French Jansenism", *The Catholic Historical Review*, Vol. 63, No. 3(Jul., 1977).

Hanley, Sarah, *The Lit de Justice of the Kings of France: Constitutional Ideology in Legend, Ritual, and Discourse*, Princeton NJ：Princeton University Press, 1983.

Hanrahan, James, *Voltaire and the Parlements of France*, Oxford: Voltaire Foundation, 2009.

Hardman, John, *French Politics 1774—1789: From the Accession of Louis XVI to the Bastille*, London and New York: Longman, 1995.

Henshall, Nicholas, *The Myth of Absolutism*, London and New York: Longman, 1992.

Hildesheimer, Françoise, "Les parlements et la protection sanitaire du royaume", dans Jacques Poumarède et Jack Thomas(éds.), *Les Parlements de province, pouvoir, justice et société du XVe au XVIIIe siècle*, Framespa, 1996.

Hurt, John J., *Louis XIV and the Parlements: The Assertion of Royal Authority*, New York: Manchester University Press, 2002.

————, "The Parlement of Brittany and the Crown: 1665—1675", *French Historical Studies*, Vol. 4, No. 4(Autumn, 1966).

Hudson, David, "In Defense of Reform: French Government Propaganda During the Maupeou Crisis", *French Historical Studies*, Vol. 8, No. 1 (Spring, 1973).

Jones, Colin, *The Great Nation, France from Louis XV to Napoleon 1715—1799*, London: Allen Lane the Penguin Press, 2002.

Joynes, Daniel Carroll, "Jansenists and Ideologues: Opposition Theory in the Parlement of Paris, 1750—1775." unpublished dissertation, the University of Chicago, 1981.

Kaplan, Steven L., *Bread, Politics and Political Economy in the Reign of Louis XV*, 2 vols, The Hague: Martinus Nijhoff, 1976.

Kelly, George A., "The Political Thought of Lamoignon de Malesherbes", *Political Theory*, Vol. 7, No. 4(November, 1979).

Kim, Seong-Hak, "The Chancellor's Crusade: Michel de l'Hôpital and the Parlement of Paris", *French History*, 1993, Vol. 7, No. 1.

Kingston, Rebecca, *Montesquieu and the Parlement of Bordeaux*, Geneva: Librairie Droz S.A., 1996.

Krynen, Jacques, *L'État de justice. France, XIIIe −XXe siècles. I. L'idéologie de la* *magistrature ancienne*, Paris：Gallimard, 2009.

——, "Qu'est-ce qu'un parlement qui représente le roi?", B. Durand et L. Mayali (eds.), *Excerptiones iuris: Studies in Honor of André Gouron*, Robbins Collection, 2000.

Lafon, Jacqueline Lucienne, *La Révolution Française face au système judiciare d'Ancien Régime*, Genève：Librairie Droz S.A., 2001.

Lang, Jean-Bernard, *Les robes écarlates: La justice criminelle au Parlement de Metz, 1744—1780*, Metz：Éditions Serpenoise, 2008.

Laugier, Lucien, *Un ministère réformateur sous Louis XV: le triumvirat (1770—1774)*, Paris：La Pensée Universelle, 1975.

Laurent, Nicolas, "Le Parlement de Dijon et le gouvernement royal à la fin de l'Ancien Régime", dans Olivier Chaline et Yves Sassier (dirs.), *Les Parlements et la vie de la cité*.

Lebigre, Arlette, *La justice du roi, la vie judiciaire dans l'ancienne France*, Paris：Albin Michel, 1988.

Lefebvre, Georges, *The Coming of the French Revolution*, Princeton：Princeton University Press, 1967.

Legay, Marie-Laure；Félix, Jöel；White, Eugene N., "Retour sur les origines financières de la Révolution française", *Annales historiques de la Révolution française*, n°2, avril-juin 2009.

Le Griel, Jacques, *Le Chancelier Maupeou et la Magistrature française à la fin de l'Ancien Régime: Le Conseil Supérieur de Clermont-Ferrand, 1771—1774*, Paris：Imprimerie Henri Jouve, 1908.

Lemaire, André, *Les lois fondamentales de la monarchie française*, Paris：Fontemoing, 1907.

Lemaire, Elina, *Grande robe et Liberté. La magistrature ancienne et les institutions libérales*, Paris：Presses Universitaires de France, 2010.

Lemaître, Alain J. (dir.), *Le monde parlementaire au XVIIIe siècle. L'invention d'un discours politique*, Rennes：Presses Universitaire de Rennes, 2010.

Le Mao, Caroline, *Les fortunes de thémis: vie des magistrats du Parlement de*

Bordeaux au Grand Siècle, Bordeaux：Fédération historique du Sud-Ouest, 2006.

———, *Parlement et Parlementaires: Bordeaux au grand siècle*, Seyssel：Champ Vallon, 2007.

———, "Le riche et le pauvre：les magistrats du Parlement de Bordeaux et l'assistance aux pauvres au siècle de Louis XIV", dans Gérard Aubin, Bernard Gallinato(dirs.), *Les espaces locaux de la protection sociale: études offertes au Professeur Pierre Guillaume.* Association pour l'étude de l'histoire de la sécurité sociale, 2004.

Le Moy, A., *Remontrances du Parlement de Bretagne du dix-huitième siècle*, Paris：Champion, 1909.

Le Roy Ladurie, Emmanuel, *L' Ancien Régime, 1610 —1770*, Paris：Hachette, 1991.

Leuwers, Hervé, *La justice dans la France moderne*, Paris：Ellipses Édition Marketing S.A., 2010.

Levy, Darline Gay, *The Ideas and Careers of Simon-Nicolas-Henri Linguet*, Urbana：University of Illinois Press, 1980.

Linton, Marisa, "The Rhetoric of Virtue and the Parlements, 1770—1775", *French History*, Vol. 9, No. 2, 1995.

Lough, John, *France on the Eve of Revolution, British Travellers' Observations 1763—1788*, London and Sydney：Croom Helm, 1987.

Maire, Catherine, *De la cause de Dieu à la cause de la Nation.Le jansénisme au XVIIIᵉ siècle*, Paris：Gallimard, 1998.

———, "Port-Royal：The Jansenist Schism", in Pierre Nora(ed.), *Realms of Memory*, Vol.I, New York：Columbia University Press, 1992.

Margerison, Kenneth, *Pamphlets and Public Opinion: The Campaign for a Union of Orders in the Early French Revolution*, West Lafayette：Purdue University Press, 1998.

Marion, Marcel, *La Bretagne et le duc d'Aiguillon, 1753—1770*, Paris：Fontemoing, 1898.

———, *Le Garde des sceaux Lamoignon et la réforme judiciaire de 1788*,

Paris：Hachette et Cie,1905.

Masseau,Didier,*Les ennemis des philosophes*,*L' antiphilosophie au temps des Lumières*,Paris：Editions Albin Michel,2000.

Mathiez,Albert,*La Révolution française*,Paris：Armand Colin,1922.

Maupeou, Jacques de, *Le Chancelier Maupeou*, Paris：Éditions de Champrosay,1942.

Maza,Sarah,*Private Lives and Public Affairs: The Causes Célèbres of Prerevolutionary France*,Berkeley：University of California Press,1993.

———,"The Diamond Necklace Affair Revisited",in Dena Goodman ed., *Marie-Antoinette: Writings on the Body of a Queen*, Routledge,2003.

Merrick,Jeffrey W.,*The Desacralization of the French Monarchy in the Eighteenth Century*, Baton Rouge：Louisiana State University Press,1990.

———,"Subjects and Citizens in the Remonstrances of the Parlement of Paris in the Eighteenth Century",*Journal of the History of Ideas*,Vol. 51,No. 3 (Jul.-Sep.,1990).

Moote,A. Lloyd, *The Revolt of the Judges: The Parlement of Paris and the Fronde*,1643—1652,Princeton NJ：Princeton University Press,1971.

Mornet, Daniel, "Les enseignements des bibliothèques privées (1750 — 1780)",*Revue d'histoire littéraire de la France*,17(1910).

Morris,Terry Ray,"The Concept of Bienfaisance and the Aristocracy of Eighteenth-Century France",University of Georgia,Ph.D.,1976.

Mousnier, Roland, *La Vénalité des offices sous Henri IV et Louis XIII*, Paris,1971.

———,*The Institutions of France under the Absolute Monarchy*,1598—1789, Chicago and London：University of Chicago Press,1979.

———,*La plume,la faucille,et le marteau: institutions et société en France du moyen âge à la Révolution*,Paris：Presses Universitaires de France,1979.

Nagle,Jean,*Un orgueil français.La vénalité des offices sous l'Ancien Régime*, Paris：Odile Jacob,2008.

Olivier-Martin,François,*L' Absolutisme Français suivi de Les Parlements contre*

L' absolutisme traditionnel au XVIIIe siècle, Paris: L.G.D.J. 1997.

Ozouf, Mona, "L' opinion publique", in Keith Baker ed., *The Political Culture of the Old Regime*, Oxford, 1987.

Palmer, R. R., *The Age of the Democratic Revolution: a political history of Europe and America, 1760 — 1800*, Princeton and Oxford: Princeton University Press, 2014.

Parker, David, *The Making of French Absolutism.* Edward Arnold, 1983.

Payen, Philippe, *Les arrêts de règlement du Parlement de Paris au XVIIIe siècle*, Paris: PUF, 1997.

Piasenza, Paolo, "Juges, lieutenants de police et bourgeois à Paris aux XVIIe et XVIIIe siècles", *Annales. Économies, Sociétés, Civilisations*, 45e année, No. 5, 1990.

Pichot-Bravard, Philippe, *Histoire constitutionnelle des Parlements de l'Ancienne France*, Paris: Ellipses Édition Marketing S.A., 2012.

Pillot, G.-M.-L., *Histoire du parlement de Flandres*, Duai: Adam d'aubers, 1849.

Pocquet, Barthélémy *Le pouvoir absolu et l'esprit provincial: le duc d'Aiguillon et La Chalotais*, 3 tomes, Paris: Perrin et Cie, 1900—1901, Tome III.

Raynal, Jean, *Histoire des institutions judiciaires*, Paris: Librairie Armand Colin, 1964.

Riley, James C., *The Seven Years War and the Old Regime in France*, Princeton, N.J.: Princeton University Press, 1986.

Robert, P. Albert, *Les remontrances et arrêtés du parlement de Provence au XVIIIe siècle*, Paris: Librairie nouvelle de droit et de jurisprudence, 1912.

Roche, Daniel, *Le siècle des lumières en province: Académies et académiciens provinciaux, 1680—1789*, Tome I, Paris: Éditions de l'École des Hautes études en Sciences Sociales, 1978.

Roelker, Nancy Lyman, *One King, One Faith: the Parlement of Paris and the Religious Reformations of the Sixteenth Century*, Berkeley and Los Angeles: University of California Press, 1996.

269

Rogister, John, *Louis XV and the Parlement of Paris*, *1737—1755*, Cambridge: Cambridge University Press, 1995.

Rousselet, Marcel, *Histoire de la Justice*, Paris: Presses Universitaires de France, 1948.

Royer, Jean-Pierre et al., *Histoire de la Justice en France du XVIIIᵉ siècle à nos jours*, Paris: Presses universitaires de France, 2010.

Salvadori, Philippe, "Le Parlement de Bourgogne et la municipalité de Dijon sous le règne personnel de Louis XIV", dans Olivier Chaline et Yves Sassier (dirs.), *Les Parlements et la vie de la cité*.

Schwartz, Robert, *Policing the Poor in Eighteenth-Century France*, Chapel Hill: University of North Carolina Press, 1988.

Shennan, J. H., *The Parlement of Paris*, Cornwall: Sutton Publishing, 1968, 1998.

——, "The Political Vocabulary of the Parlement of Paris in the Eighteenth Century", *Atti del quarto congresso internazionale della società italiana di storia diritto*, Florence, 1982.

Shovlin, John, "Nobility", in William Doyle ed., *The Oxford Handbook of the Ancien Régime*, Oxford and New York: Oxford University Press, 2012.

Singham, Shanti Marie, "A Conspiracy of Twenty Million Frenchmen: Public Opinion, Patriotism, and the Assault on Absolutism during the Maupeou Years, 1770—1775", Ph.D. dissertation, Princeton University, 1991.

——, "Vox Populi, Vox Dei: les jansénistes pendant la Révolution Maupeou", *Chroniques de Port-Royal*, No. 39, 1990.

Skinner, Quentin, *The Foundations of Modern Political Thought*, Volume 2, Cambridge: Cambridge University Press, 2004.

Slimani, Ahmed, *La modernité du concept de nation au XVIIIᵉ siècle (1715—1789): apports des thèses parlementaires et des idées politiques du temps*, Aix-en-Provence Presses Universitaires d'Aix-Marseille, 2004.

Stocker, Christopher W., "The Politics of the Parlement of Paris in 1525", *French Historical Studies*, Vol. 8, No. 2 (Autumn, 1973).

Stone, Baily, *The Parlement of Paris, 1774—1789*, Chapel Hill: University of North Carolina Press, 1981.

———, *The French Parlements and the Crisis of the Old Regime*, Chapel Hill: University of North Carolina Press, 1986.

———, *Reinterpreting the French Revolution: A Global-Historical Perspective*, Cambridge: Cambridge University Press, 2002.

Swann, Julian, "The Myth of Absolutism", *History Today*, July 1993.

———, *Politics and the Parlement of Paris under Louis XV, 1757—1774*, Cambridge: Cambridge University Press, 1995.

———, "Un monarque qui veut 'régner par les rois': le Parlement à la fin de l'Ancien Régime", dans *Parlements et parlementaires de France au XVIIIᵉ siècle*, Paris: L'Harmattan, 2011.

Thireau, Jean-Louis, "L'absolutisme monarchique a-t-il existé?", *Revue française d'histoire des idées politiques*, 6, 1997.

Thompson, M.P., "The History of Fundamental Law in Political Thought from the French Wars of Religion to the American Revolution", *American Historical Review*, Vol. 91, No. 5, 1986.

Tocqueville, Alexis de, *De la démocratie en Amérique*, Douzième édition, Tome deuxième, Paris: Pagnerre Editeur, 1848.

———, *The Old Regime and the Revolution*, Vol. II: *Notes on the French Revolution and Napoleon*, edited by François Furet and Françoise Mélonio, Chicago: University of Chicago Press, 2001.

Valensise, Marina, "La constitution française", in Keith Baker (ed.), *The Political Culture of the Old Regime*, Oxford: Pergamon Press, 1987.

Van Kley, Dale, *The Damiens Affair and the Unraveling of the Ancien Régime, 1750—1770*, Princeton N.J.: Princeton University Press, 1984.

———, "The Jansenist Constitutional Legacy in the French Prerevolution", in Keith Baker (ed.), *The Political Culture of the Old Regime*, Oxford: Pergamon Press, 1987.

———, "Du Parti Janséniste au Parti Patriote: l'ultime sécularisation d'une tradition religieuse à l'époque du Chancelier Maupeou, 1770—1775", *Chroniques de Port-Royal*, No. 39, 1990.

————, *The French Idea of Freedom: The Old Regime and the Declaration of Rights of 1789*, Stanford: Stanford University Press, 1994.

————, *The Religious Origins of the French Revolution. From Calvin to the Civil Constitution, 1560—1791*, New Haven, CT: Yale University Press, 1996.

Vergne, Arnaud, *La notion de constitution d'après les cours et assemblées à la fin de l'ancien régime(1750—1789)*, Paris: De Boccard, 2006.

Villers, Robert, *L'organisation du Parlement de Paris et des conseils supérieurs d'après la réforme de Maupeou*, Paris: Sirey, 1937.

Waele, Michel de, *Les Relations entre le Parlement de Paris et Henri IV*, Paris: Éditions Publisud, 2000.

Wilson, Stephen, "The 'Action Française' in French Intellectual Life", *The Historical Journal*, Vol. 12, No. 2(1969).

Zeller, Gaston, "L' administration monarchique avant les intendants: parlements et gouverneurs", *Revue Historique*, T. 197, Fasc. 2(1947).

Zysberg, André, *La monarchie des Lumières, 1715—1786*, Paris: Seuil, 2002, 2016.

辞书:

Arabeyre, Patrick, Halpérin, Jean-Louis, Krynen, Jacques(dirs.), *Dictionnaire historique des juristes français XIIe –XXe siècle*, Paris: PUF, 2007.

Barbiche, Bernard, *Les institutions de la monarchie française à l'époque moderne XVIe –XVIIIe siècle*, Paris: PUF, 1999.

Bély, Lucien(dir.), *Dictionnaire de l'Ancien Régime: royaume de France, XVe –XVIIIe siècle*, Paris: PUF, 1996.

Cabourdin, Guy, Viard, Georges, *Lexique historique de la France d'Ancien Régime*, Paris: Armand Colin, 1990.

Duquesne, Jean, *Dictionnaire des Gouverneurs de Province sous L' ancien Régime*, Paris: Éditions Christian, 2002.

Glasson, Ernest, "Parlement", *Extrait de la Grande Encyclopédie*, Tome XXV, Paris: Société Anonyme de la Grande Encyclopédie, 1899, pp. 1–60.

Marion, Marcel, *Dictionnaire des institutions de la France aux XVIIe et XVIIIe siècles*, Paris: Édition A. et J. Picard, 2013 (Réimpression de l'édition originale de 1923).

Mourre, Michel, *Dictionnaire Encyclopédique d'Histoire*, Paris, 1978.

Sirinelli, Jean-François (dir.), "parlement de Paris", "Fronde", *Dictionnaire de l'histoire de France*, Paris: Larousse, 2006.

中文著作与论文（含译著）：

［英］佩里·安德森：《绝对主义国家的系谱》，刘北成、龚晓庄译，上海人民出版社 2001 年版。

［英］柏克：《法国革命论》，何兆武、许振洲、彭刚译，商务印书馆 1999 年版。

［法］马克·布洛赫：《法国农村史》，余中先、张明浩、车耳译，商务印书馆 1991 年版。

［美］罗伯特·达恩顿：《启蒙运动的生意》，叶桐、顾杭译，生活·读书·新知三联书店 2005 年版。

［美］罗伯特·达恩顿：《法国大革命前的畅销禁书》，郑国强译，华东师范大学出版社 2012 年版。

罗伯特·狄赛孟：《旧制度下法国官职的捐纳：公共借贷抑或腐败》，载《法国汉学》丛书编辑委员会编：《罪与罚：中欧法制史研究的对话》，中华书局 2014 年版。

［法］乔治·杜比主编：《法国史》上卷，吕一民、沈坚、黄艳红等译，商务印书馆 2010 年版。

［英］威廉·多伊尔：《法国大革命的起源》，张弛译，上海人民出版社 2009 年版。

［英］威廉·多伊尔：《何谓旧制度》（第 2 版），熊芳芳译，北京大学出版社 2013 年版。

［英］威廉·多伊尔：《牛津法国大革命史》，张弛等译，北京师范大学出版

社 2015 年版。

[英]威廉·多伊尔:《捐官制度——十八世纪法国的卖官鬻爵》,高毅、高煜译,中国方正出版社 2017 年版。

琼·厄尔斯特:《托克维尔论大革命的发生:远因、近因和导火线》,载高毅主编:《〈旧制度与大革命〉解说》,北京师范大学出版社 2014 年版。

[法]阿莱特·法尔热:《法国大革命前夕的舆论与谣言》,陈旻乐译,文汇出版社 2018 年版。

[法]伏尔泰:《巴黎高等法院史》,吴模信译,商务印书馆 2015 年版。

[法]弗朗索瓦·傅勒:《思考法国大革命》,孟明译,生活·读书·新知三联书店 2005 年版。

米歇尔·福柯:《疯癫与文明》,刘北成、杨远婴译,生活·读书·新知三联书店 1999 年版。

高毅:《法兰西风格:大革命的政治文化》,浙江人民出版社 1991 年版。

郭华榕:《法国政治制度史》,人民出版社 2015 年版。

[德]哈贝马斯:《公共领域的结构转型》,曹卫东、王晓珏、刘北城、宋伟杰译,学林出版社 1999 年版。

[德]彼得·克劳斯·哈特曼:《耶稣会简史》,谷裕译,宗教文化出版社 2003 年版。

[美]路易斯·亨金、阿尔伯特·J.罗森塔尔编:《宪政与权利》,郑戈、赵晓力、强世功译,生活·读书·新知三联书店 1996 年版。

洪庆明:《法国旧制度末年公共舆论研究》,北京大学 2002 年博士学位论文。

洪庆明:《理解革命发生学的新路径和新视阈——18 世纪法国的政治、话语和公众舆论研究》,《史学理论研究》2011 年第 3 期。

黄艳红:《钱与权:制度史视角下法国旧制度时代的职位买卖》,《史林》2015 年第 5 期。

黄艳红:《法国旧制度末期的税收、特权和政治》,社会科学文献出版社 2016 年版。

[德]恩内斯特·康托洛维茨:《国王的两个身体》,徐震宇译,华东师范大学出版社 2018 年版。

［法］若兹·库贝洛:《流浪的历史》,曹丹红译,广西师范大学出版社2005年版。

［美］彼得·赖尔、艾伦·威尔逊:《启蒙运动百科全书》,刘北成、王皖强编译,上海人民出版社2004年版。

［法］乔治·勒费弗尔:《法国大革命的降临》,洪庆明译,格致出版社、上海人民出版社2010年版。

［英］J.O.林赛、A.古德温编:《新编剑桥世界近代史》第7卷、第8卷,中国社会科学院世界历史研究所组译,中国社会科学出版社1999年版。

［法］卢梭:《忏悔录》第二部,范希衡译,商务印书馆1986年版。

［法］罗曼·罗兰编选:《卢梭的生平和著作》,王子野译,生活·读书·新知三联书店1993年版。

［法］丹尼尔·罗什:《启蒙运动中的法国》,杨亚平、赵静利、尹伟译,华东师范大学出版社2011年版。

［意］萨尔沃·马斯泰罗内:《欧洲政治思想史——从十五世纪到二十世纪》,黄华光译,社会科学文献出版社1998年版。

［法］孟德斯鸠:《论法的精神》上卷,许明龙译,商务印书馆2012年版。

［法］达尼埃尔·莫尔内:《法国革命的思想起源(1715—1787)》,黄艳红译,上海三联书店2011年版。

庞冠群:《冉森派与18世纪法国的政治》,《北大史学》2005年第11期。

庞冠群、顾杭:《马克思主义影响下的法国拉布鲁斯史学探析》,《史学史研究》2015年第1期。

［英］昆廷·斯金纳:《近代政治思想的基础》(下卷:宗教改革),奚瑞森、亚方译,商务印书馆2002年版。

查尔斯·泰勒、姚斌、刘东:《历史维度中的社会想像与民主转型》,《中国学术》2004年第1期。

［法］托克维尔:《旧制度与大革命》,冯棠译,商务印书馆1992年版。

［法］阿尔贝·索布尔:《法国大革命史》,马胜利、高毅、王庭荣译,中国社会科学出版社1989年版。

［法］罗杰·夏蒂埃:《法国大革命的文化起源》,洪庆明译,译林出版社2015年版。

许明龙:《孟德斯鸠究竟做过什么官?》,载《东传西渐——中西文化交流史散论》,中国社会科学出版社 2015 年版。

周立红:《泰雷的"国家谷物专卖局"与生计问题国家化》,《世界历史》2010 年第 5 期。

周立红:《18 世纪法国"饥荒阴谋"谣言的盛行及原因》,《河北学刊》2011 年第 3 期。

后　记

在书稿即将付印之时,感到一笔背负了很久的"债务"终于要偿清了。2005年6月,我的博士学位论文《莫普改革——法国旧制度末年的政治转折》通过了答辩。这篇论文的主体部分经过修改构成了本书的下编。当时感觉论文选题小而专,如不经扩充难以成书。2009年夏,我以博士学位论文为基础申请到了国家社科基金青年项目"法国旧制度下的高等法院研究"。然而,此时一对双胞胎宝宝只有一岁多,要完成单位的教学与科研工作量已然不易,以至于课题的进展十分缓慢,到2014年年底才申请结项。承蒙评审专家们的厚爱,结项等级为优。然而,自己深知很多地方还属于急就章,逻辑上有待推敲,有些新资料还可以补充,还有很多语句需要打磨。但怎么也没有想到,这一拖又是五年,这期间有各种推不掉的工作不得不做,而且母亲中风瘫痪。虽然可以找出种种耽延的理由,但是不能因此而原谅自己。

蓦然回首,令人感念的是众多师友、同行和学生的帮助与鼓励。当年在北大求学时,导师高毅教授给予了我极大的耐心与支持,允许我自由探索,鼓励我多与外国专家接触。我于2003年和2006年两次获得法国政府奖学金的资助,先后赴巴黎政治学院和巴黎一大进修学习。在巴黎期间,通过高老师的举荐,我得到了法国大革命研究所所长让-克莱蒙·马丹(Jean-Clément Martin)教授的指导,也正是马丹先生建议我将博士学位论文聚焦于莫普改革。作为高老师较早的几名博士生之一,我也得到了张芝联先生的大力栽培,先生溘然长逝已有十一载,然而他的音容笑貌常常浮现于我的脑海。这些年在与国外的法国史学者交流中,我们总是受惠于张先生再传弟子的身份,不得不钦佩先生的学术造诣与交往能力。只是自己大多数时间耗费于琐事之中,没有取得任何足以告慰先生的成绩,每念及此,黯然神伤。

在2000—2005年间,我在课余参与了刘东教授主编的《中国学术》杂志的编务工作,这段经历开阔了我的学术视野,锻炼了自己的办事能力。刘老师和彭刚老师的关心与支持也给了我极大的鼓舞。这些年,在从事这项研究的过程中,我还得到了以下师长的鼓励与指导,他们包括张广达先生、楼均信先生、许明龙先生、巴斯蒂夫人、刘北成老师、许平老师、沈坚老师、彭小瑜老师、吕一民老师、杨共乐老师、梅雪芹老师、徐健老师、郭家宏老师和田明孝学长等。上述师长中有好几位是法国史研究的前辈,国内的法国史学界是个比较小的圈子,内部气氛和谐融洽,其中很多人也是我的同门学友、师兄、师弟和师妹。他们与我有相近的学术兴趣,常常在资料上提供帮助,和大家的交流使我受益匪浅、倍感温暖。同时提供资料支持的还有在美国求学、工作的三位大学室友。

来北京师范大学工作已经十四年,在这里真正完成了从学生到教师的转变。非常感谢世界近现代史两个教研室的前辈和同事的支持、信任,也由衷感谢我指导过的每一名研究生同学(同时也包括几位并非由我指导但时常与我联系的同学)。没有和学生们的交流,日常的学术生活是单调甚至枯燥的。而且,在一些关键时刻,学生们给予了我最大的支持。操持本书出版的刘松弢先生也是我院毕业生,一个拖延的作者遇到一位高效、负责的编辑是何其幸运!他总是不厌其烦地接受我的反复修改,以他的耐心化解我的焦虑。在书稿的最后校对阶段,我的同事江天岳博士和研究生查少琛同学也都提供了细心的帮助,帮我反复核查注释中的错误。

最后也要感谢亲属和挚友们的陪伴与关爱。几位多年的挚友常常给予我生活上的各种关怀。我先生顾杭毫无怨言地分担了家庭的重负,并经常为我搜集研究所需的资料,两个女儿的成长使我重新认识了生活的意义。

借拙著出版之机,表达对于大家的感激之情,这份情感将支撑我在学术道路上继续前行。

庞冠群

2019 年 10 月草拟于北京,12 月改定于巴黎